景印香港
新亞研究所

新亞學報

第一至三十卷
第四十冊・第二十九卷

總策畫　林慶彰　劉楚華
主　編　翟志成

景印香港新亞研究所《新亞學報》（第一至三十卷）

景印本・編輯小組

總　策　畫

林慶彰　劉楚華

主　　編

翟志成

編輯委員

卜永堅　李金強　李學銘　吳　明　何冠環

何廣棪　張宏生　張　健　黃敏浩　劉楚華

鄭宗義　譚景輝

編輯顧問

王汎森　白先勇　杜維明　李明輝　何漢威

柯嘉豪（John H. Kieschnick）科大衛（David Faure）

信廣來　洪長泰　梁元生　張玉法　張洪年

陳永發　陳　來　陳祖武　黃一農　黃進興

廖伯源　羅志田　饒宗頤

執行編輯

李啟文　張晏瑞

（以上依姓名筆劃排序）

景印香港新亞研究所《新亞學報》（第一至三十卷）

景印香港新亞研究所《新亞學報》第四十冊

第二十九卷　目次

東漢中央集議制度之探討	李學銘	頁 40-9
日治時期臺灣對日貿易與出口產業	陳慈玉	頁 40-73
讀章太炎先生〈原儒〉札記	何廣棪	頁 40-151
王國維尋死原因三說質疑	翟志成	頁 40-163
尼采（Nietzsche）的偶像	莫詒謀	頁 40-205
道宣的戒體論	屈大成	頁 40-227
見道行事：唐君毅先生的續統思想	陳學然	頁 40-257
晚清至民國一部流行的賦集──論夏思沺的《少嵒賦草》	詹杭倫	頁 40-295
盛唐詩的超越──蘇軾與嚴羽詩學理想追求的比較	劉衛林	頁 40-313
當代詩賦寫作述論二題	鄺健行	頁 40-333

景印香港新亞研究所《新亞學報》（第一至三十卷）

景印本・第二十九卷

第二十九卷　新亞研究所

新亞學報

錢穆

景印香港新亞研究所《新亞學報》（第一至三十卷）

新亞學報

第二十九卷

新亞研究所

錢穆

景印本・第二十九卷

景印香港新亞研究所《新亞學報》（第一至三十卷）

《新亞學報》學術顧問

王爾敏	李潤生	李豐楙	吳宏一	陳永明	陳祖武
張玉法	湯一介	單周堯	廖伯源	趙令揚	劉昌元
錢　遜	饒宗頤				

（按姓氏筆畫為序）

《新亞學報》編輯委員會

鄺健行　（主席）

陳志誠

李學銘

莫廣銓

NEW ASIA JOURNAL EDITORIAL BOARD

KWONG Kin-hung　(Chairman)

CHAN che-shing

LEE Hok-ming

MOK Kwong-chuen

景印香港新亞研究所《新亞學報》（第一至三十卷）

新亞學報第二十九卷

目　錄

一	李學銘	東漢中央集議制度之探討	1
二	陳慈玉	日治時期臺灣對日貿易與出口產業	65
三	何廣棪	讀章太炎先生〈原儒〉札記	143
四	翟志成	王國維尋死原因三說質疑	155
五	莫詒謀	尼采（Nietzsche）的偶像	197
六	屈大成	道宣的戒體論	219
七	陳學然	見道行事：唐君毅先生的續統思想	249
八	詹杭倫	晚清至民國一部流行的賦集 ——論夏思沺的《少嵒賦草》	287
九	劉衛林	盛唐詩的超越——蘇軾與嚴羽詩學理想追求的比較	305
十	鄺健行	當代詩賦寫作述論二題	325

景印香港新亞研究所《新亞學報》（第一至三十卷）

東漢中央集議制度之探討

李學銘*

提　要

歷來論史者多謂東漢政制承前朝之舊，故論中央集議制度，亦每兩漢合併言之。古人著述，固無論矣，今人論著，亦多如此。茲篇之作，內容以東漢中央集議制度為討論中心，其要約為：（一）集議名稱述論；（二）經學論辯之風與集議之關係；（三）集議之進行、方式及範圍；（四）兩漢集議之同異。斯篇以史籍為據，勾稽推尋，稍有所見，雖無重大創獲，然於東漢集議制度之了解與夫東漢史事之研治，或不無小補歟？

一、緒言

東漢之世，凡國有大造大疑，則公府可通而論之[1]。而百官僚屬，亦得參與朝廷集議。如明帝時，陳事者多言郡國貢舉率非功次，故守職益懈而吏事寖疏，咎在州郡，「有詔下公卿朝臣議」[2]；又如章帝永和三年（138），交阯、九真二郡兵反，帝以為憂，「召公卿百官及四府掾屬，問其方略，皆議遣大將，發荊、楊、兗、豫四萬人赴之」[3]；

---

*本所教授／香港公開大學榮譽教授。

[1] 參閱《後漢書》附《志第二十四・百官一》，1965年5月中華書局（北京）校點本，頁3557。以後引述，出版年月及書局名稱從略。按：《後漢書》所附八《志》，原屬司馬彪《續漢書》。

[2] 參閱《後漢書》卷二十六《韋彪傳》，頁917。

又如順帝漢安二年（143），尚書侍郎邊韶上言治曆事，「詔書下三公、百官雜議」【4】；皆是也。「集議」之稱，史書固有記載，亦有稱「朝會」、「朝議」、「廷議」、「朝廷議」者，而稱「朝會」者最多，稱「朝議」及「廷議」者較次，稱「朝廷議」及「集議」者較少。稱謂各殊，涵義是否有別？何者較為適當？爰謹摘引史文，略作說明如次。

二、「朝會」、「朝議」、「廷議」及其他

東漢公卿百官會集，稱「朝會」者最多，如《後漢書·韓歆傳》云：

> （歆）好直言，無隱諱……嘗因朝會，聞（光武）帝讀隗囂、公孫述相與書，歆曰：「亡國之君皆有才，桀紂亦有才。」【5】

又《後漢書·桓榮傳》云：

> 每朝會，（光武）輒令榮於公卿前數奏經書。【6】

又《後漢書·牟融傳》云：

> （永平十一年）是時顯宗方勤萬機，公卿數朝會，每輒延謀政事，判折獄訟。【7】

又《後漢書·寒朗傳》云：

> （明）帝問曰……（朗）對曰：「……又公卿朝會，陛下問以得失，皆長跪言，舊制大罪禍及九族，陛下大恩，裁止於身，天下幸甚。……」【8】

【3】 參閱《後漢書》卷八十六《南蠻西南夷傳》，頁 2837 — 2838。「四府」云者，指太尉、司徒、司空外，尚有太傅也。

【4】 參閱《後漢書》附《志第二·律曆中》，頁 3035。

【5】 見《後漢書》卷二十六，頁 902。

【6】 見《後漢書》卷三十七，頁 1250。

【7】 見《後漢書》卷二十六，頁 916。

【8】 見《後漢書》卷四十一，頁 1417。

又《後漢書・江革傳》云：

> 每朝會，（章）帝常使虎賁扶持，及進拜，恆目禮焉。【9】

又《後漢書・魯丕傳》云：

> 和帝因朝會，召見諸儒，丕與侍中賈逵、尚書令黃香等相難數事，帝善丕說，罷朝，特賜冠幘履襪衣一襲。【10】

又《後漢書・袁安傳》云：

> （和帝時）安以天子幼弱，外戚擅權，每朝會進見，及與公卿言國家事，未嘗不噫嗚流涕。【11】

又《後漢書・梁統傳》云：

> 元嘉元年，（桓）帝以冀有援立之功，欲崇殊典，乃大會公卿，共議其禮。……每朝會，與三公絕席。【12】

又《後漢書・孔融傳》云：

> 及獻帝都許，徵融為將作大匠，遷少府。每朝會訪對，融輒引正定議，公卿大夫皆隸名而已。【13】

以上皆言「朝會」之例也。他如《後漢書》之《樊宏傳》、《虞延傳》、《荀悅傳》及《續漢書・百官志四》注引之蔡質《漢儀》，均有提及「朝會」之名【14】。所謂「朝會」，猶言公卿百官會集於朝廷耳。每「朝會」，人主或時主（如太后）常在場，公卿百官大抵多有論議，或互相駁難，偶亦有僅作奏對陳述者。

【9】 見《後漢書》卷三十九，頁 1302。

【10】 見《後漢書》卷二十五，頁 884。

【11】 見《後漢書》卷四十五，頁 1522。

【12】 見《後漢書》卷三十四，頁 1183。

【13】 見《後漢書》卷七十，頁 2264。

【14】 參閱《後漢書》卷三十二（頁 1121）、卷三十三（頁 1153）、卷五十三（頁 1740）及《後漢書》附《志第二十七》（頁 3614）。《漢儀》原名《漢官典職儀式選用》，孫星衍校集。參閱《漢官六種》，1990 年 9 月中華書局（北京），頁 208。

3

「朝會」而外，稱「朝議」及「廷議」者亦復不少。兩者是否有別？宜先考察史文，未可遽予判定也。

稱「朝議」者，如《後漢書‧鄭眾傳》云：

顯宗遣眾持節使匈奴……眾拔刀自誓，單于恐而止，乃更發使隨眾還京師。朝議復欲遣使報之……。【15】

又《後漢書‧蔡邕傳》云：

初，朝議以州郡相黨，人情比周，乃制婚姻之家及兩州人士不得相對監臨。【16】

又《後漢書‧盧植傳》云：

時皇后父大將軍竇武援立靈帝，初秉機政，朝議欲加封爵。【17】

又《後漢書‧西南夷傳》云：

靈帝熹平五年，諸夷反叛……朝議以為郡在邊外，蠻夷喜叛，勞師遠役，不如棄之。【18】

又《後漢書‧西羌傳》云：

自西戎作逆，未有陵斥上國若斯其熾也。和熹以女君親政，威不外接，朝議憚兵力之損，情存苟安。【19】

又《後漢書‧鮮卑傳》云：

（靈帝）拜（田）晏為破鮮卑中郎將。大臣多有不同，乃召百官議朝堂。議郎蔡邕議曰：「……眾所謂危，聖人不任，朝議有嫌，明主不行也。……」【20】

【15】 見《後漢書》卷三十六，頁 1224。

【16】 見《後漢書》卷六十下，頁 1990。

【17】 見《後漢書》卷六十四，頁 2113。

【18】 見《後漢書》卷八十六，頁 2847。

【19】 見《後漢書》卷八十七，頁 2900。

【20】 見《後漢書》卷九十，頁 2990 及 2992。

以上皆言「朝議」之例也。

稱「廷議」者，如《後漢書‧桓榮傳》云：

論曰：……若夫一言納賞，志士為之懷恥；受爵不讓，風人所以興歌。而（張）俠廷議戚援，自居全德，意者以廉不足乎？[21]

又《後漢書‧桓焉傳》云：

順帝即位……以焉前廷議守正，封陽平侯，固讓不受。[22]

又《後漢書‧郭憲傳》云：

時匈奴數犯塞，帝患之，乃召百僚廷議。[23]

又《後漢書‧匈奴傳》云：

（光武建武）二十七年，北單于遂遣使詣武威求親，天子召公卿廷議，不決。[24]

又《續漢書‧百官志四》注引蔡質《漢儀》云：

司隸詣臺廷議，處九卿上，朝賀處公卿下陪卿上。[25]

以上皆言「廷議」之例也。

論者有謂「朝議」、「廷議」各殊。前者為人主臨朝御殿時之會議，討論結果，由人主直接採擇，故人主必在場；後者則在公卿百官論議之時，人主不必在場（又謂有例外）[26]。惟就上舉史文觀之，竊

【21】見《後漢書》卷三十七，頁 1254。

【22】見同上，頁 1257。

【23】見《後漢書》卷八十二上《方術傳》，頁 2709。

【24】見《後漢書》卷八十九，頁 2945。

【25】見《後漢書》附《志第二十七》，頁 3614。又參閱《漢官六種》，1990 年 9 月中華書局（北京），頁 208。

【26】參閱楊樹藩《兩漢中央政治制度與法儒思想》，1967 年 10 月台灣商務印書館（台北），頁 192 — 199。

疑未是。蓋「廷議」固有人主在場之例，而「朝議」似亦有人主不在場之例也。且「廷議」倘有在場之例外，如論者所云，則與「朝議」何別？【27】其實「朝」猶「廷」耳，兩者並無別義作用。

史文亦有稱「朝廷議」者，如《後漢書・李燮傳》云：

> 安平王續為張角賊所略，國家贖王得還，朝廷議復其國。【28】

又《後漢書・孔融傳》云：

> 太傅馬日磾奉使山東……及喪還，朝廷議欲加禮。【29】

此言「朝廷議」之例也。是類資料不多，細察所謂「朝廷議」，猶「朝議」或「廷議」之意云爾。

除上舉各例外，公卿百官會集論議，亦有稱「集議」者。如《後漢書・虞詡傳》云：

> （安帝）永初四年，羌胡反亂……（大將軍鄧騭）乃會公卿集議。【30】

又《後漢書・董卓傳》云：

> 卓又使呂布殺執金吾丁原而并其眾，卓兵士大盛。乃諷朝廷策免司空劉弘而自代之。因集議廢立。【31】

此言「集議」之例也。以上「集議」，均由權臣主持，然不可據是謂凡「集議」「必由權臣主持」或「人主必不在場」也。蓋書闕有間，史所常見，以偏蓋全，實非所宜，況「集議」一詞，涵義寬廣，用以取代「朝會」、「朝議」、「廷議」、「朝廷議」諸詞，殆未嘗不可，故宋、明學者，如洪邁（1123-1202）、王鏊（1450-1524）等，亦曾以「集議」之

【27】 參閱廖伯源《秦漢朝廷之論議制度》附註 1，《秦漢史論叢》（增訂本），2008 年 3 月中華書局（北京），頁 130－131。

【28】 見《後漢書》卷六十三，頁 2091。

【29】 見《後漢書》卷七十，頁 2264－2265。

【30】 見《後漢書》卷五十八，頁 1866。

【31】 見《後漢書》卷七十二，頁 2324。

稱，通指漢代公卿百官之會議【32】。

綜而言之，「朝會」、「朝議」、「廷議」、「朝廷議」、「集議」，皆東漢中央會議制度之名，每次參與者眾，或為公卿百官，或為公府掾屬，或為臺閣職官，或為儒生，其特色在「會」、「集」而又「議」，偶有質疑、駁難，甚至疾言斥責，事所難免。會議之所，或在朝堂，或在公府，或在臺閣，或在特定處所，名稱雖別，形式則大同而或有小異。大抵「朝會」泛指朝廷一切會集，人主或時主常在場，其中有「議」有「不議」，而有「議」者居多。「朝議」、「廷議」、「朝廷議」、「集議」則皆有「議」，會集論議之時，有人主親臨之例，亦有人主不在場之例，未可循名判斷謂人主「必在場」或「必不在場」也。若夫「集議」一詞，涵義較寬，亦易理解，爰取此以名東漢中央政府之議事制度，冀便論述，未敢云必當也。

三、漢代經學論辯之風與集議之關係

西漢經學論辯之風頗盛，至東漢而愈甚。然則經學論辯之盛，是否對東漢中央集議制度有影響？歷來論史者鮮有提及。先師牟潤孫先生（1809-1988）《論魏晉以來之崇尚談辯及其影響》一文，雖非特為東漢中央集議制度而發，惟其內容，則與本文論旨頗有關涉。其言曰：

> 夫論說經義始於棄家法，而導源於經師博學，博學則為應世務之需。【33】

爰以此為嚆矢，試作述論如下。

【32】參閱洪邁《容齋隨筆》卷二「漢采眾議」條，1995年3月上海古籍出版社，頁27；王鏊《震澤長語》「官制」條，陶珽纂《續說郛》第十九，1964年6月新興書局影印本（台灣），頁853。

【33】見潤孫師《注史齋叢稿》（增訂本）上冊，2009年6月中華書局（北京），頁156。

1. 俗儒與通儒

西漢經師，有僅治一經者，有兼通數經者，而兼通者蓋寡。治一經者，撰為章句，每以修家法、守師說為務，動輒十餘萬以至百餘萬言，即有刪減，去其蕪冗，仍屬章句之儒。章句之儒，為學疏略，與人論難，每為他人所絀屈，實非時主所喜，乃至影響一家學派之盛衰。為應世務之需，治經者乃稍稍求博學多通，重論辯，其中亦有兼善屬文者，故西漢之通儒多能文。惟是類通儒，已非嚴守家法之醇儒矣【34】。

東漢之世，論辯之風更盛，非博雅閎通之士，實無以辨是非，應論敵。故其時號稱「通儒」或「名儒」者，皆遍習諸經，博洽多聞，重大義訓詁，不為章句，如桓譚、杜林、魯丕、賈逵、馬融、荀爽、鄭玄等，皆是也【35】。夫經師相互論難及用經學以論政，為東漢一代之常事，故通經善辯者，於中央集議時常有卓越表現，此理可推知，亦有所謂俗儒與通儒之別焉。應劭《風俗通義》曰：

> 儒者區也，言其區別古今，居則翫聖哲之詞，動則行典籍之道，稽先王之制，立當時之事，此通儒也。若能納而不能出，能言而不能行，講誦而已，無能往來，此俗儒也。【36】

又曰：

> 援先王之制，立當時之事，綱紀國體，原本要化，此通儒也。【37】

蓋專治一經者，苟使其參典制之爭，預鹽鐵之議，論邊防之事，以至議禮、言曆、評法、論學，則每每拘牽所知而不能博引論據，宜乎為應劭

【34】 參閱同上，頁 161 — 162。

【35】 參閱同上，頁 160 — 161。

【36】 見《後漢書》卷二十七《杜林傳》李賢等注引，頁 935。亦見吳樹平《風俗通義校釋》「佚文」，1980 年 9 月天津人民出版社，頁 416。

【37】 見《後漢書》卷二十六《賈逵傳》李賢等注引，頁 1240。亦見吳樹平《風俗通義校釋》「佚文」，同上。

等所譏矣。

俗儒不徒為時論所譏，亦為人主所輕，史籍有記，姑舉一例為證。如《後漢書‧曾褒傳》云：

> 會肅宗欲制定禮樂……詔召玄武司馬班固問改定禮制之宜。固曰：「京師諸儒，多能說禮，宜廣招集，共議得失。」帝曰：「諺言『作舍道邊，三年不成』。會禮之家，名為聚訟，互生疑異，筆不得下。昔堯作《大章》，一夔足矣。」【38】

論者或據是謂人主之於禮制集議，似不甚重視。試推章帝（肅宗）之意，實不滿於其時議禮諸儒之表現。東漢儒生猥眾，而以章句俗儒為多，是類俗儒，識見卑陋，聚訟不休，互生疑異，迄無定說。章帝所鄙，其在斯乎！

2. 東漢經師之博通與其時之辯難及論政

東漢之世，「章句漸疏」，經師「多以浮華相尚」【39】。魯丕於和帝永元十一年（99）上疏曰：

> 說經者，傳先師之言，非從己出，不得相讓；相讓則道不明，若規矩權衡之不可枉也。難者必明其據，說者務立其義，浮華無用之言不陳於前，故精思不勞而道術愈章。法異者，令各自說師法，博觀其義。【40】

魯丕之意，殆言辯難在申明師說，故「不得相讓」；「浮華」者，乃謂辯難者不用師說而陳己意。或謂「浮華」指章句之浮辭，恐非其實，蓋其前有「章句漸疏」一語也【41】。夫能不用師說而陳己意，非博學兼通

【38】 見《後漢書》卷三十五，頁 1203。

【39】 參閱《後漢書》卷七十九上《儒林傳‧序》，頁 2547。

【40】 見《後漢書》卷二十五《魯丕傳》，頁 884。

【41】 參閱潤孫師《論魏晉以來之崇尚談辯及其影響》，《注史齋叢稿》（增訂本）上冊，2009 年 6 月中華書局（北京），頁 158 — 159。

之士不可，東漢及其後之經學遭變，即循此途。

　　東漢經師重論辯，雖沿西漢之舊，惟西漢重章句師法，東漢則浸趨博學兼通為用以辯難。經師之間相互論學固若是，同時亦用經學及其辯難技巧以論政，博通與辯難及論政之關係，其密切如此。是類集議不乏其例，茲試勾取史料，以證成其說焉。

　　《後漢書‧杜林傳》云：

> （杜）林少好學沈深，家既多書，又外氏張竦父子喜文采，林從竦受學，博洽多聞，時稱通儒。……（光武）問以經書故舊及西州事，甚悅之……京師士大夫，咸推其博洽。……大議郊祀制……詔復下公卿議，議者僉同，帝亦然之。林獨以為周室之興，祚由后稷，漢業特起，功不緣堯。祖宗故事，所宜因循。定從林議。【42】

杜林博洽多聞，號稱「通儒」，答問為光武所悅，其內容並不限於經書故舊。議郊祀制，又能獨排眾說，最終為人主及公卿百官所從，則其論辯之才，當有可觀。

　　又《後漢書‧戴憑傳》云：

> （憑）習京氏《易》……郡舉明經，徵試博士，拜郎中。時詔公卿大會，群臣皆就席，憑獨立。光武問其意。憑對曰：「博士說經皆不如臣，而坐居臣上，是以不得就席。」帝即召上殿，令與諸儒難說，憑多所解釋。帝善之，拜為侍中，數進見問得失。帝謂憑曰：「侍中當匡補國政，勿有隱情。」……正旦朝賀，百僚畢會，帝令群臣能說經者更相難詰，義有不通，輒奪其席以益通者，憑遂重坐五十餘席。【43】

戴憑以善論辯為光武所重，其初固由經學，然其後「數進見問得失」，

【42】見《後漢書》卷二十七，頁 934－937。

【43】見《後漢書》卷七十九上《儒林傳》，頁 2553－2554。

當與「匡補國政」有關，倘非博洽多識而通世務，奚克應付所問？與諸儒難詰而至奪人五十餘席，可想像其意氣風發之善辯風采。

又《後漢書・桓郁傳》云：

> （郁）少以父任為郎。敦厚篤學，傳父業，以《尚書》教授，門徒常數百人。……（明）帝以郁先師子，有禮讓，甚見親厚，常居中論經書，問以政事，稍遷侍中。……郁數進忠言，多見納錄。【44】

桓郁為經師桓榮子，明帝為太子時，曾受業於榮。郁必通經博聞，方能論經書，答問政。而進言多見納錄，可知識見非凡，且決非拙於辭令者。

又《後漢書・張輔傳》云：

> 酺少從祖父充受《尚書》，能傳其業。又事太常桓榮，勤力不息，聚徒以百數。永平九年，顯宗為四姓小侯開學於南宮，置《五經》師。輔以《尚書》教授，數講於御前。以論難當意，除為郎，賜車馬衣裳，遂令入授皇太子。酺為人質直，守經義，每侍講閒隙，數有匡正之辭，以嚴見憚。【45】

張輔倘非博識善辯，豈能以論難當人主之意？而其「匡正之辭」，必有涉及政事世務，並不限於經書範圍也。

又《後漢書・董鈞傳》云：

> （鈞）習《慶氏禮》。……鈞博通古今，數言政事。（明帝）永平初，為博士。時草創五郊祭祀，及宗廟禮樂，威儀章服，輒令鈞參議，多見從用。當世稱為通儒。【46】

董鈞博通古今，既屢為政事發言，又常參議祭祀、禮樂、章服等事務，

【44】 見《後漢書》卷三十七，頁 1254。

【45】 見《後漢書》卷四十五，頁 1528 — 1529。

【46】 見《後漢書》卷七十九下《儒林傳》，頁 2577。

誠不愧為「通儒」。當其言政、參議之時，應能盡其博學兼通為用以辯難之能。

又《後漢書・丁鴻傳》云：

> （鴻）從桓榮受《歐陽尚書》，三年而明章句，善論辯，為都講⋯⋯頃之，拜侍中。⋯⋯肅宗詔鴻與廣平王羨及諸儒樓望、成封、桓郁、賈逵等，論定《五經》同異於北宮白虎觀⋯⋯鴻以才高，論難最明，諸儒稱之，帝數嗟美焉。【47】

丁鴻學博才高，善論難，職任侍中，「掌侍左右，贊導眾事，顧問應對」【48】，為人主及諸儒所稱美。史文所見，其論難範圍，似僅為經學，實則應亦涉及政事或其他世務，如上文所提杜林、戴憑、桓郁、董鈞等皆是也。

又《後漢書・班固傳》云：

> （固）年九歲，能屬文誦詩賦，及長，遂博貫載籍，九流百家之言，無不窮究，所學無常師，不為章句，舉大義而已。【49】

班固學無常師，博通載籍及九流百家之言，故亦善於論辯。同傳又云：

> 朝廷有大議，使難問公卿，辯論於前，賞賜恩寵甚渥。⋯⋯天子會諸儒講論《五經》，作《白虎通德論》，令固撰集其事。時北單于遣使貢獻，求欲和親，詔問群僚。議者或以為⋯⋯固議曰：「⋯⋯不若因今施惠，為策近長。」【50】

朝廷大議，當不限於論辯經書，如集議北單于求欲和親事，即為一例。班固論辯能得賞賜，其表現當甚出眾，所以然者，以其為博雅閎通兼善論難之通儒也。

又《後漢書・魏應傳》云：

【47】 見《後漢書》卷三十七，頁 1263 — 1264。

【48】 參閱《後漢書》附《志第二十六・百官三》，頁 3593。

【49】 見《後漢書》卷四十上，頁 1330。

【50】 見《後漢書》卷四十下，頁 1373 — 1374。

應經明行修，弟子遠方至，著錄數千人。肅宗甚重之，數進見，論難於前，特受賞賜。時會京師諸儒於白虎觀，講論《五經》同異，使應專掌難問……帝親臨稱制，如石渠故事。【51】

魏應經明行修，弟子甚眾。於白虎觀掌難問，論辯內容自屬《五經》，惟數論難於御前，則其所涉未必專限經書也。魏應殆為善論辯之經師，故集議御前得特受賞賜，而於講論經書時專掌難問。

又《後漢書・李育傳》云：

（育）少習《公羊春秋》。沈思專精，博覽書傳，知名太學，深為同郡班固所重。……（章帝）建初元年，衛尉馬廖舉育方正，為議郎，後拜博士。四年，詔與諸儒論《五經》於白虎觀，育以《公羊》義難賈逵，往返皆有理證，最為通儒。再遷尚書令……再遷侍中，卒於官。【52】

李育博覽書傳，與經師賈逵往返論難《公羊》義，表現「最為通儒」。其後遷尚書令及侍中，此兩職均常有與公卿百官集議國政世務之機會，則其於集議時，焉能不用經書及詰難技巧以論辯哉？

又《後漢書・應劭傳》云：

（劭）少篤學，博覽多聞。……安帝時河間人尹次、潁川人史玉皆坐殺人當死，次兄初及玉母軍並詣官曹求代其命，因縊而物故。尚書陳忠以罪疑從輕，議活次、玉。劭後追駁之，據正典刑，有可存者。其議曰……劭凡為駁議三十篇，皆此類也。【53】

應劭博覽多聞，勤於著述，撰有《風俗通義》、《中漢輯敘》、《漢官儀》、《禮儀故事》等。因其善於論辯，竟撰駁議三十篇，於此可略覘當時集議往返駁辯之風氣。又同書同傳云：

（靈帝）中平二年，漢陽賊邊章、韓遂與羌胡為寇，東侵三輔……

【51】見《後漢書》卷七十九下《儒林傳》，頁 2571。

【52】見同上，頁 2582。

【53】見《後漢書》卷四十八，頁 1610－1611。

（皇甫）嵩請發烏桓三千人。……事下四府，大將軍掾韓卓議……劭駁之曰……韓卓復與劭相難反覆。於是詔百官大會朝堂，皆從劭議。【54】

集議時相難反覆，論辯之激烈，或可約略推想。夫所議者為邊防軍事，倘非博識通世務而又善辯之士，豈能應付？應劭有駁議三十篇，誠論辯之長才，亦風氣所使然也。

又《後漢書・張馴傳》云：

（馴）少遊太學，能誦《春秋左氏傳》。以《大夏侯尚書》教授。辟公府，舉高第，拜議郎。與蔡邕共奏定《六經》文字。擢拜侍中，典領祕書近署，甚見納異。多因便宜陳政得失，朝廷嘉之。……（靈帝）光和七年，徵拜尚書，遷大司農。【55】

張馴以經師拜議郎，當常參與中央之集議，集議內容，自不限於經學。其後任侍中、尚書、大司農，更不可不通政事世務，所謂「多因便宜陳政得失」，殆指此也。上舉史文雖無張馴雄辯之記述，然東漢之經師，自光武以來殆無一不善詰難，亦無一不善議政論事，風氣相扇，愈後愈盛，至桓、靈時為尤甚。此政治風氣所促成也。《後漢書・黨錮列傳・序》嘗論之：

逮桓靈之間，主政荒繆，國命委於閹寺，士子羞與為伍，故匹夫抗憤，處士橫議，乃激揚名聲，互相題拂，品覈公卿，裁量執政，婞直之風，於斯行矣。【56】

潤孫師據此下一按語，曰：

夫「抗憤」、「橫議」、「題拂」、「品覈」、「裁量」皆議論之事。此風既入太學，郭泰、賈彪為諸生領袖，與其時賢大夫李

【54】 見同上，頁 1609 — 1610。

【55】 見《後漢書》卷七十九上《儒林傳》，頁 2558。

【56】 見《後漢書》卷六十七，頁 2185。

膺、陳蕃、王暢等為友，互相標榜，太學學風無不受其影響之理。太學為章句之中心，在此大風波中，章句之學益覺黯淡，諸生因愈輕視師說，而趨於談論浮華之途。永元而後儒生已「競尚浮麗」，而必至此時始「章句漸疏，浮華相尚」者，政治激盪之力巨也。【57】

此言桓、靈以來社會之風氣及太學之學風，其中有政治激盪之因素，亦與經學之遭變有關。夫東漢經學重論辯，重論辯則須博學兼通政事世務以為用，不再嚴守家法及章句，於是經師均競以浮華相尚，弗再依循師說而陳己意。此風於東漢初以來已見其跡，而浸盛於和帝永元以後，桓、靈之間，其風更盛，斯既影響中央集議，亦入於太學，諸生乃有抗憤、橫議、題拂、品覈、裁量之表現。中央集議，有論經書者，亦有論政事世務者，經師既任官於朝廷，其博通自不能以諸經為限，勢須旁涉經外，否則難以應付他人之詰難及駁議。而經學之論辯，無論內容或技巧，則可應用於集議之中，此經學論辯之影響於中央集議也。

四、集議之進行

東漢集議如何進行？《續漢書·律曆志中》載：靈帝熹平四年（175），五官郎中馮光、沛相上計掾陳晃上言曆元不正，詔書下三府與儒林明道者詳議，群臣乃會司徒府集議【58】。《律曆志中》注引《蔡邕集》云：

> 百官會府公殿下，東面，校尉南面，侍中、郎將、大夫、千石、六百石重行北面，議郎、博士西面。戶曹令史當坐中而讀詔書，

【57】見潤孫師《論魏晉以來之崇尚談辯及其影響》，《注史齋叢稿》（增訂本）上冊，2009年6月中華書局（北京），頁172－173。

【58】參閱《後漢書》附《志第二》，頁3037。

公議。蔡邕前坐侍中西北，近公卿，與光、晃相難問是非焉。【59】
此記集議司徒府時百官所坐之位置。集議前，由司徒屬吏戶曹令史當坐
中而讀詔書，宣示議題。又蔡邕《答詔問災異八事》：

> （靈帝）光和元年七月十日，詔書尺一召光祿大夫楊賜、諫議大
> 夫馬日磾、議郎張華蔡邕、太史令單颺詣殿金商門，引入崇德署
> 門內南辟帷，中為都座。漏未盡三刻，中常侍育陽侯曹節、冠軍
> 侯王甫從東省出就都座，東西十門劉寵、龐訓北面，楊公南面，
> 日磾、華、邕、颺西面，受詔書，各一通尺一木板草書。兩常侍
> 又諭旨：朝廷以災異憂懼，旨特密問及政事所變改施行，務令分
> 明。賜等稱臣再拜受詔書，起就坐，五人各一處，給財用筆硯為
> 對。【60】

此記集議宮中時各官員所坐之位置，由兩常侍曹節、王甫主持。兩常侍
中坐為都座，宣示諭旨，楊賜、馬日磾、張華、蔡邕、單颺五人各坐一
處，先用書面答詔問然後再集議。

上述兩集議一在司徒府，一在宮中，皆非由人主監臨，故集議者之
人選不同，坐次亦有別。倘屬朝堂之集議，則公卿百官之排列，自依朝
廷所定班次矣。

集議進行時，難問是非，往返駁議，每非數語即可立決。如《後漢
書·班勇傳》云：

> （安帝元初六年）鄧太后召勇詣朝堂會議。先是公卿多以為宜閉玉
> 門關，遂棄西域。勇上議曰……尚書問勇曰……勇對曰……長樂
> 衛尉鐔顯、廷尉綦毋參、司隸校尉崔據難曰……勇對曰……太尉
> 屬毛軫難曰……勇對曰……於是從勇議，復敦煌郡營兵三百人，
> 置西域副校尉居敦煌。【61】

【59】見同上。

【60】見《蔡中郎文集》卷六，上海涵芬樓影印明蘭雪堂活字本第二冊，頁6。

【61】見《後漢書》卷四十七，頁 1587－1589。

班勇於朝堂受諸般詰難，有如是者，最後仍從其議。惟辭語過分激越無禮，亦會因之而獲罪。如《後漢書・張輔傳》云：

> （晏稱、張輔）共謝闕下……稱辭語不順，酺怒，遂廷叱之，稱乃劾奏輔有怨言……有詔公卿、博士、朝臣會議……於是策免。【62】

此言張輔因廷叱大臣而獲罪。蓋公門有儀，即有責讓，亦不應作色大言。而論其罪，亦以公卿百官集議出之。

同屬廷叱，亦有不獲加罪者。如《後漢書・袁安傳》云：

> 武威太守孟雲上書：「北虜既已和親……宜還其生口，以安慰之。」詔百官議朝堂。公卿皆言夷狄譎詐……不可開許。安獨曰：「不宜負信於夷狄……。」司徒桓虞改議從安。太尉鄭弘、司空第五倫皆恨之。弘因大言激勵虞……虞廷叱之，倫及大鴻臚韋彪各作色變容，司隸校尉舉奏，安等皆上印綬謝。肅宗詔報曰：「久議沈滯，各有所志。蓋事以議從，策由眾定……其各冠履。」帝竟從安議。【63】

司隸校尉舉奏，則廷叱為律法所禁可知，然人主竟赦之，蓋以久議沈滯，且又心合袁安之議，故不欲加罪於桓虞等也。

又《後漢書・傅燮傳》云：

> 會西羌反……司徒崔烈以為宜棄涼州。詔會公卿百官，烈堅執先議。燮厲言曰：「斬司徒，天下乃安。」尚書郎楊贊奏燮廷辱大臣。帝以問燮，燮對曰：……帝從燮議。【64】

廷辱大臣，自非法例所許，故尚書郎上奏其失，然人主既從其議，罪譴乃不加乎其身矣。

蓋一切集議，原為發自人主，即發自權臣，亦須假借人主之名。人

【62】 見《後漢書》卷四十五，頁 1533。

【63】 見同上，頁 1518 — 1519。

【64】 見《後漢書》卷五十八，頁 1875 — 1876。

主將應議事項發下，公卿百官然後乃得議之。而集議結果，僅供人主決策之參考，其最終抉擇權，則仍操諸人主之手。是以有眾議僉同，而人主獨取一人之議者；亦有眾寡之間，而人主竟從其寡者。其中誠亦有以眾為準之史例，所謂「事以議從，策由眾定」【65】，是也。然其決定之權，最終仍屬人主，故東漢集議之制，乃「論」由「眾議」，而是否「眾定」，則仍須得人主之認可，方能成事。

又東漢多太后臨朝，則其取捨集議結果之權，自歸諸臨朝太后，此弗待煩言而可知。如《後漢書・劉愷傳》云：

> （安帝）元初中，鄧太后詔長吏以下不為親行服者，不得典城選舉。時有上言牧守宜同此制，詔下公卿，議者以為不便。愷獨議曰……太后從之。【66】

此太后取獨議之例也。又《後漢書・黃瓊傳》云：

> 桓帝欲褒崇大將軍梁冀，使中朝二千石以上會議其禮。特進胡廣、太常羊溥、司隸校尉祝恬、太中大夫邊韶等，咸稱冀之勳德，其制度賞賜，以宜比周公……瓊獨建議曰：「……冀可比鄧禹，合食四縣，賞賜之差，同於霍光，使天下知賞必當功，爵不越德。」朝廷從之。【67】

此亦取獨議之例也。「朝廷」雖指公卿百官，實猶言桓帝耳。是類取獨議之史例殊多，不具引。

若夫取眾議之史例，亦屢見不鮮。如《後漢書・朱浮傳》云：

> （光武）帝以二千石長吏多不勝任，時有纖微之過者，必見斥罷……有日食之異，浮因上疏曰：「……蓋以為天地之功不可倉卒，艱難之業當累日也。……願陛下遊意於經年之外，望化於一世之後。天下幸甚。」帝下其議，群臣多同於浮，自是牧守易

【65】語見《後漢書》卷四十五，頁1519。

【66】見《後漢書》卷三十九，頁1307。

【67】見《後漢書》卷六十一，頁2035－2036。

代頗簡。【68】

牧守有纖微之過，輒見斥罷，朱浮上疏議其不可，群臣多同其議，光武從之。此取眾議之例也。

又《後漢書·李爕傳》云：

> 安平王續為張角賊所略，國家贖王得還，朝廷議復其國。爕上奏曰：「續在國無政，為妖賊所虜，守藩不稱，損辱聖朝，不宜復國。」時議者不同，而續竟歸藩。爕以謗毀宗室，輸作左校。【69】

由是觀之，則集議所論，僅供人主以為決策之參考，獨議、眾議，咸不足以拘牽人主也。

或謂東漢集議之召開，既發自人主，而集議結果之取捨，亦由人主決定，則東漢集議之進行，豈非徒具虛文？對曰：是又不然。考東漢建祚以來，集議制度行之未替，其中特具價值之議論，每為人主所悅納，而凡國之大造大疑，亦未有不經由集議者。洪邁《容齋隨筆》「漢采眾議」條嘗舉史實八事論之，此八事為【70】：

1. 元帝時，珠厓反，上與有司議大發軍。待詔賈捐之以為不當擊，上從之。
2. 匈奴呼韓邪單于既事漢，諸罷邊備塞吏卒。議者皆以為便，郎中侯應以為不可許，有詔勿議邊塞事。
3. 成帝時，匈奴使者欲降，公卿議受其降。光祿大夫谷永以為不如勿受，天子從之。
4. 哀帝時，單于求朝，公卿以為可勿許。黃門郎揚雄上書諫，天子報單于書而許之。
5. 安帝時，大將軍鄧騭棄涼州，公卿集議皆以為然。郎中虞詡陳三不可，乃更集四府，皆從詡議。

【68】 見《後漢書》卷三十三，頁 1141 — 1142。

【69】 見《後漢書》卷六十三，頁 2091。

【70】 參閱洪邁《容齋隨筆》卷二，1995 年 3 月上海古籍出版社，頁 27。

6. 北匈奴復強，公卿多以為宜閉玉門關。軍司馬班勇以為不可，眾從勇議。

7. 順帝時，交阯蠻叛，公卿百官及四府掾屬皆議遣將發兵。議郎李固駁之，四府悉從固議。

8. 靈帝時，涼州兵亂，司徒崔烈以為宜棄，詔會公卿百官議之。議郎傅燮以為不可，帝從之。

上述均為漢代集議之事，並不限於東漢。其特色為人主所擇，每取獨議，或眾從獨議，而人主認可。洪邁因之而論曰：

> 此八事者，所係利害甚大，一時公卿既同定議矣，賈捐之以下八人，皆以郎大夫之微，獨陳異說。漢元、成、哀、安、順、靈皆非明主，悉能違眾而聽之，大臣無賢愚亦不復執前說，蓋猶有公道存焉。每事皆能如是，天下其有不治乎？[71]

夫集議與政治決策之關係極為密切，涉及國家之利害甚大，倘謂人主徒取形式，視集議制度為具文，以集議進行為敷衍，則顯屬拘墟之見，非至正之公論也。集議誠可令尊卑賢愚各逞辯才，並陳所見，雖非明主，亦可稍減因偏聽而誤斷之機會，且亦可使公卿百官對議題有更周詳之考慮，不復固執己說，故最終決策權雖由人主所操持，然未可謂集議之進行於國政全無裨補也。至「每事皆能如是，天下其有不治乎」一語，乃洪邁「借古論今」，意有所指，針砭南宋朝廷，然此非本文討論範圍，姑暫存而不論焉。

五、集議之方式

東漢集議之方式，約略言之，可分下列諸端：人主不監臨，此其一；人主監臨，此其二；人主之代表監臨，此其三；權臣主持或召開，

---

[71] 見同上。「所係利害」，「係」，絜束也，俗通用「繫」。

此其四。茲就上舉四目,引述史例說明之。

1. 人主不監臨

人主不監臨之集議,仍須發自人主,然後公卿百官始得議之;即或臣下上疏請議,亦須得人主之許可;偶有發自權臣,亦須假借人主之名。倘無所假借,則已非「人主不監臨」方式,而屬「權臣主持或召開」方式。

人主下議,有不預為指定與會人選者,有預為指定與會人選者,前者之對象為公卿百官,後者之對象則屬諸府或有司。此外,亦有因事之性質而定人選者。下議時,最常用「下」字,間亦有用「詔」或「詔問」;偶曰「章示百官」,或曰「某與某議」,或謂「有司其議糾舉之」,或逕言「群臣議」。今試舉述史例如下:

(一)公卿百官

東漢人主下公卿百官議事,多不預為指定與會人選。用語不一,其意實同。如《後漢書・韋彪傳》云:

> 是時陳事者,多言郡國貢舉率非功次,故守職益懈而吏事寖疏,咎在州郡。有詔下公卿朝臣議。【72】

以上乃用「詔下公卿朝臣」一語之例。

又《後漢書、杜林傳》云:

> (光武建武七年)大議郊祀制……詔復下公卿議,議者僉同,帝亦然之。【73】

又《後漢書・張純傳》云:

> 純以宗廟未定,昭穆失序,十九年,乃與太僕朱浮上奏言……詔下公卿,大司徒戴涉、大司空竇融議……。【74】

【72】 見《後漢書》卷二十六,頁 917。

【73】 見《後漢書》卷二十七,頁 937。

【74】 見《後漢書》卷三十五,頁 1194。

又《後漢書·劉愷傳》云：

（安帝）元初中，鄧太后詔長吏以下不為親行服者，不得典城選舉。時有上言牧守宜同此制，詔下公卿，議者以為不便。【75】

又《後漢書·應奉傳》云：

武陵蠻詹山等四千餘人反叛……詔下公卿議……。【76】

又《後漢書·周舉傳》云：

及梁太后臨朝，詔以殤帝幼崩，廟次宜在順帝下。……詔下公卿。【77】

以上皆用「詔下公卿」一語之例。

又《後漢書·徐防傳》云：

防以《五經》久遠，聖意難明，宜為章句，以悟後學。上疏曰……詔書下公卿，皆從防言。【78】

又《續漢書·律曆志中》云：

衡、興參案儀注，考往校今，以為《九道法》最密。詔書下公卿詳議。【79】

以上皆用「詔書下公卿」一語之例。

又《續漢書·律曆志中》云：

順帝漢安二年，尚書侍郎邊韶上書……詔書下三公、百官雜議。【80】

以上乃用「詔書下三公、百官」一語之例。

又《續漢書·祭祀志下》云：

【75】見《後漢書》卷三十九，頁 1307。

【76】見《後漢書》卷四十八，頁 1608。

【77】見《後漢書》卷六十一，頁 2029。

【78】見《後漢書》卷四十四，頁 1500 — 1501。

【79】見《後漢書》附《志第二》，頁 3034。

【80】見同上，頁 3035 — 3036。

（光武建武）十九年，盜賊討除，戎事差息，於是五官中郎將張純與太僕朱浮奏議……下公卿、博士、議郎。【81】

以上乃用「下公卿、博士、議郎」一語之例。

又《後漢書‧耿國傳》云：

及匈奴奠鞬日逐王比自立為呼韓邪單于，款塞稱藩，願扞禦北虜。事下公卿。【82】

又《後漢書‧袁安傳》云：

憲日矜己功，欲結恩北虜，乃上立降者左鹿蠡王阿佟為北單于……事下公卿議……。【83】

以上皆用「事下公卿」一語之例。

又《後漢書‧楊終傳》云：

大旱穀貴……吏民怨曠，（終）乃上疏曰……書奏，肅宗下其章。司空第五倫亦同終議。太尉牟融、司徒鮑昱、校書郎班固等難倫……。【84】

以上乃用「下其章」一語之例。

又《後漢書‧朱浮傳》云：

（光武建武）六年，有日食之異，浮因上疏曰……帝下其議……。【85】

又《後漢書‧陳元傳》云：

時議欲立《左氏傳》博士，范升奏以為《左氏》淺末，不宜立。元聞之，乃詣闕上疏曰……書奏，下其議。【86】

【81】見《後漢書》附《志第九》，頁 3193。

【82】見《後漢書》卷十九，頁 715。

【83】見《後漢書》卷四十五，頁 1520。

【84】見《後漢書》卷四十七，頁 1597 — 1598。

【85】見《後漢書》卷三十三，頁 1141 — 1142。

【86】見《後漢書》卷三十六，頁 1230 — 1233。

以上皆用「下其議」一語之例。

又《後漢書‧范升傳》云：

時尚書令韓歆上疏，欲為《費氏易》、《左氏春秋》立博士，詔下其議。【87】

以上乃用「詔下其議」一語之例。

又《後漢書‧陳元傳》云：

時大司農江馮上言，宜令司隸校尉督察三公。事下三府。元上疏曰……帝從之，宣下其議。【88】

以上乃用「宣下其議」一語之例。

又《後漢書‧陳寵傳》云：

（章帝）元和二年，旱，長上校尉賈宗等上言，以為斷獄不盡三冬……招致災旱，事在於此。帝以其言下公卿議……。【89】

以上乃用「下公卿」一語之例。

上舉各條，無論「詔下公卿」、「詔書下公卿」、「下公卿、博士、議郎」、「事下公卿」、「下其章」、「下其議」、「宣下其議」或「下公卿」，皆有「下」字，此均屬用「下」字之例，言集議時並無人主監臨也。

若夫僅用「詔」字之例者，亦有數條。如《後漢書‧光武帝紀》云：

巴蜀既平，大司馬吳漢上書請封皇子，不許，重奏連歲。三月，乃詔群臣議。【90】

又《後漢書‧魯恭傳》云：

肅宗時，斷獄皆以冬至之前，自後論者互多駁異。鄧太后詔公卿

【87】見《後漢書》卷三十六，頁 1228。

【88】見《後漢書》卷三十六，頁 1233。

【89】見《後漢書》卷四十六，頁 1550－1551。

【90】見《後漢書》卷一下，頁 64。

以下會議……。【91】

又《後漢書‧袁安傳》云：

> （章帝）元和二年，武威太守孟雲上書：「……（北單于）謀欲犯邊。宜還其生口，以安慰之。」詔百官議朝堂。【92】

又《後漢書‧張輔傳》云：

> （晏）稱辭語不順，酺怒，遂廷叱之，稱乃劾奏有怨言。天子以酺先帝師，有詔公卿、博士、朝臣會議。【93】

以上均屬用「詔」字之例。《袁安傳》雖云「百官議朝堂」，其時人主並不在場也。

他如《後漢書‧班固傳》云：

> 時北單于遣使貢獻，求欲和親，詔問群臣僚。議者或以為「匈奴變詐之國……不可」。【94】

此用「詔問」一語。又《後漢書‧王望傳》云：

> 是時州郡災旱，百姓窮荒……（望）因便宜出所在布粟……事畢上言，帝以望不先表請，章示百官，詳議其罪。【95】

此則用「章示」一語。

曰「詔」曰「詔問」曰「章示」，雖無「下」字，惟其性質，殆與上舉有「下」字之各例無異，均屬人主不監臨之集議也。

（二）諸府有司

東漢人君詔下集議，有預為指定人選者，蓋以事涉繁雜，性質各異，宜由司職臣僚或明其事者共議之。如《後漢書‧梁統傳》云：

【91】 見《後漢書》卷二十五，頁 881。

【92】 見《後漢書》卷四十五，頁 1518。

【93】 見同上，頁 1533。

【94】 見《後漢書》卷四十下，頁 1374。

【95】 見《後漢書》卷三十九，頁 1297。

（統）以為法令既輕，下姦不勝，宜重刑罰，以遵舊典……事下
三公、廷尉……。【96】

又《後漢書‧陳元傳》云：

時大司農江馮上言，宜令司隸校尉督察三公。事下三府。【97】

又《後漢書‧應劭傳》云：

（靈帝）中平二年，漢陽賊邊章、韓遂與羌胡為寇，東侵三輔……
（皇甫）嵩請發烏桓三千人。……事下四府……。【98】

又《後漢書‧劉陶傳》云：

時有上書言人以貨輕錢薄，故致貧困，宜改鑄大錢。事下四府群
僚及太學能言之士。【99】

又《續漢書‧律曆中》云：

太史待詔董萌上言曆不正，事下三公、太常知曆者雜議。【100】

以上皆用「事下」一語之例。其所下者，包括四府、太學能言之士及太
常知曆者。

又《續漢志‧律曆中》云：

（和帝）永元十四年，待詔太史霍融上言……詔書下太
常……。【101】

又云：

靈帝熹平四年，五官郎中馮光、沛相上計掾陳晃言……詔書下三
府，與儒林明道者詳議，務得道真。【102】

【96】見《後漢書》卷三十四，頁 1166－1168。

【97】見《後漢書》卷三十六，頁 1233。

【98】見《後漢書》卷四十八，頁 1609。

【99】見《後漢書》卷五十七，頁 1845。

【100】見《後漢書》附《志第二》，頁 3025。

【101】見同上，頁 3032。

【102】見同上，頁 3037。

以上皆用「詔書下」一語之例。其所下者，包括三府、太常及儒林明道者。

又《後漢書‧張純傳》云：

> 會博士桓榮上言宜立辟雍、明堂，章下三公、太常，而純議同榮，帝乃許之。【103】

又《後漢書‧劉愷傳》云：

> 是時居延都尉范邠復犯贓罪，詔下三公、廷尉議。【104】

以上乃用「章下」或「詔下」之例。其所下者，包括三公、廷尉、太常。

上舉各條，無論「事下」、「詔書下」、「章下」或「詔下」，皆有「下」字，此均屬用「下」之例。

其他亦有不用「下」字，而仍屬人主不監臨之集議者。如《後漢書‧光武帝紀》云：

> （建武二年）三月乙未，大赦天下，詔曰：「頃獄多冤人，用刑深刻……其與中二千石、諸大夫、博士、議郎議省刑法。」【105】

又《後漢書‧章帝紀》云：

> （建初五年）三月甲寅，詔曰：「……今吏多不良，擅行喜怒，或案不以罪，迫脅無辜……有司其議糾舉之。」【106】

詔書或云「其與中二千石、諸大夫、博士、議郎議省刑法」，或逕言「有司其議糾舉之」，是皆出乎「下」字之例，惟亦屬人主不監臨之類，殆可知也。

2. 人主監臨

東漢集議，有於人主臨朝時舉行。是類集議，多行之於朝堂，偶有

【103】見《後漢書》卷三十五，頁 1196。

【104】見《後漢書》卷三十九，頁 1308。

【105】見《後漢書》卷一上，頁 29。

【106】見《後漢書》卷三，頁 140。

需要，則行之於特定之地。群臣論議，人主直接聽取，間或予以垂問。其結論之可否，亦由人主決定。下議時，多用「召」字，亦常用「會」字，偶亦有用「引」字及他字。如《後漢書‧周舉傳》云：

> （順帝）永和元年，災異數見，省內惡之，詔召公、卿、中二千石、尚書詣顯親殿，問曰：「……北鄉侯親為天子而葬以王禮，故數有災異，宜加尊謚，列於昭穆。」群臣議者多謂宜如詔旨，舉獨對曰……帝從之。【107】

又《後漢書‧郭憲傳》云：

> 時匈奴數犯塞，帝患之，乃召百僚廷議。【108】

又《後漢書‧南蠻西南夷傳》云：

> （順帝永和三年）召公卿百官及四府掾屬，問其方略，皆議遣大將，發荊、楊、兗、豫四萬人赴之。【109】

又《後漢書‧鮮卑傳》云：

> 先是護羌校尉田晏坐事論刑被原，欲立功自効，乃請中常侍王甫求得為將，甫因此議遣兵與（夏）育并力討賊。……大臣多有不同，乃召百官議朝堂。【110】

以上皆用「召」字之例。

又《後漢書‧牟融傳》云：

> 是時顯宗方勤萬機，公卿數朝會……融經明才高，善論議，朝廷皆服其能……。【111】

又《後漢書‧梁冀傳》云：

【107】見《後漢書》卷六十一，頁 2027。

【108】見《後漢書》卷八十二上《方術傳》，頁 2709。

【109】見《後漢書》卷八十六，頁 2838 － 2839。

【110】見《後漢書》卷九十，頁 2990。

【111】見《後漢書》卷二十六，頁 916。

【112】見《後漢書》卷三十四，頁 1183。

（桓帝）元嘉元年、帝以冀有援立之功，欲崇殊典，乃大會公卿，共議其禮。【112】

又《後漢書‧應劭傳》云：

（皇甫）嵩請發烏桓三千人。事下四府，大將軍掾韓卓議……劭駁之曰……韓卓復與劭相難反覆。於是詔百官大會朝堂，皆從劭議。【113】

又《後漢書‧傅燮傳》云：

會西羌反……司徒崔烈以為宜棄涼州。詔會公卿百官，烈堅執先議。……帝以問燮。燮對曰……帝從燮議。……。【114】

又《後漢書‧戴憑傳》云：

正旦朝賀，百僚畢會，帝令群臣能說經者更相難詰，義有不通，輒奪其席以益通者……。【115】

以上皆用「會」字之例。

人主監臨，亦有用「引」字者，如《後漢書‧郭躬傳》云：

（明帝）永平中……（秦）彭在別屯輒以法斬人，（竇）固奏彭專擅，請誅之。顯宗乃引公卿朝臣平其罪科。……議者皆然固奏，躬獨曰……帝曰……躬對曰……帝從躬議。【116】

人主親與集議，故史書備載其問答之辭，所謂「引公卿朝臣平其罪科」也。

此外，尚有其他用字之例。如《後漢書‧范升傳》云：

時尚書令韓歆上書，欲為《費氏易》、《左氏春秋》立博士，詔下其議。四年正月，朝公卿、大夫、博士，見於雲臺。【117】

【113】 見《後漢書》卷四十八，頁 1609 — 1610。

【114】 見《後漢書》卷五十八，頁 1875 — 1876。

【115】 見《後漢書》卷七十九上《儒林傳》，頁 2554。

【116】 見《後漢書》卷四十六，頁 1543 — 1544。

【117】 見《後漢書》卷三十六，頁 1228。

以上乃用「見」字之例。又《後漢書・班固傳》云：

> 及肅宗雅好文章，固愈得幸……朝廷有大議，使難問公卿，辯論
> 於前，賞賜恩寵甚渥。【118】

以上乃用「使」字之例。

上舉各條，無論用「召」字、「會」字、「引」字、「見」字或「使」
字，均屬有人主監臨之集議。

3. 人主之代表監臨

公卿百官集議之際，倘人主不監臨，則主持者當屬諸府有司之長
官，此理可知也。然亦有詔令某某代表監臨者。如《後漢書・丁鴻傳》
云：

> 肅宗詔鴻與廣平王羨及諸儒樓望、成封、桓郁、賈逵等，論定
> 《五經》同異於北京白虎觀，使五官中郎將魏應主承制問難，侍
> 中淳于恭奏上，帝親稱制臨決。【119】

廣平王羨，為明帝（肅宗）子，受命與諸儒共同論定《五經》同異，惟
非人主監臨之代表。代表人主監臨者，亦非「主承制問難」之魏應，而
似為奏上集議結果之侍中淳于恭。淳于恭上奏後，帝方「親稱制臨
決」。

又《後漢書・陳球傳》云：

> （靈帝）熹平元年，竇太后崩。……及將葬，（曹）節等復欲別葬
> 太后，而以馮貴人配祔。詔公卿大會朝堂，令中常侍趙忠監
> 議。……既議，坐者數百人，各瞻望中官，良久莫肯發言。趙忠
> 曰：「議當時定，怪公卿以下各相顧望。」球曰：「皇太后以盛
> 德良家，母臨天下，宜配先帝，是無所疑。」忠笑而言曰：「陳
> 廷尉宜便操筆。」球即下議曰：「……今若別葬，誠失天下之

【118】見《後漢書》卷四十下，頁1373。

【119】見《後漢書》卷三十七，頁1264。

望。……」忠省球議，作色俛仰，曰球曰：「陳廷尉此議甚健！」……公卿以下，皆從球議。【120】

以上乃公卿大會朝堂集議進行之情況，而人主不在場。代表人主監議者，乃中常侍趙忠。抑且徒口不足以為準，宜便操筆成議而後下之。斯雖為趙忠有意對陳球施加壓力，然亦可覘此乃集議方式之一，公卿大臣殆可先操筆宣明己見然後討論。集議人數可多可少，本無一定，惟數百人之集議，亦可謂壯觀矣。

他如蔡邕《答詔問災異八事》一文，述光祿大夫楊賜、諫議大夫馬日磾、議郎張華及蔡邕、太史令單颺受詔命詣宮中集議災異事，而兩常侍曹節、王甫居中就都座宣示諭旨，五人拜受所示後各一處以筆為對，然後再議【121】。是則就都座之兩常侍，顯屬人主監臨之代表。上述集議，於宮中進行，而僅有五人，連同兩常侍亦不外七人，與朝堂上數百人集議之盛況，殆難相比。惟災異非人人所可議論，故其安排如此。

4. 權臣主持或召開

東漢中央官制，多沿西京之舊，以三公部九卿，為外朝，大將軍以次諸官，為內朝（中朝）。當公卿百官集議時，其領導地位，仍屬諸三公，惟實權則浸由內朝領袖大將軍所操持，至末年為尤甚【122】。其時大將軍勢侔人主，行丞相權，三公拱手以俟而已。由是集議之際，大將軍決策之力，可以得而想見。如《東觀漢記‧東平憲王蒼傳》云：

（中元二年）明帝詔曰：「……其以蒼為驃騎將軍，位在三公上。」……蒼以天下化平，宜修禮樂，乃與公卿共議定南北郊

【120】見《後漢書》卷五十六，頁 1832 — 1833。

【121】參閱《蔡中郎文集》卷六，上海涵芬樓影印明蘭雪堂活字本第二冊，頁 6。

【122】關於兩漢內外朝問題，歷來論者不少。拙文《論東漢之「事歸臺閣」與「權移外戚」》亦有涉及，茲不贅。參閱《新亞學報》第二十八卷，2010年3月新亞研究所，頁 341 — 366。

冠冕車服制度，乃（及）祖廟登歌八佾舞數。蒼以親輔政……每
有議事，上未嘗不見從，名稱日重。【123】

蒼時為驃騎將軍，位在三公上，其於集議時之領導權，實與西漢丞相相
侔。

又《後漢書・虞詡傳》云：

（安帝）永初四，羌胡反亂，殘破并、涼，大將軍鄧騭以軍役方
費，事不相贍，欲棄涼州，并力北邊，乃會公卿集議。【124】

鄧騭欲棄涼州，事涉軍國大政，倘需討論，原應發自人主，而騭竟自會
公卿集議其事，於此可見大將軍有召眾集議之權，而其權任之重，亦可
知矣。

又《後漢書・李固傳》云：

（梁）冀忌（質）帝聰慧，恐為後患，遂令左右進鴆。……因議立
嗣，固引司徒胡廣、司空趙戒，先與冀書曰……冀得書，乃召三
公、中二千石、列侯大議所立。【125】

梁冀時為大將軍，竟進鴆弒君，其跋扈恣縱可見。而集議立嗣之召，乃
發自梁氏，此固可覘其橫暴之威，亦可證明是時之大將軍有權召公卿百
官、列侯集議。

又《後漢書・董卓傳》云：

（靈帝中平）五年……乃拜卓前將軍……及帝崩，大將軍何進、司
隸校尉袁紹謀誅閹官，而太后不許，乃私呼卓將兵入朝，以脅太
后。……（卓）因集議廢立。百僚大會，卓乃奮首而言曰……公
卿以下莫敢對。卓又抗言曰：「……有敢沮大議者，皆以軍法從
之。」坐者震動。……乃立陳留王，是為獻帝。又議太后踧迫永

【123】見《東觀漢記》卷七，1987 年 3 月中州古籍出版社（河南）吳樹平校注本，頁
239。「乃祖廟」之「乃」，疑為「及」字之誤。

【124】見《後漢書》卷五十八，頁 1866。

【125】見《後漢書》卷六十三，頁 2085 － 2086。

樂太后，至令憂死……遂以弒崩。【126】

無論集議君主之廢立或太后之蹙迫，均由董卓召開，而百僚大會之時，又臨之以威，致令公卿以下，莫敢論議。至是，集議之本意已失，而集議之制，顯已為權臣所壞矣。如《後漢書·黃琬傳》所載，可為佐證：

及董卓秉政，以琬名臣，徵為司徒，遷太尉，更封陽泉鄉侯。卓議遷都長安，琬與司徒楊彪同諫，不從。【127】

遷都大事，本應集議取決，上文謂「卓議遷都長安」，則當時有集議之召可知。黃琬有高名，位列太尉，與司徒楊彪同議遷都之非，而董卓不從，因彼固無意於取集議之說也。

考東漢之末，集議之制仍存，惟已多由權臣召開，人主監臨之事，自非必要。而原有採納眾議，再由人主折衷之意義，亦蕩然而不存。抑可注意者，厥為：權臣雖屬位崇勢大，然為遂私意，亦不得不屢假集議之名，故歷靈、獻之世，集議之風仍未替改，理有由矣。

六、集議之範圍

東漢中央集議之範圍，極為廣泛，據《東漢會要》所載，凡典禮、策立、曆事、都邑、食貨、選舉、刑法、邊事，均得集臣僚議之【128】。惟《會要》所述，頗有遺落，茲特勾稽史文，就《會要》所舉名目，分類排比於後。其中記述，或與《會要》所載殊別，非敢立異，理自有不同耳。

【126】見《後漢書》卷七十二，頁 2321 — 2324。

【127】見《後漢書》卷六十一，頁 2041。

【128】參閱《東漢會要》卷二十二，《職官四》「集議」各條，2006 年 12 月上海古籍出版社，頁 323 — 333。

1. 議典禮

典禮集議，固常涉及喪祭之事，而褒崇、禮樂以至太后徙遷諸項之議，殆亦可屬此類。若夫婚冠之禮，或有所議，惜史無明文，故暫闕焉。茲就所見，分別說明如下：

（一）議喪祭

東漢集議之內容，頗多關乎喪祭，此殆儒風所扇而然。其中所議，每有郊祀宗廟、敬死尊親之事，此儒家所謂盡其心、致其禮也。

《後漢書・章帝紀》云：

> （元和二年）二月甲寅……詔曰：「今山川鬼神應典禮者，尚未咸秩。其議增修群祀，以祈豐年。」【129】

此言山川鬼神尚未次序而祭之，故詔議其事。

又《後漢書・杜林傳》云：

> 大議郊祀制，多以為周郊后稷，漢當祀堯。詔復下公卿議，議者僉同，帝亦然之。林獨以為……漢業特起，功不緣堯，祖宗故事，所宜因循。定從林議。【130】

時朝廷大議郊祀制，多以為漢當祀堯，詔乃復下公卿集議。

又《後漢書・張純傳》云：

> 純在朝歷世，明習故事。……自郊廟婚冠喪紀禮儀，多所正定。……純以宗廟未定，昭穆失序，十九年，乃與太僕朱浮共奏言：「……臣愚謂宜除今親廟，以則二帝舊典，願下有司博采其議。」詔下公卿……。【131】

此詔公卿集議宗廟昭穆之序。張純所正定之禮儀，除郊廟、喪紀外，亦有婚冠之事，當其正定之時，偶或有論議歟？惜無所載。

【129】 見《後漢書》卷三，頁149。

【130】 見《後漢書》卷二十七，頁937。

【131】 見《後漢書》卷三十五，頁1193－1194。

又《後漢書‧劉愷傳》云：

> 舊制，公卿、二千石、刺史不得行三年喪，由是內外眾職並廢喪
> 禮。元初中，鄧太后詔長吏以下不為親行服者，不得典城選舉。
> 時有上言牧守宜同此制，詔下公卿，議者以為不便。愷獨議
> 曰……太后從之。【132】

鄧太后有詔長吏以下須為親行服，然則牧守是否亦同此制？詔下公卿集
議其事。

又《後漢書‧陳忠傳》云：

> （安帝）元初三年有詔，大臣得行三年喪，服闋還職。忠因此上
> 言：「孝宣皇帝舊令，人從軍屯及給事縣官者，大父母死未滿
> 三月，皆勿繇，令得葬送。請依此制。」太后從之。至建光
> 中，尚書令祝諷、尚書孟布等奏，以為「……宜復建武故
> 事」。……忠上疏曰：「……建武之初……鮮循三年之喪……禮
> 義之方，實為彫損。……」宦豎不便之，竟寢忠奏而從諷、布
> 議，遂著于令。【133】

陳忠、祝諷、孟布等人所議，亦屬為親行服之事。他如桓帝永興二年
（154），趙歧辟司空掾，「議二千石得去官為親行服，朝廷從之」【134】，
所議亦類是也。

又《後漢書‧陳球傳》云：

> （靈帝）熹平元年，竇太后崩。……及將葬……詔公卿大會朝
> 堂……球曰：「皇太后以盛德良家，母臨天下，宜配先帝，是無
> 所疑。」……公卿以下，皆從球議。【135】

竇太后崩，其葬禮之安排，亦由公卿百官大會朝堂集議。

【132】見《後漢書》卷三十九，頁 1307。

【133】見《後漢書》卷四十六，頁 1560－1561。

【134】參閱《後漢書》卷六十四《趙歧傳》，頁 2122。

【135】見《後漢書》卷五十六，頁 1832－1833。

又《後漢書‧周舉傳》云：

> 及梁太后臨朝，詔以殤帝幼崩，廟次宜在順帝下。……詔下公
> 卿。舉議曰：「……今殤帝在先，於秩為父，順帝在後，於親
> 為子，先後之義不可改，昭穆之序不可亂。……」太后下詔從
> 之。【136】

殤帝、順帝之廟次，何者為先？亦由梁太后詔下公卿百官集議。

上所舉述，咸與喪葬祭祀有關，其中有議郊祀之禮者，有議昭穆之
序者，有議行服之制者，有議配享之事者，有議廟次之宜者。則東漢喪
祭之事，經由集議取決者再，是時集議之盛，於此可覘其餘。

（二）議褒崇

褒崇者，所以致其敬也。東漢集議之範圍，亦有議褒崇之禮者。其
所褒崇，每以權臣為對象，蓋所以示榮寵之恩意，藉收籠絡之效。他如
尊謚、加禮之議，宜屬朝廷有意褒崇之舉措，故亦歸入是類焉。

《後漢書‧周舉傳》云：

> （順帝）永和元年，災異數見，省內惡之，詔召公、卿、中二千
> 石、尚書詣顯親殿，問曰：「……北卿侯親為天子而葬以王禮，
> 故數有災異，宜加尊謚，列於昭穆。」群臣議者多宜如詔旨，舉
> 獨對曰：「……以王禮葬之，於事已崇，不宜稱謚。……」於是
> 司徒黃尚、太常桓焉等七十人同舉議，帝從之。【137】

北卿侯以天子而葬以王禮，群臣議者多謂「宜加尊謚」。周舉獨持異
議，蓋以其「本非正統，姦臣所立，立不踰歲，年號未改」，且又「無
它功德」，故不宜以尊謚加之【138】。此朝廷有意褒崇，乃因集議而改變
決定。

【136】見《後漢書》卷六十一，頁 2029 — 2030。

【137】見同上，頁 2027。

【138】參閱同上。

又《後漢書・韓稜傳》云：

> 及憲有功，還為大將軍，威震天下，復出屯武威。會帝西祠園陵，詔憲與車駕會長安。及憲至，尚書以下議欲拜之，伏稱萬歲。稜正色曰：「夫上交不諂，下交不黷，禮無人臣稱萬歲之制。」議者皆慙而止。【139】

此述尚書以下百官集議，欲對大將軍竇憲拜稱「萬歲」以褒崇之，因韓稜之言而止。

又《後漢書・梁冀傳》云：

> 元嘉元年，（桓）帝以冀有援立之功，欲崇殊典，乃大會公卿，共議其禮。於是有司奏冀入朝不趨，劍履上殿，謁讚不名，禮儀比蕭何……每朝會，與三公絕席。十日一入，平尚書事。宣布天下，為萬世法。【140】

桓帝大會公卿共議梁冀上朝之禮儀，蓋欲褒崇其援立之殊功耳。類是記載亦見《後漢書・黃瓊傳》：

> 桓帝欲褒崇大將軍梁冀，使中朝二千石以上會議其禮。特進胡廣、太常羊溥、司隸校尉祝恬、太中大夫邊韶等，咸稱冀之勳德，其制度賞賞，以宜比周公……瓊獨建議曰：「……冀可比鄧禹，合食四縣，賞賜之差，同於霍光，使天下知賞必當功，爵不越德。」朝廷從之。【141】

桓帝集群臣賞賞梁冀之制，初議者以為宜比諸周公，黃瓊則建議可同於鄧禹、霍光。斯皆褒崇之集議也。

又《後漢書・孔融傳》云：

> 太傅馬日磾奉使山東，及至淮南，數有意於袁術。術輕侮之，遂奪其節，求去又不聽，因欲逼為軍帥。日磾深自恨，遂嘔血而

【139】見《後漢書》卷四十五，頁 1535。

【140】見《後漢書》卷三十四，頁 1183。

【141】見《後漢書》卷六十一，頁 2035－2036。

斃。及喪還，朝廷議欲加禮。融乃獨議曰：「日磾以上公之尊，秉髦節之使……附下罔上，姦以事君。……聖上哀矜舊臣，未忍追案。不宜加禮。」朝廷從之。【142】

太傅馬日磾出使喪還，朝廷議欲加禮褒崇，因孔融之議而未成。

上舉史例，皆屬褒崇之議。夫大將軍竇憲、梁冀以椒房之親，權任之重，勢迫人主，朝廷自不得不以殊典褒崇之。惟《韓棱傳》一例，似非發自人主，僅為中朝官自行集議。此或因大將軍乃中朝領袖，其下屬欲有以揚顯之。韓棱之所以沮其議者，以其非人臣禮，故議者皆懾而止。至於北鄉侯尊諡及馬日磾加禮之議，雖未成事，然未可謂非褒崇之議也。

（三）議禮樂

東漢集議典禮，非僅限於喪祭、褒崇兩類，其中亦有議禮樂之制者。

《後漢書‧東平憲王蒼傳》云：

是時中興三十餘年，四方無虞，蒼以天下化平，宜修禮樂，乃與公卿共議定南北郊冠冕車服制度，及光武廟登歌八佾舞數……。【143】

「是時」指明帝永平二年（59）。東平憲王蒼少好經書，雅有智思，朝廷每有所疑，輒使諮問，故能與公卿共議禮樂、輿服。

又《後漢書‧董鈞傳》云：

（董鈞）習《慶氏禮》。……永平初，為博士。時創五郊祭祀，及宗廟禮樂，威儀章服，輒令鈞參議，多見從用，當世稱為通儒。【144】

【142】見《後漢書》卷七十，頁 2264 — 2265。

【143】見《後漢書》卷四十二，頁 1433。

【144】見《後漢書》卷七十九下《儒林傳》，頁 2576 — 2577。

董鈞明經習禮，以通儒見稱，凡祭祀、禮樂、章服諸事，均得參議其事。

又《後漢書・曹襃傳》云：

> 會蕭空欲制定禮樂……襃知帝旨欲有興作，乃上疏曰：「……宜定文制，著成漢禮，丕顯祖宗盛德之美。」……明年復下詔曰：「……漢遭秦餘，禮樂崩壞，且因循故事，未可觀省，有知其說者，各盡所能。」襃省詔……遂復上疏，具陳禮樂之本，制改之意。拜襃侍中，從駕南巡，既還，以事下三公……。【145】

章帝（肅宗）欲對禮樂有所興作，故曹襃屢上疏「具陳禮樂之本，制改之意」，於是詔下三公集議。而參與其事者，當有曹襃及三公之僚屬，此理可推知也。

王莽、更始之際，天下散亂，禮樂分崩。及光武中興，愛好經術，明、章以降，儒風尤盛。是則東漢之世，群臣、儒者集議禮樂之事，當有不少，然明著於史籍者，似未多見。爰述三例，聊作舉隅云爾。

（四）議太后徙遷

東漢自和帝以降，君主多以沖齡即位，於是乃有太后臨朝之事。惟一旦失勢，則每為宦官或權臣所逼迫，甚至藉群臣之議徙遷別館，其理由亦以禮之宜否為言，斯亦議禮之一端歟？

《後漢書・周舉傳》云：

> 時宦者孫程等既立順帝，誅滅諸閻，議郎陳禪以為閻太后與帝無母子恩，宜徙別館，絕朝見。群臣議者咸以為宜。舉謂（李）郃曰：「……今諸閻新誅，太后幽在離宮，若悲愁生疾，一旦不虞，主上將何以令天下？……」郃即上疏陳之……太后由此以安。【146】

【145】見《後漢書》卷三十五，頁 1202－1203。

【146】見《後漢書》卷六十一，頁 2023。

陳禪及群臣咸議太后宜徙遷別館，殆承望宦者孫程等之意旨而為之。周舉及李郃沮其議，蓋因漢代向以孝治天下為名，倘太后因徙遷而愁疾不虞，則君主將負不孝之惡名矣。

又《後漢書・董卓傳》云：

> 卓兵士大盛。……因集議廢立……又議太后蹙迫永樂太后，至令憂死，逆婦姑之禮，無孝順之節，遷於永安宮，遂以弒崩。【147】

董卓擁兵自重，既威迫百官集議君主之立廢，復集百僚議何太后逆婦姑之禮，並將其徙遷於永安宮，終以弒崩。

閻、何兩太后同受徙遷之議，一者以安，一者以弒，亦可謂有幸有不幸矣。惟董卓之集議云云，已失集議制度之本旨，此讀史者可得而知也。

2. 議策封

東漢集議，亦有施諸君主廢立及臣下封爵之事。前者乃權臣擅其威福，後者則欲加恩於皇子及勳臣。茲分別說明之。

（一）議立廢

東漢末葉，權臣當道，因時有集議策立新君、廢棄舊君之事，忠正之臣，亦無可如何也。

《後漢書・李固傳》云：

> （梁）冀忌（質）帝聰慧，恐為後患，遂令左右進鴆。……因議立嗣……（冀）乃召三公、中二千石、列侯大議所立。（李）固、（胡）廣、（趙）戒及大鴻臚杜喬皆以為清河王蒜明德著聞，又屬最尊親，宜立為嗣。……中常侍曹騰等聞而夜往說冀曰：「……清河王嚴明，若果立，則將軍受禍不久矣。不如立蠡吾侯，富貴可長保也。」冀然其言。【148】

【147】 見《後漢書》卷七十二，頁 2324。

【148】 見《後漢書》卷六十三，頁 2085 — 2086。

梁冀鴆弒質帝，召公卿百官大議所立，而竟以清河王之嚴明為忌，則其存心可知。同傳又云：

> 明日重會公卿，冀意氣凶凶，而言辭激切。自胡廣、趙戒以下，莫不懾憚之，皆曰：「惟大將軍令。」而固獨與杜喬堅守本議。冀厲聲曰：「罷會。」……乃說太后先策免固，竟立蠡吾侯，是為桓帝。【149】

桓帝之得立，自屬梁冀之私心，而竟先行策免李固，則權臣亦非毫無顧忌也。

又《後漢書‧董卓傳》云：

> （卓）乃諷朝廷策免司空劉弘而自代之。因集議廢立。百僚大會，卓乃奮首而言曰：「……今欲依伊尹、霍光故事，更立陳留王，何如？」公卿以下莫敢對。卓又抗言曰：「……有敢沮大議者，皆以軍法從之。」尚書盧植獨曰：「……今上富於春秋，行無失德，非前事之比也。」卓大怒，罷坐。明日復集群僚於崇德前殿，遂脅太后，策廢少帝。曰：「皇帝在喪，無人子之心，威儀不類人君，今廢為弘農王。」乃立陳留王，是為獻帝。【150】

斯亦權臣藉集議廢舊君、立新君之一例。盧植能守正而不阿附，董卓乃行脅迫太后一途，於此可覘權臣所主持之集議，亦非全無公論之可言。

（二）議封爵

封爵者，指王室兄弟諸子之封立及功臣之加爵。東漢集議亦有施此二事。

《後漢書‧光武帝紀》云：

> 初，巴蜀既平，大司馬吳漢上書請封皇子，不許，重奏連歲。三月，乃詔群臣議。大司空融、固始侯通、膠東侯復、太常登等奏

【149】見同上，頁 2086。

【150】見《後漢書》卷七十二，頁 2324。

議曰：「古者封建諸侯，以藩屏京師。周封八百，同姓諸姬並為建國，夾輔王室，尊事天子，享國永長，為後世法。……封立兄弟諸子，不違舊章。……」制曰：「可。」【151】

封立兄弟諸子，固與舊章不違，且亦可夾輔王室，光武豈無此意？然此屬朝廷大事，故付諸群臣集議。

又《後漢書・盧植傳》云：

時皇后父大將軍竇武援立靈帝，初秉機政，朝議欲加封爵。【152】

靈帝之得立，由竇武定策，故朝廷集議擬加封爵以酬其功。

夫「封立兄弟諸子」及「欲加封爵」二事本在人主權力範圍之內，今竟亦下諸集議，所以示朝廷之公心耳。然集議一制所及範圍之廣，由是得而見焉。

3. 議曆事

漢世以還，朝廷頗措意於曆事，此與重農思想有關。夫曆事者，識天時之變易也，而天時變易，自與農事息息相通，故曆元不正，宜有以議其道真。且災異之說，當時頗入人心，尤以東漢為甚，故於曆事之效驗虛實，亦有以考校平議之。《續漢書・律曆志》載論曆之事頗詳，爰舉述如下：

《續漢書・律曆志中》云：

（明帝永平）九年，太史待詔董萌上言曆不正，事下三公、太常知曆者雜議……。【153】

曆有不正，乃下三公及知曆之臣僚雜議。同書又云：

安帝延光二年，中謁者亶誦言當用甲寅元，河南梁豐言當復用《太初》。尚書郎張衡、周興皆能曆，數難誦、豐，或不對，或言

【151】見《後漢書》卷一下，頁 64 — 65。

【152】見《後漢書》卷六十四，頁 2113。

【153】見《後漢書》附《志第二》，頁 3025。

失誤。衡、興參案儀注（者），考往校今，以為《九道法》最密。詔書下公卿詳議。……愷等八十四人議，宜從《太初》。尚書令（陳）忠上奏：「……《太初曆》眾賢所立，是非已定……不可任疑從虛，以非易是。」上納其言，遂（寢）改曆事。【154】

是否復用《太初曆》抑或改從《九道法》，自公卿以下，議者甚眾，最終納陳忠言。同書又云：

順帝漢安二年，尚書侍郎邊韶上言（曆事）……詔書下三公、百官雜議。太史令虞恭、治曆宗訢等議：「……宜如甲寅詔書故事。」奏可。【155】

此記順帝詔命群臣雜議曆事，其慎重猶明帝、安帝時也。同書又云：

靈帝熹平四年，五官郎中馮光、沛相上計掾陳晃言：「曆元不正……曆（當）用甲寅為元而用庚申，圖緯無以庚（申）為元者……」乙卯，詔書下三府，與儒林明道者詳議，務得道真。以群臣會司徒府議。【156】

靈帝時，有上言「曆元不正」，乃詔下三府與儒林明道者詳議其事。同書又云：

（靈帝）光和二年歲在己未，三月、五月皆陰……其三年，（宗）誠兄整前後上書言：「去年三月不食，當以四月。……」……詔書下太常：「其詳案注記，平議術之要，效驗虛實。」太常就耽上選侍中韓說、博士蔡邕、穀城門候劉洪、右郎中陳調於太常府，覆校注記，平議難問。……耽以說等議奏聞，詔書可。【157】

【154】見同上，頁 3034 — 3035。按：「參案儀注者」，「者」字衍；「遂寢改曆事」，「寢」字原缺。參閱校點本《後漢書》「校勘記」。

【155】見同上，頁 3035 — 3037。

【156】見同上，頁 3037。按：「曆當用甲寅」，「當」字原無；「無以庚申為元者」，「申」字原缺。參閱校點本《後漢書》「校勘記」。

【157】見同上，頁 3041 — 3042。

此亦靈帝時集議曆事。太常就耽等遵詔命於太常府覆校注記、平議難問，然後以所議結果奏聞。

考東漢凡有關曆事之集議，多先動請於臣下，然後人主可而下議。而與議者所涉頗眾，可見朝廷之重視。若其人選，每有知曆、治曆或儒林明道者參與，因曆事幽隱精微，非人人所可悉也。

4. 議舉試

選舉與策試，任人之法也。古者平民登庸，僅止於士，大夫以上，即不在選舉之列。及漢，開布衣卿相之局，故選舉之制，為當時重要入仕之途。讀史所見，東漢集議，亦有關乎選舉、策試之事者。

《後漢書‧徐防傳》云：

> 防以《五經》久遠，聖意難明，宜為章句，以悟後學。上疏曰：「……伏以太學試博士弟子，皆以意說，不修家法，私相容隱，開生姦路。每有策試，輒興諍訟，論議紛錯，互相是非。……臣以為博士及甲乙策試，宜從其家章句，開五十難以試之。解釋多者為上第，引文明者為高說……。」詔書下公卿，皆從防言。【158】

徐防上疏，詔書下公卿集議其說，在明帝時。徐氏之提議，乃策試之法也，所試為各家章句，「宜為章句，以悟後學」云云，實則為釐定考校之標準耳。

又《後漢書‧韋彪傳》云：

> （章帝時）陳事者，多言郡國首舉率非功次，故守職益懈而吏事寖疏，咎在州郡。有詔下公卿朝臣議。【159】

陳事者多言郡國首舉之失，故有詔下公卿百官集議其事。

又《後漢書‧丁鴻傳》云：

【158】見《後漢書》卷四十四，頁 1500 — 1501。

【159】見《後漢書》卷二十六，頁 917。

（和帝）時大郡口五六十萬舉孝廉二人，小郡口二十萬并有蠻夷者
亦舉二人，帝以為不均，下公卿會議。【160】

大郡、小郡，人口多寡各異，而竟同舉孝廉二人，故詔下公卿會議。

以上三例，歷明帝、章帝、和帝各朝，可見選舉、策試之集議，並
非限於一時，而參與者，亦常涉及公卿百官也。

5. 議食貨

食貨乃民生之所繫，一國之經濟，故東漢集議之範圍，自不能忽乎
是。考諸史文，彰彰然矣。

《後漢書・劉般傳》云：

（明）帝曾欲置常平倉，公卿議者多以為便。般對以「常平倉外有
利民之名，而實侵刻百姓，豪右因緣為姦，小民不能得其平，置
之不便」。帝乃止。【161】

公卿集議，多以置常平倉為便，劉般獨以為不便，明帝乃止。

又《後漢書・鄭眾傳》云：

建初六年，代鄧彪為大司農。是時肅宗議復鹽鐵官，眾諫以為不
可。詔數切責，至被奏劾，眾執之不移。帝不從。【162】

所謂「肅宗議復鹽鐵官」，意云人主詔引群臣集議復官之事，雖不從鄭
眾之諫，亦可覘當時集議之情狀。

又《後漢書・朱暉傳》云：

是時穀貴，縣官經用不足，朝廷憂之。尚書張林上言：「穀所以
貴，由錢賤故也。可盡封錢，一取布帛為租，以通天下之用。又
鹽，食之急者，雖貴，人不得不須，官可自鬻。又宜因交阯、益
州上計吏往來，市珍寶，收采其利，武帝時所謂均輸者也。」於

【160】見《後漢書》卷三十七，頁 1268。

【161】見《後漢書》卷三十九，頁 1305。

【162】見《後漢書》卷三十六，頁 1225 — 1226。

是詔諸尚書通議。【163】

「是時」指章帝元和中。張林建議「取布帛為租」，錢賤故也；又建議官自鬻鹽及各地均輸，均屬經濟方面之事。而與會集議者，僅限諸尚書而已。同屬與錢有關之議，可見《後漢書・劉陶傳》：

> （桓帝）時有上書言人以貨輕錢薄，故致貧困，宜改鑄大錢。事下四府群僚及太學能言之士。陶上議曰：「……欲鑄錢齊貨以救其敝，此猶養魚沸鼎之中，棲鳥烈火之上。……」帝竟不鑄錢。【164】

此集議鑄錢之事。與會者自以四府群僚為主，惟太學能言之士，亦得參加。

又《後漢書・樊準傳》云：

> （安帝）永初之初，連年水旱災異，郡國多被飢困，準上疏曰：「……伏見被災之郡，百姓凋殘……可依征和元年故事，遣使持節慰安。尤困乏者，徙置荊、揚孰郡，既省轉運之費，且令百姓各安其所。今雖有西屯之役，宜先東州之急。……願以臣言下公卿平議。」太后從之，悉以公田賦與貧人。【165】

樊準建議公田賦賑災，未賑之先，由公卿平議為之取決。「西屯之役」，謂車騎將軍鄧騭、征西校尉任尚討伐先零羌事；「東州之急」，指冀、兗二州飢困之急【166】。

又《後漢書・南蠻西夷列傳》云：

> 順帝永和元年，武陵太守上書，以蠻夷率服，可比漢人，增其租賦。議者皆以為可。尚書令虞詡獨奏曰：「……今猥增之，必有

【163】見《後漢書》卷四十三，頁 1460。

【164】見《後漢書》卷五十七，頁 1845 — 1848。

【165】見《後漢書》卷三十二，頁 1127 — 1128。

【166】參閱同上李賢等注，頁 1128。

怨報。計其所得，不償所費，必有後悔。」帝不從。【167】

蠻夷之租賦宜增與否，每亦付諸集議，而最終裁決，則仍歸之於人主，上例可見一斑。

上舉食貨各事，如置倉、復官、租賦、鬻鹽、均輸、鑄錢、賑災以至蠻夷之租賦宜增與否，均以群臣集議為決定之參考。人主有從有不從，其取捨非以眾寡為定，有時議者多以為便之事，人主未必即以為便也。

6. 議遷都

都邑，人主之所居，中央政權之所在也。欲其遷徙，每經集議之制，雖權臣之勢，有時亦不得假此以濟其私。下舉史例，可為證明。

《後漢書‧楊彪傳》云：

> （靈帝光和元年）關東兵起，董卓懼，欲遷都以違其難。乃大會公卿議……彪曰：「天下動之至易，安之甚難，……惟明公慮焉。」卓作色曰：「公欲沮國計邪？」太尉黃琬曰：「此國之大事也，楊公之言得無可思？」卓不答。……議罷，卓使司隸校尉宣播以災異奏免琬、彪等……。【168】

董卓欲遷都長安，乃大會公卿議其事，司徒楊彪、太尉黃琬不以為然，竟因此坐免。同一記事，亦見《後漢書‧黃琬傳》：

> 卓議遷都長安，琬與司徒楊彪同諫不從。琬退而駁議之曰：「……大業既定，豈宜妄有遷動，以虧四海之望？」……琬竟坐免。【169】

此亦記議遷都之事，而僅言黃琬坐免。《後漢書‧董卓傳》則云：

【167】 見《後漢書》卷八十六，頁 2833。

【168】 見《後漢書》卷五十四，頁 1786 — 1787。

【169】 見《後漢書》卷六十一，頁 2041。

聞東方兵起，（卓）懼，乃鴆殺弘農王，欲徙都長安。會公卿
議，太尉黃琬、司徒楊彪廷爭不能得，而伍瓊、周珌又固諫之。
卓因大怒……遂斬瓊、珌。……於是遷天子西都。【170】

伍瓊、周珌因支持黃琬、楊彪之說諫阻遷都，竟為董卓所殺，可見權臣
之兇暴。董卓名為會公卿議，實欲藉集議之名而遂一己之私意耳。倘沮
其議，則不惜免罷或斬殺。

董卓之後，曹操亦有遷都之議。《後漢書‧荀彧傳》云：

建安元年，獻帝自河東還洛陽，操議欲奉迎車駕，徙都於許。眾
多以山東未定，韓暹、楊奉負功恣睢，未可卒制。彧乃勸操曰：
「……韓暹、楊奉，安足恤哉！若不時定，使豪桀生心，後雖為
慮，亦無及矣。」操從之。【171】

曹操欲奉車駕自洛陽遷許，眾多以山東未定為言，則遷都一事，曹氏
亦付諸集議也。其後卒違眾說而從荀彧之獨議，是亦集議中所常見
者。

董卓、曹操均為擁兵持政之權臣，亦均欲遷都而召臣僚集議，目的
似為聽取眾說以備斟酌，實乃借集議之名而行其獨斷。所可注意者，厥
為集議之時，竟有人敢於廷爭、固諫而無所畏縮，則其時集議之精神，
殆未因權臣恣睢之威而消失也。

7. 議刑法

刑法之原，一為民俗，一為治者之所求，社會愈進，則民俗愈歧，
而治者所求亦愈多，於是律法日滋【172】。惟律法條文，殆無周備之
時，而司法者又可以意為輕重，科罪之際，不能無疑，故東漢集議，頗

【170】 見《後漢書》卷七十二，頁2327。

【171】 見《後漢書》卷七十，頁2284。

【172】 參閱呂思勉《秦漢史》下冊第十八章第七節《刑法》，1962年9月太平書局（香
港），頁690。

多涉及刑法之事。凡刑法之輕重，司法、立法之疑，以至刑法依據、斷獄之期，咸得集公卿百官而議之。

（一）議省刑罰

東漢儒風不盛，故集議刑法，多以隆刑峻法為非。

《後漢書・光武帝紀》云：

> （建武二年）三月乙未，大赦天下，詔曰：「頃獄中多冤人，用刑深刻，朕甚愍之。孔子曰：『刑罰不中，則民無所措手足。』其與中二千石、諸大夫、博士、議郎議省刑法。」【173】

光武以其時獄多冤人、用刑深刻為念，故詔群臣集議省刑法。

又《後漢書・梁統傳》云：

> 統在朝廷，數陳便宜。以為法令既輕，下姦不勝，宜重刑罰，以遵舊典，乃上疏曰：「……臣聞立君之道，仁義為主，仁者愛人，義者政理，愛人以除殘為務，政理以去亂為心。刑罰在衷，無取於輕……。」事下三公、廷尉，議者以為隆刑峻法，非明主急務，施行日久，豈一朝所釐。統今所定，不宜開可。【174】

梁統建議重刑罰，集議群臣弗以為可，足見議者均有法令從輕之意。

又《後漢書・章帝紀》云：

> （建初五年）三月甲寅，詔曰：「孔子曰：『刑罰不中，則人無所措手足。』今吏多不良，擅行喜怒，或案不以罪，迫脅無辜，致令自殺者一歲且多於斷獄，甚非為人父母之意也。有司其議糾舉之。」【175】

此詔所云，猶循乎光武「省刑法」之舊意。

【173】見《後漢書》卷一上，頁 29。

【174】見《後漢書》卷三十四，頁 1166 － 1168。

【175】見《後漢書》卷三，頁 140。

（二）議臣下罪

臣下有罪，本應由有司審裁判處，然亦有引公卿百官集議以平其罪科者。

《後漢書・郭躬傳》云：

> （明帝）永平中，奉車都尉竇固出擊匈奴，騎都尉秦彭為副。彭在別屯而輒以法斬人，固奏彭專擅，請誅之。顯宗乃引公卿朝臣平其罪科。躬以明法律，召入議。議者皆然固奏……躬對曰：「……兵事呼吸，不容先關督帥。且漢制棨戟即為斧鉞，於法不合罪。」帝從躬議。【176】

竇固以秦彭專擅，奏請誅之，而明帝（顯宗）竟引公卿朝臣集議，最終從郭躬議免彭罪。

又《後漢書・王望傳》云：

> 是時州郡災旱，百姓窮荒，望行部，道見飢者，裸行草食，五百餘人，愍然哀之，因以便宜出所在布粟，給其稟（廩）糧，為作褐衣，事畢上言。帝以望不先表請，章示百官，詳議其罪。時公卿皆以為望之專命，法有常條。鍾離意獨曰：「……今望懷義忘罪，當仁不讓，若繩之以法，忽其本情，將乖聖朝愛育之旨。」帝嘉意議，赦而不罪。【177】

專擅之罪，法有常條，王望竟因集議而獲赦免。

又《後漢書・張輔傳》云：

> （酺）責讓於（晏）稱。稱辭語不順，酺怒，遂廷叱之，稱乃劾奏輔有怨言。天子以酺先帝師，有詔公卿、博士、朝臣會議。司徒呂蓋奏輔位居三司，知公門有儀，不屏氣鞠躬以須詔命，反作色大言，怨讓使臣，不可以示四遠。於是策免。【178】

【176】見《後漢書》卷四十六，頁 1543 — 1544。

【177】見《後漢書》卷三十五，頁 1297。「稟糧」，本書改正作「廩糧」。

【178】見《後漢書》卷四十五，頁 1533。

晏稱時為司隸校尉，職司督大姦猾，無所不察，故曰「使臣」。覘上述文意，大抵廷叱之罪，律有常科，章帝以張酺為明帝師，故詔下群臣會議，欲有以輕其罪耳。

又《後漢書・楊秉傳》云：

> 有詔公車徵秉及處士韋著，二人各稱疾不至。有司並劾秉、著大不敬，請下所屬正其罪。尚書令周景與尚書邊韶議奏：「……夫明王之世，必有不召之臣，聖朝弘養，宜用優游之禮。可告在所屬，喻以朝廷恩意。如遂不至，詳議其罰。」於是重徵，乃到，拜太常。【179】

公車徵召不至，有司劾以「大不敬」論罪。朝臣議請重徵，如再不至，方詳議其罰。朝廷最後重徵。可見人主於集議結果，亦頗重視。

（三）議刑法依據

集議刑法，議者多以律法常條為據，然亦有以儒學經書為據者，此或可觀當時風尚。

《後漢書・劉愷傳》云：

> 安帝初，清河相叔孫光坐臧抵罪，遂增錮二世，釁及其子。是時居延都尉范邠復犯臧罪，詔下三公、廷尉議。司徒楊震、司空陳襃、廷尉張皓議依光比。愷獨以為「《春秋》之義，『善善及子孫，惡惡止其身』，所以進人於善也。……」有詔：「太尉議是。」【180】

劉愷引述《春秋》之義，論范邠所犯臧罪，認為不應釁及犯者下一代。可見集議刑法之際，議者或會據儒書以張己說；《春秋》斷獄，意猶是乎！倘非儒風丕盛之世，劉愷之論，恐未必可凌駕律法條文之上也。

顧律法條文究為刑法之所依，因而集議刑法時，有時亦一以律法為

【179】見《後漢書》卷五十四，頁 1771 — 1772。

【180】見《後漢書》卷三十九，頁 1308 — 1309。

據者。如《後漢書‧應劭傳》云：

> 安帝時，河間人尹次，穎川人史玉皆坐殺人當死，次兄初及玉母
> 軍並詣官曹求代其命，困繼而物故。尚書陳忠以罪疑從輕，議活
> 次、玉。劭後追駁之，據正典刑，有可存者。其議曰：「……殺
> 人者死，傷人者刑，此百王之定制，有法之成科。高祖入關，雖
> 尚約法，然殺人者死，亦無寬降。……」【181】

應劭之議，以律法之「定制」及「成科」為言。議雖已定，猶可追駁，
則取決之權，固在人主而不在發議定論之人也。抑可注意者，則為應劭
所發論議，亦引述《尚書》、《左傳》、《論語》之言為據【182】。斯乃
儒風所扇，重律法者亦喜援引儒書以為己說之證。

（四）議立法及獄期

東漢時，立法之事及斷獄之期，亦每下諸公卿或有司集議。

《後漢書‧陳元傳》云：

> 時大司農江馮上言，宜令司隸校尉督責三公。事下三府。元上疏
> 曰：「……陛下宜修文武之聖典，襲祖宗之遺德，勞心下士，屈
> 節待賢，誠不宜使有司察公輔之名。」（光武）帝從之，宣下其
> 議。【183】

東漢中央官制，多沿西京之舊，以三公部九卿。惟光武身親庶務，事歸
臺閣，尚書權任寖重，三公權任漸輕，然立法令司隸校尉督責名位崇高
之三公，則仍屬非常舉措，故須由三府集議定其可否。陳元時為司空府
之僚屬，其議或可視為三府臣僚之所共。光武從善如流，接納三府集議
之結果。

又《後漢書‧陳寵傳》云：

【181】見《後漢書》卷四十八，頁1610。

【182】參閱同上。

【183】見《後漢書》卷三十六，頁1233。

（章帝）元和二年，旱，長水校尉賈宗等上言，以為斷獄不盡三
冬，故陰氣微弱，陽氣發洩，招致災旱，事在於此。（章）帝以
其言下公卿議……。【184】

兩漢君臣深信災異譴告之說，而以東漢為尤甚。災異謂何？論者嘗曰：
天地之物有不常之變者，謂之異，小者謂之災。災常先至而異乃隨之。
災者，天之譴；異者，天之威。譴之而不知，乃畏之以威【185】。章帝
詔下公卿集議斷獄之期，蓋以為旱災之起，乃由斷獄不盡三冬所致。同
類集議，並非一見。如《後漢書・魯恭傳》云：

肅宗時，斷獄皆以冬至之前，自後論者互多駁異。鄧太后詔公卿
以下會議。【186】

章帝而後，歷和帝、殤帝、安帝數朝，論斷獄之期者似仍不絕，且互多
駁異，故鄧太后詔公卿以下集議其事也。

8. 議邊事

光武立國，亟欲與民休息，遂廢秦漢以來之民兵制。國之弱強，誠
非全繫兵制，然使民兵猶存，則或不致屢為戎狄寇邊之事所困。自典午
以來，異族憑陵，要不得謂無關乎民兵之廢也【187】。東漢集議，於邊
事頗多措意，實與異族之屢犯有關。茲就其邊事之類別，略分如下：

（一）議征伐

東漢之世，異族時來犯邊，故朝廷常召群臣集議其事。

【184】見《後漢書》卷四十六，頁 1550 — 1551。

【185】參閱董仲舒《春秋繁露・必仁且智第三十》，蘇輿《春秋繁露義證》卷八，2007
年 10 月中華書局（北京），頁 259。

【186】見《後漢書》卷二十五，頁 881。

【187】參閱呂思勉《秦漢史》下冊第十八章第六節《兵制》，1962 年 9 月太平書局（香
港），頁 675。

《後漢書・郭憲傳》云：

> 時匈奴數犯塞，（光武）帝患之，乃召百僚廷議。【188】

東漢立國之初，未逿沙塞之外，匈奴乃乘間侵伐，害流傍境，光武不得不召百僚廷議定策。

又《後漢書・鮮卑傳》云：

> 靈帝立，幽、并、涼三州緣邊諸郡無歲不被鮮卑寇抄，殺略不可勝數。……先是護羌校尉田晏坐事論刑被原，欲立功自效，乃請中常侍王甫求得為將，甫因此議遣兵與（夏）育并力討賊。常乃拜晏為破鮮卑中郎將。大臣多有不同，乃召百官議朝堂。【189】

和帝時，匈奴遭擊破，北單于逃走，鮮卑因而徙據其地，由此漸盛。是後或降或畔【190】。靈帝時，鮮卑寇抄三邊，討伐與否，大臣意見多有不同，故須召群臣集議。

又《後漢書・應劭傳》云：

> （靈帝）中平二年，漢陽賊邊章、韓遂與羌胡為寇，東侵三輔，時遣車騎將軍皇甫嵩西討之。嵩請發烏桓三千人。北軍中候鄒靖上言：「烏桓眾弱，宜開募鮮卑。」事下四府，大將軍掾韓卓議，以為「……若令靖募鮮卑輕騎五千，必有破敵之效」。劭駁之曰……韓卓復與劭相難反覆。於是詔百官大會朝堂，皆從劭議。【191】

羌胡寇侵三輔，討伐之師，是否開募鮮卑，事下四府，竟未能決，於是更詔百官大會朝堂集議。其事經反覆駁難，然後裁決，可見朝廷之慎重。

上述匈奴、鮮卑、羌胡，俱屬犯邊之異族。蓋緣異族屢侵，朝廷不

【188】 見《後漢書》卷八十二上《方術傳》，頁 2709。

【189】 見《後漢書》卷九十，頁 2990。

【190】 參閱同上，頁 2986。

【191】 見《後漢書》卷四十八，頁 1609 — 1610。

得不集思廣益，以謀對策，此所以有集議征伐之會也。

（二）議棄邊

異族既屢入寇，而己力又弗足逐之，於是乃有棄邊之集議。

《後漢書・虞詡傳》云：

> （安帝）永初四年，羌胡反亂，殘破并、涼，大將軍鄧騭以軍役方
> 費，事不相贍，欲棄涼州，并力北邊，乃會公卿集議。騭曰：
> 「譬若衣敗，壞一以相補，猶有所完。若不如此，將兩無所保。」
> 議者咸同。詡聞之，乃說李脩曰：「竊聞公卿定策當棄涼州……
> 棄之非計。」……脩善其言，更集四府，皆從詡議。【192】

鄧騭以大將軍會公卿集議棄涼州，而太尉李脩則因虞詡之說，更召四府
臣僚集議推翻前議。

又《後漢書・班勇傳》云：

> （安帝）元初六年……鄧太后召勇詣朝堂會議。先是公卿多以為宜
> 閉玉門關，遂棄西域。勇上議曰……於是從勇議，復敦煌郡營兵
> 三百人，置西域副校尉居敦煌。【193】

此公卿百官集議朝堂棄西域也。班勇不以為可，後經反覆辯難，卒從班
勇之議。

又《後漢書・傅燮傳》云：

> 會西羌反，邊章、韓遂作亂隴右，徵發天下，役賦無已。司徒崔
> 烈以為宜棄涼州。詔會公卿百官，烈堅執先議。燮厲言曰：「斬
> 司徒，天下乃安。」尚書郎楊贊奏廷辱大臣。（靈）帝以問燮。
> 燮對曰：「……若使左衽之虜得居此地……此天下之至慮，社稷
> 之深憂也。……」帝從燮議。【194】

【192】 見《後漢書》卷五十八，頁 1866。

【193】 見《後漢書》卷四十七，頁 1587 － 1589。

【194】 見《後漢書》卷五十八，頁 1875 － 1876。

安帝時已集議棄涼州，今靈帝亦詔公卿百官議其事。集議之際，辯難激烈，以致有傅燮厲言叱辱大臣之事。

涼州、西域位處邊陲，棄則涉及邊防，不棄則增加役賦負擔，事屬兩難，故須會公卿百官集議。

（三）議通好

中國與異族通好，史所常載，東漢亦然。其施行之法，或為封立，或為通使，或還其生口，或順其所請。

《後漢書・耿國傳》云：

> 匈奴莫鞬日逐王比自立為呼韓邪單于，款塞稱藩，願扞禦北虜。事下公卿。議者皆以為天下初定，中國空虛，夷狄情偽難知，不可許。國獨曰：「臣以為宜如孝宣故事受之，令東扞鮮卑，北拒匈奴，率屬四夷，完復邊郡……。」（光武）帝從其議，遂立比為南單于。【195】

所謂「孝宣故事」，指宣帝甘露二年（前52），呼韓邪單于請朝，帝發二千騎迎之，寵以殊禮，位在諸侯王上【196】。

又《後漢書・袁安傳》云：

> （竇）憲日矜己功，欲結恩北虜，乃上立降者左鹿蠡王阿佟為北單于，置中郎將領護，如南單于故事。事下公卿議。【197】

上舉兩例，一為集議封立南單于，一為集議封立北單于。兩者之議，均欲結恩於異族耳。

又《後漢書・鄭眾傳》云：

> （永平）八年，顯宗遣眾持節使匈奴。眾至北庭，虜欲令拜，眾不為屈。單于大怒，圍守閉之，不與水火，欲脅服眾。眾拔力自

【195】見《後漢書》卷十九，頁715—716。

【196】參閱同上李賢等注，頁716。

【197】見《後漢書》卷四十五，頁1520。

誓，單于恐而止，乃更發使隨眾還京師。朝議復欲遣使報
之……。【198】

鄭眾持節使匈奴，北單于雖無禮，朝議仍復欲遣使北庭，以示友好。

又《後漢書・班固傳》云：

時北單于遣使貢獻，求欲和親，詔問群僚。議者或以為「匈奴變
詐之國，無內向心……不可。」固議曰：「……臣愚以為宜依故
事，復遣使者，上可繼五鳳、甘露致遠人之會，下不失建武、永
平羈縻之義。……為策近長。」【199】

所謂「五鳳、甘露致遠人之會」，指宣帝五鳳三年（前55），單于名
王將眾五萬餘人來降；甘露元年（前53），匈奴呼韓邪遣子右賢王入
侍【200】。據《鄭眾傳》及《班固傳》所載，可知遣使報異族一事，有時
亦會詔下群臣集議以定可否。

又《後漢書・袁安傳》云：

（章帝）元和二年，武威太守孟雲上書：「北虜既已和親，而南部
復往抄掠，北單于謂漢欺之，謀欲犯邊，宜還其生口，以安慰
之。」詔百官議朝堂。公卿皆言夷狄譎詐，求欲無猒，既得生
口，當復妄自誇大，不可開許。安獨曰：「……雲以大臣典邊，
不宜負信於戎狄，還之足示中國優貸，而使邊人得安，誠便。」
司徒桓虞改議從安。……帝竟從安議。【201】

此述公卿百官會朝堂，集議還異族之生口，所以示安撫之意也。

又《後漢書・宋意傳》云：

（章帝）章和二年，鮮卑擊破北匈奴，而南單于乘此請兵北伐，
因欲還歸舊庭。時竇太后臨朝，議欲從之。意上疏曰：「……今

【198】見《後漢書》卷三十六，頁1224。
【199】見《後漢書》卷四十下，頁1374。
【200】參閱同上，頁1375。
【201】見《後漢書》卷四十五，頁1518－1519。

若聽南虜還都北庭，則不得不禁制鮮卑。……誠不可許。」會南
單于竟不北徙。【202】

南單于欲還舊庭，因請兵北伐。竇太后召群臣集議，擬順其所請。後雖
未成事，然此亦有意通好之一端也。

與異族相處，通好似稍勝於征伐及棄邊。惟如何結恩，如何安撫，
如何示好，不可不謹慎將事，故亦常詔下公卿百官集議定策。

9. 議儒學

漢世顯學莫如儒，此由人主表章於上，公卿士庶翕從於下，流風所
被，乃成風氣。東漢儒學，詆之者或嫌其流於破碎，精意日漓。惟既為
在上者所倡導，則於中央之集議，自亦涵蓋此一項目。故立博士、論經
義，每亦施諸集議一途。

（一）議立博士

東漢初，古文經學浸盛，學者為時議所重，朝廷乃有立古文經博士
之集議。

《後漢書·范升傳》云：

> 時尚書令韓歆上疏，欲為《費氏易》、《左氏春秋》立博士，詔
> 下其議。（光武建武）四年正月，朝公卿、大夫、博士，見於雲
> 臺。帝曰：「范博士可前平說。」……遂與韓歆及太中大夫許淑
> 等互相辯難，日中乃罷。……時難者以太史公多引《左氏》，升
> 又上太史公違戾《五經》，謬孔子言，及《左氏春秋》不可錄三
> 十一事。詔以下博士。【203】

韓歆上疏建言欲為古文經立博士，其初已由公卿、大夫、博士議其事。
因范升反對甚力，再三詰難，乃詔下博士再議。

【202】見《後漢書》卷四十一，頁1416。
【203】見《後漢書》卷三十六，頁1228 — 1229。

又《後漢書‧陳元傳》云：

（光武）建武初，元與桓譚、杜林、鄭興俱為學者所宗。時議欲立《左氏傳》博士，范升奏以為《左氏》淺末，不宜立。元聞之，乃詣闕上疏曰：「……臣元竊見博士范升等所議奏《左氏春秋》不可立，及太史公違戾凡四十五事。案升等所言，前後相違，皆斷截小文，媒黷微辭，以年數小差，掇為巨謬，遺脫纖微，指為大尤，抉瑕摘釁，掩其弘美……。」書奏，下其議，范升復與元相辯難，凡十餘上。帝卒立《左氏》學，太常選博士四人，元為第一。【204】

上文所述，與《范升傳》所記同屬一事，而詳載陳元之駁議。范升辯難凡十餘上，可見相與詰難之激烈。可推知者，則為其時參與論議之人當頗眾，不會限於范、陳二人。《左氏春秋》卒得立博士，乃群臣集議後人主之裁決也。

（二）辯難經義

東漢群儒說經，既有家法師承，又有今古文之別，故於經義時有爭議，乃有群臣及諸儒互相辯難之集議。

《後漢書‧戴憑傳》云：

時詔公卿大會……（光武）帝即召上殿，令與諸儒難說，憑多所解釋。……正旦朝賀，百僚畢會，帝令群臣能說經者更相難詰……。【205】

光武與公卿百官大會朝堂之時，竟有多所解釋、更相難詰經義之事。此人主監臨儒學集議之例也。

又《後漢書‧章帝紀》云：

（章帝建初三年）詔曰：「蓋三代導人，教學為本。……孔子曰：

【204】見同上，頁 1230 — 1233。

【205】見《後漢書》卷七十九上《儒林傳》，頁 2553 — 2554。

『學之不講,是吾憂也。』……」於是下太常、將、大夫、博士、議郎、郎官及諸生、諸儒會白虎觀,講議五經同異……帝稱制臨決,如孝宣甘露石渠故事,作《白虎議奏》。【206】

此講論五經同異,屬經學之議,故特別指定參與人選。而人主躬親稱制臨決,其重視可知。是項集議,雖非議於朝堂,惟究不能謂非集議之制也。

又《後漢書‧魯丕傳》云:

（和帝永元十一年）時侍中賈逵薦丕道蓺深明,宜先任用。和帝因朝會,召見諸儒,丕與侍中賈逵、尚書令黃香等相難數事,帝善丕說,罷朝,特賜冠幘履 襪衣一襲。【207】

魯丕、賈逵、黃香及諸儒於朝會相與論難者,當為儒學經義之事。

東漢儒學隆盛,人所素知,故原屬決定國家大事之集議,亦施之於儒學。倘昧乎其時儒學之盛,則不明博士之是否得立、五經之同異、經義之是非,亦視同國之大造大疑。若其方式,人主或監臨或不監臨,端視人主之意為何如耳。而其集議所在,或為朝堂,或為特定之地。如上舉史文,可見《左氏春秋》博士之立及經義之詰難,朝堂之集議也;講論五經同異,則集於白虎觀;斯其顯例。

七、兩漢集議之同異

本文既專論東漢中央集議制度,原可不涉西漢方面之討論。然約略比較兩漢此一制度之同異,述其遷遞之跡,於讀史者或不無小助。

西漢之世,集議範圍極為廣泛,凡立君、儲嗣、宗廟、郊祀、典禮、封建、功賞、民政、法制、邊事以至大臣罪獄等項,均得集而議

【206】 見《後漢書》卷三,頁 137 — 138。
【207】 見《後漢書》卷二十五,頁 884。

之，《西漢會要》述之頗為詳晰【208】，無待引述。考東漢集議範圍，亦多與西漢類同，間有殊異，殆由史書載錄別擇使然，非關範圍各有殊別也。蔡邕《獨斷》嘗言，「其有疑事，公卿百官會議」【209】；司馬彪《續漢書・百官志》亦云，「凡國有大造大疑」，太尉「則與司徒、司空通而論之」【210】；均指集議之制而言也。

集議之召開與否，與會人選如何，大抵皆由人主決定。集議結果之抉擇，其權亦操諸人主。此兩漢所同然。若其集議方式，大致亦無所別。惟東漢和帝以降，權臣勢重（常為操持兵柄之大將軍），故集議之召開，或有不經人主，甚至人主之策廢，亦由權臣集議而定。集議結果之取捨，權臣亦非從眾取決。是則東漢末葉，人主於集議之權力，已每為權臣所替代，或替代其部分。

西漢集議，丞相例多與會，並常為會議主持人。蓋西漢之世，丞相乃佐人主處理萬機之首輔，同時亦為外朝百官之領袖，故值朝廷有所集議，其領導者每多屬諸丞相。凡由人主親自主持或由權臣主持之會議，丞相大率亦得參加，其中唯中朝官會議，丞相方不參與。倘屬中朝官與外朝官會聚之聯合會議，雖非必為丞相主持，惟集議結果，上奏時仍由丞相領銜。如《漢書・霍光傳》載：昌邑王被廢，本大將軍霍光之意，惟光與群臣聯名奉章太后，仍曰「丞相臣（楊）敞、大司馬大將軍臣光」云云【211】，丞相之名，仍居大將軍上。是則西漢丞相於集議時所居之地位，可以推想。

比入東漢，地位與丞相相侔之三公，集議時於百官中仍居領導地

【208】參閱徐天麟《西漢會要》卷四十《職官十》「集議上」及卷四十一《職官十一》「集議下」，2006 年 12 月上海古籍出版社，頁 463 — 482。

【209】參閱《獨斷》卷上，程榮輯《漢魏叢書》第二冊，1966 年 1 月新興書局（台灣），頁 399 下。

【210】參閱《後漢書》附《志第二十四・百官一》，頁 3557。

【211】參閱《漢書》卷六十八，1964 年 11 月中華書局（北京）校點本，頁 2939。

位，若干朝議，縱由權臣主持，三公亦多參與，惟其實權，則遠遜西漢之丞相。故西漢人主，於丞相之意見，每加採納，此由人主尊崇丞相之故。惟東漢三公，集議雖多由其主持，然其身份，猶今之會議召集人，不但權臣可以否定其議，甚或品秩不高之議郎，竟亦敢厲言廷辱之。如《後漢書‧傅燮傳》載：司徒崔烈議棄涼州，詔下公卿百官，烈堅執先議。議郎傅燮厲言曰：「斬司徒，天下乃安。」【212】廷辱大臣，宜加罪譴，律有常科，而人主竟從燮議而不問罪，於此或可覘東漢三公與西漢丞相地位之殊別矣。其所以致是者，由光武之世，懲數世之失權，忿權臣之竊命，矯枉過直，政不任下，雖置三公，而事歸臺閣【213】。至是尚書寖重，三公尊而不親，徒擁虛名，備員而已。

又西漢中朝臣集議，所議者多為丞相或御史大夫處理國政之違法、失策問題。如《漢書‧龔勝傳》：丞相王嘉上書薦故廷尉梁相等，「尚書劾奏嘉『言事恣意，迷國罔上，不道』。下將軍中朝者議。」【214】此中朝官集議丞相之失也。又《漢書‧師丹傳》載：師丹為大司空（御史大夫），「使吏書奏，吏私寫其草。丁、傅子弟聞之，使人上書告丹『上封事，行道人遍持其書』。上以問將軍中朝臣，皆對曰：『忠臣不顯諫，大臣奏事不宜漏泄，令吏民傳寫流聞四方。臣不密則失身，宜下廷尉治。』事下廷尉，廷尉劾丹大不敬。」遂策免丹【215】。此中朝官議劾御史大夫之失也。則西漢中朝官之職任，實備人主之諮詢及代人主督察百官。

東漢中朝官集議，則不僅限諮詢、督察諸事而已，舉凡國之大事，皆可參與集議、獻策。尤有甚者，東漢中朝官之領袖，多屬椒房之親，

【212】 參閱《後漢書》卷五十八，頁 1875。

【213】 參閱《後漢書》卷四十九《仲長統傳》，頁 1657。

【214】 參閱《漢書》卷七十二，1964 年 11 月中華書局（北京）校點本，頁 3081。

【215】 參閱《漢書》卷八十六，同上，頁 3506－3507。

權任之重，實駕乎外朝公卿百官之上，倘有中朝集議，每可不經人主，逕定其實。遞及末葉，權臣如梁冀、董卓等常藉集議之名而遂其私心，此則已大失集議之本意矣。

八、結論

歷來論史者多謂東漢政制承前朝之舊，故論中央集議制度，亦每兩漢合併言之。南宋徐天麟於奏進《西漢會要》後，續成《東漢會要》，其體例皆與前書相合。而稍不同者，則為間附案語，及雜引他人論說，記事又較前書差為詳備。試檢卷二十二「職官四」，誠有東漢集議之專目【216】，惟其內容，僅屬取材於范曄《後漢書》、司馬彪《續漢書》、袁宏《後漢紀》諸書之資料彙編，乏辨析考證，殆所謂述而不論者。今人論著，無論專書或論文，似亦罕見集中析論東漢中央集議制度之專篇。是則茲篇之作，雖無令人嗟愕之創獲，然於東漢中央集議制度及相關史事之了解，或稍有裨補歟？

本篇論述，內容以東漢中央集議制度為中心，其要不出下列諸端：

1. 「朝會」、「朝議」、「廷議」、「朝廷議」、「集議」，皆東漢中央會議制度之名，而以「集議」一詞涵義包納較廣。每次參與者或為公卿百官，或為公府掾屬，或為臺閣職官，或為博士、儒生。

2. 東漢經學重論辯，重論辯則須博學兼通世務以為用，此風既影響經師及太學諸生之表現，亦使任官朝廷之經師，常以經學論辯之內容及技巧，應用於中央國政及其他事務之集議。

3. 東漢中央集議，大多發自人主，或由臣下奏請，人主可而議之；然亦有由權臣召開者。

【216】 參閱徐天麟《東漢會要》有關集議各條目，2006 年 12 月上海古籍出版社，頁 323－333。

4. 集議結果，取決之權，自操諸人主之手，惟亦有由權臣逕行裁決，或堅執己議。

5. 集議人數，本無一定，有少至數人者，有多至數百人者。偶有多次往返駁難，極為熾烈，甚至有厲言廷叱之事。

6. 集議人選，有指定者，有不加指定者，視乎集議性質而定。中外朝之長官及其僚屬，咸有與會機會。

7. 集議方式，有人主不監臨者，有人主監臨者，有人主之代表監臨者，亦有由中朝大將軍或權臣所主持者。

8. 集議範圍極廣，無一定限制，大抵以國之大造大疑為主，如典禮、策封、曆事、舉試、食貨、遷都、刑法、邊事、儒學等俱在其內；倘遇非常事故，亦得集群臣而議之。

9. 就史文所見，集議以議典禮為最多，其次為議刑法及邊事，再其次為議食貨，又再次為議曆事及儒學，最少者為議遷都及舉試。從資料之多寡，或可約略了解其時集議所較關注之項目，然未可由此推論其時並不重視遷都及舉試之集議也。

10. 東漢三公於集議中之地位，遠不如西漢丞相之重要，此由三公大權，已浸為臺閣所奪，然不得謂東漢不重視集議之制。

11. 各類集議，出席者之言論，僅供人主參考，其所採納，未必即為眾議所同之主張，亦有僅採獨議者。至其時權臣之意見，則每蒙人主深納，三公之議，亦間蒙採用，然不若西漢丞相之受尊重。

12. 東漢末葉，誠有權臣把持集議之現象，顧此乃權臣之私心，或恣其威福，非集議一制之本意。

13. 東漢中央集議之所，不僅限於朝堂，有議於公府，亦有議於宮中，如顯親殿、臺閣、雲臺、白虎觀等，是其例也。

日治時期臺灣對日貿易與出口產業

陳慈玉*

提　要

戰後臺灣的經濟成長引人注目，就歷史的連續性而言，其發展軌跡應可上溯至十九世紀或更早。臺灣傳統經濟的開始發生變化，是全球化過程中西力東漸所造成的。開港後的臺灣被編入以西方先進國家為中心的世界經濟體系之中，出口導向的產業因此能夠比較發展。日治時期除了既有的出口產業外，並且設立不少新興產業。

就日治時期臺灣出口貿易市場而言，日本自二十世紀開始即佔有相當重要的地位，且其重要性與年俱增，1897-1914 年間在總出口值中的平均比重為55.10%，1915-1929 年成長為81.41%，1930-1942 年間則高達91.38%。所以臺灣的出口產業可說是以日本為主要且幾乎是唯一的市場而發展的。

在日治時期，除了眾所周知的米糖業外，不少產業的成長或出現，都主要以輸出殖民母國日本及其勢力範圍為導向的。固然1930 年代經濟統制時期軍需工業的產品是要補充日本的需求，而在此之前其他產業的情況亦然，或許可以說當時臺灣是經由日本來與世界市場相聯繫的。此論文所探討的農業、農產品加工業，以及輕工業、化學工業，與礦業等的發展趨勢都顯示出此特徵。

---

*中央研究院近代史研究所研究員。

一 前言

眾所週知，臺灣的米和砂糖曾經是出口的重要商品，主要的消費市場是日本。其實，日本也是臺灣香蕉最重要的輸出市場，而臺灣茶葉亦曾經賺取大量外匯，行銷西方世界和日本、東南亞地區。相對於政府（臺灣總督府）的積極主導香蕉之外銷，茶葉的開拓市場似乎是茶商本身的努力結果。其它臺灣主要出口品尚有鳳梨罐頭、樟腦、酒精、煤等食品加工業、化學工業和礦業的產品。

就日治時期臺灣出口貿易市場而言，日本自二十世紀開始即佔有相當重要的地位，且其重要性與年俱增，1897-1914 年間在總出口值中的平均比重為 55.10%，1915-1929 年成長為 81.41%，1930-1942 年間則高達91.38%。[1] 所以臺灣的出口產業可說是以日本為主要且幾乎是唯一的市場而發展的。

關於日治時期臺灣對外貿易的研究，戰後應首推周憲文，〈日治時代臺灣之對外貿易〉，（《臺灣銀行季刊》9：1），其文主要利用歷年《臺灣總督府統計提要》敘述臺灣對外貿易的概況，為後人開拓了此領域，至今仍是非常值得參考之作。爾後的學者則分別從兩岸貿易、[2] 港口

---

[1] 游棋竹，〈臺灣對外貿易與產業之研究（1897-1942）〉（嘉義：國立中正大學歷史研究所碩士論文，2003），頁 32-33，36。

[2] 例如林滿紅，〈經貿與政治文化認同——日本領台為兩岸長程關係投下的變數〉，《「中國歷史上的分與合」學術研討會論文集》（臺北：聯經出版，1995）、〈臺灣與東北間的貿易（1932-1941）〉，《中央研究院近代史研究所集刊》24（1995）、〈中日關係之一糾結：1932 至 1941 年間臺灣與東北貿易加強的社會意涵〉，《第三屆「近百年中日關係」學術研討會會議論文集》（臺北：中央研究院近代史研究所，1996）、〈日本殖民時期臺灣與香港經濟關係的變化——亞洲與世界關係調動中之一發展〉，《中央研究院近代史研究所集刊》36（2001/12，頁 45－115）；許賢瑤，〈臺灣茶在中國東北的發展〉，《臺灣商業

與區域發展、[3] 台商、[4] 交通運輸（包括海運）、[5] 商品[6] 乃至地

傳統論文集》（臺北：中央研究院臺灣史研究所籌備處，1999）頁 269-296；徐榕
鴻，〈兩岸貿易一百五十年：1860~2002〉（臺北：私立輔仁大學經濟學研究所碩
士論文，2002）；許世融，〈關稅與兩岸貿易 1895-1945〉（臺北：國立臺灣師範
大學歷史學研究所博士論文，2004）；陳炳嘉，〈四百年臺灣貿易：以金銀價格
為基準〉（南投：國立暨南國際大學經濟學研究所碩士論文，2008）等。

[3] 例如戴寶村，〈近代臺灣港口市鎮之發展——清末至日治時期〉（臺北：國立臺
灣師範大學歷史研究所博士論文，1987）；吳雅芳，〈打狗港與旗後的發展
（1624~1920）〉（台南：臺南師範學院鄉土文化研究所碩士論文，2000）；邱志
仁，〈從「海賊窟」到「小上海」：布袋沿海地區經濟活動之變遷（約1560-1950）〉
（南投：國立暨南國際大學歷史學研究所碩士論文，2004）；王信智，〈日治時
代安平港口機能的變遷〉（台東：國立臺東大學教育研究所碩士論文，2005）；
蔡昇璋，〈日治時期臺灣「特別輸出入港」之研究〉（桃園：國立中央大學歷史
研究所碩士論文，2007）等。

[4] 例如林滿紅，〈「大中華經濟圈」概念之一省思——日治時期臺商之島外經貿經
驗〉，《中央研究院近代史研究所集刊》29（1998/06），頁 47-101；〈印尼華商、
台商與日本政府之間：日治初期台茶東南亞經貿網路的拓展（1895-1919）〉，
《第七屆中國海洋發展史會議論文集》（臺北：中央研究院中山人文社會科學研究
所，1999），頁 585-636。

[5] 例如劉素芬，〈日治初期臺灣的海運政策與對外貿易〉，《第七屆中國海洋發展
史會議論文集》（臺北：中央研究院中山人文社會科學研究所，1999），頁 637-
694；蔡采秀，〈日本的海上經略與臺灣的對外貿易（1874-1945）〉，《臺灣商業
傳統論文集》（臺北：中央研究院臺灣史研究所籌備處，1999），頁 187-232；陳
玟瑾，〈日治初期臺灣糖業與交通運輸關係探究（1896-1918年）〉（台南：國立成
功大學歷史學研究所碩士論文，1999）等。

[6] 例如劉瑞華、葉明憲，〈全球化與本土化的交織——臺灣茶產業的長期變遷〉，
《思與言》41:1（2003/03），頁 19-38；陳慈玉、李秉璋，〈日治時期臺鹽的流通
結構〉，《東吳歷史學報》10（2003/12），頁 213-266；曾立維，〈日治時期臺

理變遷【7】、物價指數【8】等角度做比較細緻的研究。由這些舊有的成果可知大家的焦點仍然集中於米與砂糖的生產及其影響，以及茶葉的出口東北所形成的兩岸貿易，較少專門探究臺灣對日本出口貿易所帶來的對本地產業衝擊及其意義。而游棋竹的〈臺灣對外貿易與產業之研究（1897-1942）〉則在臺灣、日本與中國的三角貿易的架構下，透過臺灣對外貿易商品結構的分析，分別以肥料工業、漁業及製帽業為各時期的代表，討論日治時期臺灣產業結構的變動情形。雖然頗具創新性，惟所選擇的產業無法適當表現出各時期的特色。黃登興、徐茂炫的〈殖民關係與貿易形態在臺灣日治時期的驗證〉一文，【9】利用經濟學理論，分析日治時期殖民地貿易型態的變化過程中，所受到的外部影響。指出臺灣對中國大陸的出口雖然大幅衰退，但由中國大陸的進口數額萎縮幅度卻相對輕微。而臺灣自日本進口增加的額度，正是臺灣自中國大陸以外區域進口減少的額度，這也反映了日本獲得貿易主導權的過程中，日本

灣的藺草產業──以新竹地區為探討中心〉，《政大史粹》7（2004/12），頁91-157；曾立維，〈日治時期臺灣柑橘產業的開啟與發展〉（臺北：國立政治大學歷史學研究所碩士論文，2005）；洪麗雯，〈殖民主義與產業形塑：日治時期臺灣藺草產業的發展〉（台南：國立臺南大學臺灣文化研究所碩士論文，2006）；李宛凌，〈臺灣咖啡產業的歷史考察〉（臺北：國立臺北教育大學社會科教育學研究所碩士論文，2007）；吳子政，〈日治時期臺灣倉儲與米出口運輸體系之探討〉（臺北：國立政治大學臺灣史研究所碩士論文，2007）等。

【7】高國平，〈1622-1945年臺灣對外貿易地理變遷之研究〉（臺北：私立中國文化大學地學研究所博士論文，1999）等。

【8】葉淑貞、俞可倩，〈日治時代臺灣對日進出口物價指數之估計與分析〉，《經濟論文叢刊》35:3（2007/09），頁337-377；俞可倩，〈日治時代臺灣移出入物價指數的估計與分析〉（臺北：國立臺灣大學經濟學研究所碩士論文，1996）等。

【9】黃登興、徐茂炫，〈殖民關係與貿易形態在臺灣日治時期的驗證〉，《經濟論文叢刊》25：3（1997/09），頁369-399。

工業化產品對西方工業產品產生進口替代的現象。而在進出口品的異質性程度方面，臺灣與日本之間的進出口品異質程度遠大於其他地區，並且有隨著殖民時間增加而嚴重化的趨勢，隱含著臺灣和日本之間進出口貿易的不對稱性。

本文擬以歷年《臺灣貿易年表》的數據為基礎，探討臺灣對日本的出口產業的變遷。首先分析出口商品結構的變化，其次分述農業、工業與礦業中各代表性商品的生產，以解明作為殖民地的臺灣在當時日本帝國中所扮演的角色及其影響。由於有關稻米與砂糖生產的研究已經汗牛充棟，而茶葉與樟腦的主要海外市場是在歐美與東南亞等地，因此本文不擬探討。

二 出口商品結構變化

如表 1 和圖 1 所示，在日治時期，主要出口品有米、茶、糖、鹽、香蕉、鳳梨罐頭、樟腦、酒精類、煤等農礦產品、食品加工品和化工產品，其中，糖的出口值一直高佔總出口值的 40% 以上（甚至在 1920 年達到 65.75%），而米的出口值在 10% 以上（亦有 4 年在 30% 以上），茶的出口值則與年遞減，日治初期還保持 10% 以上，1916 年以後就只維持在 5% 左右。樟腦的比重亦自 21.48%（1896 年）下降到 2% 以下，相形之下，香蕉的地位則自 0.16%（1907 年）上昇到 5.01%（1940 年），大致維持在 3% 左右，即使 1937 年（高峰）亦然。[10] 而香蕉出口值的成長迅速，由於無從得知 1896-1945 年通貨膨脹率的資料，所以只能以它在總出口值中的地位、以及與其他商品之出口值變動的比較情況來窺知其相對比重。香蕉的出口值在總出口值中的比例一直穩定成長，而清末以來被視為最重要出口品的米、糖、茶的比重皆下降。

[10] 周憲文，〈日治時代臺灣之對外貿易〉，《臺灣銀行季刊》9：1（臺北：臺灣銀行經濟研究室，1957 年 6 月），頁 42-47。

從此表與圖亦可窺知，1940 年的出口總值增為 1896 年的 49.67 倍，而個別商品方面，米增為 95.94 倍，茶為 3.59 倍，糖為 145.56 倍，香蕉則增為 1907 年的 644.5 倍，酒精類是 192.2 倍，煤炭則大增到 544.9 倍，鳳梨罐頭成長更快（1907 年的 785.21 倍）。此數字不但意味著當時殖民地臺灣對母國日本擔負著提供米、糖等重要民生必需品的義務，更意味著隨著時間的推移，日本對臺灣農業政策的改變，亦即因為日本茶的蓬勃成長，[11] 日本殖民地當局並不鼓勵臺灣農民栽種茶葉，以致於與日本茶在海外競爭，而逐漸實施多元化的農產品生產政策，以供給其本國民眾的需求乃至開拓海外市場，而此市場則是日本本國商品所無法供應的。就此意義而言，香蕉、煤礦與鳳梨罐頭產業的成長，更突顯了作為殖民地的臺灣的經濟發展與出口貿易（即主要流向日本本國，並進入日本商品無法輸出之處）之一大特徵。

表 1 商品別輸出價值指數表，1896-1943 年

年份	總數	米	茶	糖	香蕉	鳳梨罐頭	樟腦	酒精	煤	其他
1896	100	100	100	100	—	—	100	—	100	100
1897	130	205	118	176	—	—	62	—	135	294
1898	149	363	106	235	—	—	53	—	296	393
1899	129	146	101	218	—	—	83	—	422	323
1900	131	259	82	144	—	—	95	—	587	489
1901	137	236	72	217	—	—	96	—	804	532
1902	185	386	115	277	—	—	152	—	809	432
1903	182	631	107	156	—	—	126	—	635	488
1904	199	667	102	263	—	—	125	—	696	545
1905	213	646	108	385	—	—	110	—	491	534
1906	246	812	88	566	—	—	115	—	600	615
1907	240	674	92	489	100	100	146	—	483	733
1908	296	1,155	98	618	241	353	90	100	422	860
1909	421	979	105	1,505	355	316	179	149	400	814
1910	526	766	110	2,306	784	200	162	248	278	1,063

---

[11] 有關日本茶的成長及其與中國茶的競爭，請參閱陳慈玉，《近代中國茶業的發展與世界市場》（臺北：中央研究院經濟研究所，1982），頁 221-229、234-240。

1911	569	868	124	2,481	859	395	142	569	491	1,155
1912	551	1,124	117	1,952	768	637	221	2,137	513	1,311
1913	468	1,719	112	1,012	850	837	198	2,027	422	1,374
1914	515	758	116	1,810	1,334	684	219	2,595	896	1,447
1915	664	910	140	2,372	1,557	737	205	7,179	809	1,815
1916	986	891	134	4,121	2,400	1,032	256	10,900	2,026	2,736
1917	1,279	1,419	142	5,502	3,661	1,453	230	12,431	8,970	3,413
1918	1,223	2,720	168	3,982	4,714	2,047	192	15,559	13,313	3,483
1919	1,560	3,778	145	5,670	4,659	2,958	230	17,075	39,078	2,876
1920	1,898	1,881	114	9,300	4,107	4,463	311	13,325	46,087	3,077
1921	1,338	2,118	142	5,680	9,445	4,553	73	8,496	31,153	2,798
1922	1,385	1,537	166	5,705	15,641	4,532	279	3,252	32,648	3,559
1923	1,743	2,597	175	7,459	18,855	4,874	237	5,740	32,765	3,774
1924	2,226	5,314	186	8,236	27,252	7,121	267	6,215	40,739	5,472
1925	2,310	7,899	200	7,296	20,952	10,153	185	7,789	40,648	5,878
1926	2,206	6,911	213	6,642	25,789	9,274	148	8,109	43,087	6,608
1927	2,165	7,449	201	6,474	19,975	16,674	121	7,295	33,296	6,338
1928	2,180	5,831	171	8,023	19,777	13,737	196	7,483	21,191	5,708
1929	2,386	5,403	163	9,356	19,291	23,474	174	8,028	16,070	6,846
1930	2,119	4,238	152	9,283	19,480	18,653	96	5,440	14,057	4,797
1931	1,938	4,501	130	8,034	19,384	22,111	96	4,516	12,013	4,470
1932	2,112	6,915	92	8,168	16,234	28,374	103	4,663	7,722	4,292
1933	2,180	7,084	109	7,794	18,764	27,100	169	7,688	11,852	5,109
1934	2,685	11,164	172	8,008	20,025	26,684	186	9,307	9,757	6,971
1935	3,078	11,564	160	9,911	23,280	42,516	180	9,648	5,800	8,422
1936	3,404	13,616	175	10,864	25,377	38,126	218	7,788	9,800	8,809
1937	3,863	13,822	220	12,528	28,034	48,526	183	10,169	17,096	11,445
1938	4,005	14,106	218	12,378	30,186	54,800	166	13,031	34,722	12,743
1939	5,203	14,075	366	16,993	38,650	70,216	246	22,067	39,857	19,255
1940	4,967	9,594	359	14,556	64,450	78,521	193	19,219	54,487	25,432
1941	4,334	7,877	479	12,698	51,852	57,642	172	17,624	36,530	22,291
1942	4,591	8,482	478	15,291	30,207	45,363	35	19,707	32,717	22,075
1943	3,518	7,358	541	9,120	13,027	26,695	99	21,437	23,909	20,318

資料來源：周憲文，〈日治時代臺灣之對外貿易〉，《臺灣銀行季刊》9：
1（台北：臺灣銀行經濟研究室，1957年6月），頁44-45。

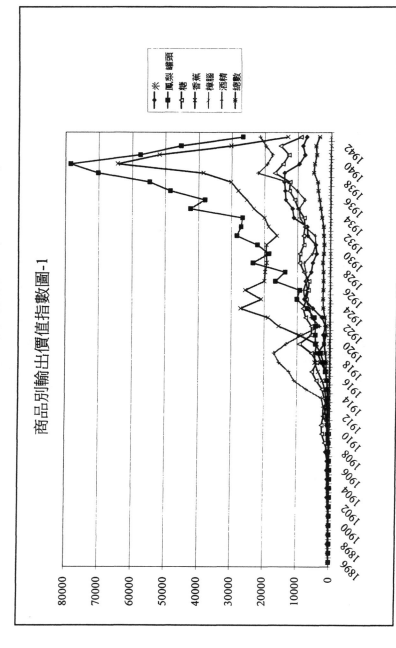

圖 1-1、商品別輸出價值指數圖-1（1896-1943）

資料來源：周憲文，〈日治時代臺灣之對外貿易〉，《臺灣銀行季刊》9：1（台北：臺灣銀行經濟研究室，民國46年6月），頁44-45。

圖 1-2、商品別輸出價值指數圖-2（1896-1943）

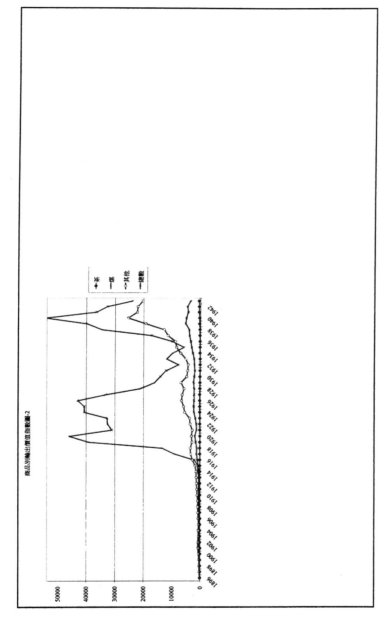

資料來源：周憲文，〈日治時代臺灣之對外貿易〉，《臺灣銀行季刊》9：1（台北：臺灣銀行經濟研究室，民國46年6月），頁44-45。

表 2-1 1897-1945 年臺灣對日出口商品統計表：主要出口商品

價值：圓，比例：%

商品 年代	米合計 價值	比例	砂糖合計 價值	比例	香蕉 價值	比例	茶類合計 價值	比例	煤炭合計 價值	比例	鹽 價值	比例	鳳梨罐頭 價值	比例	酒精類合計 價值	比例	樟腦 價值	比例	樟腦油合計 價值	比例
1897	74,616	3.56%	1,194,000	56.90%	--	--	18,020	0.86%	--	--	--	--	--	--	--	--	18,109	0.86%	437,626	20.85%
1898	1,146,489	27.70%	1,602,265	38.71%	--	--	53,218	1.29%	--	--	747	0.02%	--	--	--	--	334,830	8.09%	540,949	13.07%
1899	62,623	1.72%	1,748,879	48.16%	--	--	275,438	7.59%	--	--	24,739	0.68%	--	--	--	--	292,261	8.05%	1,074,530	29.59%
1900	93,119	2.19%	1,537,838	36.20%	--	--	490,912	11.55%	--	--	--	0.00%	--	--	--	--	945,834	22.26%	962,643	22.66%
1901	1,024,332	14.30%	2,292,648	32.01%	--	--	704,595	9.84%	--	--	49,958	0.70%	--	--	--	--	1,571,497	21.94%	1,325,836	18.51%
1902	1,608,186	22.35%	3,172,407	44.08%	--	--	240,841	3.35%	--	--	87,448	1.22%	760	0.01%	--	--	869,418	12.08%	921,536	12.81%
1903	4,889,859	51.59%	2,170,918	22.90%	--	--	303,010	3.20%	--	--	122,178	1.29%	--	0.00%	--	--	570,654	6.02%	1,113,376	11.75%
1904	3,544,520	34.99%	3,791,347	37.43%	--	--	192,371	1.90%	--	--	63,686	0.63%	--	0.00%	--	--	858,603	8.48%	1,235,684	12.20%
1905	5,365,177	39.93%	5,863,330	43.64%	--	--	120,513	0.90%	455	0.003%	133,533	0.99%	1,144	0.01%	--	--	630,590	4.69%	1,156,454	8.61%
1906	7,133,375	39.59%	8,506,117	47.21%	--	--	109,272	0.61%	216	0.001%	100,714	0.56%	14	0.00%	--	--	600,152	3.33%	1,190,540	6.61%
1907	5,996,405	34.54%	7,455,918	42.94%	43,146	0.25%	215,275	1.24%	58	0.000%	125,713	0.72%	18,639	0.11%	--	--	948,306	5.46%	1,859,884	10.71%
1908	10,128,265	41.91%	9,440,560	39.07%	104,515	0.43%	185,802	0.77%	400	0.002%	160,335	0.66%	66,512	0.28%	74,670	0.31%	502,213	2.08%	2,031,952	8.41%
1909	8,805,818	24.36%	23,001,769	63.62%	155,879	0.43%	292,560	0.81%	--	--	145,924	0.40%	59,906	0.17%	111,603	0.31%	--	--	1,610,979	4.46%
1910	6,875,036	14.37%	34,771,495	72.69%	345,030	0.72%	587,848	1.23%	3,120	0.007%	220,683	0.46%	37,779	0.08%	186,305	0.39%	25,897	0.05%	2,622,353	5.48%
1911	7,901,381	15.42%	36,872,558	71.95%	378,005	0.74%	121,705	0.24%	582	0.001%	235,175	0.46%	74,907	0.15%	421,971	0.82%	5,865	0.01%	2,307,775	4.50%
1912	10,260,694	21.63%	28,134,144	59.32%	336,617	0.71%	153,578	0.32%	1,147	0.002%	226,781	0.48%	121,151	0.26%	1,502,780	3.17%	1,008,404	2.13%	1,561,476	3.29%
1913	15,693,641	39.15%	15,479,098	38.61%	374,234	0.93%	134,189	0.33%	1,980	0.005%	184,149	0.46%	158,396	0.40%	1,507,366	3.76%	362,200	0.90%	1,690,964	4.22%
1914	6,905,311	15.24%	27,673,067	61.09%	587,017	1.30%	441,670	0.98%	19,348	0.043%	344,878	0.76%	130,450	0.29%	1,945,554	4.29%	1,509,225	3.33%	1,646,899	3.64%
1915	8,057,643	13.51%	35,921,720	60.25%	684,564	1.15%	1,099,318	1.84%	1,060	0.002%	322,317	0.54%	139,476	0.23%	5,321,355	8.92%	1,793,393	3.01%	1,888,645	3.17%
1916	6,960,089	8.81%	51,685,046	65.42%	1,054,056	1.33%	1,498,272	1.90%	68,152	0.086%	405,596	0.51%	195,232	0.25%	7,686,284	9.73%	1,602,998	2.03%	2,313,455	2.93%

年	值1	%	值2	%	值3	%	值4	%	值5	%	值6	%	值7	%	值8	%	值9	%	值10	%
1917	12,618,394	12.05%	68,344,719	65.25%	1,600,618	1.53%	3,794,266	3.62%	251,347	0.240%	457,002	0.44%	264,227	0.25%	8,482,576	8.10%	1,013,280	0.97%	1,846,847	1.76%
1918	24,830,529	23.73%	54,642,102	52.22%	2,014,807	1.93%	1,195,951	1.14%	113,711	0.109%	494,745	0.47%	382,609	0.37%	10,439,229	9.98%	1,757,120	1.68%	1,332,869	1.27%
1919	34,491,734	24.50%	79,112,371	56.19%	2,030,343	1.44%	301,544	0.21%	893,185	0.634%	182,321	0.13%	514,887	0.37%	12,239,841	8.69%	2,557,445	1.82%	1,182,668	0.84%
1920	17,118,664	9.55%	135,224,159	75.47%	1,805,518	1.01%	292,801	0.16%	1,439,633	0.803%	123,321	0.07%	830,138	0.46%	9,878,422	5.51%	3,271,867	1.83%	1,577,609	0.88%
1921	19,294,129	15.14%	84,709,280	66.47%	4,156,042	3.26%	358,342	0.28%	579,321	0.455%	366,112	0.29%	865,446	0.68%	5,801,310	4.55%	1,517,400	1.19%	1,976,551	1.55%
1922	13,581,618	10.77%	84,4680,656	67.01%	6,875,823	5.45%	139,860	0.11%	1,791,022	1.421%	950,362	0.75%	860,410	0.68%	1,787,024	1.42%	2,412,744	1.91%	1,666,975	1.32%
1923	23,636,921	14.04%	111,807,763	66.41%	8,280,418	4.92%	215,914	0.13%	1,841,293	1.094%	1,006,976	0.60%	925,369	0.55%	3,005,444	1.79%	2,498,185	1.48%	2,715,501	1.61%
1924	48,486,256	23.07%	119,911,187	57.05%	11,816,303	5.62%	408,867	0.19%	2,068,924	0.984%	1,669,034	0.79%	1,350,968	0.64%	3,039,628	1.45%	3,890,832	1.85%	2,105,530	1.00%
1925	72,110,218	33.71%	105,651,158	49.38%	9,096,358	4.25%	235,345	0.11%	1,903,409	0.890%	1,239,871	0.58%	1,917,564	0.90%	3,854,578	1.80%	915,092	0.43%	2,468,013	1.15%
1926	63,092,470	31.38%	98,375,836	48.93%	10,900,377	5.42%	130,434	0.06%	1,475,054	0.734%	903,618	0.45%	1,752,057	0.87%	4,081,135	2.03%	1,681,519	0.84%	2,976,094	1.48%
1927	67,885,705	33.82%	96,430,734	48.04%	8,616,464	4.29%	111,993	0.06%	1,484,379	0.739%	601,782	0.30%	3,145,630	1.57%	3,616,195	1.80%	1,078,360	0.54%	1,887,136	0.94%
1928	53,229,101	25.02%	121,413,629	57.06%	8,614,837	4.05%	108,450	0.05%	910,323	0.428%	646,129	0.30%	2,604,326	1.22%	3,602,253	1.69%	1,572,185	0.74%	1,757,281	0.83%
1929	49,320,566	20.81%	142,601,812	60.16%	8,419,100	3.55%	147,162	0.06%	389,028	0.164%	708,716	0.30%	4,407,878	1.86%	3,505,152	1.48%	2,612,775	1.10%	3,040,273	1.28%
1930	38,695,385	17.83%	141,865,177	65.38%	8,369,850	3.86%	177,321	0.08%	363,238	0.167%	837,529	0.39%	3,481,135	1.60%	2,592,076	1.19%	1,255,781	0.58%	2,422,303	1.12%
1931	41,097,219	20.40%	120,475,130	59.81%	8,329,152	4.14%	232,738	0.12%	470,760	0.234%	1,118,046	0.56%	4,157,836	2.06%	3,054,427	1.52%	766,281	0.38%	1,824,697	0.91%
1932	63,074,989	28.30%	121,718,906	54.62%	6,982,753	3.13%	519,375	0.23%	460,046	0.206%	958,697	0.43%	5,151,173	2.31%	2,975,544	1.34%	963,624	0.43%	2,072,234	0.93%
1933	64,627,800	28.01%	118,614,462	51.40%	7,899,188	3.42%	942,961	0.41%	1,195,362	0.518%	1,062,972	0.46%	4,791,127	2.08%	5,455,367	2.36%	1,174,428	0.51%	1,554,731	0.67%
1934	101,816,421	36.44%	122,321,543	43.78%	8,137,941	2.91%	1,129,150	0.40%	857,405	0.307%	998,094	0.36%	4,537,125	1.62%	6,950,923	2.49%	2,175,749	0.78%	1,902,033	0.68%
1935	105,545,183	33.59%	145,977,479	46.46%	9,465,551	3.01%	1,049,086	0.33%	747,342	0.238%	978,910	0.31%	7,306,809	2.33%	6,767,165	2.15%	2,360,464	0.75%	2,176,418	0.69%
1936	124,568,803	34.71%	163,495,301	45.56%	10,586,507	2.95%	1,088,704	0.30%	1,036,772	0.289%	1,102,603	0.31%	5,856,855	1.63%	5,637,922	1.57%	2,818,940	0.79%	2,214,311	0.62%
1937	127,223,441	31.01%	188,985,935	46.07%	11,736,412	2.86%	1,443,835	0.35%	2,563,035	0.625%	1,096,152	0.27%	7,599,849	1.85%	7,429,567	1.81%	2,615,729	0.64%	2,607,793	0.64%
1938	126,907,426	30.21%	177,596,157	42.27%	12,855,634	3.06%	1,931,991	0.46%	5,756,529	1.370%	1,744,883	0.42%	8,457,899	2.01%	9,442,062	2.25%	3,152,343	0.75%	2,773,337	0.69%
1939	127,300,248	24.97%	229,254,158	44.97%	16,519,291	3.24%	2,748,014	0.54%	4,488,734	0.881%	1,080,298	0.21%	11,211,443	2.20%	16,525,970	3.24%	4,030,126	0.79%	2,699,983	0.53%

年																				
1940	84,243,221	18.34%	185,592,613	40.41%	25,645,105	5.58%	3,946,816	0.86%	4,519,524	0.984%	510,967	0.11%	10,411,271	2.27%	14,396,831	3.13%	3,115,223	0.68%	2,605,979	0.57%
1941	70,734,943	18.62%	156,510,235	41.21%	17,766,370	4.68%	4,669,464	1.23%	1,525,103	0.402%	683,463	0.18%	3,711,082	0.98%	13,212,568	3.48%	3,376,589	0.89%	2,682,077	0.71%
1942	76,155,232	18.15%	184,524,209	43.97%	11,028,542	2.63%	5,447,911	1.30%	2,419,696	0.577%	2,047,028	0.49%	6,175,897	1.47%	14,732,229	3.51%	614,688	0.15%	1,203,860	0.29%
1943	66,027,500	22.56%	97,450,854	33.29%	5,401,897	1.85%	3,837,334	1.31%	580,773	0.198%	3,733,785	1.28%	2,248,808	0.77%	16,015,650	5.47%	1,473,748	0.50%	447,446	0.15%
1944	30,199,842	14.00%	51,347,707	23.81%	199,855	0.09%	2,107,677	0.98%	--		2,009,508	0.93%	414,562	0.19%	10,873,145	5.04%	149,040	0.07%	--	
1945	751,967	5.25%	6,024,482	42.06%	--		18,640	0.13%	--		330,837	2.31%	--		27,567	0.19%	--		--	

資料來源：臺灣總督府財務局稅務課，《臺灣外國貿易二十年對照表：自明治二十九年至大正四年》。台北市：同編者，1916，臺灣總督府財務局稅務課，《臺灣貿易四十年表》大正四年至昭和十七年。台北市：同編者，1916-1943，臺灣省政府主計處，《臺灣貿易五十三年表》。台北市：同編者，1954。

備註：1、1940年部分出口數據欠缺。

2、米包括各式粳米與糙米之糙米與精米，以及稻穀。砂糖包括各式紅糖、白糖、含蜜糖、分蜜糖與方糖等。茶類包括烏龍茶、包種茶、紅茶、番茶、綠茶等茶類。酒精類包括一般酒精與變性酒精。樟腦包括粗製與精製樟腦。樟腦油包括赤樟腦油、白樟腦油、芳油、芳白油、藍樟腦油與其他樟腦油等。

表 2-2 1897-1945 年臺灣對日出口商品統計表（續）：其他重要出口商品

產值：圓、比例：%

商品	黃金（含銅與銀）		鋁		紙漿		柑橘		鳳梨		糖蜜	
年代	價值	比例	價值	比例	價值	比例	價值	比例	價值	比例	價值	比例
1897	--	--	--	--	--	--	--	--	--	--	--	--
1898	--	--	--	--	--	--	--	--	--	--	--	--
1899	--	--	--	--	--	--	--	--	--	--	--	--
1900	--	--	--	--	--	--	--	--	--	--	--	--
1901	--	--	--	--	--	--	--	--	--	--	--	--

年													
1902	‐		‐		‐		‐		1,552	0.02%	‐		1,242	0.02%
1903	‐		‐		‐		‐		574	0.01%	‐		427	0.00%
1904	‐		‐		‐		‐		29	0.00%	‐			
1905	‐		‐		‐		‐		‐		‐		6,897	0.05%
1906	‐		‐		‐		‐		56	0.00%	‐		846	0.00%
1907	172,782	1.00%	‐		‐		‐		2,341	0.01%	362	0.002%	13,848	0.08%
1908	669,028	2.77%	‐		‐		‐		1,165	0.00%	2,472	0.010%	7,777	0.03%
1909	912,977	2.53%	‐		‐		‐		940	0.00%	1,056	0.003%	75,716	0.21%
1910	888,727	1.86%	‐		‐		‐		1,554	0.00%	1,799	0.004%	110,427	0.23%
1911	1,465,702	2.86%	‐		‐		‐		3,363	0.01%	16,648	0.032%	121,268	0.24%
1912	2,092,004	4.41%	‐		‐		‐		2,978	0.01%	13,283	0.028%	58,924	0.12%
1913	2,125,552	5.30%	‐		‐		154289	0.38%	3,853	0.01%	3,846	0.010%	30,224	0.08%
1914	2,053,295	4.53%	‐		‐		9,225	0.02%	3,875	0.01%	1,453	0.003%	11,895	0.03%
1915	1,895,252	3.18%	‐		‐		495	0.00%	5,133	0.01%	17,372	0.029%	635	0.00%
1916	1,566,162	1.98%	‐		‐		28	0.00%	14,515	0.02%	36,518	0.046%	17	0.00%
1917	1,560,365	1.49%	‐		‐		‐		28,008	0.03%	18,312	0.017%	3,654	0.00%
1918	745,962	0.71%	‐		‐		‐		36,215	0.03%	15,273	0.015%	52	0.00%
1919	925,144	0.66%	‐		‐		‐		45,909	0.03%	37,182	0.026%	930	0.00%
1920	994,288	0.55%	‐		‐		65	0.00%	14,157	0.01%	165	0.000%	‐	
1921	1,657,793	1.30%	‐		‐		‐		75,038	0.06%	28,158	0.022%	828	0.00%
1922	2,066,567	1.64%	‐		‐		‐		261,420	0.21%	28,227	0.022%	6,368	0.01%
1923	713,718	0.42%	‐		‐		‐		217,889	0.13%	62,255	0.037%	55	0.00%
1924	32,389	0.02%	‐		‐		‐		173,203	0.08%	21,360	0.010%	4,193	0.00%

年	(1)	(2)	(3)	(4)	(5)	(6)	(7)	(8)	(9)	(10)
1925	0.01%	18,377	0.003%	6,306	0.10%	216,754	…			
1926	0.02%	33,097	0.007%	14,421	0.07%	145,843	…			
1927	0.07%	141,711	0.011%	21,223	0.11%	218,692	…			
1928	0.09%	200,177	0.010%	21,226	0.08%	174,817	…			
1929	0.20%	482,617	0.008%	18,383	0.09%	215,916	…			
1930	0.25%	541,411	0.023%	49,463	0.11%	248,900	…			
1931	0.17%	337,738	0.053%	105,915	0.14%	278,059	…			
1932	0.20%	452,895	0.033%	72,785	0.13%	299,511	…			
1933	0.37%	857,552	0.050%	116,239	0.12%	267,841	…			
1934	0.08%	210,754	0.037%	104,554	0.11%	301,584	…			
1935	0.40%	1,270,348	0.045%	142,129	0.09%	270,575	…			
1936	0.40%	1,432,716	0.037%	132,235	0.10%	372,438	…			
1937	0.38%	1,559,743	0.041%	167,056	0.09%	387,968	…			
1938	0.30%	1,269,993	0.044%	185,312	0.10%	421,373	…			
1939	0.24%	1,212,447	0.064%	323,749	0.10%	490,238	520,615	0.10%		
1940	0.03%	119,667	0.000%	…	0.11%	508,624	…			
1941	0.00%	53	0.135%	512,864	0.11%	406,612	5,834,061	1.54%	22,064,510	5.81%
1942	0.05%	216,969	0.002%	6,405	0.16%	658,360	4,053,941	0.97%	25,872,824	6.17%
1943	0.09%	274,204	…	…	0.07%	190,474	…		…	
1944		…	…	…	…	…	…		…	
1945		…	…	…	…	…	…		…	

資料來源：臺灣總督府財務局稅務課，《臺灣外國貿易二十年對照表：自明治二十九年至大正四年》。台北市：同編者，1916、臺灣總督府財務局稅務課，《臺灣貿易年表》大正四年至昭和十七年。台北市：同編者，1916-1943、臺灣省政府主計處，《臺灣貿易五十三年表》。台北市：同編者，1954。

備註：1、1940年部分出口數據欠缺。
　　　2、糖蜜在《臺灣貿易五十三年表》作糖漿。

表2-3 1897-1945年臺灣對日出口商品統計表（續）

產值：圓，比例：%

商品	甘藷		水泥		石花菜		新鮮魚貝類		鰹節(柴魚)		獸皮		木材類總計		肥料(總計)		總計
年代	價值	比例	價值	比例	價值	比例	價值	比例	價值	比例	價值	比例	價值	比例	價值	比例	價值
1897	--	--	--		13,698	0.65%	--		--		4,037	0.19%	4,328	0.21%	--		2,098,560
1898	--	--	--		27,247	0.66%	--		--		15,608	0.38%	--		--		4,138,879
1899	--	--	--		28,998	0.80%	--		--		22,334	0.62%	166	0.00%	--		3,631,125
1900	--	--	--		32,275	0.76%	--		--		57,058	1.34%	1,448	0.03%	--		4,248,595
1901	--	--	--		36,609	0.51%	--		530	0.01%	60,870	0.85%	800	0.01%	--		7,163,178
1902	--	--	--		36,021	0.50%	--		--		52,541	0.73%	1,343	0.02%	--		7,196,307
1903	--	--	--		20,256	0.21%	--		--		40,101	0.42%	1,755	0.02%	--		9,478,986
1904	--	--	--		12,125	0.12%	--		--		25,119	0.25%	--		--		10,130,257
1905	--	--	--		22,696	0.17%	--		720	0.01%	29,664	0.22%	--		--		13,435,140
1906	--	--	--		22,092	0.12%	--		1,558	0.01%	29,075	0.16%	234	0.00%	--		18,016,058
1907	--	--	--		35,795	0.21%	--		9,335	0.05%	48,946	0.28%	23,099	0.13%	--		17,361,744
1908	--	--	--		30,632	0.13%	--		18,127	0.08%	38,857	0.16%	14,215	0.06%	--		24,166,155
1909	--	--	--		26,812	0.07%	--		22,384	0.06%	28,536	0.08%	34,532	0.10%	--		36,153,997
1910	--	--	--		28,993	0.06%	--		57,051	0.12%	52,788	0.11%	78,086	0.16%	--		47,832,449
1911	5,282	0.01%	--		45,307	0.09%	--		41,196	0.08%	83,936	0.16%	105,915	0.21%	--		51,249,236
1912	35,945	0.08%	--		48,208	0.10%	--		119,274	0.25%	208,501	0.44%	56,627	0.12%	--		47,428,118

年																	合計
1913	285,876	0.71%	‥		40,337	0.10%	‥		106,010	0.26%	251,629	0.63%	102,222	0.25%	‥		40,090,643
1914	109,033	0.24%	‥		32,212	0.07%	‥		78,341	0.17%	205,807	0.45%	188,239	0.42%	‥		45,298,723
1915	56,047	0.09%	‥		31,149	0.05%	‥		174,055	0.29%	344,013	0.58%	202,513	0.34%	‥		59,624,818
1916	15,373	0.02%	‥		43,191	0.05%	‥		245,060	0.31%	840,109	1.06%	627,722	0.79%	‥		79,006,492
1917			‥		41,570	0.04%	‥		286,520	0.27%	490,775	0.47%	814,389	0.78%	‥		104,742,362
1918	25,406	0.02%	‥		58,065	0.06%	‥		720,224	0.69%	475,886	0.45%	651,515	0.62%	‥		104,631,453
1919	1,243,729	0.88%	79	0.000%	17,978	0.01%	‥		773,757	0.55%	392,575	0.28%	570,862	0.41%	‥		140,792,795
1920	663,650	0.37%	180,436	0.101%	16,498	0.01%	‥		854,462	0.48%	367,113	0.20%	1,467,663	0.82%	‥		179,186,960
1921			81,123	0.064%	14,479	0.01%	207,280	0.16%	1,207,706	0.95%	202,594	0.16%	585,717	0.46%	‥		127,437,183
1922	358,085	0.28%	736,111	0.584%	34,601	0.03%	282,450	0.22%	1,844,589	1.46%	147,929	0.12%	1,752,950	1.39%	‥		126,051,664
1923	342,171	0.20%	1,027,143	0.610%	67,170	0.04%	471,410	0.28%	1,842,266	1.09%	188,976	0.11%	3,326,867	1.98%	‥		168,352,321
1924	1,367,583	0.65%	1,983,911	0.944%	47,499	0.02%	420,814	0.20%	1,890,119	0.90%	204,278	0.10%	2,068,828	0.98%	‥		210,183,117
1925	1,920,928	0.90%	204,370	0.096%	108,996	0.05%	541,324	0.25%	1,322,320	0.62%	222,937	0.10%	2,801,767	1.31%	‥		213,942,581
1926	660,286	0.33%	273,178	0.136%	122,394	0.06%	791,051	0.39%	1,817,537	0.90%	231,329	0.12%	3,055,798	1.52%	25,841	0.01%	201,037,901
1927	1,970,731	0.98%	4,718	0.002%	36,235	0.02%	1,333,586	0.66%	1,572,385	0.78%	179,462	0.09%	2,761,483	1.38%	98,939	0.05%	200,744,582
1928	1,596,246	0.75%	132,267	0.062%	45,754	0.02%	1,638,967	0.77%	1,721,023	0.81%	209,827	0.10%	1,861,941	0.88%	39,526	0.02%	212,787,866
1929	424,783	0.18%	2,812	0.001%	94,050	0.04%	2,116,079	0.89%	1,570,600	0.66%	239,951	0.10%	2,151,575	0.91%	53,557	0.02%	237,037,755
1930	441,184	0.20%	2,373	0.001%	54,565	0.03%	2,117,307	0.98%	804,511	0.37%	160,682	0.07%	1,314,813	0.61%	30,989	0.01%	216,981,753
1931	748,961	0.37%	10,818	0.005%	63,812	0.03%	1,499,864	0.74%	536,661	0.27%	90,635	0.04%	1,145,985	0.57%	17,102	0.01%	201,424,107
1932	77,802	0.03%	26,611	0.012%	45,516	0.02%	1,493,377	0.67%	309,530	0.14%	137,184	0.06%	1,771,402	0.79%	133,774	0.06%	222,862,738
1933	1,046,897	0.45%	16,900	0.007%	40,255	0.02%	2,005,693	0.87%	469,969	0.20%	247,791	0.11%	2,210,810	0.96%	12,276	0.01%	230,746,911
1934	1,875,941	0.67%	16,390	0.006%	49,070	0.02%	2,421,402	0.87%	444,437	0.16%	267,670	0.10%	1,859,427	0.67%	10,902	0.00%	279,410,271
1935	1,290,529	0.41%	73,062	0.023%	44,093	0.01%	2,221,756	0.71%	262,980	0.08%	200,054	0.06%	1,290,004	0.41%	26,404	0.01%	314,200,483

年																	總計
1936	2,113,474	0.59%	36,283	0.010%	62,728	0.02%	3,032,443	0.84%	249,843	0.07%	208,161	0.06%	1,994,334	0.56%	41,027	0.01%	358,894,998
1937	2,940,634	0.72%	18,715	0.005%	76,111	0.02%	3,050,244	0.74%	204,029	0.05%	345,002	0.08%	2,057,975	0.50%	57,038	0.01%	410,258,886
1938	4,076,210	0.97%	20,320	0.005%	67,670	0.02%	1,981,709	0.47%	79,790	0.02%	807,176	0.19%	3,095,737	0.74%	129,411	0.03%	420,103,914
1939	823,915	0.16%	20,979	0.004%	155,249	0.03%	3,084,654	0.61%	133,294	0.03%	--		4,718,859	0.93%	213,484	0.04%	509,744,571
1940	160,108	0.03%	1,330	0.000%	--		4,266,510	0.93%	70,953	0.02%	145,984	0.03%	4,520,207	0.98%	--		459,287,582
1941	398,706	0.10%	477	0.000%	78,623	0.02%	3,332,730	0.88%	184,063	0.05%	27,674	0.01%	3,993,836	1.05%	--		379,794,861
1942	--		222	0.000%	70,330	0.02%	--		--		261,042	0.06%	2,142,213	0.51%	--		419,628,216
1943	--		241	0.000%	--		--		--		9,570	0.00%	--		--		292,712,955
1944	--		--		--		--		--		--		--		--		215,690,666
1945	--		--		--		--		--		--		--		--		14,324,395

資料來源：臺灣總督府財務局稅務課，《臺灣外國貿易二十年對照表：自明治二十九年至大正四年》。台北市：同編者，1916，臺灣總督府財務局稅務課，《臺灣貿易年表》大正四年至昭和十七年。台北市：同編者，1916-1943，臺灣省政府主計處，《臺灣貿易五十三年表》。台北市：同編者，1954。

備註：1、1940年部分出口數據欠缺。

2、鰹節在《臺灣貿易五十三年表》作鰹魚乾。

3、獸皮在《臺灣貿易五十三年表》作未梢皮。

4、木材包括各式楠木、亞杉木、檜木之木材與板材。

5、肥料包括硫酸氨肥料與其他肥料。

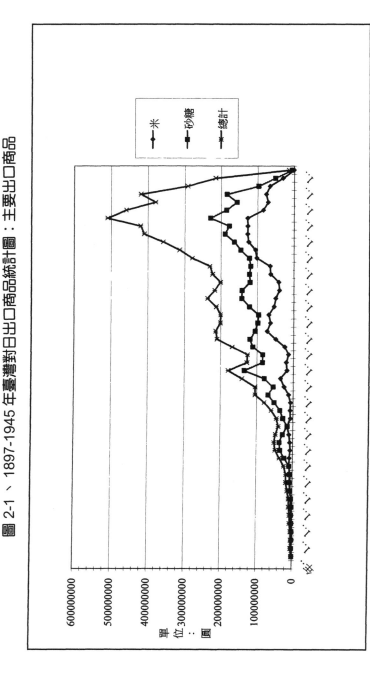

圖 2-1、1897-1945 年臺灣對日出口商品統計圖：主要出口商品

資料來源：臺灣總督府財務局稅務課，《臺灣外國貿易二十年對照表：自明治二十九年至大正四年》。台北市：同編者，1916。臺灣總督府財務局稅務課，《臺灣貿易年表》大正四年至昭和十七年。台北市：同編者，1916-1943。臺灣省政府主計處，《臺灣貿易五十三年表》。台北市：同編者，1954。

備註：1. 1940 年部分出口數據欠缺。
2. 比例為在總出口值中的比重。
3. 米包括各式粳米與糯米之糙米與精米，以及稻穀、碎米等。砂糖包括各式紅糖、白糖、含蜜糖、分蜜糖與方糖等。

圖 2-2、1897-1945 年臺灣對日出口商品統計圖：主要出口商品（續）

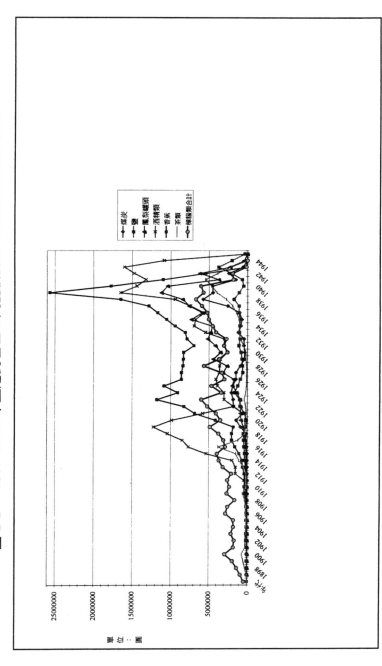

資料來源：臺灣總督府財務局稅務課，《臺灣外國貿易二十年對照表：自明治二十九年至大正四年》。台北市：同編者，1916。臺灣總督府財務局稅務課，《臺灣貿易年表》大正四年至昭和十七年。台北市：同編者，1916-1943。臺灣省政府主計處，《臺灣貿易五十三年表》。台北市：同編者，1954。

備註：1、肥料包括硫酸氨肥料與其他肥料。酒精類包括一般酒精與變性酒精。茶類包括烏龍茶、包種茶、紅茶、番茶、粉茶、莖茶、綠茶等茶類。樟腦類包括粗製與精製樟腦。樟腦油類包括粗製樟腦油、白樟腦油、赤樟腦油、芳白油、芳油、藍樟腦油與其他樟腦油等。

進一步就對日本出口來探究，從表 2 和圖 2 可以了解到，雖然米類（包括各式粳米與糯米之糙米與精米，以及稻穀、碎米等）和砂糖類（包括各式紅糖、白糖、含蜜糖、分蜜糖與方糖等）一直是出口大宗，但其他商品也顯著成長。其中，出口值方面，前述的香蕉為最迅速，但若論價值指數，則煤炭和鳳梨罐頭因為基期都很小，所以成長幅度最大。例如 1914 年的鳳梨罐頭出口值是剛開始出口時（1905 年）的 114.03 倍，1930 年則為 1905 年的 3042.95 倍，1942 年高達 5398.51 倍。煤炭的倍數則分別是 42.5（1914 年），798.33（1930 年）和 5318.01（1942 年）。而酒精類在出口總值中的比重亦不容忽視，在 1912-21 年間其比重平均為 6.67%（1917 年是 9.98%），僅次於米類和砂糖類。其後出口值減少，比重亦下降，但 1933 年以後又逐漸增加，於 1939 年達到巔峰，1940 年代前半的比重平均約 4.1%（1943 年曾為 5.47%）。

相形之下以歐美為主要市場的樟腦類（包括粗製與精製樟腦，以及各式樟腦油）的出口值成長不多，其 1914 年的出口值是 1901 年的 1.09倍，1930 年稍增到 1.27 倍，但是 1942 年因為戰爭的關係而減為 0.63 倍。所以它在總出口值中的比例持續下降，雖然它在 1899 年曾經佔有 29.59%的比重，但是 1907 年以後，隨著香蕉、煤炭和鳳梨罐頭的輸出增加，樟腦類在出口中的地位愈見遜色。同樣的情形亦可見諸茶類（包括烏龍茶、包種茶、紅茶、番茶、粉茶、莖茶、綠茶等），由於日本並非臺灣茶的主要消費市場，所以茶的出口值一直在減少中，甚至 1930 年的出口值只有 1901 年的 0.25 倍，只佔總出口值的 0.08%，到 1932 年以後，由於併入滿洲國市場的包種茶統計，因此出口值才突增，1942 年為 1901年的 7.73 倍，但其在總出口值的比重亦僅為 1.30% 而已。

另一值得注目的商品是鹽，有如後將述，臺灣鹽本為粗製鹽，為了供給在臺日本人的日常需要，才開始精製，並逐漸出口。雖然它在總出口值中的比重一直低於 1%，但其出口值仍始終呈上昇之勢，1914 年是1901 年的 6.90 倍，1930 年是 16.76 倍，1942 年則達 40.98 倍。尤其是

1930 年以後，因為軍需工業的興起，日本極需臺灣的工業用鹽，所以鹽出口總值增加不少。

至於米類和砂糖類，很明顯的前者的增加速度始終超過後者，而且兩者的曲線呈反比的關係。在 1914 年，米類的出口值是 1901 年的 6.74 倍，1930 年則成長為 1901 年的 37.78 倍，是 1914 年的 5.6 倍，1942 年再增至 1901 年的 74.35 倍，1914 年的 11.03 倍。反之，1914 年糖類的出口值就是 1901 年的 12.07 倍，在 1930 年則成長為 1901 年的 61.88 倍，1914 年的 5.13 倍，1942 年再增至 1901 年的 80.49 倍，1914 年的 6.69 倍。

此外，1907-1924 年間，黃金（含銅與銀）曾為出口的重要商品，甚至曾佔有 5% 左右的比重（1912-1914 年），但是 1925 年以後並無紀錄。而鋁和紙漿則在 1930 年代末期和 1940 年代初期作為重要軍需物資被運送到日本。

再從這些商品的類別進一步探討，依照當時的分類，米和香蕉屬於農業，砂糖、茶類、鹽、鳳梨罐頭為食品加工業，紙漿、鋁、木材類則為輕工業，煤炭、水泥、黃金（含銅與銀）屬於礦業，而化學工業包括樟腦油、樟腦、酒精類以及肥料。可見受到對日本出口影響而成長的產業遍及各部門，而非僅止於農業。並且隨著時間的推移與日本當局政策的更改，主要出口產業有所變化。

三 出口農產品的產銷結構── 以香蕉為例

香蕉在臺灣栽培的歷史甚久，相傳明清之際由福建、廣東移植而入，初期種於北部，後漸移往中部平原，日治時期更擴展到中部山區和南部平地與旱地。至於香蕉的流出島外，則始於日治初期，盛於第二次世界大戰前夕，戰爭期間，大部分果園改種糧食作物；尤其是太平洋戰爭發生後（1940 年代初期），由於日本米穀增產計劃的實施，香蕉業更

走上衰退的命運。

　　臺蕉的輸往島外，始於 20 世紀初期，在此之前，僅供給島內消費，其栽培方式很簡單，隨便栽種於空地或阡陌之一隅，任其自然長育而已。【12】拓展外銷市場後，產量漸增，從表 3 可見，其栽培面積在 1910 年僅 679 公頃，1920 年增至 3,926 公頃，為 1910 年的 5.8 倍；1930 年再擴展為 11,851 公頃是為 1910 年的 17.5 倍；1936 年則達顛峰期，是 21,850 公頃，為 1910 年的 32.2 倍。此後即逐步下坡，而於 1945 年跌至谷底（5,687 公頃），只有顛峰時的 26% 而已。

表 3 歷年香蕉之生產與輸出量表（1907-1984）

指數：
1. 栽培面積、產量、對日輸出量：1912 = 100
2. 輸出量：1916 = 100

項目 年次	栽培面積		產量（A）		輸出量（B）		對日輸出量（C）		B/A%	C/B%	C/A%
	實數（公頃）	指數	實數（公擔）	指數	實數（公擔）	指數	實數（公擔）	指數			
1907	—	—	—	—	—	—	4,897	8			

【12】黃松源、黃朝陽編，《臺灣省青果運銷合作社十週年誌》（臺北：臺灣省青果運銷合作社，民國 74 年），頁 1。再者，臺灣香蕉可能於 200 年前由華南傳入。日治時期之品種有北蕉、仙人蕉、粉蕉、木瓜芎蕉、紅黃種、香港種、小笠原實芭蕉、大島芭蕉等在來種，以及自印度、新加坡、菲律賓、爪哇等地傳入的外國種，共約 50 多種，而以北蕉（高腳種、果實大）和粉蕉（低腳種、果實小、味道極佳）為最普遍。見福田要，《臺灣の資源と其の經濟的價值》（臺北：新高堂書店，1921），頁 218-220。

年											
1908	—	—	—	—	—		14,869	23			
1909	543	37	63,216	88	—		26,689	42			42.22%
1910	679	46	65,173	90	—		51,331	81			78.76%
1911	759	51	104,691	145	—		74,212	117			70.89%
1912	1,476	100	72,162	100	—		63,603	100			88.14%
1913	1,587	108	134,624	187	—		52,912	83			39.30%
1914	1,446	98	122,511	170	—		87,966	138			71.80%
1915	2,472	167	237,791	330	—		112,160	176			47.17%
1916	2,928	198	330,303	458	219,842	100	196,143	308	66.56%	89.22%	59.38%
1917	2,895	196	311,127	431	303,798	138	299,821	471	97.64%	98.69%	96.37%
1918	3,410	231	377,164	523	288,016	131	280,942	442	76.36%	97.54%	74.49%
1919	2,609	177	240,212	333	227,858	104	276,022	434	94.86%	121.14%	114.91%
1920	3,926	266	386,330	535	135,587	62	83,090	131	35.10%	61.28%	21.51%
1921	5,963	404	551,544	764	263,073	120	261,330	441	47.70%	99.34%	47.38%
1922	8,678	588	840,958	1,165	506,890	231	586,951	923	60.28%	115.79%	69.80%
1923	12,445	843	1,205,623	1,671	771,524	351	750,484	1,180	63.99%	97.27%	62.25%
1924	18,165	1,231	1,868,493	2,589	1,097,444	499	1,096,902	1,725	58.73%	99.95%	58.71%
1925	17,040	1,154	1,712,909	2,374	916,758	417	890,017	1,399	53.52%	97.08%	51.96%
1926	16,761	1,136	1,779,012	2,465	1,269,413	577	1,119,461	1,760	71.35%	88.19%	62.93%
1927	14,485	981	1,432,976	1,986	1,045,438	476	907,515	1,427	72.96%	86.81%	63.33%
1928	15,219	1,031	1,508,971	2,091	1,092,905	497	937,024	1,473	72.43%	85.74%	62.10%
1929	14,561	987	1,265,047	1,753	822,690	374	769,199	1,209	65.03%	93.50%	60.80%
1930	11,851	803	1,387,389	1,923	1,055,671	480	952,135	1,497	76.09%	90.19%	68.63%
1931	13,789	934	1,708,753	2,368	1,232,226	561	1,138,092	1,789	72.11%	92.36%	66.60%
1932	16,430	1,113	1,773,272	2,457	956,212	435	928,488	1,460	53.92%	97.10%	52.36%
1933	18,650	1,264	1,872,356	2,595	1,171,464	533	1,164,920	1,832	62.57%	99.44%	62.22%
1934	18,489	1,253	1,935,477	2,682	1,073,216	488	1,050,524	1,652	55.45%	97.89%	54.28%
1935	19,957	1,352	2,063,800	2,860	1,485,881	676	1,173,060	1,844	72.00%	78.95%	56.84%
1936	21,850	1,480	2,172,852	3,011	1,457,742	663	1,222,385	1,922	67.09%	83.85%	56.26%
1937	21,272	1,441	2,331,617	3,231	1,684,063	766	1,419,536	2,232	72.23%	84.29%	60.88%
1938	20,840	1,412	2,150,948	2,981	1,423,054	647	1,232,075	1,937	66.16%	86.58%	57.28%
1939	19,509	1,322	1,940,992	2,690	1,458,193	663	1,268,725	1,995	75.13%	87.01%	65.36%
1940	18,639	1,263	1,805,495	2,502	1,298,193	591	1,064,169	1,673	71.90%	81.97%	58.94%
1941	20,713	1,403	2,035,953	2,821	907,648	413	725,649	1,141	44.58%	79.95%	35.64%
1942	20,323	1,377	2,095,359	2,904	542,756	247	428,571	674	25.90%	78.96%	20.45%
1943	16,190	1,097	1,513,620	2,098	253,265	115	210,753	331	16.73%	83.21%	13.92%
1944	14,149	959	690,964	958	9,242	4	8,347	13	1.34%	90.32%	1.21%

23

1945	5,687	385	342,967	475	1,266	1	—	0	0.37%	0.00%	0.00%
1946	10,202	691	569,723	790	20,921	10	—	0	3.67%	0.00%	0.00%
1947	15,445	1,046	1,326,475	1,838	100,449	46	—	0	7.57%	0.00%	0.00%
1948	17,900	1,213	1,178,098	1,633	269,764	123	—	0	22.90%	0.00%	0.00%
1949	16,238	1,100	1,049,885	1,455	134,671	61	—	0	12.83%	0.00%	0.00%
1950	14,679	995	1,250,964	1,734	124,126	56	49,243	77	9.92%	39.67%	3.94%
1951	14,738	999	1,066,753	1,478	281,948	128	164,166	258	26.43%	58.23%	15.39%
1952	15,689	1,063	1,139,794	1,579	435,411	198	307,438	483	38.20%	70.61%	26.97%
1953	11,450	776	1,025,075	1,421	227,547	104	165,046	259	22.20%	72.53%	16.10%
1954	11,804	800	1,045,420	1,449	317,643	144	223,576	352	30.38%	70.39%	21.39%
1955	12,734	863	903,219	1,252	273,261	124	182,647	287	30.25%	66.84%	20.22%
1956	12,274	832	626,090	868	202,024	92	194,102	305	32.27%	96.08%	31.00%
1957	13,385	907	986,308	1,367	280,319	128	265,896	418	28.42%	94.85%	26.96%
1958	15,132	1,025	1,186,833	1,645	420,123	191	395,445	622	35.40%	94.13%	33.32%
1959	16,310	1,105	1,114,388	1,544	471,694	215	415,777	654	42.33%	88.15%	37.31%
1960	17,574	1,191	1,218,307	1,688	486,446	221	454,217	714	39.93%	93.37%	37.28%
1961	18,640	1,263	1,383,133	1,917	765,064	348	724,122	1,139	55.31%	94.65%	52.35%
1962	20,012	1,356	1,502,667	2,082	575,445	262	561,492	883	38.29%	97.58%	37.37%
1963	19,431	1,316	666,480	924	606,501	276	590,381	928	91.00%	97.34%	88.58%
1964	20,180	1,367	2,355,799	3,265	2,009,778	914	2,006,124	3,154	85.31%	99.82%	85.16%
1965	30,773	2,085	3,705,288	5,135	3,374,758	1,535	3,372,770	5,303	91.08%	99.94%	91.03%
1966	43,675	2,959	5,030,787	6,972	3,702,120	1,684	3,688,738	5,800	73.59%	99.64%	73.32%
1967	52,463	3,554	5,375,533	7,449	4,267,714	1,941	4,236,133	6,660	79.39%	99.26%	78.80%
1968	49,093	3,326	4,920,768	6,819	3,854,857	1,753	3,811,352	5,992	78.34%	98.87%	77.45%
1969	46,659	3,161	5,851,213	8,108	4,176,930	1,900	4,117,505	6,474	71.39%	98.58%	70.37%
1970	38,479	2,607	4,486,259	6,217	2,421,431	1,101	2,386,557	3,752	53.97%	98.56%	53.20%
1971	32,487	2,201	5,738,367	7,952	3,322,099	1,511	3,234,718	5,086	57.89%	97.37%	56.37%
1972	23,761	1,610	4,925,378	6,825	2,427,744	1,104	2,393,837	3,764	49.29%	98.60%	48.60%
1973	22,561	1,529	4,225,460	5,856	2,524,379	1,148	2,330,462	3,664	59.74%	92.32%	55.15%
1974	18,407	1,247	3,336,280	4,623	1,424,717	648	1,409,245	2,216	42.70%	98.91%	42.24%
1975	14,097	955	1,965,850	2,742	1,072,827	488	1,005,504	1,581	54.57%	93.72%	51.15%
1976	13,443	911	2,134,460	2,958	845,732	385	816,897	1,284	39.62%	96.59%	38.27%
1977	9,380	636	2,750,250	3,811	1,267,330	576	1,202,372	1,890	46.08%	94.87%	43.72%
1978	9,788	663	1,711,110	2,371	802,975	365	754,225	1,186	46.93%	93.93%	44.08%
1979	8,135	551	1,665,377	2,308	1,085,612	494	1,021,747	1,606	65.19%	94.12%	61.35%
1980	10,322	699	1,723,365	2,388	930,272	423	843,877	1,327	53.98%	90.71%	48.97%
1981	10,037	680	1,853,090	2,568	634,362	289	616,500	969	34.23%	97.18%	33.27%

1982	8,934	605	2,047,467	2,837	837,524	381	822,078	1,293	40.91%	98.16%	40.15%
1983	8,523	577	1,913,314	2,651	1,072,467	488	982,942	1,545	56.05%	91.65%	51.37%
1984	8,166	553	1,843,320	2,554	1,003,330	456	1,000,888	1,574	54.43%	99.76%	54.30%

註：1919 年的對日輸出量超過總輸出量和產量，1922 年的對日輸出量超過總輸出量，疑係統計錯誤。

資料來源：

栽培面積：產量（1）1907-1915 年，見臺灣銀行經濟研究室編，《臺灣之香蕉》（台北：臺灣銀行經濟研究室，民國 38 年，1949），頁 52-62；（2）1916-1984 年，見黃松源、黃朝陽編，《臺灣省青果運銷合作社十週年誌》（台北：臺灣省青果運銷合作社，民國 74 年，1985），頁 101-108。

輸出量：1916-1984 年，見黃松源、黃朝陽編，《臺灣省青果運銷合作社十週年誌》。

對日輸出量：（1）1907-1945 年，見周憲文，〈日治時代臺灣之農業經濟〉，《臺灣銀行季刊》8：4（台北：臺灣銀行經濟研究室，民國 45 年 12 月），頁 114。原出處為省政府主計處編，《臺灣貿易 53 年表》；（2）1950-1984 年，見《臺灣省青果運銷合作社十週年誌》，頁 31-33、109。

其次，就產量而言，其趨勢雖與栽培面積大抵一致，但高峰是在 1937 年，而非 1936 年，並且 1937 年的產量是 1910 年的 35.8 倍。超過栽培面積的增加率，意味著單位面積產量的增加。香蕉產業成長與否的主要關鍵是輸出貿易之盛衰。就出口量而言，其高峰期與產量的高峰相同，谷底亦同，顯示出其相關性非常大。香蕉的外銷市場一直以日本為主，臺蕉在日本的競爭能力關係著臺蕉的盛衰和蕉農的生計。除了 1941-45 年外，對日本的輸出量大抵佔總產量的 60% 以上；即使 1960 年代以後，日治時期最主要出口品的糖和米逐漸在日本市場消失蹤影時，香蕉

仍然為日本消費者所嗜好，而使臺灣博得「香蕉王國」的美譽。[13]

如表 3 所示，臺蕉的 60% 以上供給國外市場，其中日本市場高佔 90% 以上的比重，而臺灣蕉業的興衰又導因於外銷，所以臺蕉的輸出與臺日貿易息息相關。

二十世紀初期，臺蕉開始登場於日本，首先，1902 年航行於臺灣日本之間的西京輪、台中輪上的船員，常常攜帶少量香蕉（12-20 斤），交給日本神戶港的濱藤商店販賣，為臺蕉首次出現於日本店面。1903 年，基隆商人賴成發與日本郵船會社之都島金次郎合夥，將少量台北縣所產的香蕉裝在竹籠中，經由基隆港出航的恒春輪載運至神戶；同時，日本陸軍買辦梅谷直吉以軍用船福井輪試運他在員林空地所種的香蕉，數量亦不多。到 1908 年以後交易才逐漸繁盛，1912 年時，從業香蕉商人已有 400 人左右，包括果販與出口業者，主要產地則自台北向南移，遍及台中、霧峰、東勢、員林、二水一帶。[14]

臺蕉原本沒有固定的交易方式，生產者自行運送香蕉至商店，亦有的果販到香蕉園去購買，再運至批發商人處。商人將所購得的香蕉加以分類、包裝並刷上各自商標後，輸送到港口裝船或銷售島內各地。[15]換言之，在此階段，供給臺灣境內和流出海外的香蕉的流程一樣，沒有特別的輸出業團體來統一運作。

後來各州成立青果同業組合，各州的青果同業組合依法可以辦理集貨、檢驗、包裝等產地業務和共同運銷，但不及於出口業務和日本

---

[13] 詳見陳慈玉，〈香蕉、茶葉與臺日貿易〉，《新亞學報》，卷 28（2010 年 3 月），頁 367-406。

[14] 劉天賜，《臺灣最近的經濟界》（臺北：臺灣經濟界社，1933），頁 102-103；高木一也，《バナナ輸入沿革史》（東京：日本バナナ輸入組合，1967），頁 17；黃松源、黃朝陽編，《臺灣省青果運銷合作社十週年誌》，頁 1-2。

[15] 高木一也，《バナナ輸入沿革史》，頁 52；黃松源、黃朝陽編，《臺灣省青果運銷合作社十週年誌》，頁 2。

市場。

因此臺灣總督府向日本農商務省交涉，由日本進口商、臺灣出口商、生產者和青果同業組合共同出資於 1924 年 12 月創設臺灣青果株式會社，本社設於台中市，社長高田元治郎，資金 150 萬日圓，分 3 萬股，其中日本進口業者擁有 6,000 股，台中方面為 17,000 股，台南和高雄方面各分配 3,500 股。此會社成立的主要目標是改善交易方式，獨佔各同業組合的香蕉之輸出權，其性質與一般營利公司不同，成立時即由官方規定如下：（1）紅利分配限制在 15％以下；（2）凡董監事之選任、會社章程之變更和剩餘金之處分，均必須得到臺灣總督府的認可；（3）未經會社之同意，不得買賣轉讓股份。[16] 所以，在此前提之下，青果會社雖是民間投資的公司，但一直接受官方的監督，進而言之，它被官方賦與獨佔香蕉貿易之特權。凡是外銷的香蕉，均必須委託此會社辦理。

青果會社的股東既然包括日本進口商，這些商人於是壟斷了日本市場。他們在日本設置「荷受組合」，組織了日本各地的批發商，來擴大臺蕉在日本的銷售網。而青果會社更在「荷受組合」的所在地設立事務所，當香蕉糶市開始時，派人和「荷受組合」的幹部一起販賣，販賣所得的 10% 為青果會社的手續費，但「荷受組合」收取其中的七成，又有一成作為獎勵金退回給出貨人，故青果會社實際上只拿到 2% 以充當經常費。[17]

1925 年剛開始組織「荷受組合」時，消費市場僅有東京、橫濱、名古屋、大阪、京都和神戶等 6 大都市，後來逐漸擴大銷售網絡至北海道、九州、四國等島的大都市；並且到 1930 年代，除了日本本國以外，當時的殖民地朝鮮的主要都市、中國東北各地、天津、青島、上海、福州、廈門、香港等地，都留下臺蕉交易的痕跡，締造了臺蕉的黃金時代。

---

[16] 高木一也，《バナナ輸入沿革史》，頁 53-54。

[17] 高木一也，《バナナ輸入沿革史》，頁 54。

此時日本國內各大都市的「荷受組合」陸續改組為會社組織，成為青果批發公司的型態，其中，下關荷受組合為臺灣青果會社所收買，二次大戰期間（1940年），該會社再收買了東京的昭和青果株式會社，【18】把營業的觸角直接伸展到日本國內的銷售。

再者，此會社的出現導致臺灣各州青果同業組合的改組。因為在此會社成立之前，臺蕉皆經出口商銷往日本，青果會社設置以後，生產者透過同業組合委託青果會社銷往日本，經「荷受組合」糶賣後，以糶賣收入精算各項費用（「荷受組合」手續費、海運費、裝卸費、青果會社手續費、陸運費、同業組合手續費和包裝費等）後之剩餘，都交還出貨生產者，所以原來的青果出口商人無利可圖，而紛紛向臺灣總督府要求失業補償金（因為青果會社接受總督府的監督）。到1926年5月，總督府允許台中州青果同業組合進行改組，由生產者支付70萬日圓作為輸出業者之失業補償金，出口商人全部退出該組合，並撤消加入者要有一定栽培面積的資格限制，規定凡生產者皆可為組合員，以期消除中介果商的剝削，而發展香蕉產業，增進蕉農之福利。後來，台南、高雄的組合，相繼仿之（各補償12萬日圓和17萬日圓），而台東與花蓮則自始即組織生產者的組合，並且皆加入前述的「臺灣青果同業組合聯合會」。【19】再者，如前所述，青果會社成立時的股東中本來有出口商，到1926年，出口商相繼停業退出，股權於是自然集中於各同業組合，而各同業組合又係生產者的組織，因此可以說香蕉生產者直接參與了運銷結構，使產銷系統趨向一元化，奠定了臺灣農產品產銷合作社的堅實基礎。

【18】 高木一也，《バナナ輸入沿革史》，頁54-55、57-58。

【19】 高木一也，《バナナ輸入沿革史》，頁55-56；黃松源、黃朝陽編，《臺灣青果運銷合作社十週年誌》，頁3-6。再者，運輸業務於1941年8月，為配合戰爭環境再退還給青果會社經營。

總之，日治時期臺灣香蕉的產銷結構，從自由競爭狀態，演變到同業公會的成立，再進一步發展到產、運、銷的統制販賣機構的出現，實行共同運銷，採行委託販賣制。由各州青果同業組合負責處理香蕉收購、檢驗、包裝事宜，青果會社則獨佔銷售權，而青果同業組合聯合會掌管運輸、聯絡和監督工作，此三機構的成員或有重疊，他們在政府當局的許可下，獨佔了生產和運銷大權，即使是第二次大戰期間，殖民地政府頒佈國家總動員法（1941 年），將臺灣青果會社改為「臺灣青果統制株式會社」，把各州青果同業組合和同業組合聯合會合併於各州農業會（1944 年）內，[20] 臺蕉貿易依然是一家獨佔狀態，但因戰爭的激烈而逐漸蕭條。

四 食品加工業的發展—— 以鹽業和鳳梨罐頭業為例

鹽是生活必需品，雖然地球上鹽的數量非常多。但並非每個地區都能順利的取得食鹽。經過日積月累的演變，鹽逐漸集中於海洋及一些特定的地區。臺灣正處於太平洋之中，且西部有廣大的沙岸可開闢成大鹽場，又屬於亞熱帶氣候，日照強烈，適合曬鹽，這些都是其優良的自然條件。因此臺灣早期即有製鹽的事實存在。而臺灣也盛產鳳梨，但製造成罐頭販賣乃至出口是開始於日治時期。

1. 製鹽業

清代時實施鹽專賣制度，日治初期（1895 年 5 月到 1899 年 4 月）曾經廢除專賣，由民間自由產製和販賣，[21] 此政策只施行了 4 年即告

---

[20] 黃松源、黃朝陽編，《臺灣省青果運銷合作社十週年誌》，頁 10-11。

[21] 臺灣省總督府專賣局編，《臺灣鹽專賣志》，（臺北：臺灣總督府專賣局，1925），頁 25-26。

終止，因為不能得到「收攬民心」的預期效果。【22】由於鹽專賣制度在清代持續了 100 多年，鹽業者幾乎世襲，他們在製鹽時得到政府所發放的購買金額，不需準備巨額的資金，而一旦既成的專賣系統消失，則必須自籌資金、開拓市場，他們很難適應此狀況，而銷商亦缺乏資金赴場採購，更無法承當長途跋涉到邊遠地區售鹽的風險，於是邊僻地區因鹽少而價高，西部濱海之區又競相以簡易之法曬鹽，或輸入大陸鹽，結果鹽價反因供給過多而下跌，【23】原有製鹽者毫無利潤，無法持續，紛紛離鄉背井，導致鹽田荒廢，鹽業蕭條。

另一方面，根據殖民地當局所做的實地調查，認為臺灣西部沿海的氣候土質適於製鹽業，而且製鹽方法簡單，生產費比日本本國低廉，如能開拓，則是有益的生產事業。雖然品質比較日本鹽和外國鹽低劣，但並不難改良，因此大規模生產之後，不但可供給臺灣本島所需，尚可輸出，增加政府財政收入。【24】故政府意欲以「國家」的力量來達到擴大鹽產量的目的。

首先，制定了專賣制度。但以將來賣到日本本國時，不與日本鹽相競爭為原則，而且若本島消費有餘時，則先輸往朝鮮、印度等地，再有剩餘時才輸往日本，因此此專賣制度的精神是以臺灣做為殖民地，補充母國需要，不希望母國有所損失；雖期待臺灣鹽能自給自足，其目的卻不是為臺灣民眾著想，而是希望臺灣在增加財政收入後，能夠不仰賴日本的經濟援助。

專賣制度實行的目的因時間而異，也影響了鹽業的發展，可分為以下三期：

【22】臺灣省總督府專賣局編，《臺灣鹽專賣志》，頁 31。

【23】例如 1898 年的專賣局之調查，百斤鹽之價臺北縣地區平均為 1.3 圓，臺南縣打狗和王爺港則為 0.2～0.3 圓，臺中縣埔里社高達 4.5 圓。見臺灣省總督府專賣局編，《臺灣鹽專賣志》，頁 28-30，專賣時的公定價格約為 1.4～1.6 圓。

【24】臺灣省總督府專賣局編，《臺灣鹽專賣志》，頁 31-32。

（1）. 增加財政收入：1899～1918 年

為了增加財政收入，於是獎勵人民自由開發鹽田，由政府負責收買和分配所產之鹽，其方式如下：

A. 在生產方面：於 1899 年公佈臺灣鹽田規則，無償貸放官地為鹽田用地（一人以百甲為限），於規定期限內（百甲以下為三年內，五十甲以下為二年內，二十甲以下為一年內），開發成功後無償給與開設者或其繼承人業主權，鹽田並得免除地租和地方稅。所生產的鹽皆由政府以優厚價格收買，其價格曾數度因經濟情況而更改，[25] 俾使業者有利潤。

B. 在流通方面：1899 年公佈臺灣食鹽專賣規則，此後經多次改定，使銷售體系更臻完整，大抵言之，食鹽的販賣皆需經由政府所指定的機構，而此機構由商人組成，在 1899 年 4 月至 1905 年 3 月為銷售四級制，1905 年 4 月至 1926 年 7 月為三級制，1926 年 8 月以後為二級制，[26] 販賣大權掌握於少數特權商人手中，可謂為「商專賣」制。此三種流通網，圖示如下：

a. 四級制（1899 年 4 月～ 1905 年 3 月）

由商人在臺北設承銷組合，再於全島樞紐地帶設置總館、支館，其流程如下：殖民地政府——官鹽承銷組合——鹽務總館——鹽務支館——零售商——消費者。

---

[25] 臺灣省總督府專賣局編，《臺灣鹽專賣志》，頁 33-46；《臺灣總督府府報》（以下簡稱《府報》）561 號（1899 年 7 月 12 日），明治 32 年府令 72 號，〈臺灣鹽田規則施行細則〉。

[26] 《府報》，492 號（1899 年 4 月 1 日），明治 32 年府令 25 號，〈鹽務局名稱與位置〉；《府報》，1722 號（1905 年 4 月 1 日），明治 38 年府令 23 號，〈食鹽專賣局〉；同號告示 33 號，〈官鹽賣捌所名稱〉；《府報》，號外（1926 年 7 月 30 日）大正 15 年律令 5 號〈臺灣食鹽專賣規則〉，同號府令 63 號，〈臺灣食鹽專賣規則施行細則〉。

再者，鹽務總館中臺北總館為承銷組合直營，其餘為委託包銷；鹽務支館中亦有由總館直營的，但大多數為委託包銷，組合長是辜顯榮。【27】總館須向組合繳納保證金，支館則向總館繳納。

b. 三級制（1905 年 4 月～1926 年 7 月）

1905 年 4 月，為了簡化組織，並收回銷售利益，殖民地政府乃解散組合，僅設一官鹽承銷總館，將各地之總館與支館皆改為支館，由辜顯榮擔任總館負責人，選任支館負責人，獨佔島內鹽之販賣。 1916 年以後，又另設再製鹽總承銷人，地位與總館相同，為日本人豐田清一郎、木村謙吉、中込喜策所掌握，1920 年成立臺灣製鹽株式會社代之。三級制流程如下：【28】

$$
殖民地政府 - \left\{ \begin{array}{l} 官鹽承銷總館 \\ （天日鹽） \\ 再製鹽總承銷人 \\ （再製鹽） \end{array} \right\} - 鹽務支館 - 零售商 - 消費者
$$

c. 二級制（1926 年 8 月～1945 年 8 月）

1926 年 8 月以後，由於鹽之產量豐富，運輸交通亦便利，乃廢除官鹽承銷總館和再製鹽總承銷人，實施食鹽銷售二級制，當時官鹽承銷總館的辜顯榮和再製鹽總承銷人的臺灣製鹽株式會社，均被指定負責食鹽運送，而原本經營鹽務支館者則改稱為承銷商，精製鹽（稱為特殊鹽）的流通系統亦特別區分。二級制的流程如下：【29】

─────────────────────

【27】臺灣省總督府專賣局編，《臺灣鹽專賣志》，頁 193-222；《府報》，584 號（1899 年 8 月 17 日），明治 32 年府令 102 號，〈官鹽賣捌組合〉。

【28】臺灣省總督府專賣局編，《臺灣鹽專賣志》，頁 222-256；《府報》，1750 號（1905 年 5 月 1 日），明治 38 年告示 70 號，〈官鹽賣捌所業務擔當人〉。

【29】前引《府報》號外（1926 年 7 月 30 日），大正 15 年律令 5 號，府令 63 號。

陳慈玉　日治時期臺灣對日貿易與出口產業　　97

```
              ┌─ 食鹽承銷商 ─ 食鹽零售商 ─ 消費者
殖民地政府 ─┤
              └─ 特殊鹽承銷商 ─ 特殊鹽零售商 ─ 消費者
```

在施行四級制和三級制期間（1899 年 4 月～1926 年 7 月），食鹽係由總承銷商（總館）赴鹽場自運，再自行販賣或分配給支館販賣。實行二級制以後，承銷商則委託辜顯榮和臺灣製鹽株式會社負責運送，換言之，此二者的地位仍與三級制時期相同。

鹽價（各流程中的交易價格以及消費者價格）皆由殖民地政府公告。

鹽田面積經過修復、開發後，如表4所示，自 1899 年的 344 公頃增至 1909 年的 1,214 公頃，和 1919 年的 1,740 公頃，此後仍然穩定成長，1945 年為 4,001 公頃，為 45 年前的 11.63 倍。製鹽量則自 1899 年的 1,104 萬公斤增至 1945 年的 13,177 萬公斤。除了供給臺灣外，並自 1900 年起外銷至朝鮮、庫頁島、俄屬沿海洲、香港、南洋等地和日本，大多由三井物產株式會社獨佔輸出，流入日本者則由臺灣鹽業株式會社處理。【30】

（2）.補充母國日本工業用鹽：1919～1934 年

臺灣鹽業為日本鹽業帝國之一環，負有補充本國需求的使命，在第一次世界大戰末期，日本經濟迅速成長，發展化學工業和沿海漁業，工業用魚類醃藏用鹽量激增，而日本物價工資上漲，不利於鹽業，故產量

【30】臺灣省總督府專賣局編，《臺灣鹽專賣志》，頁 344-511。有關外銷情況分析，請詳見陳慈玉，〈日治時期臺鹽的流通結構〉，《東吳歷史學報》，期 10，臺北：東吳大學歷史學系，2003 年 12 月，頁 209-262。又，臺灣鹽業株式會社於1917 年 12 月與大日本鹽業株式會社合併。

33

頁 40－105

激減（例如 1918 年度需求量 81 萬公噸，日本生產量僅 42 萬公噸），其他殖民地（朝鮮、關東州、青島）又增產不多，於是日本政府希冀增加臺灣鹽的供給，尤其是可替代本國食用煎熬鹽的臺灣上等鹽和工業用鹽，因此於 1919 年末開始第三期鹽田開設計畫（第 1 期為 1905 年，第 2 期為 1906～1918 年），1923 年完成。並且改變以前獎勵由個人獨自經營的方式，而網羅日本人和臺灣人，在臺南成立資本金 250 萬圓的臺灣製鹽株式會社，以統制經營的方式，避免競爭，收購鹽田，開墾新鹽田，從事鹽質改良工作，除原本的天日鹽外，並生產再製鹽和煎熬鹽，欲使鹽業變為日本人與本地人利害休戚與共的產業，俾有益於殖民政策的貫徹實施。[31]

　　1923 年以後，由於日本人全力在臺從事改進產鹽方法，以提高品質，減低成本，故如表 4 所示，產量和品質皆提昇，輸出量亦增，最古老、簡陋的乙種鹽田亦自 1928 年消失[32]，臺灣製鹽株式會社與殖民地政府緊密合作，引導臺灣鹽業步入現代化之途。

表 4 日治時期臺灣鹽田面積、產量、輸出值

| 年度 | 鹽田面積（公頃） | 鹽工戶數 | 產鹽量 | | | 輸出值（臺幣千圓） |
			曬鹽（公斤）	再製鹽（公斤）	洗滌鹽（公斤）	
1899	343.78	708	11,037,905	—	—	
1900	475.64	1,022	35,829,325	—	—	
1901	660.26	1,327	47,562,652	—	—	87
1902	923.00	1,180	60,109,311	—	—	122

---

[31] 臺灣省總督府專賣局編，《臺灣鹽專賣志》，頁 79-82；〈臺灣製鹽株式會社沿革概況〉，1929 年 8 月 4 日，中央研究院近代史研究所蒐藏財政部鹽務檔，編號 S-03-3-（4）。

[32] 張繡文，《臺灣鹽業史》，頁 12。

1903	1,012.19	1,235	35,490,796	—	—	64
1904	1,006.20	1,646	61,022,547	—	—	134
1905	1,024.86	1,480	50,655,442	—	—	101
1906	915.18	1,356	66,156,808	—	—	126
1907	1,016.25	1,483	55,164,956	—	—	199
1908	1,060.53	1,566	61,278,893	—	—	201
1909	1,214.37	1,738	60,790,401	—	—	196
1910	1,313.74	1,808	96,432,304	—	—	352
1911	1,377.27	1,794	61,244,350	—	—	327
1912	1,478.93	1,786	63,204,466	—	—	274
1913	1,467.20	1,775	87,538,990	—	—	184
1914	1,554.24	1,780	105,807,999	—	—	346
1915	1,588.58	1,746	89,701,516	—	—	323
1916	1,607.57	1,818	170,693,486	—	—	412
1917	1,622.44	1,893	100,144,439	—	—	484
1918	1,634.55	1,899	101,799,522	1,291,015	—	495
1919	1,740.14	1,871	62,598,757	1,520,000	—	182
1920	1,937.41	1,850	51,974,460	3,491,394	542,299	123
1921	2,121.65	2,453	97,360,730	9,593,710	3,007,216	366
1922	2,316.83	2,465	119,655,836	11,420,094	3,357,856	950
1923	2,277.62	2,371	225,991,899	13,612,250	2,864,606	1,007
1924	2,278.34	2,225	114,927,472	18,041,668	3,180,280	2,033
1925	2,277.37	2,241	169,794,898	36,939,430	—	1,476
1926	2,277.37	2,059	122,043,689	24,132,316	—	1,088
1927	2,254.09	2,059	101,536,496	19,361,390	—	784
1928	2,250.21	1,991	122,521,332	11,999,627	—	656
1929	2,076.60	1,934	164,357,586	16,814,792	—	924
1930	2,076.60	1,893	144,691,319	16,780,936	—	927
1931	2,076.60	1,891	85,548,732	15,905,745	—	1,228
1932	2,073.69	1,963	105,250,672	17,078,835	—	1,061
1933	2,055.26	1,819	169,618,786	22,316,046	—	2,181
1934	2,048.50	1,887	161,295,669	30,341,768	—	1,094
1935	2,039.74	1,889	119,387,531	28,932,916	—	1,325
1936	2,039.74	1,808	201,119,043	23,934,420	12,305,813	1,431
1937	2,039.74	1,686	190,630,594	25,748,248	47,258,699	1,416
1938	2,401.78	1,695	145,855,036	27,259,286	49,414,000	2,259
1939	2,397.64	1,523	125,022,698	20,565,418	44,414,398	1,257

1940	2,392.79	1,470	147,897,775	19,817,053	43,526,717	1,025
1941	2,387.94	1,386	154,314,831	13,702,873	48,329,769	1,654
1942	2,386.97	1,415	395,983,670	16,796,000	51,870,000	2,200
1943	6,346.19	—	465,210,264	14,632,000	57,764,000	4,008
1944	6,346.19	—	208,174,291	8,438,000	21,417,000	—
1945	3,999.95	—	67,751,850	15,668,000	48,329,769	—

資料來源：臺灣省總督府專賣局編，《臺灣鹽專賣志》（臺北：臺灣總督府專賣局，1925），頁 62-63；《臺灣省通志》卷三政事志財政篇第五章鹽政；《專賣事業年報》34、35、36、37 期；《專賣事業第三十七年報》別冊食鹽，《專賣事業第三十八年報》別冊食鹽；張繡文，《臺灣鹽業史》（臺北：臺灣銀行經濟研究室，1955），頁 17-18；曾汪洋，《臺灣之鹽》（臺北：臺灣銀行經濟研究室，1953），頁 52-56。

（3）. 發展臺灣化學工業：1935～1945 年

臺灣鹽業的發展與日本的軍事侵略息息相關，1930 年代後期以後，臺灣逐漸成為日本南進的基地，並且日月潭水力發電工程完成（1934 年竣工），臺灣工業化之條件已具備，為了配合此情勢，殖民地政府獎勵大規模的綜合性獨佔性產鹽企業，亦即：大規模生產工業用鹽以供給臺灣本島勃興中的化學工業原料。於是，臺灣製鹽會社合併原有民間 5 製鹽公司和私人鹽田共 1,109 公頃，並建設集中式工業鹽田約 400 公頃於台南七股，總計所擁有的鹽田面積在 1940 年代初期達 1,916.41 公頃。[33]

日本對工業鹽的需求增加迅速，1926 年時所需工業鹽僅 10 萬公噸而已，1933 年增為 64 萬多公噸；到 1938 年，則已劇增至 118 萬多公噸，因此急需帝國內殖民地工業鹽的補充。[34]

[33] 張繡文，《臺灣鹽業史》，頁 12。

[34] 〈既往五ヶ年內地ニ於ケル工業用鹽用途別消費高〉，《昭和十三年既設鹽田合理化ニ關スル件》，專賣局檔，編號 017795-0366900；臺灣總督府專賣局鹽腦課，〈臺灣工業鹽田の擴張〉，載《部報》第 18 號，頁 2。

陳慈玉　日治時期臺灣對日貿易與出口產業　　101

此外，隨著 1937 年侵略戰爭的爆發，日本大藏省於同年 12 月擬訂化學工業用原料鹽的增產計劃，以便自產自給，除在所佔領的中國東北和華北開闢鹽田外，並指定臺灣必須在 1941 年度負擔 25 萬噸（1945 年度則增為 40 萬噸）的產量，為實現此生產擴充計劃，乃由大日本鹽業株式會社、臺灣拓殖株式會社、日本曹達株式會社共同出資，於 1938 年 6 月創立資本 1 千萬圓的南日本鹽業株式會社，以製鹽、利用苦滷副產品和發展苛性鈉工業三者的一貫作業為目的。首先，計劃於布袋、北門、烏樹林等地開闢鹽田 3,443 公頃，生產 355,000 噸的鹽（結果因為專門技術人才不足、資材和勞力的補充困難，1941 年時僅完成 2, 144 公頃，產量為 215,200 噸）。其次，為強固南日本鹽業會社的事業基礎，於 1939 年另創立姊妹公司南日本化學工業株式會社，以分擔副產品利用和苛性鈉工業的經營，彌補製鹽業所帶來的虧損，亦即南日本化學株式會社從苦滷中提鍊鎂時，所產生的副產品為工業鹽，再將之加以處理，則能製成苛性鈉，而苦滷是生產天日鹽時的產物(1939 年度約 20 萬噸，1940 年度約 30 萬噸），以前都廢棄了。【35】故經過此計劃經營後，食鹽、工業鹽、鎂和苛性鈉的生產作業能一貫完成，臺灣鹽業乃為臺灣製鹽會社和南日本鹽業會社所獨佔，並與南日本化學工業會社相配合，脫胎換骨成為現代化的工業。

同時期，鐘淵曹達工業株式會社於 1942 年成立（資本 1 千萬圓），建廠新豐郡安順庄，並在此築鹽田 646.5889 公頃（其中官有地約僅 48.5 公頃，其餘皆為民有地）。【36】總計到 1944 年時，如表 4 所示，臺灣鹽田面積達 6,346.19 公頃，為 15 年前的 3 倍，45 年前的 18.5 倍。而臺灣製鹽會社即佔 30%，南日本鹽業會社佔 54%。

【35】〈南日本鹽業株式會社事業計劃書〉，1941 年 11 月 5 日，鹽務檔，S-03-11-（1）；〈臺灣におけるマダネシューム及曹達，生產計劃二關スル件〉，1939 年 3 月 2 日，鹽務檔，S-03-13-（1）。

【36】〈鐘淵曹達工業株式會社關係書類〉，1944 年，鹽務檔，S-03-12-（1）。

在民生食用鹽方面，專賣局為提高品質，於鹿港、布袋、北門、烏樹林等處建設粉碎洗滌鹽工廠，年產洗滌鹽 45,000 噸，為 1943 年產鹽額（460,000 噸）[37]的 9.8%。這是日治時代的顛峰期，此後戰爭的激烈阻礙了更進一步的成長。而由表4亦可得知鹽田面積和製鹽量在 1923 年以後逐漸增加，於 1941～1943 年劇增，但製鹽戶數卻逐漸減少，這意味著科學化的生產改變了以往的生產方式，能增加單位戶數的產量，減輕人力的消耗。

事實上，臺鹽外銷日本應與日本碱業發展有關。日本一向使用本國鹽，臺灣鹽和中國鹽大抵被用為碳酸鈉工業（碱業）或釀造醬油的原料。日本政府把殖民地的鹽業視為殖產興業政策之一環，如前所分析，臺灣製鹽株式會社投資於臺灣鹽田，促使臺灣能供給日本所需要的工業用鹽。因為做為工業用的原料鹽，臺灣鹽的品質比日本鹽佳，而且不另外課徵專賣稅，幾乎以進口的原價來銷售。例如 1905 年日本剛開始實施專賣制度時，臺灣普通鹽每百斤（60 公斤）售價為 2.2 圓（一般用鹽為 2.36 圓），而工業用鹽的特別價是 0.9 圓，只有普通鹽的 40.9% 而已。[38]

總之，除了 1895 年 5 月～1899 年 4 月的短暫四年之外，日治時期的臺灣鹽業之發展可以說是由殖民地政府所主導的。食鹽本為民生必需品，在前近代的國家，政府為了調整其供需以收攬民心，往往利用公權力來決定價格和產銷系統，中國政府一直採用此種政策，幕藩體制下的日本各藩亦大多如此，於是日本統治下的臺灣——本為中國領土——也自然而然地採取了專賣政策。在臺灣的專賣商品除了食鹽之外，尚有鴉片、樟腦、煙草、酒類等，其中以食鹽收入對財政的貢獻最低，但卻能

---

[37]〈鐘淵曹達工業株式會社關係書類〉，1944 年，鹽務檔，S-03-12-（1）。

[38]小澤利雄，《近代日本鹽業史——鹽專賣制度下の日本鹽業》（東京：大明堂，2000），頁 198-199。至於鹽業轉型為碱業的過程詳見陳慈玉，〈近代臺灣的鹽業與碱業：技術移轉與產業轉型的一個案〉，《新亞學報》，卷 24（2006 年 1 月），頁 241-290。

配合日本的工業發展和政治侵略,並無形中為臺灣本土的化學工業奠基。再者,為了使鹽業現代化,日本財閥投資臺灣,在殖民地政府的主導之下,促進獨佔資本主義的形成。臺灣本地商人(如辜顯榮、陳中和)也受益於專賣制度,他們因此能繼續在日本殖民地累積資本,並與政府密切合作,在政治界和財經界扮演重要的角色。換言之,臺灣工商業人士仍然承襲中國商人的傳統精神,他們只要儘量去與現實的社會條件妥協結合,在既存的環境中努力累積財富,有機會則進入政界(辜氏為日治時期的參議員),希冀名利雙收,並不批判乃至反抗既存的政治體制,於是所表現出追求利潤的行為乃和國家(當時的殖民地政府)本身的利益一致。或許正是因為他們能配合殖民地政府的政策,所以才能被採籠絡手段的政府選為專賣商品的總承銷商和鹽務支館的負責人,在獨佔的市場中獲取暴利。就此意義而言,日本財閥的介入角色亦相同,因此臺灣鹽業雖然出現「資本主義」,但卻帶有濃厚的「國家資本主義」的色彩,純粹的民間社會的色彩依舊淡薄。

2. 鳳梨罐頭業

臺灣鳳梨罐頭業的製造,始於 1902 年日人岡村庄太郎在鳳山設廠生產,出口到日本。當時主要仿自新加坡經驗,[39] 但是由於日本亦在新加坡投資鳳梨罐頭業,三井物產也大力在日本推銷新加坡罐頭產品,[40] 致使臺灣鳳梨罐頭產業初期發展並不順利。早期投資的鳳梨罐頭工廠,除了岡村庄太郎(工廠設於鳳山)外,尚有櫻井芳之助(由濱口商店資助,工廠設於彰化)、臺人陳鎮印(工廠設於大稻埕)、黃呈聰(工廠設於二水)等人。[41] 初期創業之難題,主要是罐頭產業鏈需仰賴日

---

[39] 櫻井芳次郎,〈臺灣のペインアツプル罐詰事業の創業〉,《熱帶園藝》6:3(1936 年 9 月),頁 213-216。

[40] 〈鳳梨罐詰の前途〉,《臺灣日日新報》1909 年 8 月 20 日,3 版。

[41] 高淑媛,《經濟政策與產業發展—— 以日治時期臺灣鳳梨罐頭業為例》(臺北:稻香出版社,2007),頁 16-22。

本，除原料鳳梨為本地自產外，其他如白砂糖、鐵罐、木箱等原料無不由日本移入，造成生產成本無法降低。並且鳳梨產季僅為每年 3 至 8 月份，工廠停工時間長，也提高成本。【42】第一次世界大戰爆發後，由於日本國內經濟急速成長，對鳳梨罐頭的需求增加，因此如表 5 和圖 3 所示，臺灣鳳梨罐頭產量逐年增加。【43】

1924 年底臺灣總督府設置特產課，將糖、茶、香蕉、柑橘等產業劃入特產課管理，採取積極培植的政策。【44】此時夏威夷已超越新加坡，成為世界最主要的罐頭生產基地，夏威夷所採取的大規模生產方式，乃成為臺灣主要師法的對象。【45】殖民地政府積極支持鳳梨罐頭產業的政策有三：（1）推動機械化：自 1926 年以後直至 1935 年間，總督府每年撥款 2.4 萬圓購置新式機械給舊有業者，俾更新生產設備，1929 年以後並開始補助業者設置採用夏威夷式設備之新式工廠；【46】（2）最適品種的實驗：1925 年特產課在高雄鳳山設立「鳳梨種苗養成所」，自夏威夷引進種苗 6 萬株進行繁殖培育，1927 年再引入 10 萬株，並將這些種苗分配給業者栽培。1929 年再進一步於屏東萬丹設立「苗種養成所」，至 1935 年共計交給業者 237 萬多株苗種。【47】外國苗種之引進，除了試驗最適合罐頭生產的品種外，也希望能取代民間自行輸入的品質參差

【42】〈臺灣の鳳梨罐詰製造業〉，《臺灣協會會報》95（1906 年 8 月），頁 12-21。

【43】臺灣總督府殖產局，《鳳梨產業調查書》（臺北：臺灣總督府殖產局，1930），頁 13、37。

【44】臺灣總督府，《臺灣總督府事務成績提要》大正 13 年（臺北：成文出版社，1985，影印本），頁 445。

【45】櫻井芳次郎，《ペインアップル》（臺北：南洋協會臺灣支部，1925），頁 369-399、417。

【46】高淑媛，《經濟政策與產業發展——以日治時期臺灣鳳梨罐頭業為例》，頁 63。

【47】〈產殖局附屬鳳梨種苗養成〉，《臺灣總督府公文類纂》昭和 5 年永久追加第 9 卷；臺灣總督府，《臺灣總督府事務成績提要》大正 14 年，頁 473。

不齊苗種；（3）補助出口：1926 年以後，總督府每年編列經費擴張臺灣水果的海外市場，1930 年起正式補助鳳梨罐頭海外輸出，先是補助三菱公司輸出英國，然因成效不彰，於 1931 年改補助三井輸出美國。【48】但是日本依舊是最主要的消費市場。

　　再者，總督府也設法從制度面改良鳳梨罐頭的品質。首先，1927 年根據「臺灣重要物產同業組合」的規定，設置鳳梨罐頭業的同業公會「臺灣鳳梨罐詰同業組合」，在政府監督下運作，以防止競爭原料、禁止低價傾銷等。【49】其次，1928 年開始實施「臺灣鳳梨罐詰檢查規則」，要求商標標示、外觀以及內容量、甜度等檢測，並予以分級。【50】實施第一年雖不合格率高達 8.7%，但自第二年後則下降至 3% 左右，【51】可見檢查制度有助於統一出口產品品質的提昇與統一。

　　在政府積極獎勵政策下，1925-1930 年間有不少業者，如東洋製罐、內外食品株式會社以及臺灣鳳梨栽培株式會社等，依照政府政策，引進外來種並採用機械化生產。而臺灣鳳梨罐詰株式會社也嘗試依從政府政策轉型，不過並不順利。辜顯榮亦於此時參與鳳梨罐頭之製造，1929 年設立大和鳳梨罐詰會社，不過主要原料卻是本土種的在來種鳳梨。由於此時期日本國內景氣繁榮，故臺灣生產的鳳梨罐頭幾乎都可在日本市場消費，因此吸引資本家前來投資。根據總督府調查，鳳梨罐頭工廠自 1925 年的 35 家成長至 1930 年的 75 家。【52】至於當時鳳梨罐頭工廠的

【48】臺灣總督府，《臺灣總督府事務成績提要》昭和 5 年，頁 455。臺灣總督府，《臺灣總督府事務成績提要》昭和 6 年，頁 432。臺灣總督府，《臺灣總督府事務成績提要》昭和 7 年，頁 487。

【49】臺灣總督府，《臺灣總督府事務成績提要》昭和 2 年，頁 533-534。

【50】武石勝，〈鳳梨罐詰檢查方法の概要〉，《熱帶園藝》6：3（1936 年 9 月），頁 320-326。

【51】臺灣總督府，《臺灣總督府事務成績提要》昭和 9 年，頁 441。

【52】臺灣總督府殖產局，《工廠名簿（昭和 5 年）》（臺北：臺灣總督府，1932），頁 122-126。

規模，以臺灣人參與者為多，工廠規模小、雇工人數較少，且主要採用在來種鳳梨；追隨政策腳步採用機械生產、引入外來種者，主要是日本人經營。1929 年的鳳梨罐頭總產值是 1910 年的 138 倍左右，而對日出口值則約佔總出口的 1.86%（參見表 2-1 和表 5）。

以小工廠為主的臺灣鳳梨罐頭產業，在 1930 年代初期世界經濟大恐慌的環境下面臨嚴峻挑戰，產業體質不得不重新調整適應新的競爭。臺灣總督府於 1930 年發佈「臺灣鳳梨罐詰製造業取締規則」，規定經營鳳梨罐頭製造業必需取得總督府許可。【53】藉由管制政策，政府對於工廠設立時的區位、原料、資本以及技術等方面有更多裁量權。1931 年由於日本國內經濟極端蕭條，加上同年臺灣鳳梨罐頭產量創新高（見表 5），故出現大量滯銷品，導致價格驟降，對大小罐頭工廠皆造成威脅。【54】於是經由東洋製罐株式會社運作，「臺灣鳳梨罐詰同業組合」向政府提出販售統制的建議。

販售統制工作是由主要業者共同成立的「共販會社」進行，其中日本資本家出資的臺灣鳳梨罐詰株式會社、濱口鳳梨罐詰株式會社、日本鳳梨株式會社、濱部罐詰所、日之出食品合資會社、圖南產業合資會社等六家工廠，享有直接將產品運回日本販售，僅象徵性繳交手續費給共販會社的特權，故稱為「特例組」。【55】特例組在特權保護下，產品得以順利販售，因此許多銷售不暢的小工廠或被併購，或成為特例組的委託工廠，至 1933 年特例組的販售量已達到總銷售量的 72%。【56】這些發展也奠定臺灣鳳梨罐頭產業大合併的基礎。

【53】《臺灣總督府府報》1121 號（1930 年 12 月 4 日），頁 10，〈臺灣鳳梨罐詰製造業取締規則〉。

【54】臺灣經濟研究所編，《鳳梨合同の真相》（臺北：臺灣經濟研究所，1936），頁 14-15。

【55】臺灣經濟研究所編，《鳳梨合同の真相》，頁 16-19。

【56】臺灣銀行，《資料調查蒐錄》（臺北：臺灣銀行調查課，1936），頁 211-212。

由於 1930 年代初期以來，總督府對鳳梨罐頭產業之介入日深，同時如前所述，經濟統制體制業已出現，所以 1934 年鳳梨罐頭同業公會討論大合併案，希望經由合併整理的方式改善產業體質。[57] 其主導者是臺灣總督府殖產局特產課和高雄州知事，在正式提案前，特產課已派員進行工廠鑑價工作。[58] 於是 1935 年創立臺灣合同鳳梨株式會社，除大甲鳳梨罐詰商會堅持不加入外，其餘大小工廠均納入臺灣合同鳳梨會社經營。[59] 大合併後，臺灣合同鳳梨株式會社由東洋製罐取得經營權。[60] 原本小工廠林立的臺灣人業者，大多早已把工廠賣予該會社。[61] 1935 年還留在臺灣合同鳳梨會社的臺人股東剩下 17 名，持股數減為 15% 左右，至 1398 年僅剩 15 人，[62] 顯示臺灣人業者退出鳳梨罐頭製造業的現象。

鳳梨罐頭產業大合併的目的之一，即是推廣機械化和集中生產，故合併後許多小型工廠關閉，工廠平均雇工人數至 1940 年達到高峰，平均每家工廠達 900 名工人。[63] 雇工總數約 18,000 餘名，為糖業的兩倍，至 1940 年代更佔全臺工業產值之 2%，足見是項產業之重要

---

[57]〈臺灣鳳梨罐詰業大合併〉，《臺灣時報》昭和 9 年 4 月號（1934 年 9 月），頁 183-184。

[58] 臺灣鳳梨罐詰株式會社，〈第 23 回決算報告書〉（1933 年 10 月 -1934 年 9 月），頁 1-3。

[59] 甲本正信，〈臺灣鳳梨罐詰事業の發達〉，《熱帶園藝》6：3（1936 年 9 月），頁 229。

[60] 臺灣經濟研究所編，《鳳梨合同の真相》，頁 45-47。

[61]〈鳳梨罐詰協會協議對策〉，《臺灣日日新報》夕刊，1934 年 2 月 7 日，4 版。

[62]〈株主氏名表（昭和 13 年 3 月 31 日線在）〉，臺灣合同鳳梨株式會社〈第 6 回營業報告書〉（1937 年 10 月 -1938 年 3 月），頁 12-17。

[63] 臺灣總督府殖產局，《臺灣工業統計》昭和 16 年（臺北：臺灣總督府殖產局，1943），頁 70。

性。【64】出口值亦高佔對日總出口值的 2%（參見表 2-1）。

　　在中日戰爭期間雖然受限於原料供給、戰時市場需求減少等因素，但如表 5 和圖 3 所示，鳳梨罐頭產量仍然持續增加。因此在 1939 年前，臺灣合同鳳梨會社曾計畫擴大鳳梨種植面積，以穩定原料供應；不過 1939 年起，由於對戰略物資以及食糧需求日增，相形之下鳳梨栽種的重要性低落。【65】並且開始實施重要物資管制措施，空罐的配給制度亦影響生產，所以總產量在 1938 年達到巔峰。【66】

　　因為戰局的變化，1941 年 7 月公布「青果物配給規則」，將鳳梨劃為配給品，罐頭的輸出益形困難。【67】1942 以後，由於空罐取得日益困難，鳳梨乾逐漸取代鳳梨罐頭，成為主要製成品。【68】並且臺灣合同鳳梨會社業在軍方要求下，配合生產和運送各式罐頭軍需品。【69】後來各處工廠甚至在政府及軍方的安排下，改做其他用途，導致鳳梨罐頭產量大減。加上盟軍轟炸破壞，因而中斷了此產業的發展。

【64】徐伯申，〈臺灣鳳梨罐頭外銷之研究〉，《中國經濟》14（1951 年 11 月），頁 46。

【65】臺灣總督府殖產局，《臺灣農業年報》（臺北：臺灣總督府殖產局，1941），頁 185-186。

【66】湯德正夫，《臺灣鳳梨產業の經濟的研究》（臺北帝國大學理農學部卒業論文，1940）頁 34。

【67】臺灣合同鳳梨株式會社〈第 13 回營業報告書〉（1941 年 4 月 -1941 年 9 月），頁 3-5。

【68】臺灣合同鳳梨株式會社〈第 15 回營業報告書〉（1942 年 4 月 -1942 年 9 月），頁 3-4；〈第 16 回營業報告書〉（1942 年 10 月 -1943 年 3 月），頁 3；〈第 18 回營業報告書〉（1943 年 10 月 -1944 年 3 月），頁 5。

【69】臺灣合同鳳梨株式會社〈第 14 回營業報告書〉（1941 年 10 月 -1942 年 3 月），頁 3-5。

陳慈玉　日治時期臺灣對日貿易與出口產業　　109

表 5 臺灣鳳梨罐頭產量與產值表（1910-1941）

年度	產量（箱）	產值	
		圓	指數
1910	5,502	32,083	100
1911	9,956	56,169	175
1912	18,816	110,550	345
1913	32,487	206,745	644
1914	24,780	124,828	389
1915	19,636	101,768	317
1916	26,471	137,634	429
1917	23,371	191,568	597
1918	26,992	258,118	805
1919	32,855	346,882	1,081
1920	31,851	331,355	1,033
1921	46,431	537,314	1,675
1922	57,166	486,075	1,515
1923	84,776	774,585	2,414
1924	132,126	1,181,229	3,682
1925	197,097	1,672,129	5,212
1926	221,594	1,668,963	5,202
1927	269,021	2,215,510	6,906
1928	368,188	2,809,174	8,756
1929	580,018	4,425,236	13,793
1930	517,317	3,291,401	10,259
1931	849,975	4,462,235	13,908
1932	946,990	4,666,797	14,546
1933	1,151,778	6,172,247	19,238
1934	1,066,419	6,250,454	19,482
1935	1,191,260	7,828,282	24,400
1936	1,110,489	6,976,005	21,744
1937	1,220,574	11,574,808	36,078
1938	1,674,284	18,842,570	58,731
1939	1,390,489	19,523,892	60,854
1940	1,614,375	23,787,613	74,144
1941	1,308,098	19,621,470	61,158

資料來源：臺灣總督府殖產局特產課《主要青果物統計（昭和 13 年）》（臺

景印本・第二十九卷

北：臺灣總督府殖產局特產課，1939），頁 34；臺灣總督府殖
產局農務課《主要青果物統計（昭和 16 年）》（臺北：臺灣總督
府殖產局農務課，1943），頁 34。轉引自高淑媛，《經濟政策
與產業發展——以日治時期臺灣鳳梨罐頭業為例》（臺北：稻
香出版社，2007），頁 271-272。

圖 3 臺灣鳳梨罐頭產值圖（1910-1941）

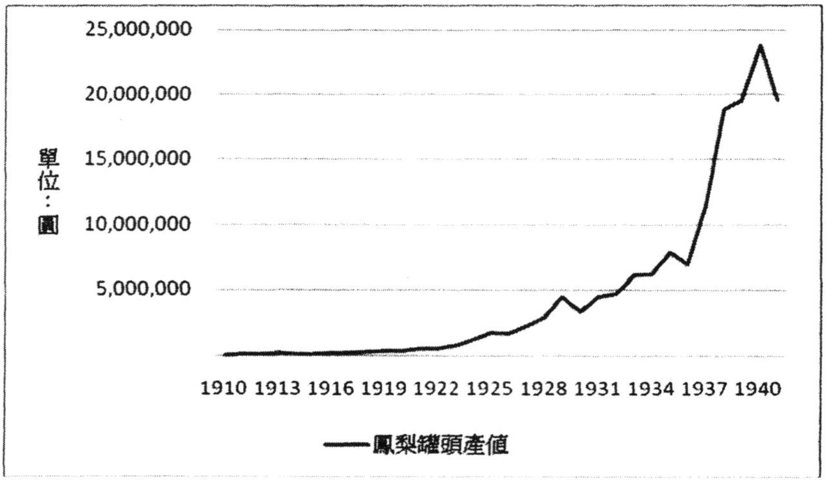

單位：圓

25,000,000
20,000,000
15,000,000
10,000,000
5,000,000

1910 1913 1916 1919 1922 1925 1928 1931 1934 1937 1940

—— 鳳梨罐頭產值

資料來源：臺灣總督府殖產局特產課《主要青果物統計（昭和 13 年）》（臺
北：臺灣總督府殖產局特產課，1939），頁 34；臺灣總督府殖
產局農務課《主要青果物統計（昭和 16 年）》（臺北：臺灣總督
府殖產局農務課，1943），頁 34。轉引自高淑媛，《經濟政策
與產業發展——以日治時期臺灣鳳梨罐頭業為例》（臺北：稻
香出版社，2007），頁 271-272。

五 輕工業的發展——以紙漿業和鋁業為例

九一八事變以後，日本本土逐漸進入總動員時期。隨著 1937 年七七
事變的出現，日本強化軍需工業生產，1939 年初內閣通過了「生產力

擴充計畫要綱（1938-1941）」，建立了日本及其殖民地的經濟統制體制的架構，當時臺灣的重要軍需工業因此萌芽與初步發展，分別被歸類為輕工業和化學工業。

企畫院製作生產力擴充計畫時，也評估了朝鮮、臺灣和庫頁島等殖民地的生產力，在 1939 年度所提出的計畫中，與臺灣有關的產品及其在日本帝國中的地位如下：工業鹽（100%）、無水酒精（32.9%）、鋁（24.3%）、紙漿（4.7%）、金（3.4%）。[70]

這幾種產品中，除了鋁製品以外，當時在臺灣已經設廠生產（例如工業用鹽），並且成績頗佳，所以生產力擴充計畫才會將之列入考量的範疇，以下分述紙漿業和鋁業。

1. 紙漿業

紙漿是造紙和製作人造絲的原料，在日本帝國的「生產力擴充計畫要綱」中，提出希望到 1941 年，製紙用的紙漿能較 1938 年的產量增加 20%，同時增加 3.5 倍的紙漿以為人造絲之原料。[71]

根據 1938 年版的日本化學工業年鑑，世界上主要生產木材紙漿的國家是美國、加拿大、瑞典、德國、芬蘭、挪威和日本，其產量超過 1,500 萬公噸，約佔世界總產量的 80% 以上。而主要的紙漿供給國則為瑞典、芬蘭、挪威、德國和加拿大等居於北半球北部針葉樹林帶的國家。當時日本的產量雖是世界第七位，但消費量則居第五，僅次於美、加、德和英國，象徵著其纖維工業的顯著發展。[72]

至於造紙工業方面，日本的產量是世界第五位，消費量則為第四位。再者，日本的人造絲製造量於 1936 年凌駕美國而躍居世界第一。換言之，當時日本從外國輸入紙漿，加工做成人造絲以後再出口到世界各

[70] 大石嘉一郎編，《日本帝國主義史 3 第二次大戰期》（東京：東京大學出版會，1985），頁 403。

[71] 安井常義，《生產力擴充と經濟統制》，頁 1-6。

地，由於其附加價值高，所以有助於改善國際貿易收支，【73】對於外匯需求殷切的日本而言，人造絲工業的更加發展是不可或缺的。

進而言之，造紙工業和人造絲工業的成長刺激了日本對於木材紙漿需求的增加。其中，從 1913 年到 1936 年，造紙業方面紙漿的消耗量增加了 73%，1936 年的消費高達 90 萬公噸左右。而人造絲用紙漿的需求量也從 1918 年的 59 公噸，劇增 3,151 倍到 1936 年的 185,972 公噸。並且在 1936 年的 1,128,586 公噸的紙漿消耗量中，日本帝國僅能生產 71% 的 802,565 公噸而已，【74】其餘的三成左右非依賴進口不可。

在企畫院所提出的紙漿增產計畫中，估計 1942 年度對紙漿的需求量為 170 萬公噸，其中日本本土約有 135 萬公噸的生產力，並能從滿洲國輸入 30 萬公噸，不足的 5 萬公噸則取自海外；至於生產 170 萬公噸紙漿所需的木材則高達 2,000 萬公噸左右，而屆時即使濫伐，出材量亦只有 1,386 萬公噸。【75】顯示出日本嚴重的木材紙漿資源貧乏的現象。

在這種情況之下，日本當局乃研究利用製造蔗糖時所產生的甘蔗渣來獲取紙漿，以取代木材紙漿。於是希望臺灣能夠生產 30 萬公噸的紙漿。【76】

【72】臺灣經濟研究會調查部，〈本邦ペルペ需給策に就て—主として臺灣の使命—〉，刊載於《臺灣經濟叢書》（7），頁 69-70。

【73】臺灣經濟研究會調查部，〈本邦ペルペ需給策に就て—主として臺灣の使命—〉，刊載於《臺灣經濟叢書》（7），頁 70-74。

【74】臺灣經濟研究會調查部，〈本邦ペルペ需給策に就て—主として臺灣の使命—〉，刊載於《臺灣經濟叢書》（7），頁 76-78 的表 6、表 7 和表 8。百分比為作者計算。

【75】臺灣經濟研究會調查部，〈本邦ペルペ需給策に就て—主として臺灣の使命—〉，刊載於《臺灣經濟叢書》（7），頁 79-86。

【76】臺灣經濟研究會調查部，〈本邦ペルペ需給策に就て—主として臺灣の使命—〉，刊載於《臺灣經濟叢書》（7），頁 88，據估計，可以從臺灣的甘蔗渣製造 35 萬 公公噸的紙漿。

甘蔗渣素來是用做糖廠的燃料，而日本人鈴木梅四郎早於 1917 年即開始在臺南製糖會社宜蘭工場的附近，引進日本的造紙技術，利用廉價的煤炭為燃料，以蔗渣為原料開始從事造紙事業。此後，在臺灣的日本糖業資本以造紙為副業，經過一連串的試行錯誤，仍然沒有顯著的佳績。直到 1933 年，由於日本人荻原鐵藏技術開發的成功和造紙企業家大川平三郎的投資，臺灣造紙業才進入平坦之道，並且各製糖公司也紛紛投入紙漿工業。其中成就最大的是大川平三郎所擁有的臺灣興業株式會社（1936 年成立，資本 800 萬圓，設廠於羅東）、臺灣紙漿工業株式會社（1938 年成立，資本 1,000 萬圓，由大日本製糖、昭和製糖、鐘淵紡績株式會社投資，廠址在臺中州）、新日本砂糖工業株式會社（1938 年成立，資本 2,500 萬圓，由鹽水港製糖株式會社投資，1939 年改稱鹽水港紙漿工業株式會社，廠址在臺南州新營、花蓮和溪州）。[77]

在日本當局有計畫的增產之下，臺灣的紙漿產量從 1939 年的 2,005公噸，速增至翌年的 14,818 公噸，[78] 如表 6 所示，1941 年又倍增至31,600 公噸，但 1942 年以後就減產了，總共在 1940 年代前半製造了92,786 公噸，無法達到當初預期的計畫。到第二次世界大戰末期，各主要紙廠因遭受盟機的猛烈轟炸，破壞極重，以致生產幾乎完全停頓。[79]

---

[77] 高淑媛，〈植民地期臺灣における洋紙工業の成立—バガス製紙を中心として—〉，《現代臺灣研究》第 18 號（1999 年 12 月），頁 105-114；臺灣經濟研究會調查部，〈本邦ペルペ需給策に就て—主として臺灣の使命—〉，刊載於《臺灣經濟叢書》（7），頁 83。

[78] 高淑媛，〈植民地期臺灣における洋紙工業の成立—バガス製紙を中心として—〉，《現代臺灣研究》第 18 號，頁 115 的表 6。

[79] 葉仲伯，〈臺灣之造紙工業〉，《臺灣銀行季刊》第 16 卷第 3 期（1965 年 7月），頁 163。

表 6 臺灣紙業和紙漿產量表（1941-1945）

年度	紙漿	紙和紙板				蔗渣板（張）
		洋紙	薄頁紙	紙板	合計	
1941	31,600	—	—	—	23,550	—
1942	29,470	16,700	430	4,820	21,950	74,386
1943	25,548	14,040	2,028	4,610	20,678	638,134
1944	5,341	7,160	2,956	4,118	14,234	516,910
1945	827	836	485	824	7,947	88,478

（表頭：1941-1945 年臺灣紙業和紙漿產量表（公噸））

資料來源：臺灣銀行金融研究室編，《臺灣之造紙工業》，1951 年 4 月。
轉引自陳大川，《臺灣紙業發展史》（台北：臺灣區造紙工業同業公會，2004），頁 93。

2. 鋁業

在世界上，鋁業的歷史雖可追溯到 1825 年，但其冶煉成本極高，所以當時鋁的主要消費市場是珠寶界，尚未能被普遍採用。到 1886 年，法國的 Paul Héroult 和美國的 Hall 同時發現電解煉鋁的方法（用氧化鋁置於溶融的冰晶石中電解而得金屬鋁），鋁的生產成本才大為降低，電解鋁廠成為新興的金屬工業，主要的鋁業公司甚至組織國際性的卡特爾（cartel）來壟斷價格，並且不斷地改進生產技術，開發新用途。

由於鋁可用於飛機的機體，是一重要的國防戰略物資，所以第一次世界大戰發生後，在政府的強力介入下，航空工業興起，鋁才嶄露頭角。此後各國因為軍備競爭，故極重視煉鋁工業的發展，例如美國在 1913 年僅能生產 47,279 磅的鋁錠，到 1920 年，已增加到 138,042 磅的產出。[80]

---

[80] George W. Stocking & Myron W. Watkins, *Cartels in Action: Case Studies in International Business Diplomacy* (New York: The Twentieth Century Fund, 1946), pp. 216-245.

陳慈玉 日治時期臺灣對日貿易與出口產業 115

煉鋁是極消費電力的工業，日本一向依賴進口，在 1930 年代初期，
為了備戰，日本政府實施「總動員計畫」，規劃開發日本本國及其殖民
地有關軍需方面的資源，以期求重要資材之自給。而臺灣自日月潭水力
發電廠建設以後，電力充沛，如果進口鋁礬土等原料，則可發展煉鋁工
業。所以日本三菱財閥中的三菱礦業、三菱商事公司和古河電氣工業、
臺灣電力、三井、東京海上火災保險、東海電極等公司，共同於 1935 年
創辦了資本 6,000 萬日圓的日本アルミニウム株式會社（日本鋁業公
司），公司總部在東京，而於九州黑崎設有工廠，僅產鋁氧（氧化鋁）。
至於臺灣方面，由德籍工程師設計，先在高雄設廠，利用廉價而豐富的
電力，以拜耳標準方法（Bayer Process）提煉鋁氧，再以連續自焙電極
式赫爾（Hall）電解爐煉製純鋁。翌年即開始作業，生產鋁錠 210 公
噸。迄 1941 年，年產鋁氧 32,000 公噸、鋁錠 12,000 公噸的設備才完成。
而且日本鋁業公司陸續增資，1939 年在花蓮興建工廠，並於 1941 年開
始作業，該年產鋁錠 290 多公噸，所需鋁氧皆賴黑崎和高雄兩廠供給。
日本鋁業公司的高雄廠分別從荷蘭東印度的屏坦島（Bintan Island）和華
北進口鋁礬土（鋁氧石，bauxite）和礬土頁岩，[81] 來冶煉鋁錠，並全

---

[81] 日本アルミニウム株式會社創立事務所，《日本アルミニウム株式會社設立趣
意書》（東京：日本アルミニウム株式會社創立事務所，1935），頁 1-17；《定
款日本アルミニウム（株）》，昭和 17（1942）年 6 月，日本三菱史料館藏，編
號 MA-1170-3；《日本アルミニウム株式會社取締役會議事錄》，昭和 16（1941）
年 5 月，日本三菱史料館藏，編號 MA-8960-1；"Data Concerning the Aluninum
plant in Takao, Taiwan"（April, 1948），中央研究院近代史研究所蒐藏的資源
委員會臺灣鋁業股份有限公司（以下簡稱台鋁）檔案，編號 24-14-34-4；臺灣經
濟年報刊行會編，《臺灣經濟年報》第 2 輯（東京：國際日本協會，1942），
頁 377-378；孫景華，〈臺灣的鋁業〉，載中國新聞出版公司編，《臺灣經濟年
報 1953 年》（臺北：中國新聞出版公司，1953），頁 91；中國工程師學會編，
《臺灣工業復興史》（臺北：中國工程師學會，1960），頁 207；林鐘雄，〈臺灣

部運回日本加工製造成品，此成品再被運回臺灣販賣，【82】因此就此意義而言，臺灣確確實實是扮演了提供原料給母國，而且消費母國的工業產品的殖民地角色。

當時所以在高雄設立面積 226,389 平方公尺的鋁廠（另有 51,185 平方公尺的空間，包括俱樂部和醫院等），主要是因為高雄港能夠容納10,000 公噸的遠洋輪，和 300 公噸的接駁船，該駁船可到達鋁廠所有的碼頭；並且高雄與臺灣北端之臺灣最大港口基隆港之間有鐵路相連接，【83】可以利用南北兩個港口，以海運迅速輸送原料和鋁錠。

另一方面，日本本國一向仰賴鋁錠的進口，在中日戰爭爆發以後，擴大軍需，於 1939 年成立國策公司性質的日本輕金屬公司，積極生產鋁。但翌年加拿大等國禁止出口鋁，所以日本鋁的供給量頓減，導致飛機的機體製造停滯。【84】因此日本當局乃針對民需部分（如鍋、便當盒、水壺、熱水瓶等）採取配給統制。臺灣也順應殖民母國的方針，於1941 年設立臺灣家庭必需品株式會社（資本 65 萬圓），以實施「臺灣鋁製家庭器物配給統制要綱」，使鋁製品的輸入和販賣能夠一元化。【85】

日本鋁業公司高雄廠雖擬擴充設備到生產鋁氧 42,000 公噸，鋁錠15,000 公噸，但實際上，如表 7 和圖 4 所示，其前後開工 10 年，總共生產鋁錠 75,892 公噸。而花蓮廠雖以年產鋁錠 12,000 公噸為目標，可

之鋁工業〉，載臺灣銀行經濟研究室編，《臺灣之工業論集 卷四》（臺北：臺灣銀行，1968），頁 73-74。

【82】 金成前，〈臺灣鋁業之發展與世界鋁業之趨勢〉，載《臺灣文獻》22：4（1971年 12 月），頁 91；臺灣經濟年報刊行會編，《臺灣經濟年報》第 2 輯，頁 182。

【83】 “Data Concerning the Aluninum plant in Takao, Taiwan”（April, 1948），資源委員會台鋁檔案，編號 24-14-34-4。

【84】 大石嘉一郎編，《日本帝國主義史 3 第二次大戰期》（東京：東京大學出版會，1994），頁 188。

【85】 臺灣經濟年報刊行會編，《臺灣經濟年報》，第 2 輯，頁 206。

是最高產量僅 3,800 公噸。臺灣兩廠的鋁錠產量在 1943 年最多，共計有 14,964 公噸，佔該年「日本帝國」總產量的 10.3% 左右。高雄廠在 1945 年 3 月遭盟機轟炸，因此停止作業，花蓮廠則早於 1944 年 6 月因水力發電廠被洪水沖毀而停工。[86]

日本鋁業公司高雄廠戰時最高年產量是鋁錠 12,000 公噸，佔日本帝國總產量的 8.5% 左右。戰後國民政府資源委員會接收該公司，改名臺灣鋁業公司。1947 年 11 月恢復運轉，該年資源委員會的美籍顧問史龍（S.Trone）前往高雄實地勘查，發現其產品不甚理想。他並且估計，以 1948 年生產目標 4,000 公噸為準，每公噸生產成本是 421.8 美元，所需原料包括：鋁礬土 20,000 公噸、苛性鹼 1,000 公噸、焦煤 2,600 公噸、瀝青 650 公噸、冰晶石 480 公噸、煤 15,000 公噸和電力 12,000 瓩。[87] 換言之，煉鋁時雖然電力是最重要的動力，但仍然需要大量的煤與焦煤，也必須使用苛性鹼，所以當然鋁業的新興或多或少影響到煤炭的內需市場，並關係到臺灣鹽業的轉型，而鹽業的轉型意味著對燃料資源的依賴性的提高。

---

[86] "Data Concerning the Aluminum plant in Takao, Taiwan"（April, 1948），資源委員會台鋁檔案，編號 24-14-34-4；葉振輝譯，《半世紀前的高雄煉油廠與台鋁公司——史料選譯》（高雄，高雄市文獻委員會，1995），頁 1；大石嘉一郎編，《日本帝國主義史 3 第二次大戰期》，頁 189 的表 10；中國工程師協會編，《臺灣工業復興史》，頁 207；林鐘雄，〈臺灣之鋁工業〉，載臺灣銀行經濟研究室編，《臺灣之工業論集 卷四》，頁 74。此外，日本旭電化工業株式會社的高雄廠亦生產鋁。

[87] 葉振輝譯，《半世紀前的高雄煉油廠與臺鋁公司——史料選譯》，頁 24。該工廠在 1963 年才恢復到日治時期的最高產量。

表 7 臺灣鋁錠及其加工品產量表（1936-1968）

單位：公噸

年別	鋁錠	鋁片	鋁箔	鋁型	鋁品	鋁屋	鋁圓片
1936	210	—	—	—	—	—	—
1937	2,718	—	—	—	—	—	—
1938	4,619	—	—	—	—	—	—
1939	7,669	—	—	—	—	—	—
1940	8,781	—	—	—	—	—	—
1941	12,494	—	—	—	—	—	—
1942	13,758	—	—	—	—	—	—
1943	14,964	—	—	—	—	—	—
1944	10,063	—	—	—	—	—	—
1945	616	—	—	—	—	—	—
1946	—	—	—	—	—	—	—
1947	—	—	—	—	—	—	—
1948	2,509	—	—	—	—	—	—
1949	1,312	107					
1950	1,761	1,295	—	—	60	—	—
1951	2,984	1,026	—	—	600	—	—
1952	3,856	1,628	—	—	690	—	—
1953	4,906	2,321	—	—	1,062	—	—
1954	7,132	3,568	—	473	555	2,101	—
1955	7,001	2,962	—	415	703	794	—
1956	8,759	3,160	34	551	354	358	—
1957	8,259	5,460	414	782	428	273	—
1958	8,577	4,516	590	1,029	840	344	—
1959	7,455	3,519	544	927	616	420	—
1960	8,260	6,188	847	1,101	1,048	145	—
1961	9,017	4,748	725	1,457	754	192	—
1962	11,008	6,234	727	1,623	1,073	130	1,015
1963	11,929	5,688	845	1,638	903	100	1,257
1964	19,372	7,844	756	1,535	841	110	2,092
1965	18,911	9,237	1,195	1,881	625	166	2,105
1966	17,217	9,423	1,055	2,336	1,086	—	1,353
1967	14,100	10,443	1,221	2,152	981	—	1,472
1968	16,569	8,007	1,090	1,902	1,299	—	645

資料來源：1. 1936-1945 年：臺灣省工業研究所編，《臺灣省經濟調查初稿》（臺灣：臺灣省工業研究所，1946），頁 356-357。

2. 1948-1952 年：林鐘雄，〈臺灣之鋁工業〉，載於臺灣銀行經濟研究室編，《臺灣之工業論集 卷四》（台北：臺灣銀行，1968），頁 77。

3. 1953-1968 年：中央研究院近代史研究所庋藏之國營事業司台鋁檔案，編號 35-25-15-74、35-25-15-30、35-25-15-24、35-25-15-25、35-25-15-26、35-25-15-45、35-25-15-75、35-25-15-44、35-25-15-27、35-25-15-28、35-25-15-29。

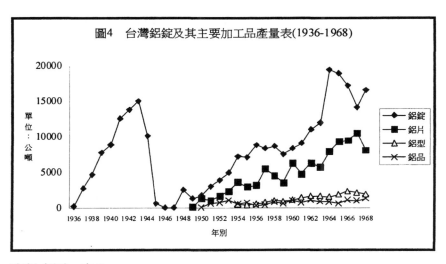

圖4　台灣鋁錠及其主要加工品產量表(1936-1968)

資料來源：表 7。

六　化學工業的發展——以酒精業為例

日本在臺灣早就施行酒的專賣法，製造酒精的主要原料是糖蜜，這是臺灣新式製糖工業的重要副產品。臺灣之有此工業，以 1908 年，臺灣

製糖株式會社（臺灣製糖公司）在橋仔頭創立酒精工廠為嚆矢。[88] 嗣後各製糖公司相繼設立酒精工廠，到 1943 年，共有 45 所，如表 7 和圖 4所示，生產量高達 758,208 公石，大都運往母國，佔日本帝國總產量的 90%。[89]

在 1935 年以前，臺灣酒精工業的製品主要為含水酒精，平均約 85% 以上外銷，而日本是最重要的市場。其後由於日本當局希望液體燃料能夠自給，而無水酒精可與汽油混合使用，故臺灣的酒精工業致力於無水酒精的製造。在 1935 年，日本帝國每年無水酒精之增產目標為 320 萬公石，對臺灣的期待是 100 萬公石。當時糖蜜原料漸漸不足，故經糖業試驗所的研究後，直接使用甘蔗汁做原料。[90]

無水酒精是乙醇濃度高達 99% 以上的一種酒精，無水酒精為動力之源，其重要性幾與石油相等，各國皆曾以酒精為液體燃料，或與汽油滲合使用，以彌補油產之不足。[91] 中日戰爭開始後不久的 1938 年，日本帝國的酒精產量約 36 萬公石左右，幾乎全部都是在臺灣從糖蜜製造出來的，其中日本本國僅需要 18 萬公石，其餘的一半都出口到中國。相形之下，當時只年產 3,608-5,411 公石左右的無水酒精，主要供給化學工業之用。[92]

---

[88] 伊藤重郎編，《臺灣製糖株式會社史》（東京：臺灣製糖株式會社東京出張所，1939），頁 322-323，該廠自 1938 年開始製造無水酒精。

[89] 楊選堂，《臺灣之燃料資源》（臺北：臺灣銀行，1951），頁 50。又，1 公石為 100 公升。

[90] 楊選堂，《臺灣之燃料資源》，頁 50-51。

[91] 楊選堂，《臺灣之燃料資源》，頁 50。

[92] 牟田邦基，〈燃料問題と無水酒精竝其將來性〉，刊載於《臺灣經濟叢書》(7)，（臺北：臺灣經濟研究會，1939），頁 30。原資料為日石，現以 1 日石 = 1.8039 公石（1 公石 = 100 公升）換算，以下同。

再者，從表 8 和圖 5 可以發現到：

（1）. 酒精的產量增加速度極為驚人，1919 年的製造量是 1909 年的 38.27 倍，而 1929 年的產量則為 1919 年的 2.36 倍，1909 年的 90 倍左右。1939 年更製造了高達 68 萬公石的酒精，是 10 年前的 1.9 倍，1909 年的 172.44 倍。

（2）. 就出口量而言，由於自年以後輸出量成長迅速，所以 1919 年是 1909 年的 102 倍，1929 年則為 1919 年的 2.4 倍左右，而為 1909 年的 245 倍。1939 年的數量則高達 1909 年的 446.5 倍強。

（3）. 其中，日本是最重要的市場，對日輸出量的成長幾乎與總輸出量類似，1919 年是 1909 年的 96 倍，但是 1920 年代卻相形遜色，所以 1929 年的對日本銷售量僅為 1919 年的 1.18 倍而已，是 1909 年的 113 倍。進入 1930 年代以後，日本似乎成為唯一的出口市場，因此 1939 年的數量是 1929 年的 3.94 倍，而為 1909 年的 446 倍強，與總輸出量的增長相當。

表 8 酒精製造與輸出量表（1909-1944）

單位：公石

年份	酒精製造量（A）	酒精總輸出量（B）	酒精對日輸出量（C）	B/A（%）	C/B（%）
1909	3,957.60	1,362.115	1,362.036	34.42%	99.99%
1910	5,452.18	2,236.760	2,236.255	41.03%	99.98%
1911	13,109.38	5,844.519	5,705.738	44.58%	97.63%
1912	27,411.24	27,377.903	26,099.822	99.88%	95.33%
1913	18,957.63	21,664.181	21,497.148	114.28%	99.23%
1914	32,679.72	24,706.569	24,706.569	75.60%	100.00%
1915	94,090.83	75,328.021	72,106.116	80.06%	95.72%
1916	146,145.45	128,557.044	100,495.980	87.97%	78.17%
1917	168,892.47	167,159.162	111,940.913	98.97%	66.97%

1918	148,295.21	160,310.403	121,139.469	108.10%	75.57%
1919	151,451.33	139,159.944	130,790.761	91.88%	93.99%
1920	97,816.64	82,634.816	81,973.852	84.48%	99.20%
1921	130,723.13	132,341.429	100,195.634	101.24%	75.71%
1922	194,560.46	158,637.656	116,029.656	81.54%	73.14%
1923	231,543.29	183,461.220	123,780.060	79.23%	67.47%
1924	268,707.18	236,536.920	135,710.820	88.03%	57.37%
1925	291,738.17	244,414.260	129,692.880	83.78%	53.06%
1926	283,385.20	244,796.580	136,551.460	86.38%	55.78%
1927	260,447.57	230,953.878	124,658.820	88.68%	53.98%
1928	335,065.24	276,226.218	140,061.780	82.44%	50.71%
1929	356,168.65	333,624.060	154,039.680	93.67%	46.17%
1930	261,902.13	249,755.796	140,844.240	95.36%	56.39%
1931	251,327.31	205,259.706	180,214.506	81.67%	87.80%
1932	283,362.45	242,072.136	204,293.916	85.43%	84.39%
1933	274,425.12	255,912.768	233,250.948	93.25%	91.14%
1934	293,224.05	236,509.596	235,282.536	80.66%	99.48%
1935	366,489.67	327,200.418	301,996.980	89.28%	92.30%
1936	350,287.20	314,838.378	302,468.598	89.88%	96.07%
1937	403,660.89	352,117.314	340,865.514	87.23%	96.80%
1938	537,619.81	388,739.376	387,317.448	72.31%	99.63%
1939	682,444.80	608,203.512	607,496.346	89.12%	99.88%
1940	634,727.65	530,752.620	503,309.070	83.62%	94.83%
1941	621,659.25	443,868.970	443,722.940	71.40%	99.97%
1942	675,563.85	441,521.840	440,954.840	65.36%	99.87%
1943	758,207.97	468,244.980	467,508.550	61.76%	99.84%
1944	577,786.36	22,561.000	22,561.000	3.90%	100.00%

資料來源：魏喦壽、茅秀生，《臺灣之發酵工業》臺灣研究叢刊第 15 種（臺北市：臺灣銀行經濟研究室，1952），頁 264-26。輸出數量並依據臺灣省行政長官公署農林處農務科所編之，《臺灣糖業統計》第一號（台北市：同編者，1947），頁 222 及台灣省政府主計處編纂之，《台灣貿易五十三年表》（台北市：同編者，1954），頁 220-221 校正而成。

圖 5 酒精製造與輸出量圖（1909-1944）

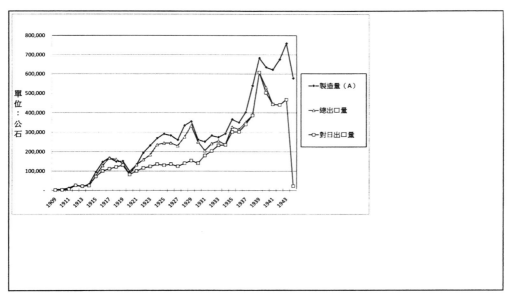

資料來源：魏喦壽、茅秀生，《臺灣之發酵工業》臺灣研究叢刊第15種（臺北市：臺灣銀行經濟研究室，1952），頁 264-26。輸出數量並依據臺灣省行政長官公署農林處農務科所編之，《臺灣糖業統計》第一號（台北市：同編者，1947），頁 222 及台灣省政府主計處編纂之，《台灣貿易五十三年表》（台北市：同編者，1954），頁 220-221 校正而成。

其實早在第一次世界大戰期間，歐美各國體驗到液體燃料的缺乏，於是開始研討以酒精取代汽油的可能性，發現到在汽油中混入 20% 左右的酒精後的能率，反倒比只用汽油來得良好。而為了要使汽油和酒精能夠完全溶解，則需要含水量少、濃度高的酒精，於是，做為燃料的無水酒精的重要性乃因此提高。[93]

---

[93] 牟田邦基，〈燃料問題と無水酒精竝其將來性〉，《臺灣經濟叢書》(7)，頁 30-43。

日本帝國對於汽油的需求量在 1929 年約 505 萬公石，1939 年增為
1,263 萬公石以上，其中 95% 用做汽車的燃料，其餘供給飛機和化學工
業。在生產方面，僅年產需求量的 10% 而已，故對進口油的依存度非
常高，所以為了國防和平衡國際收支，帝國第 70 次議會於 1938 年通過
揮發油及酒精混用法案，和酒精專賣法案。【94】

在前述 1939 年 1 月內閣會議所決定的「生產力擴充計畫要綱」
中，則希望到 1941 年能增產無水酒精 13 倍強，【95】其中臺灣的比重佔
32.9%。由於原料糖蜜增產有限，所以經臺灣總督府中央研究所的牟田
邦基數度實驗後，發現到可以從臺灣盛產的甘藷中利用發酵法來提煉無
水酒精。【96】因此他們針對臺灣酒精生產制定了如表 9 的計畫。

表 9 臺灣無水酒精增產計畫表（1938-1947）

單位：公石

年次	由糖蜜生產量	由甘蔗汁生產量	由甘藷生產量	計
1938	86,644	－	－	86,644
1939	91,990	37,729	－	129,719
1940	111,260	168,904	－	280,163
1941	129,411	388,957	－	518,368
1942	151,005	569,815	－	720,821
1943	173,630	749,140	－	922,770
1944	197,297	925,983	－	1,123,282
1945	222,072	948,169	287,182	1,457,424
1946	247,964	970,354	287,182	1,505,500
1947	275,071	992,538	287,182	1,554,792
合計	1,686,344	5,751,590	861,547	8,299,481

資料來源：魏嵒壽、茅秀生，《臺灣之發酵工業》（臺北：臺灣銀行，
1952），頁 19。

註：1. 甘藷每年用量為 240,000,000 公斤。

　　2. 原資料為日石，容量 1 日石 = 1.8039 公石，1 公石 = 100 公升。

【94】牟田邦基，〈燃料問題と無水酒精竝其將來性〉，《臺灣經濟叢書》（7），頁
31。

實際上如表 9 所示，到 1945 年為止，無水酒精仍然以糖蜜和甘蔗汁為最主要的原料，因為每 60 公斤的糖蜜可生產無水酒精 15.5 公升，而每 60 公斤的甘藷只能提煉無水酒精 7.2 公升左右。據南清酒精工廠之記錄，製造 1,000 美加崙（37.85 公石）無水酒精所消耗之原料量為：脫水劑 0.6 加崙，糖蜜 14.6 公噸，煤 4.1 公噸，水 80,000 加崙，苛性納 0.12 公斤。[97] 換言之，無水酒精工業的興起，增加了對於煤炭和工業鹽的需求。

再者，當時無水酒精的實際產量列如表 10。

表 10 臺灣含水酒精與無水酒精生產量（1941-1950）

單位：公石

年次	含水酒精 （公石）	無水酒精 （公石）
1941	336,766	198,195
1942	340,564	344,934
1943	470,218	244,549
1944	489,331	98,710
1945	360,164	16,802
1946	9,845,320	－
1947	4,106,816	－
1948	19,033,748	518,209
1949	19,824,795	2,733,463
1950	26,272,981	1,805,636

資料來源：魏喦壽、茅秀生，《臺灣之發酵工業》（臺北：臺灣銀行，1952），頁 47。

---

[95] 安井常義，《生產力擴充と經濟統制》（臺北：臺北商工會議所，1943），頁 5。

[96] 牟田邦基，〈燃料問題と無水酒精並其將來性〉，《臺灣經濟叢書》（7），頁 34，頁 59；顏東敏，《有機溶劑發酵工業化學》（臺北：復文書局，1991），頁 27。

[97] 魏喦壽、茅秀生，《臺灣之發酵工業》（臺北：臺灣銀行，1952），頁 19，頁 36。又，1 美加崙 ＝ 3.785 公升。

由表 10 可得知以下的訊息：

（1）. 1942 年的無水酒精產量達到一顛峰，該年的產出是前一年的 1.74 倍；如與表 8 相較，僅達到預計生產量的 47.85% 而已。

（2）. 無水酒精產量雖在 1943 年低降，但是含水酒精的產量卻大增，因此酒精總產量增加。而 1944 年的含水酒精產量雖略增，但無水酒精產量大為減少，所以總產量只有前一年的 82.27% 而已。

（3）. 相對於表9的生產計畫中無水酒精持續增加的狀況，可知實際上的成果遠遠落後於生產計畫。

七 礦業的發展—— 以金礦業和煤礦業為例

1. 金礦業

黃金是臺灣地下資源中除了煤礦之外，蘊藏量比較豐富的，而且早於 19 世紀即已開始採掘。如表 11 所示，黃金年產量在 1904-1917 年之間曾有 150 萬公分，此後遞減，也曾在 1907-24 年有經由海關正式出口到日本的紀錄（見表 2-2）。進入 1930 年代以後才又呈現出劇增的現象，曾創下 400 萬公分左右的紀錄。當時最主要的經營者是在臺灣北部九份地區的臺陽礦業株式會社和金瓜石武丹坑地區的金瓜石礦山株式會社，前者為臺灣本土資本家顏雲年和三井財閥所投資，後者純係日資（1933年改名臺灣礦業株式會社）。【98】

【98】陳慈玉，《臺灣鑛業史上的第一家族—— 基隆顏家研究》（基隆：基隆市立文化中心，1999），頁 6-12。

表 11 歷年九份、金瓜石黃金產量表（1898-1960）

單位:公分

年 代	九 份	金瓜石、武丹坑	合 計
1898	9,184	41,329	50,513
1899	38,777	122,288	161,065
1900	40,500	346,579	387,079
1901	42,236	582,836	625,072
1902	85,762	861,293	947,055
1903	150,693	809,756	960,449
1904	539,126	1,209,771	1,748,897
1905	506,208	974,651	1,480,859
1906	363,053	997,180	1,360,233
1907	330,813	866,370	1,197,183
1908	280,061	1,329,592	1,609,653
1909	250,447	1,329,138	1,579,585
1910	347,846	1,242,134	1,589,980
1911	337,064	1,298,535	1,635,599
1912	355,419	1,209,576	1,564,995
1913	230,550	865,213	1,095,763
1914	352,446	1,574,828	1,927,274
1915	650,637	994,428	1,645,065
1916	693,773	745,023	1,438,796
1917	789,135	754,042	1,543,177
1918	273,493	514,481	787,974
1919	237,493	332,112	569,605
1920	199,295	354,871	554,166

63

1921	381,547	494,715	876,262
1922	252,437	423,116	675,553
1923	91,817	378,210	470,027
1924	59,429	206,396	265,825
1925	40,021	199,057	239,078
1926	68,620	228,060	296,680
1927	248,959	200,290	449,249
1928	129,912	143,132	273,044
1929	248,075	209,400	457,475
1930	248,361	233,681	482,042
1931	315,517	226,533	542,050
1932	578,660	208,845	787,505
1933	580,720	1,564,000	2,144,720
1934	1,012,197	1,757,000	2,769,197
1935	1,131,902	2,030,000	3,161,902
1936	1,240,937	2,485,000	3,725,937
1937	1,359,302	2,561,000	3,920,302
1938	1,700,313	2,604,000	4,304,313
1939	1,294,862	2,479,000	3,773,862
1940	872,383	2,262,000	3,134,383
1941	991,048	2,506,000	3,497,048
1942	795,018	1,905,000	2,700,018
1943	609,957	855,000	1,464,957
1944	181,330	547,000	728,330
1945	7,269	7,000	14,269
1946	13,187	—	13,187
1947	153,057	309,700	462,757
1948	350,653	285,200	635,853
1949	417,210	392,900	810,110
1950	268,577	550,100	818,677
1951	229,413	463,200	692,613
1952	282,164	474,100	756,264
1953	280,507	313,000	593,507
1954	259,775	294,700	554,475
1955	354,483	347,500	701,983
1956	567,465	355,000	922,465
1957	319,142	323,100	642,242

1958	236,331	278,300	514,631
1959	76,819	290,700	367,519
1960	56,247	406,800	463,047

資料來源：1. 吉永勘一郎編，《瑞芳鑛山概況》（臺北縣瑞芳：臺陽鑛業株
式會社瑞芳坑場，1933），頁 7-9。

2. 臺灣銀行金融研究室編，《臺灣之金》（臺北：臺灣銀行，民
國 39 年，1950），頁 49-51；頁 53-54。

3. 臺灣鑛業史編纂委員會編，《臺灣鑛業史》（臺北：臺灣省鑛
業研究會、臺灣區煤礦業同業公會，民國 58 年，1969），下
冊，頁 1091-92，〈臺陽鑛業瑞芳金鑛歷年金產量統計表〉；頁
1100，〈臺灣金屬公司金瓜石「日礦」經營時期生產礦砂暨產
品統計表〉；頁 1101-02，〈臺灣金屬公司光復以來歷年產品統
計表〉。

4. 臺灣鑛業史編纂委員會編，《臺灣鑛業史（續一）》（臺北：臺
灣省鑛業研究會、臺灣區煤礦業同業公會，民國 72 年，
1983），頁 432，〈臺陽公司瑞芳鑛業所歷年金銀產量及員工人
數統計表〉；頁 446，〈臺金公司歷年金銀銅生產量統計表〉。

5. 黃清連，《黑金與黃金：基隆河上中游地區礦業的發展與具落
的變遷》（臺北縣板橋：臺北縣立文化中心，1995），頁 139-
140，頁 147-148。

　　雲年於 1932 年去世後，國年繼續乃兄之遺志，全力開發礦區，並引
進先技術，建設新型浮選場和機械選礦場；開鑿以鋼鐵為支柱、鋪設電
動鐵軌以搬運礦石的現代化硐道（1933 年和 1936 年），並將所產粗金
送到日本造幣局製煉，統一品位。1937 年國年逝世後，雲年長子欽賢繼
任。適逢中日戰爭爆發，於是日本礦業株式會社合併了臺灣礦業株式會
社，日本政府於 9 月頒佈產金法以配合劇增的黃金需求，此為獎勵生產

黃金之基本法令，11 月臺灣開始實施產金獎勵制度。【99】

在獎勵產金的政策之下，金礦之探勘、採掘、搗碎和冶煉等新工程設備，均可領取鉅額補助金。並且當局禁止黃金自由買賣，由臺灣銀行全權負責收購黃金，每公兩補貼 52 圓（公定價格是 142.31 圓，故補貼為公價之 36.5%），而瑞芳現代化之機械選礦場第 1、2、3 期工程亦分別於 1937~1940 年完成。於是臺灣產金量達到顛峰，日本政府陸續在臺收購黃金高達 70 公噸，臺灣總督因此得到日皇的頒獎。

再者，為了增產，1939 年日本產金振興株式會社（1938 年成立）和臺灣拓殖株式會社（1936 年成立）各出資一半，成立臺灣產金株式會社，調查基隆河流域和雙溪流域之礦床，預定在七堵附近試錐，並在擢基黎溪採金，亦勘查臺東海岸、臺東縱谷之奇萊和卑南兩河流之砂金。但成績皆不佳，乃於 1943 年停工。

此時，九份礦區的主脈已採掘殆盡，黃金產量開始減少，包工逐漸星散，而且精壯員工亦被殖民地當局徵召服勞役，勞工嚴重缺乏。1941 年底太平洋戰爭以後，國際貿易中斷，黃金已非交易手段，殖民地政府乃於 1943 年指示臺灣電力公司收購臺陽礦業的氰化廠、架空索道，交由海軍使用，故該金礦全面停止生產。金瓜石礦山亦被迫停工。1944 年根據「臺灣決戰非常措置要綱」，強行徵用現代化選礦設備，【100】五十年前的一大金山在戰備風雲的籠罩下化為廢墟。

2. 煤礦業

日治初期臺灣總督府於 1896 年 9 月頒佈實施「臺灣礦業規則」，准許一般人民申請開採，獲得許可的只有 4 個礦區 52 萬坪（一坪 = 3.3058

【99】 楠井隆三，《戰時臺灣經濟論》（臺北：南方人文研究所，1944），頁 223。

【100】 臺陽股份有限公司六十週年慶典籌備委員會編輯組編，《臺陽公司六十年誌》（臺北：臺陽公司，1978），頁 38~39；臺灣銀行金融研究室編，《臺灣之金》（臺北：臺灣銀行，1950），頁 38-40，頁 42-43。

平方公尺）。翌年開始北部煤田之特別調查，1899 年發表結果，作為開發煤田之參考。自 1897 年至 1905 年，產量雖逐漸增加，但未曾超過年產 10 萬公噸。[101]

1906 年以後開始好轉，首先，日俄戰爭的勝利帶給日本經濟空前的好景氣，於是有力人士遂向當局要求開放海軍所管轄的煤田，[102]結果日本人荒井泰治於 1907 年取得四腳亭一帶約 87 萬坪的礦業權，翌年開始採掘，但年產量被限制在5萬噸以下，無法發揮採掘能力，直到 1915 年 4 月才廢止此限制。[103]

刺激臺灣煤礦業成長的外在環境因素是第一次世界大戰，因為在大戰期間，各主要產煤國家（美國、英國、德國）由於勞力不足、運輸交通欠缺、機械減產而降低了生產力，總產量自 1913 年的 13 億 7 千多萬噸減至 1916 年的 11 億噸左右。[104]並且由於船舶不足和海難增加，使海上運輸力急速減低；原本供給資本財給世界的歐洲成為戰場，反而極需軍需品和其他工業產品，這種需求的突增和歐洲海運業的後退，導致海運費上昇，於是日本的海運企業獲得巨利，得以擴大事業，對於鋼材和燃料煤炭的需求因此劇增；另一方面，始於海運業的產業連鎖效果，亦波及到日本國內的機械製造業和電氣機械工業，而染料業和工業用藥品業方面，由於進口替代的成功和纖維工業的發展（與出口擴大有關），需求亦增加，化學工業方面的企業乃因此勃興。[105]於是當局和日本財閥除了擴大投資本國煤炭的生產外，並汲汲於自殖民地輸入，以

---

[101] 臺灣銀行金融研究室編，《臺灣之煤》（臺北：臺灣銀行，1950），頁 8。

[102] 藤田喜市編，《臺灣炭礦誌》（臺北：三井物產株式會社臺北石炭支部，1925），頁 25。

[103] 顏惠霖，〈基隆炭礦株式會社創立真相〉，《臺煤》第 563 期（臺北：中華民國礦業協進會，1989 年 6 月），頁 29-35。

[104]《臺灣炭業論》，頁 17。

[105] 中村隆英、尾高煌之助編，《二重構造》（東京：岩波書店，1989），頁 83-95。

應付戰時興隆的工業之需，結果臺煤開始出口到日本，此現象即使到大戰結束後依然延續著。

更值得注意的是海外其他地區的市場，包括香港、華南和東南亞。其比重遠大於日本，甚至可以說在 1916 年以前，是臺煤外銷的主要目的地。第一次世界大戰以前，轉口港色彩濃厚的香港是東亞一大煤炭市場，戰爭開始以後，由於輪船運輸的減少，日本煤的出口受限，[106]所以香港煤炭的進口量大減，1918 年的輸入量甚至只有 1914 年的 47%，其中日本煤和撫順煤的減少最劇，而增多的即為臺灣煤炭。換言之，作為殖民地的產物，臺灣煤多少填補了大日本帝國出口不足之處，使包括臺灣煤在內的「日本煤」，能佔有香港市場 75% 以上的優勢，而中國煤（包括開平、青島、本溪湖、撫順等地）的比例，最高只達 22% 左右。

再者，福建和廣東亦為臺煤的主要市場，其中福州所輸入的煤炭來自日本九州和臺灣，[107]大戰期間，存賴臺灣之供給，戰爭結束後亦然；而廈門市場上中國煤與外國煤在戰前平分秋色，外國煤中包括日本及其殖民地臺灣的產品，戰後臺灣煤約佔總進口量的62%。[108]同時，臺灣煤也替代了日本煤在廣東的地位，供給小輪船和絲廠的燃料。[109]

另一新開拓的市場是東南亞，原本流入此地區的日本煤和開平煤炭因日本國內需要增加、中國境內戰亂、輪船運輸力減退而不再源源不

---

[106]《臺灣炭業論》，頁 71。

[107]〈臺灣炭と福州〉，《臺灣日日新報》，2871 號（1907 年 11 月 27 日），頁 2；〈煤炭幫之交涉〉，《臺灣日日新報》，6906 號（1919 年 9 月 6 日），頁 6。

[108]《臺灣炭業論》，頁 67；〈廈門と臺灣石炭〉，《臺灣日日新報》，2903、2904 號（1908 年 1 月 7 日、1 月 8 日），頁 2。

[109]《臺灣炭業論》，頁 67-70；〈島炭輸移出激增〉，《臺灣日日新報》，8599 號（1924 年 4 月 25 日），頁 5；〈貯炭輸出隆盛〉，《臺灣日日新報》，9318 號（1926 年 4 月 14 日），頁 4。

斷，故臺灣煤填補了此空間。【110】所以如表 12 所示，臺煤的輸出量從 1917 年開始飛躍地成長，而擔負運輸任務的輪船自然增多，或在臺灣購買燃料，或在香港補給，結果都增加了臺煤的需求量。

據 1920 年代初期的調查，華南（包括香港、廣東、福建）和東南亞的煤炭產量共約 200 萬噸，需求量卻高達 450 萬噸，【111】所以臺煤在這廣大的印度洋領域中可以找到伸展的天地，而且日本煤礦雖豐富、亦能夠在供給內需之餘出口到海外，卻極難再擴大輸出量，於是擁有地利之便的臺煤乃在「當局」和日本商社的合作之下，完成它作為殖民地商品的使命。

相對應於海外市場的開拓，臺灣煤礦業界呈現欣欣向榮的景象，不但原有的公司擴充設備，實行大規模的開採計劃，而且出現不少新加入者；採煤地點則從台北、基隆、桃園擴展到新竹和澎湖島。此時日本財閥扮演重要的角色，以往由於臺煤比日本煤品質粗惡，故日本人誤認為會有自然發火之虞，而不堪長距離輸送，甚至不能充當長途航海的輪船燃料，以致投資風險過大。1917 年以後，由於日本煤的增產有限，乃轉而投資臺灣，或與臺灣人合作，或成立純粹日資的公司，值得注意的是相異於往昔的獨資，這些大多為股份有限公司的組織。【112】

第一次世界大戰終止後，前述影響日本經濟成長的「國際」因素消失，日本國內工業一時凋零，導致臺煤供給過剩而煤價暴落，有不少煤礦因此停業。幸虧當時礦坑不深，擁有機器設備的煤礦，生產成本比較低廉，故大多尚可維持經營。而此不景氣也給與業者思考改革的機會，他們淘汰礦工、降低工資，以縮減經費，並且改善品質，強化設備，有

【110】總督府殖產局商工課，《熱帶產業調查書》第 49 卷，《臺灣礦業》（臺北：臺灣總督府殖產局商工課，1935），頁 169-170。

【111】〈南支南洋之煤炭〉，《臺灣日日新報》7643 號，（1921 年 9 月 12 日），頁 3。

【112】《臺灣炭礦誌》，頁 42-53。

助於臺灣煤礦業在質方面的提昇。[113]產量仍每年有少許增加，但也因彼此自由競爭、產銷不能調節，以致出現生產過剩的現象，存煤量不少（見表10）。1921年下半期以後，景氣逐漸復蘇，需求日趨旺盛，煤業乃穩定成長，在1927年達到第一次顛峰，而消費量則早於前一年即增加到188萬公噸左右，這是由於華南發生抗英運動，排斥英資的開平煤，臺煤遂能擴充廣東、香港市場的緣故。[114]換言之，由於臺灣內需市場無法大量消耗煤產量，在經濟和國際情勢變化之影響下，外銷和船舶燃料的供需問題始終成為臺灣煤礦業變動之一大因素。

1931年「九一八事變」後，日本操縱東北之政治經濟，質優的撫順煤大量輸往日本，甚至廉價傾銷臺灣（因為就日本帝國而言，撫順煤和臺灣煤皆為殖民地的產物），因此不但臺煤的出口銳減，內銷亦成問題，煤產量降低，停業或廢業之煤坑頻頻發生，臺灣煤礦業面臨空前之危機。

此時，居業界中樞地位的臺陽公司（除了前述金礦外，該公司尚開採煤礦）負責人顏國年乃率領業者代表，逕赴日本本土請願，經其折衝口舌、侃談利害，運用他和政界、財閥的關係，終於使日本政府認識到在中國反日風潮日熾的情況下，撫順煤能否長期輸日亦可虞，故決定限制撫順煤輸日，並准臺煤優先流入，[115]所以輸往日本的臺煤從1933年開始增加。

相形之下，國內消費量並未受影響，主要原因如下：[116]（1）因甘蔗增產而使製糖廠對燃料煤的需求增加；（2）火力發電用煤之增加；

---

[113]《臺灣炭礦誌》，頁61-69。

[114]《熱帶產業調查書》第49卷，頁171。又，該年外銷廣東，香港者達75萬公噸。

[115]《臺陽公司六十年誌》，頁49。

[116]《熱帶產業調查書》第49卷，頁174-175。

（3）一般產業仍持續發展，故對煤的需求不減；（4）民眾生活程度提高和薪材的減少，因此家庭用煤增加。並且，大資本的公司以工作面的集中、坑內工作的機械化、採煤之科學化和運輸工作之改良等方式來降低成本、增加產量和提高品質，[117]奠定了日後能大量增產的基礎。所以就總產量而言，1933-35年仍維持在150-160萬公噸之譜（見表12）。

　　另一方面，1936年以後，配合著日本重工業的殷盛、海運日盛和臺灣境內的工業化，對燃料煤之需求大增，刺激生產，1937年的產量高達195萬公噸，銷售量則超過200萬公噸的高峰（見表12）。「七七事變」後，日本政府頒佈「重要礦產增產令」，臺灣亦響應而訂立煤的增產計劃。到1939年，前述軍需工業的發展和侵略戰爭的進行，使臺煤產量大增，供給日本本土、東南亞和輪船軍艦的數量亦顯著增加。並且在1941年成立「臺灣石炭株式會社」（44年改組為「臺灣石炭統制株式會社」），發揮持續增產、維持適當煤價和「合理」配給的功能，[118]所以1938-1943年的產量和銷售量都在200萬公噸以上，1944年亦有190萬公噸左右，但該年以後，由於資材、勞工的缺乏，故生產減少，外銷方面則因運輸船舶不足而陷於停頓，再加上美軍的轟炸，礦山和工廠都遭破壞，煤的生產和消費急劇低減，[119]臺灣煤礦業的發展乃暫告一段落，有待戰後的重建。[120]

---

[117] 陳慈玉，〈日本殖民時代的基隆顏家與臺灣礦業〉，《近世家族與政治比較歷史論文集》（臺北：中研院近史所，1992），頁635-638。

[118] 《臺灣之煤》，頁9。

[119] 《臺灣之煤》，頁9；《臺陽公司六十年誌》，頁52。

[120] 關於煤礦業的發展詳見〈連續與斷裂：二十世紀的臺灣煤礦業〉，《新亞學報》，卷27（2009年2月），頁53-101。

單位：公噸

表 12 臺灣煤產銷量表（1912～1960）

年次	生產量 (A)	總計 (B)	銷售量						存煤量	C/B % ①	F/B % ②	D/C % ③	E/C % ④	G/F % ⑤
			內銷量			外銷量								
			合計 (C)	本地用煤 (D)	輪船用煤 (E)	合計 (F)	日本 (G)	其他 (H)						
1912	276,246	419,810	390,484	249,998	140,486	29,326	2	29,324	11,478	93.01%	6.99%	64.02%	35.98%	0.01%
1913	319,371	466,690	444,386	279,006	165,380	22,304	–	22,304	18,611	95.22%	4.78%	62.78%	37.22%	–
1914	342,787	526,856	483,679	275,235	208,444	43,177	1,614	41,563	12,634	91.80%	8.20%	56.90%	43.10%	3.74%
1915	379,368	524,837	487,453	278,038	209,415	37,384	–	37,384	17,472	92.88%	7.12%	57.04%	42.96%	–
1916	517,581	511,543	422,724	266,506	156,218	88,819	10,549	78,270	47,957	82.64%	17.36%	63.04%	36.96%	11.88%
1917	673,008	767,300	499,281	344,249	155,032	268,019	15,030	252,989	54,089	65.07%	34.93%	68.95%	31.05%	5.61%
1918	801,520	820,296	529,942	376,696	153,246	290,354	8,268	282,086	128,506	64.60%	35.40%	71.08%	28.92%	2.85%
1919	1,086,907	1,184,495	649,575	404,778	244,797	534,920	57,571	477,349	95,057	54.84%	45.16%	62.31%	37.69%	10.76%
1920	1,139,358	1,258,755	710,383	487,863	222,520	548,372	90,295	458,077	103,060	56.44%	43.56%	68.68%	31.32%	16.47%
1921	1,029,410	1,322,187	811,506	499,760	311,746	510,681	56,092	454,589	78,559	61.38%	38.62%	61.58%	38.42%	10.98%
1922	1,347,449	1,375,426	717,919	518,158	199,761	657,507	188,794	468,713	45,242	52.20%	47.80%	72.17%	27.83%	28.71%
1923	1,444,921	1,473,807	807,806	519,355	288,451	666,001	181,088	484,913	150,873	54.81%	45.19%	64.29%	35.71%	27.19%
1924	1,506,451	1,685,712	813,858	485,736	328,122	871,854	198,618	673,236	80,353	48.28%	51.72%	59.68%	40.32%	22.78%

年														
1925	1,704,581	1,780,764	890,477	526,931	363,546	890,287	189,694	700,593	106,812	50.01%	49.99%	59.17%	40.83%	21.31%
1926	1,794,511	1,881,412	991,662	608,962	382,700	889,750	136,497	753,253	83,023	52.71%	47.29%	61.41%	38.59%	15.34%
1927	1,857,257	1,752,599	1,062,412	782,093	280,319	690,187	129,797	560,390	146,201	60.62%	39.38%	73.61%	26.39%	18.81%
1928	1,583,598	1,397,102	953,160	657,235	295,925	443,942	79,147	364,795	198,339	68.22%	31.78%	68.95%	31.05%	17.83%
1929	1,530,025	1,608,699	1,219,752	725,590	504,162	388,947	42,860	346,087	110,942	75.82%	24.18%	58.67%	41.33%	11.02%
1930	1,598,728	1,520,667	1,136,875	640,641	496,234	383,792	41,633	342,159	145,716	74.76%	25.24%	56.35%	43.65%	10.85%
1931	1,421,544	1,419,287	1,045,874	597,902	447,972	373,413	64,094	309,319	133,114	73.69%	26.31%	57.17%	42.83%	17.16%
1932	1,354,995	1,407,351	1,174,532	622,321	552,211	232,819	61,830	170,989	80,520	83.46%	16.54%	52.98%	47.02%	26.56%
1933	1,533,103	1,584,572	1,251,107	658,611	592,496	333,465	146,515	186,950	70,036	78.96%	21.04%	52.64%	47.36%	43.94%
1934	1,520,926	1,570,513	1,303,126	681,341	621,785	267,387	105,350	162,037	74,762	82.97%	17.03%	52.29%	47.71%	39.40%
1935	1,596,672	1,706,301	1,477,325	701,224	776,101	228,976	81,526	147,450	121,120	86.58%	13.42%	47.47%	52.53%	35.60%
1936	1,743,777	1,976,904	1,735,394	895,105	840,289	241,510	114,134	127,376	152,637	87.78%	12.22%	51.58%	48.42%	47.26%
1937	1,953,346	2,269,729	1,861,814	858,206	1,003,608	407,915	270,159	137,756	133,054	82.03%	17.97%	46.10%	53.90%	66.23%
1938	2,198,542	2,369,038	1,782,288	885,478	896,810	586,750	439,544	147,206	132,187	75.23%	24.77%	49.68%	50.32%	74.91%
1939	2,618,877	2,667,964	2,100,036	1,105,706	994,330	567,928	276,258	291,670	190,988	78.71%	21.29%	52.65%	47.35%	48.64%
1940	2,841,414	2,706,635	2,038,758	1,169,476	869,282	667,877	284,703	383,174	242,006	75.32%	24.68%	57.36%	42.64%	42.63%
1941	2,853,832	2,617,000	2,139,000	1,452,000	687,000	478,000	86,000	392,000	531,000	81.73%	18.27%	67.88%	32.12%	17.99%
1942	2,356,313	2,519,000	2,104,000	1,755,000	349,000	415,000	146,000	269,000	363,000	83.53%	16.47%	83.41%	16.59%	35.18%
1943	2,237,725	2,312,000	1,978,000	1,623,000	355,000	334,000	37,000	297,000	272,000	85.55%	14.45%	82.05%	17.95%	11.08%
1944	1,913,937	1,807,023	1,426,316	380,707	134,740	134,740	—	134,740	225,822	93.06%	6.94%	78.93%	21.07%	—
1945	794,558	745,104	705,470	675,244	30,226	39,634	—	39,634	140,663	94.68%	5.32%	95.72%	4.28%	—
1946	1,049,071	864,465	471,984	453,060	18,924	392,481	—	—	79,541	54.60%	45.40%	95.99%	4.01%	—
1947	1,307,862	1,100,766	673,028	625,936	47,092	427,733	—	—	187,411	61.14%	38.86%	93.00%	7.00%	—

年													
1948	1,650,049	1,577,557	1,089,451	998,202	91,249	488,106	–	211,600	69.06%	30.94%	91.62%	8.38%	–
1949	1,614,127	1,536,986	1,144,864	973,460	171,404	392,122	–	237,931	74.49%	25.51%	85.03%	14.97%	–
1950	1,404,631	1,367,068	1,270,914	1,171,100	99,814	96,154	–	131,334	92.97%	7.03%	92.15%	7.85%	–
1951	1,656,858	1,615,587	1,573,980	1,424,370	149,610	41,607	–	33,983	97.42%	2.58%	90.49%	9.51%	–
1952	2,286,394	2,027,387	1,967,679	1,834,925	132,754	59,708	–	160,150	97.05%	2.95%	93.25%	6.75%	–
1953	2,392,704	2,058,363	1,913,635	1,788,908	124,727	144,728	–	261,003	92.97%	7.03%	93.48%	6.52%	–
1954	2,117,603	2,096,289	1,992,554	1,908,925	83,629	103,735	–	221,741	95.05%	4.95%	95.80%	4.20%	–
1955	2,359,316	2,424,411	2,370,728	2,290,111	80,617	53,683	–	145,395	97.79%	2.21%	96.60%	3.40%	–
1956	2,529,046	2,476,618	2,358,798	2,286,884	71,914	117,820	–	131,745	95.24%	4.76%	96.95%	3.05%	–
1957	2,916,084	2,844,326	2,814,090	2,739,054	75,036	30,236	–	182,989	98.94%	1.06%	97.33%	2.67%	–
1958	3,181,418	3,009,153	2,978,888	2,933,554	45,334	30,265	–	292,377	98.99%	1.01%	98.48%	1.52%	–
1959	3,563,131	3,393,495	3,303,152	3,263,713	39,439	90,343	–	356,026	97.34%	2.66%	98.81%	1.19%	–
1960	3,961,946	3,923,650	3,720,317	3,663,388	56,929	223,333	–	305,303	94.82%	5.69%	98.47%	1.53%	–

資料來源：

1. 臺灣礦業史編纂委員會，《臺灣礦業史》下冊(臺北：臺灣省礦業研究會，民國58年，1969)，頁1262-1264。

2. 臺灣礦業史編纂委員會，《臺灣礦業史續一》(臺北：臺灣省礦業研究會，民國72年，1983)，頁1420。

3. 陳慈玉，〈日據時期臺灣煤礦業的發展〉，《日據時期臺灣史國際學術研討會論文集》(臺北：臺灣大學歷史學系，民國82年，1993)，頁392。

4. 中華民國礦業協進會編，《臺灣地區煤礦開發經營之綜合研究報告》(臺北：經濟部煤業合理化基金保管運用委員會，民國83年，1994)，頁78、頁131。

註：
① C/B% 為總銷售量中內銷量的比重。
② F/B% 為總銷售量中外銷量的比重。
③ D/C% 為本地用煤量在內銷量中的比重。
④ E/C% 為輪船用煤量在內銷量中的比重。
⑤ G/F% 為外銷量中日本市場所佔的比重。
⑥「─」表示沒有資料。

八 結論

　　戰後臺灣的經濟成長引人注目，就歷史的連續性而言，其發展軌跡應可上溯至十九世紀或更早。臺灣傳統經濟的開始發生變化，是全球化過程中西力東漸所造成的。開港後的臺灣被編入以西方先進國家為中心的世界經濟體系之中，出口導向的產業因此能夠比較發展。日治時期除了從事基礎建設外，也著重農漁業技術的改良，除了既有的出口產業外，並且設立不少新興產業。尤其在中日戰爭時期，臺灣成為日本南進的跳板以及一些戰略物資的補給站，乃出現軍需工業。

　　近代臺灣產業的發展過程中，固然政府政策扮演著相當重要的角色，但是外資（包括日治時期的日本資本和戰後初期的美援）則是不可或缺的，並且技術革新與產業轉型具有相當高的相關性。

　　日本政府在 1895-1945 年間於臺灣施行強而有力的科學性的殖民地政策，使臺灣的政治、社會、經濟和文化各層面都發生空前的明顯變化。此變化甚至影響到第二次大戰以後臺灣社會經濟的發展。就歷史的角度來看，二戰後臺灣「經濟奇蹟」奠基於清末和日治時期，固然為順應時代潮流，各時期的政府所採取的相關政策並不一致，居於主導部門的產業亦相異，但不可否認的都受到國際情勢的影響。在全球化的籠罩之下，市場機制就像一隻看不見的手，始終影響著各種商品的命運，也因而操縱了相關產業的興盛與衰微。換言之，二十世紀臺灣產業的興衰與世界市場的相關性極大。

　　在日治時期，除了眾所周知的米糖業外，不少產業的成長或出現，都主要以輸出殖民母國日本及其勢力範圍為導向的。固然 1930 年代經濟統制時期軍需工業的產品是要補充日本的需求，而在此之前其他產業的情況亦然，或許可以說當時臺灣是經由日本來與世界市場相聯繫的。此論文所探討的農業、農產品加工業，以及輕工業、化學工業，與礦業等的發展趨勢都顯示出此特徵。

總之，二十世紀上半葉的臺灣曾經是日本的殖民地，乃是不爭的史實。問題是日本殖民時代臺灣人的努力並不遜於戰後，甚至可以說今日「經濟奇蹟」的背後應存在著日治時期所建設的基礎結構。此基礎結構卻是殖民地政府政策下的產物。尤其在 1930 年代到 1940 年代前半的「日本帝國」（包括日本本土及其殖民地）總動員時期，為了強化「生產力」，臺灣的軍需物資被要求增產，亦即日本利用臺灣資源的便利，期盼能解決其國內的軍事需求；在此制約之下，從事工業鹽、無水酒精、鋁、紙漿和黃金生產的企業曾經有過一段輝煌時期。雖然這些物資的產量都未達到日本企劃院的要求，但卻證明臺灣有能力提供工業半成品給日本乃至世界。

景印香港新亞研究所　《新亞學報》　（第一至三十卷）

讀章太炎先生〈原儒〉札記

何廣棪*

提 要

　　章太炎先生，清末民初國學大師，著作贍富，尤長儒學。晚清宣統元年（西元1909年）撰成〈原儒〉一文，分「達名」、「類名」、「私名」三科以察儒之變遷，甚具創意。民國二十三年（西元1934年），胡適之先生撰〈說儒〉，針對章氏所考論，多所商榷。其後，錢賓四先生則撰〈駁胡適之說儒〉，並於民國三十一年（西元1942年）刊於成都《學思》一卷一期上。三人展轉駁辯，遂形成一深具學術研究之公案。

　　本論文乃繼胡、錢之後，專就章氏〈原儒〉以撰就讀書札記六則，計為：（一）〈原儒〉之作年，（二）「原儒」、「達名」、「類名」、「私名」釋義，（三）章太炎先生論「類名」之儒，（四）章太炎先生論「五經家」，（五）章太炎先生論三科稱儒、三科相伐之弊，（六）章太炎先生對三科之新命名。雖云不賢識其小者，惟本文所考論，頗有胡、錢所未及述；拾遺補闕，則其對章氏儒學之研究或不無裨益焉。

前 言

　　章太炎先生（西元1869年－西元1936年），清末民初國學大師，著作富贍，尤以所撰《章氏叢書》正、續編創獲至豐，有功學術，蜚聲於世。

　　章氏長於儒學，曾於晚清宣統元年（西元1909年）撰〈原儒〉一篇，分「達名」、「類名」、「私名」三科以察儒之變遷，甚具創意；民國

---

*香港樹仁大學中國語言文學系教授。

二十三年（西元 1934 年），胡適之先生撰〈說儒〉，針對章氏所述，進行討論，諸多商榷，頗具突破成效；然胡氏所論說者，錢賓四先生多未以為然，抗戰期間乃撰〈駁胡適之說儒〉，民國三十一年（西元 1942 年）一月初刊成都《學思》一卷一期；民國四十三年（西元 1954 年）一月，又轉載於香港大學《東方文化》一卷一期中。

章、胡、錢三氏因察儒而論儒，展轉辯論，實乃一具深意之學術研究公案。然近半世紀以還，似未見有學者詳加論說，並作系統性之探究者。其後雖有大陸學者王曉清著《章太炎學記》，然其書中亦未考及此篇；陳平原、杜玲玲合編《追憶章太炎》，二〇〇四年且出版增訂版，收文 89 篇，而其間竟無一文憶及章氏撰〈原儒〉及胡氏與之論辯事。故余頗擬撰寫〈從章太炎先生《原儒》、胡適之先生《說儒》，以迄錢賓四先生《駁胡適之說儒》〉一文，以詳加述說，並釐清此綿延百年之學術公案。然礙於撰作需時，又囿於學報論文篇幅所限制，未易成事。茲不得已乃僅先就太炎先生〈原儒〉一文，撰成札記數則，用申淺見，以就教學壇諸君子。如有未是之處，尚祈指正是幸。

壹、〈原儒〉之作年

余讀章太炎先生〈原儒〉，其初乃就《章氏叢書》正編、《國故論衡》下卷〈諸子學〉所收此文而研閱，惟文中未署作年，故一時亦未能曉悉也。及後檢視潘承弼、沈延國、朱學浩、徐復合輯《太炎先生著述目錄初編》，其書卷上〈已刊之部〉二〈論文〉丙〈諸子〉著錄：

〈原儒〉《國粹學報》第五十九期（宣統元年己酉）。[1]

按：宣統元年己酉，即西元一九〇九年，時章氏 42 歲。又檢《太炎先生自定年譜》「宣統元年」條載：

---

[1] 潘承弼等：《太炎先生著述目錄初編》，見章炳麟《太炎先生自定年譜》附錄三（香港：龍門書店，西元 1965 年）頁 84。

《民報》既被禁，余閒處與諸子講學。【2】

則〈原儒〉一篇，蓋章氏為群弟子講學而撰者也。

再檢姚奠中、董國炎合著《章太炎學術年譜》，其書「清宣統元年」條載：

九、十月間，發表〈原經〉、〈原儒〉、〈原名〉，均載於《國粹學報》，後收入《國故論衡》時有改動，容據定本述之。【3】

據上述三條所記，則〈原儒〉乃清宣統元年（西元1909年）九月發表於《國粹學報》第59期，其後收入《國故論衡》，則內容有所改動。而〈原經〉一篇，亦刊見《國粹學報》第59期，〈原名〉則見當年十月《國粹學報》第60期。惟〈原經〉一篇亦收入《章太炎文鈔》卷二，《章太炎學術年譜》未載及，似可補。

貳、「原儒」、「達名」、「類名」、「私名」釋義

太炎先生撰〈原儒〉，其文開宗名義即曰：「儒分三科，達、類、私之名。」惟於「原」、「達」、「類」、「私」四字，未嘗釋其義，難知確解。茲擬略作考述，以探太炎先生之意。至所考是否有當，尚乞專家學者裁奪。

「原」字之釋義甚多，今人宗福邦等所編《故訓匯纂》【4】「原」字條

【2】 章炳麟：《太炎先生自定年譜》（香港：龍門書店，西元1965年），頁13。

【3】 姚奠中、董國炎：《章太炎學術年譜》（太原：山西古籍出版社，西元1996年），頁139。

【4】 宗福邦、陳世鐃、蕭海波主編：《故訓匯纂》（北京：商務印書館，西元2003年），其書乃繼清阮元《經籍纂詁》之後而作。書中內容不但全收《爾雅》、《小爾雅》、《方言》、《說文解字》、《釋名》、《廣雅》、《玉篇》、《廣韻》、《集韻》、《類篇》等十部小學專書之義訓條目，且兼收經、史、子、集之故訓，又擴充至近代筆記與佛經注釋。篇幅甚大，約為《經籍纂詁》之四倍，1300萬字，並能克服阮氏書中蒐輯不備之缺點。（參考王寧〈《故訓匯纂》序〉）

所收釋義多達九七條，若粗略作訓釋，頗易以「原」字作「本」解，或作「源」解，即以為切近章氏「原儒」之義。《故訓匯纂》「原」字條第九載：

> 原，本也。《管子・兵法》「一之原也」尹知章注；《莊子・天地》「君原於德而成於天」陸德明釋文；〈天下〉「皆原於一」成玄英疏；《孟子・離婁下》「則取之左右逢其原」焦循正義；《荀子・儒效》「俄而原仁義」楊倞注；……【5】

是尹知章、陸德明、成玄英、焦循、楊倞諸人皆釋「原」為「本」者也，若依之以釋「原儒」，則「原儒」作「儒之本」解矣。

《故訓匯纂》「原」字條第一四又載：

> 原作源。《禮記・學記》「或原也」陸德明釋文：「原，本又作源。」（《說文・蟲》朱駿聲通訓定聲：「原，俗字作源。」）【6】

是陸德明以原、源為一字，故曰「本又作源」；朱駿聲則以為原、源乃正、俗字之分，故謂「俗字作源」。若依此而作解，則「原儒」應釋作「儒之源」矣。

然細考〈原儒〉之文，其內容駁雜繁多，似非僅述及儒之本，或儒之源者，故竊以為「原」作「本」解，或作「源」解均不適合。

《故訓匯纂》「原」字條所收釋義中，其「原」字另有作「廣平之野」、「再」、「復」、「謹厚」、「赦」等解者，然均與章氏「原儒」題意甚不切合，故不具論。

考《故訓匯纂》所載「原」字條亦有釋作「察」與「察度」者，其「原」字條第五九載：

> 原，察也。《管子・戒》「春出原農事之不本者」尹知章注。【7】

又其「原」字條第六〇載：

> 原，猶察度也。《周禮・地官・土訓》「以辨地物而原其生」孫詒

【5】同前註，頁 292。

【6】同前註。

【7】同前註，頁 293。

讓正義。【8】

是則尹知章以「原」字作「察」解，孫詒讓則作「察度」解。二者所釋略為相同。今考太炎先生〈原儒〉，其文初則分「達名」、「類名」、「私名」三科以察「儒」事，其後更察及「五經家」、「類名宰私名」、「私名宰類名」、「私名宰達名」種種情事，【9】是則章氏所察於「儒」之事，蓋夥且深矣！故竊以為章氏既以「原儒」命題，其文且從多方面以考察儒事，則其命題之意，絕不應僅作儒之本或儒之源解也。

若就此義而申論之，「原儒」既可釋為「察儒」，則舉凡章氏文章如〈原經〉、〈原名〉，皆可作「察經」、「察名」釋矣！又《章氏叢書》中如〈原學〉、〈原道〉、〈原人〉、〈原變〉、〈原墨〉、〈原法〉、〈原教〉等文之「原」字，亦同可解作「察」矣！

太炎先生於其文中，對「達」、「類」、「私」三字亦未見有所釋義，【10】茲擬再就《故訓匯纂》所輯釋義以為述說。

「達」字，《故訓匯纂》所收釋義凡九一條，其作「通」解或「大」解者似最得章氏「達名」之意。《故訓匯纂》達字第二條載：

> 達，通也。《書・舜典》「達四德」江聲集注音疏；〈臯陶謨〉「達于上下」江聲集注音疏。【11】

是清人江聲均以「通」釋「達」，是則章氏之「達名」，似可稱為「通

【8】同前註。

【9】章炳麟：〈原儒〉，《國故論衡》，收入《章氏叢書》，（臺北：世界書局，民國 71 年），頁 478-480。

【10】章太炎先生「儒分三科，達、類、私之名」。此語實出《墨子・經上》第四十「名，達、類、私」一語。前人亦未嘗釋義。至適之先生〈說儒〉始謂：「《墨子・經上》篇說名有三種：達，類，私。如『物』是達名，『馬』是類名，『舜』是私名。」惟亦未釋達、類、私三字之義。即撰《墨子閒詁》有名於世之孫詒讓，亦未於其書中解及達、類、私三字也。

【11】宗福邦等：《故訓匯纂》，頁 2295。

名」也。

而「達」字又可作「大」解，《故訓匯纂》「達」字第六六條載：

達，叚借為大。《說文·辵部》朱駿聲通訓定聲。【12】

朱駿聲《說文通訓定聲》以「達」為「大」叚借字，是則「達名」亦可稱為「大名」矣。

「達名」，既有「通名」、「大名」之義。竊以此推章氏謂儒有達名一科，蓋指儒有廣義之儒。故章氏文中於述「達名」之儒後，其所作結論謂：

是諸名籍，道、墨、刑法、陰陽、神仙之倫，旁有雜家所記，列傳所錄，一謂之儒，明其皆公族。【13】

如章氏以上所說，則廣義之儒，其內容幾涵蓋先秦諸子各家、中國西漢前學術之全部，故章氏又以「公族」稱之。是更可證明「達名」之儒，章氏確視之為廣義之儒矣。

「類」字，《故訓匯纂》所收釋義凡一三七條，「類」有「偏」義，亦可作「偏頗」解。《故訓匯纂》第一○四條載：

類，偏也。《集韻·隊韻》。【14】

又第一○五條載：

類，偏頗也。《集韻·賄韻》。【15】

是《集韻》以「偏」、「偏頗」釋「類」字，是故〈原儒〉一文之「類名」，或即作「偏名」解。類名即偏名，明其與達名所涵蓋甚廣者相異。「類名」之儒，僅偏於儒之一端，故章氏〈原儒〉釋類名之儒云：「類名為儒，儒者，知禮樂射御書數。」【16】是章氏指「類名」之儒，其所習

【12】同前註，頁2296。

【13】章炳麟：〈原儒〉，《章氏叢書》，頁478。

【14】宗福邦等：《故訓匯纂》，頁2506。

【15】同前註。

【16】章炳麟：〈原儒〉，《章氏叢書》，頁479。

者乃僅局限於禮、樂、射、御、書、數，遠非「達名」之儒既涵蓋「道、墨、刑法、陰陽、神仙」之儒，且及於「雜家所記，列傳所錄」可比也。是「類名」既釋作「偏名」；「偏」則有所偏頗，故不如「達名」涵蓋之廣大也。

「私」字，《故訓匯纂》所收釋義凡九五條，私有小義，其義亦與「達」具大義者剛相反。《故訓匯纂》「私」字第四一條載：

> 私，小也。《廣雅・釋詁二》。【17】

又第四二條載：

> 私，小也。自關而西秦晉之郊、梁益之間，凡物小者謂之私。
> 《方言》卷二。【18】

章氏〈原儒〉「私」字如作「小」解，乃可相對「達」字作「大」解。故〈原儒〉所云之「私名」，殆亦可謂之「小名」也。太炎先生於〈原儒〉中僅據劉歆《七略》以釋儒之「私名」（即《漢書・藝文志》所釋），其言曰：

> 私名為儒，《七略》曰：「儒家者流，蓋出於司徒之官，助人君，
> 順陰陽，明教化者也。游文于六經之中，留意於仁義之際，祖述
> 堯、舜，憲章文、武，宗師仲尼，以重其言，于道為最高。」【19】

據是，則「私名」之儒，其包含之廣大遠不及「達名」，惟又不如「類名」之偏頗；至「私名」之儒既能游文六經，留意仁義，祖述堯、舜，憲章文、武，宗師仲尼，以重其言，故于道為最高矣！就此以推之，竊謂章氏察儒之後，其所崇揚者非「達」、「類」之儒，而實為「私名」之儒矣！

「達名」之儒即指廣義之儒，「類名」之儒指偏義之儒，而「私」字釋「小」，則「私名」之儒乃指狹義之儒矣！章氏察儒，依其所撰文章之發展，乃由「達名」而「類名」，而「私名」；至其於「私名」儒者之界定，乃一秉劉歆《七略》所述為依歸，並表崇敬之意。就此而觀

【17】宗福邦等：《故訓匯纂》，頁 1618。

【18】同前註。

【19】章炳麟：〈原儒〉，《章氏叢書》，頁 479。

之，則章氏研儒、察儒之先後進境，固曉然可悉；若就其全文而深考之，則其撰文之結穴處，尤在「私名」之儒也。

參、章太炎先生論「類名」之儒

章氏〈原儒〉文中有論及「類名」之儒者，其文曰：

> 類名為儒，儒者，知禮樂射御書數。〈天官〉曰：「儒以道得民。」說曰：「儒，諸侯保氏，有六藝以教民者。」〈地官〉曰：「聯師儒。」說曰：「師儒，鄉里教以道藝者。」此則躬備德行為師，效其材藝為儒。養由基射白猿，應矢而下；尹需學御三年，受秋駕。《呂氏》曰：「皆六藝之人也。」《呂氏春秋‧博志》篇。則二子皆儒者，儒者則足以為楨幹矣。[20]

是章氏論「類名」之儒，乃謂其學與教均偏於「禮、樂、射、御、書、數」之六藝。至章氏立論之依據，則僅為《周禮》之〈天官〉與〈地官〉篇，並及其「說者」鄭玄《周禮注》。文後所引養由基射猿、尹需學御之事例，則用以舉例說明「類名」之儒所教習者，至其徵引《呂氏春秋‧博志》篇云：「皆六藝之人也。」則欲以進一步說明「類名」之儒，皆屬六藝之人。章氏論「類名」之儒，其內容大抵如此。

惟章氏此論，其後胡適之先生撰〈說儒〉，[21]即就此點有所商榷。胡氏云：

> 但太炎先生的說法，現在看來，也還有可以修正補充之處。他的最大弱點在于那「類名」的儒。（其實那術士通稱的「儒」才是類名）他在那最廣義的儒之下，另立一類「六藝之人」的儒。此說的根據只有《周禮》的兩條鄭玄注。無論《周禮》是否可信，《周禮》本

---

[20] 同前註。

[21] 胡氏撰〈說儒〉，署年為「23，3，15 開始寫此文，23，5，19 夜寫成初稿」，即成於民國 23 年（西元 1934 年）3 至 5 月間。載見《胡適論學近著》卷一，（上海：商務印書館，民國 25 年），頁 3-81。

文只是一句「儒以道得民」和一句「聯師儒」,這裏並沒有儒字的定義。鄭玄注裏說儒是「有六藝以教民者」,這只是一個東漢晚年的學者的說法,我們不能因此就相信古代(周初)真有那專習六藝的儒,何況《周禮》本身就很可疑呢?【22】

適之先生認為章氏「類名」儒者之說法,建立在材料單薄上,(《周禮》之兩句話,鄭玄之兩條注。)況且證據可疑。(《周禮》有被認為偽書者)胡氏謂此乃章文論證「最大弱點」,因而不易使人信服。適之先生於文中並表示彼殊不「相信古代(周初)真有那專習六藝的儒」,從而亦否定章氏所提出「類名」儒者之存在。是則胡氏之商榷,確有指出章氏不足處者。

肆、章太炎先生論「五經家」

章氏之察儒,亦有考及「五經家」。章氏文中之「五經家」,殆指漢世之經今、古文學家。章氏以為「五經家」既不在儒之三科內,而其治經之專致一經,又有別於「私名」儒者「游文于六經之中」者。故〈原儒〉曰:

> 是三科者,皆不見五經家。往者,商瞿、伏勝、穀梁赤、公羊高、浮丘伯、高堂生諸老,《七略》格之,名不登於儒籍。儒者游文,而五經家專致,五經家骨鯁守節過儒者,其辯智弗如。此其所以為異。【23】

章文中所列示商瞿、伏勝、穀梁赤、公羊高、浮丘伯、高堂生諸老,皆五經家之今文家,因其實不與私名儒同,故謂《七略》格之。格者正也,蓋劉歆正其名,而不登之於儒籍也。又彼等之治經往往專主一經,此章氏所以稱其「專致」,而與「私名」儒「游文于六經之中」,博通群經者,固又大不相同也。

章氏〈原儒〉續曰:

【22】同前註,頁 5-6。

【23】章炳麟:〈原儒〉,《章氏叢書》,頁 479。

自太史公始以儒林題齊、魯諸生，徒以潤色孔氏遺業，又尚習禮
樂弦歌之音，鄉飲大射，事不逮藝，故比而次之。【24】

此則言五經家之今文家亦習禮樂弦歌、鄉飲大射，有近於「類名」之
儒，然又有所不及。故〈原儒〉謂其「事不逮藝」，即指其成就不如「類
名」儒。但章氏以其性質相近「類名」，雖藝不如人，故仍「比而次
之」，附其事於「類名」儒之次。

〈原儒〉又曰：

及漢有董仲舒、夏侯始昌、京房、翼奉之流，多推五勝，又占天
官風角，與鶡冠同流。草竊三科之間，往往相亂。【25】

此又謂五經家之今文家有「草竊三科之間」，既似「達名」之儒，又近
「類名」、「私名」之儒，故往往與三者相亂，難確悉其旨趣。而董仲
舒、夏侯始昌等即其例也。

至「五經家」之古文家，〈原儒〉亦評論及之，曰：

晚有古文家出，實事求是，徵於文不徵於獻，諸在口說，雖游、
夏猶黜之，斯蓋史官支流，與儒家益絕矣。【26】

此言古文家雖晚出於西漢末，惟其治學「實事求是」，徵文不徵獻，故
其所為，殆與史官為近。若是更與達、類、私三科之儒不同矣！

伍、章太炎先生論三科稱儒、三科相伐之弊

上條札記所述，太炎先生已言「五經家」不在三科之列，其後更進
一步謂三科亦不宜悉稱為儒，否則乃相互攻伐，而見其弊。〈原儒〉
曰：

孔子曰：「今世命儒亡常，以儒相詬病。」謂自師氏之守以外，
皆宜去儒名便，非獨經師也。以三科悉稱儒，名實不足以相檢，

【24】 同前註。

【25】 同前註。

【26】 同前註。

則儒常相伐。【27】

此處所言名實不相檢，殆謂不克查驗也。以下乃舉彼此因不足相檢而常相攻伐之例。〈原儒〉續曰：

> 故有理情性、陳王道，而不麗保氏，身不跨馬，射不穿札，即與駁者，則以詬窳詒之，以多藝匡之，是以類名宰私名也。【28】

此「類名」儒宰制「私名」儒之例也。蓋「私名」儒雖能「理情性，陳王道」，即所謂「祖述堯、舜，憲章文、武，宗師仲尼」者，然不麗保氏，不能「有六藝以教民」，「身不跨馬，射不穿札」，故受制於「類名」儒，既被訴之以「詬窳」，（言其短力弱才，不能勤作也。）又欲匡之以「多藝」。斯「類名」攻伐「私名」之例也。

〈原儒〉再曰：

> 有審方圓，正書名，而不經品庶，不念烝民疾疢，即與駁者，則以他技訴之，以致遠匡之，是以私名宰類名也。【29】

此「私名」儒宰制「類名」儒之例也。蓋「類名」儒雖能「審方圓，正書名」，（「書」指書法。）多才多藝，然不能治國愛民，遂訴其藝為「他技」，指其非治國之良器；又欲以「致遠」匡之，蓋謂「類名」儒所習者不克負重任，不能鉤深致遠也。斯「私名」攻伐「類名」之例也。

〈原儒〉又曰：

> 有綜九流，齏萬物，而不一孔父，不爨蠖為仁義，即與駁者，則以左道訴之，以尊師匡之，是以私名宰達名也。【30】

此「私名」儒宰制「達名」儒之例也。蓋「達名」儒雖能「綜九流，齏萬物」，博則博矣，然不尊敬孔子，不用心於仁義，故受制於「私名」。「私名」儒乃訴其學為「左道」，又匡之以「尊師」，（即尊孔也）斯「私

【27】同前註。

【28】同前註。

【29】同前註。

【30】同前註，頁479-480。

名」攻伐「達名」之例也。

以上所述，均為太炎先生論三科稱儒而互為攻伐之弊。

陸、章太炎先生對三科之新命名

太炎先生既見三科稱儒所造成之淆亂與爭議，不得已乃提出一己之見解及重為之命名，蓋欲以釋其紛爭。〈原儒〉曰：

> 今令術士、藝人閎眇之學，皆棄捐儒名，避師氏賢者路，名喻則爭自息。不然，儒家稱師，藝人稱儒，其餘各名其家，泛言曰學者，亦可以無相鑱矣。[31]

此處之「術士」，指「達名」儒；「藝人」，指「類名」儒；「師氏賢者」，指「私名」儒。章氏初則呼籲「達」、「類」二科拋棄儒名，以為「名喻則爭自息」；繼而提議「私名」儒稱「師」，「類名」儒稱「儒」，而「達名」儒各稱「家」，或稱「學者」；認為能如是，則「可以無相鑱」，而止喧譁矣！斯乃太炎先生對三科儒者之新命名。然時經百載，章氏此一提議，似猶未獲中外學人所認同采用也。

結　語

西元 2009 年前，余授「儒學現代化問題討論」課程於臺灣華梵大學東方人文思想研究所博士班，因所講授內容兼及章太炎先生之儒學及其所撰〈原儒〉，乃深入鑽研其文，參閱群籍，並兼研治胡適之先生〈說儒〉、錢賓四先生〈駁胡適之說儒〉，幸頗有所領悟。用是撰成讀〈原儒〉札記六則，欲以請益於學者。自揣文中必有疏漏錯誤之處，尚乞方家不吝斧正。

---

[31] 同前註，頁 480。

王國維尋死原因三說質疑

翟志成*

提 要

　　王國維為何投湖自盡一直都是一個聚訟不休的議題。這些議論又可大率歸為四大類。亦即：（一）殉清說、（二）討債逼死說、（三）殉文化說、（四）紅色恐怖逼死說。前三種說法分別在不同的歷史時段主宰了話語的霸權。殉清說是民國時期的主流論述，討債逼死說是中共立國至文革時期的主流論述，殉文化說是文革時期的主流論述，而紅色恐怖逼死說則一直被驅逐到話語的邊陲。本文的主要努力，在於質疑殉清說、討債逼死說和殉文化說，是如何經不起事實、常識和邏輯的檢驗，以為紅色恐怖逼死說的確立，掃除主要的障礙。

　　　　五十之年，只欠一死。經此世變，義無再辱。
　　　　我死後當草草棺殮，即行藁葬於清華塋地。

　　　　　　　　　　　　　　　　　　　　—— 王國維遺書

引言

　　一九二七年六月二日，王國維一如既往，於上午八時許由其清華園教職員宿舍西院十八號，步行至研究院教授研究室，先把昨日預先寫就

---

*香港理工大學中國文化學系教授。

的遺囑，[1] 藏在內衣口袋之內，然後再步入研究院辦公室，與事務員侯厚培閒聊良久。談畢，王國維伸手向侯某借大洋三元，而侯某恰好身上沒有銀圓，便遞給王國維一張面額五圓的紙幣。王國維接過錢後，便信步走出校門，在九時許僱了一輛編號為三十五的人力車，直奔頤和園而去。大約在十點至十一點，王國維到了頤和園，他吩咐車夫在公園門前等候，自己卻到售票處買了六角錢一張的門票，然後逕至園內佛香閣排雲殿西魚藻軒的石階之下，先盡香煙一枝，再縱身一躍，投入了昆明湖。離王國維投水之處約四丈之遙，剛好有一個清道夫（一說是個巡警），看見有人投湖也就立即跳入水中搶救。由於昆明湖水深僅可及腰，只見王國維的頭和雙腳雖插入湖底的汙泥中，而其背部卻高高突出水面，整個人的造型就像一把引滿的彎弓。還不到兩分鐘，王國維即被救起，他肚中其實並未喝到湖水，且背後的衣服亦未曾全濕，但由於口鼻塞滿了湖泥，而搶救者似亦不諳現代人工呼吸拯溺之術，結果仍不免氣絕身死。[2]

　　家人在中午未見王國維回家吃飯，初亦不甚留意，然候至下午三時

---

[1] 據吳宓云：「王之死志，蓄之已久。日前已將校中職務，及應評閱之學生成績課卷，一一辦理清結。六月二日晨八時，自其家（亦在清華園內）赴研究院教授室，於此中作遺囑一通，藏衣袋中。……」（吳宓，〈王國維在頤和園投河自盡之詳情〉，《順天時報》1927 年 6 月 6 日。該文發表時，以「清華學校一分子，愛敬王先生之一人」署名。）但王國維遺囑所署之日期，明明是夏曆「五月初二日」，亦即西曆六月一日，且王氏在研究室撰寫遺囑之事，吳宓並未親見，故本文仍把王氏撰寫遺囑的時間，訂為其投湖之前一日。

[2] 以上描述綜合自金梁（息侯），〈王忠愨公殉節記〉，收入羅振玉編，《王忠愨公哀挽錄》，《中華歷史人物別傳集》（北京：線裝書局，2003），冊 84，頁 129；王國維之子王貞明於 1927 年 6 月 4 日給其兄高明的報喪信，收入羅繼祖主編，《王國維之死》（廣州：廣東教育出版社，1999），頁 31；以及吳宓，〈王國維在頤和園投河自盡之詳情〉。

翟志成　王國維尋死原因三說質疑　　157

尚未見其返家，便急急出門尋覓。王國維的三子王貞明聞某人力車夫言，其父已乘車赴頤和園，於是在下午五時許亦僱了一輛人力車赴頤和園尋父。他在途中剛巧遇到王國維早上曾乘搭之人力車，車上載有一巡警，正要赴清華園調查投湖者身分。該巡警遂偕貞明一同轉回頤和園，認屍後始確定死者為清華學校研究院教授王國維。王國維投水的消息傳回清華，已是晚上七時許，學校當局當即召開緊急會議，會後校長曹雲祥親率教職員學生數十人急赴頤和園，[3] 研究院主任吳宓亦在隊中，他在王氏投湖的當日和次日的日記中，對校方赴園處理王國維的身後事的經過，有相當清晰的記載：

> 晚九時，偕寅恪，及校長、教務長、研究院教授、學生三十餘人，共乘二汽車，至頤和園，欲撫視王先生屍。而守門者承駐軍某連長之命，堅不肯開門。再四交涉，候一小時餘，始允校長、教務長及烏守衛長三人入內。宓乃偕餘眾乘汽車歸校。電燈猶未息，已夜十二時矣。[4]

> 【次日】十時見梅教務長。又至寅恪宅中，遇梁任公等，談王靜安先生事。……旋同梁任公等同見校長，為王先生請恤金事。宓未就座，獨先出。遇研究院學生吳其昌等二十餘人於校門外，遂同步行至頤和園。在門外久坐，候眾均到，乃入。至排雲殿西之魚藻軒，為一突出水中之八角形亭。此即王先生投湖水盡節之所。王先生遺體臥磚地上，覆以破污之蘆席。揭席瞻視，衣裳面色如生，至為淒慘。已而清華研究院及大學部學生三四十人，及家族友好，均來集。……如是直待至下午四時半後，北京檢察廳之某檢察官始至，仍須解衣檢驗，並一一詢問證人。時天陰欲雨，屢聞雷聲。王先生遺體漸脹大，眾殊急慮也。五時許，舁遺

---

[3] 王貞明於 1927 年 6 月 4 日給其兄高明的報喪信，《王國維之死》，頁 31。

[4] 引自 1927 年 6 月 2 日吳宓的日記，吳宓著，吳學昭整理，《吳宓日記》（北京：三聯書局，1998），冊 3，頁 345。

3

體至清晏舫後，園西北隅小門外三間空屋內，以前清冠服入殮。而候至晚八時半，柩始運到。……乃隨眾送殯，研究院學生執素紙燈以隨，直至清華園南二三里之剛果寺。停放既妥，即設祭。宓隨同陳寅恪，行跪拜禮。學生等亦踵效之。【5】

在檢察官解衣驗屍時，始發現王氏在內衣口袋中有洋錢四元四角，這顯然是買門票的餘款，以及遺囑一封。【6】遺囑外書「西院十八號王貞明先生收啟」，全文如下：

五十之年，只欠一死。經此世變，義無再辱。我死後當草草棺殮，即行藁葬於清華塋地。汝等不能南歸，亦可暫於城內居住。汝兄亦不必奔喪，因道路不通，渠又不曾出門故也。書籍可託陳、吳二先生處理，家人自有人料理，必不至於不能南歸。我雖無財產分文遺汝等，然苟謹慎勤儉，亦必不至餓死也。

五月初二日，父字。【7】

王國維為何投湖自盡？自他尋死之時至今，一直都是一個聚訟不休的議題。儘管如此，這些議論又可大率歸為四大類。亦即：（一）殉清說、（二）討債逼死說、（三）殉文化說、（四）紅色恐怖逼死說。前三種說法分別在不同的歷史時段主宰了話語的霸權。殉清說是民國時期的主流論述，討債逼死說是中共立國至文革時期的主流論述、殉文化說文革時期的主流論述，而紅色恐怖逼死說則一直被驅逐到話語的邊陲。

必須聲明，我是紅色恐怖逼死說的支持者。但由於我不治中國古代史，也不從事中國文學或戲曲史研究，王國維在我心目中，只不過是芸芸眾多學者中的一員。我對他既不會盲目崇拜，也不會刻意貶低。職是之故，王國維的自盡到底是為了殉清？為了殉文化？為了羅振玉的逼

───────────────

【5】 引自 1927 年 6 月 3 日吳宓的日記，《吳宓日記》，冊 3，頁 345-347。

【6】 王貞明於 1927 年 6 月 4 日給其兄高明的報喪信，《王國維之死》，頁 31。

【7】 引自 1927 年 6 月 3 日吳宓的日記，《吳宓日記》，冊 3，頁 347。

債？還是為了紅色恐怖的威脅？只要能符合歷史事實，對我來說都全無所謂。正由於先天上就沒有立場、成見、意氣、好惡和黨派利益的沾污，儘管我絲毫不敢自誇自己在「心術」的端正或「史德」的追求上，有任何的過人之處，但我仍敢確信，我在判讀和審斷與王國維自盡相關的各種說法和各種證據時，真正能讓自己的心如鑑之空及如衡之平。而王國維的投湖，主要是緣於紅色恐怖的脅迫，乃係隨順著材料和證據而不能不逼出來的結論。

由於王國維尋死的死因，並存著四種不同的主要說法，我在建構紅色恐怖逼死說之前，勢必要對前三種主要論說的來龍去脈，先作一番簡單的梳理與清算。而本文的主要目的，還是在於摧破殉清說、討債逼死說和殉文化說，為紅色恐怖逼死說的確立，掃除主要的障礙。如果緣用「先破後立」的辯證思維，本文是「破」，就是要證明殉清、討債逼死和殉文化這三種論說，是如何經不起事實、常識和邏輯的檢驗。至於「立」的工作，則留待下一篇論文再全面展開。

一、 殉清說

王國維投湖後，殉清說曾經有很長的一段時期，在話語中佔據著主流的地位。羅振玉正是殉清說的最主要創造者和最有力的鼓吹者。

在王國維投湖二天之後，北京的《順天時報》以〈王國維投昆明湖自殺〉為大標題，以〈為勝國遜帝抱悲觀無愧於忠 赴頤和園以死自了傷心千古〉為副標題，發表了新聞稿：

> 北京清華學校研究院歷史教授王國維前（一日）日下午一人獨赴頤和園，因悲觀時局，躍赴昆明湖自殺。當晚該校同仁見王未回，情知有異，因王平時常抱悲觀，疑王生命有危，翌晨即派人四處尋找。二日上午十一時，果在頤和園昆明湖發見王氏屍體。該校同事及學生聞訊，皆異常慟悼，特於昨日停課一日以誌哀。

聞當一日下午，王氏曾向學校會計借支洋三元，會計不知其何用，遂即照與。王氏獨赴頤和園，入門逕至昆明湖，適無游人，王遂投水，因無人知。王為浙江海寧人，年已五十餘歲，家有妻一、及子女七人，治經史詞曲極精到。前清曾充宣統師傅，為保皇黨之一人，入民國後，仍留辮髮不肯去。平時對時局，多抱悲觀，近南軍勢張，王頗慮將來於宣統有何不利，故憤而自戕云。【8】

新聞稿後，還附有王國維的〈歷略〉：

民國十二年來京，在清宮南書房行走，為宣統帝講學，其學問淵博，為時人所推重，為北京大學研究門聘為導師。當馮玉祥逼宮時，憤然離北大，閉門謝客，惟專心於學問。昨年復為清華學校所聘，以迄於今。……對於清室，亦以曾食其祿之故，忠誠之念極篤。其名節之高，當代罕覯。其學問之深，人格之高，無論復辟派抑國民黨，均相尊重。今夏慮清帝之安危，不堪煩悶，遂自投昆明湖，誠與屈平後先輝映。享年五十有餘，……【9】

《順天時報》的新聞稿，儘管把王國維自盡的日期由六月二日誤為六月一日，在報導自盡的好些細節亦不甚準確，勞動吳宓投書該報更正，【10】但對王氏的為人為學及其政治態度的介紹，尚屬公允。該報雖根據王氏的政治立場，把其自盡的原因推測為殉清，但也不排斥諸如「悲觀時局」（亦即紅色恐怖的脅迫）等其他可能性。當時對王氏死因的議論，其實是一片眾聲喧嘩。像影射緣於梁啟超的排擠、羅振玉的逼債

【8】《順天時報》，1927 年 6 月 4 日。

【9】《順天時報》，1927 年 6 月 4 日。

【10】據吳宓六月五日日記：「……上午，作函致《順天時報》總編輯，詳述王先生死節情形。意在改正其新聞之錯誤，並附錄王先生遺囑原文。函署『清華學校一分子，愛敬王先生之一人啟』。此函付郵寄去。次日即登出。茲黏存。……」《吳宓日記》，冊 3，頁 347-348，吳函刊於《順天時報》，1927 年 6 月 6 日。

的流言有之，【11】像吳宓等鐵口直斷的殉清說有之，【12】像黃節、陳寅恪等一力主張的殉文化說有之，【13】像王氏親近的學生徐中舒、私淑弟子顧頡剛等直接了當地認定為紅色恐怖所逼死者更有之。【14】羅振玉卻

【11】這一類的流言傳播之廣，竟遠及東瀛，日人川田瑞穗在〈悼詞〉中云：「公之自殺原因，有種種之謠言，已入吾人之耳，此次公對宣統帝盡忠義之心及憂國家前途而殉節，毫無疑義，乃竟有謂原因有二端，其死機早伏者，或謂清華教授梁啟超氏嫉公名望，陰加排斥，於公自殺前數日，特告公以馮玉祥將到京，梁氏本人亦將於即夕赴津避難以恐之，公大為所動。又謂公與羅振玉氏有金錢上之關係，致感情疏隔。……」收入《王國維之死》，頁 58。

【12】吳宓在王國維自殺的當日的日記中斷言：「王先生此次捨身，其為殉清室無疑。大節孤忠，與梁公巨川同一旨趣……」《吳宓日記》，冊 3，頁 345。

【13】吳宓在六月四日的日記中記云：「……下午四時，黃晦聞先生（節）來。宓迎入述王先生死事黃先生大悲泣，淚涔涔下。謂以彼意度之，則王先生之死，必為不忍見中國從古傳來之文化禮教道德精神，今將日全行漸滅，故而自戕其生。……」又見吳宓六月十四日日記：「……寅恪謂凡一國文化衰亡之時，高明之士，自視為此文化之所寄託者，輒痛苦非常，每先以此身殉文化。如王靜安先生，是其顯著之例。而宓則謂寅恪與宓皆不能逃此範圍，特有大小輕重之別耳。……」《吳宓日記》，冊 3，頁 347，355。

【14】徐中舒云：「靜安先生自沉於北京頤和園之昆明湖，遺囑有云：『五十之年，只欠一死，經此世變，義無再辱。』其自沉之志，極為明顯。先是長沙葉德輝，武昌王葆心，均以宿學為暴徒槍殺於湘鄂。及奉軍戰敗於河南，北京震恐，以為革命軍旦夕即至。其平昔與黨人政見不合者，皆相率引避。先生本為一精深謹嚴之學者，而晚年篤守儒家經義，尚自編髮，自矢為清室遺民。至是亦恐不能見容於黨人；又深鑒於葉王等之被執受辱，遂於民國十六年六月二日憤而自沉云。……」（徐中舒，〈王靜安先生傳〉，原載《東方雜誌》，卷 24，號 13，收入《王國維之死》，頁 14。）顧頡剛也說：「昨天，在報紙上讀到他的遺囑，裡邊說：『五十之年，只欠一死；經此世變，義無再辱。』始恍然明白他的死是怕國民革命軍給他過不去。湖南政府把葉德輝槍斃，浙江政府把章炳麟家

以截斷眾流的手法，竟在夏曆五月初六，亦即王氏自沉後的第三日便向溥儀轉呈上王國維的「遺摺」：

> 臣王國維跪奏：為報國有心，回天無力，敬陳將死之言，仰祈聖鑒事。竊臣猥以凡庸，過蒙聖恩，經甲子奇變，不能建一謀，畫一策，以抒皇上之憂危，虛生至今，可恥可醜。邇者赤化將成，神州荒翳，當蒼生倒懸之日，正撥亂反正之機。而臣自揣才力庸愚，斷不能有所匡佐，而二十年來，士氣消沉，歷史事變，竟無一死節之人，臣所深痛；一灑此恥，此則臣之所能。謹於本日自湛清池。伏願我皇上思及辛亥、丁巳、甲子之恥，潛心聖學，力戒宴安。……請奮乾斷，去危即安。並願行在諸臣以宋明南渡為殷鑒，破彼此之見，棄小嫌而尊大義，一德同心，以拱宸極，則臣雖死之日，猶生之年。迫切上陳，伏乞聖鑒。謹奏。宣統十九年五月初三日。【15】

王國維的「遺摺」，經知情者羅繼祖教授後來坦承，其實是出於乃祖羅振玉的「逆知觀堂心事」而「代撰」，【16】用大白話講就是「偽造」，

產籍沒，在我們看來，覺得他們罪有應得，並不詫異，但是這種事情或者深深地刺中了靜安先生的心，以為黨軍既敢用這樣的辣手對付學者，他們到了北京，也會把他如法炮製，辦他一個「復辟派」的罪名的；與其到那時受辱，不如趁黨軍尚未來時，索性做了清室的忠臣，到清室的花園裡死了，倒落一個千載流芳。」顧頡剛，〈悼王靜安先生〉，原載《文學周報》，卷 5，期 1-2，收入《王國維之死》，頁 100。

【15】羅繼祖，〈觀堂餘絮〉，原載《江蘇教育學院學報》，期 2（1988），收入《王國維之死》，頁 338。

【16】羅繼祖承認：「觀堂自沉之年，余已十四歲，早知記事。此摺實雪堂公代撰，蓋公逆知觀堂心事，故下筆適如觀堂所欲言。寫摺人，據余今日回憶，有兩人，一為君羽叔，一為關弨良師（同寅），此所用為羽叔者，以羽叔書近似觀堂，……」羅繼祖，〈觀堂餘絮〉，收入《王國維之死》，頁 338。

但溥儀在當時並未察覺。而清室覆亡二十年來「竟無一死節之人」，此一奇恥大辱，溥儀不能不有憾於衷，「遺摺」宣示以自沉替君主洗清恥辱的一腔子忠悃，又結結實實地碰觸到溥儀心中的隱痛。被孤臣孽子的臨終忠諫感動得痛哭流涕的遜帝，[17]和師傅們商量後，迅速發了一通「上諭」：

> 南書房行走五品銜王國維，學問博通，躬行廉謹，由諸生經朕特加拔擢，供職南齋。因值播遷，留京講學，尚不時來津召對，依戀出於至誠。遽覽遺章，竟自沉淵而逝，孤忠耿耿，深惻朕懷。著加恩予諡忠愨，派貝子溥忻，即日前往奠醊。賞給陀羅經被，並賞銀貳千圓治喪，由留京辦事處發給，以示朕憐憫貞臣之至意。欽此[18]

按大清律例，官居二品的大僚，死後才有資格「賜諡」。即使到了溥儀的小朝廷，其勢運雖日漸衰落，但也有「京堂三品以下不予賜諡」的嚴格規定。[19]王國維在小朝廷南書房行走，位不過五品，根本就沒有被「賜諡」的資格。這次被溥儀「加恩予諡忠愨」，並派貝子親臨奠醊，兼之賞經被賞銀元治喪，這種破格的恩典，確如羅振玉所言，「其哀榮為二百餘年所未有」。[20]羅振玉與王國維，本為學術上加政治上的多年戰友其後又結兒女親家，但在王國維自沉之前的大半年，兩人為家庭細故所挑激起的意氣之爭，久已不通音問。然而兩人心中，亦未嘗

---

[17] 溥儀在回憶錄中只提及自己在讀「遺摺」時「大受感動」，（愛新覺羅·溥儀，《我的前半生》，北京：同心出版社，2007，頁169）但羅振玉則有「初六日，疏入，天子覽奏隕涕」之語。羅振玉，〈海寧王忠愨公傳〉，《王忠愨公哀挽錄》，頁131。

[18] 引自羅振玉編，《王忠愨公哀挽錄》，頁127。

[19] 愛新覺羅·溥儀，《我的前半生》，頁117。

[20] 羅振玉，〈海寧王忠愨公傳〉，頁131。

沒有深切的後悔和遺憾。【21】當王國維的死訊傳來，羅氏的第一反應便是：「靜安以一死報我，我負靜安，靜安不負我」。【22】為贖前衍，也為了撫平心中的愧疚，羅振玉竟甘冒欺君的大不諱，自行創造了王國維的「遺摺」，把王氏沉湖所遺留下來的剩餘價值極大化，替王氏和王氏後人爭取到前所未有的名譽或實惠。

胡適曾把王國維和羅振玉作一比較：「靜安先生的樣子真難看，不修邊幅，再有小辮子，又不大會說話，所以很少出門，但他真用功。羅振玉就不同，身材高大，人又漂亮，又會說話。說起話來又有豐采。真漂亮！」【23】不過，羅振玉並不僅僅是人漂亮和說話漂亮，他的辦事能力和政治手腕其實也同樣地漂亮。如果不是他在第一時間製造了王國維的「遺摺」，王氏的十六字遺言並不一定能夠和殉清緊密連結。「只欠一死」到底是欠誰的一死？而「義無再辱」在解釋上則會變得更加麻煩。因為，根據「君辱臣死」的通義，【24】作為君主的溥儀一旦受辱，作為臣子的王國維便應尋死，受辱者毫無疑問應當是溥儀。但遺言中「義無再辱」所指涉的受辱者，卻明明是王國維自己。職是之故，「義無再辱」中的「辱」，便不可能是「君辱臣死」的「辱」，而只能是

【21】王國維在得知葉德輝被黨人慘殺後，竟然不計前嫌，修書向羅振玉示警。但羅氏的家人卻憚於羅的威嚴，終不敢把王書呈覽。羅繼祖，〈《觀堂書敘》再跋〉，原載《史學集刊》，期 4（1983），收入《王國維之死》，頁 309。

【22】羅繼祖，〈對王觀堂的器重 —— 《家乘點滴》之六〉，收入氏著，《庭聞憶略 —— 回憶祖父羅振玉的一生》（長春：吉林文史出版社，1987），頁 162。

【23】胡頌平編，《胡適之先生晚年談話錄》（台北：聯經出版公司，1984），頁 90。

【24】「君辱臣死」的出處，最早見於《國語‧越語下》：「臣聞之，為人臣者，君憂臣勞，君辱臣死。」上海師範大學古籍整理組校點，《國語》（上海：上海古籍出版社，1978），卷 21，頁 658。

「士可殺不可辱」的「辱」。【25】如此一來，要把十六字遺言解釋為殉清，便明顯缺乏硬的證據。羅振玉在第一時間創造的「遺摺」，便能非常及時地填補了殉清說的破洞。既然孤臣孽子死節雪恥的滿腔忠義，在「遺摺」中表露得如許直接、如許明白，王國維的自沉殉清，還能有任何疑問嗎？只要「遺摺」的真實性不曾被懷疑，十六字遺言中的此「辱」非彼「辱」也好，到底是欠誰的一死也罷，任何理性和常識對殉清說所產生的駁詰與質疑，都會因為失去了立足點而陷入了自我矛盾或自我困惑，甚至自我壓抑或自我消音。

由於洞悉溥儀心中的隱痛，羅振玉利用「遺摺」替亡友爭取到皇家最大的「加恩」，也由於對遺老們認為理當有人殉清，必須有人殉清，而殉清的人卻不必是自己的集體心理，有極深刻的體知和精準的把握，羅振玉「代撰」的「遺摺」，在確定王國維殉清的同時，也極大地舒緩了遺老們因殉清無人而產生的集體羞慚和集體焦慮。試看今日誰還敢說吾曹怕死貪生，君不見與吾曹一殿為臣的王忠愨公，已因殉清化作了昆明湖的波臣嗎？「遺摺」當然也會讓遺老們因殉清有人而平添了不少自豪感和榮譽感，而作為「遺摺」「封章」的「代呈」者，作為王國維數十年的摯友和兒女親家，羅振玉的自豪感和榮譽感，又理所當然地百十倍於其他人。欲罷不能的羅振玉，又在祭王國維的作文中，為自沉的故事加枝添葉，使自己也成了要角。據羅氏所言：「十月之變勢且殆，因與公及膠州柯蓼園學士約同死。明年，予侍車駕至天津，得苟生至今。公則奉命就清華學校講師之聘，乃閱二年而竟死矣。」【26】這裡的「十月之變」，指的是溥儀在一九二四年十一月五日（夏曆十月）被馮玉祥軍驅逐出故宮，羅振玉援「君辱臣死」之義，約好王國維和柯劭忞一同

【25】「士可殺不可辱」的出處，最早見於《禮記·儒行》：「儒有可親而不可劫也，可近而不可迫也。可殺而不可辱也。」臺灣開明書店（斷句），《斷句十三經經文》（臺北：臺灣開明書店，1991），卷 59，頁 123。

【26】羅振玉，〈祭王忠愨公文〉，《王忠愨公哀挽錄》，頁 133。

尋死。原來王國維的沉湖，竟是為了實踐二年半前與羅振玉的舊約定！
這雖能解答了王國維為何會在溥儀正託庇在天津的日租界，人身相對安
全，亦未受到任何侮辱的時候，仍有自沉昆明湖的舉動；但對二年半前
三人為何約好同死而結果卻一齊不死，並沒有交代清楚。到底是否真有
此一約定？王國維現在已是一死無對證，而柯邵忞也絕不會笨到在拜祭
王國維的場合公開站出來否認，所以一切的一切，都由羅振玉說了算。
聯繫到羅氏連「遺摺」都敢造假，他的三人同死的約定，極有可能是掩
飾前一個謊言的另一個謊言。【27】不過，對於自己為何不實踐舊約，也
跳入昆明湖與王國維作伴，羅振玉倒早就準備好了一套理由充足的說
辭：

> 兩年以來，世變益亟，中懷紆結益甚，乃清理未了各事，擬將中
> 懷所欲言者盡言而死。乃公竟先我死矣！公死，恩遇之隆，振古
> 未有。余若繼公而死，悠悠之口，或且謂余希冀恩澤。自是以
> 後，但有謝絕人事，飾巾待盡而已。雖然，余所未死者七尺之軀
> 耳，若余心則已先公死矣。【28】

原來，早已立志殉清的羅振玉，不幸被王國維搶了頭功，結果竟弄
得他連想尋死而不可得。因為，王國維往昆明湖的一跳，得到了「振古
未有」的「恩遇」，若他也追隨王氏投水，別人便一定會說他的自盡是
為了搏取「振古未有」的「恩遇」，而不是為了殉清。為免「悠悠之口」
把自己醜詆為「希冀恩澤」的小人，羅振玉縱有一萬個不情願，也只有

【27】 對羅振玉的三人約同死說，連陳寅恪也不免信以為真，並入之以詩：「神武門
前御河水，好報深恩酬國士。南齋侍從欲自沉，北門學士邀同死」。自注：南齋
侍從指羅振玉，北門學士指柯紹忞。其末句箋注云：「羅、柯曾約王共投神武門
外御河殉國，卒不果，後王先生之自沉昆明湖，實有由也。」陳寅恪，〈王觀堂
先生輓詞 并序〉，收入陳美延、陳流求編，《陳寅恪詩集》（北京：清華大學出
版社，1993），頁 14。

【28】 羅振玉，〈祭王忠慤公文〉，頁 134。

委委屈屈地繼續苟活下去，做一個雖「七尺之軀」未死而其心早已先死的苦命人了。

　　經過羅振玉的解說，原先還因不曾追隨王國維的自沉而有一點點羞人答答的遺老們，立刻在精神上獲得空前的解放。因為，在王國維殉清之後，誰還敢再有思齊之心，效顰之舉，誰就是個不折不扣的「希冀恩澤」的小人。如此一來，遺老們不僅不必去死，而且還不應該去死，不能夠去死！而只須效法羅振玉，來個「余心則已先公死」就十分足夠了。

　　在羅振玉的主導下，追悼王國維殉清的各種活動正如火如荼地展開。遺老們不分派系的一致捧場和熱烈參與，更壯大了羅振玉的聲勢。而羅振玉等人對媒體的成功運作與操弄，又使得殉清說不脛而走深入人心。間中雖亦出現過一些雜音，但卻始終無法動搖更遑論推翻由羅振玉一手營造的殉清說。一直到中共立國之前，學界文化界知識界的主流論述，仍然是殉清說的天下。

二、 討債逼死說

　　然而，紙畢竟包不火，羅振玉偽造「遺摺」的秘密，很快便在遺老之間傳開了。洩密的原因，緣於遺老們之間的勾心鬥角。當時環繞在溥儀身邊的遺老們主要分為三個派系。亦即：以親貴和內務府舊人加上鄭孝胥等人一派；以帝師陳寶琛及其黨羽一派；以南書房同僚溫肅、羅振玉、楊鍾羲、朱汝珍、王國維，再加上懋勤殿的柯劭忞等人一派。這三派常為路線和主導權的爭執而互相攻訐，弄得水火不相容。【29】在羅振玉與王國維的大量通信中，就留下了不少黨同伐異的蛛絲馬跡。【30】即

【29】 羅繼祖，〈《觀堂書劄》再跋〉，《王國維之死》，頁 303-305。

【30】 詳參王慶祥、蕭立文校注，羅繼祖審訂，《羅振玉王國維往來書信》（北京：東方出版社，2000），頁 562-657。

使在追悼王國維的詩文中，有些人還是偷偷地夾帶上一些攻擊對手的冷箭。金梁在〈王忠愨公殉節記〉中提到：「公殉節前三日，余訪之校舍。公平居靜默，是日憂奮異常時，既以世變日亟，事不可為，又念津園可慮，切陳左右請遷移竟不為代達，憤激幾泣下。余轉慰之，談次忽及頤和園，謂今日乾淨土唯此一灣水耳。蓋死志已決於三日前矣。」【31】王國維到底跟金梁說了些什麼，已是死無對證。而金梁卻可以藉此把矛頭指向溥儀的「左右」，一口咬定他們須為王國維的自沉負責。楊鍾羲則在挽詩中，直指王國維之尋死其實是「屍諫」：「時平惟我賢，事至責人死。君不得之臣，父甯得之子。世亂非我召，屋社自誰使。肯以不訾身，殉彼混濁理。恂循王大夫，冥行胡如此。一擲清冷淵，萬世瞑不視。得毋尸諫心，直哉史魚矢。一警同朝人。國破不知恥。……」【32】如此明顯的謾罵和如此嚴厲的指控，對手又豈有不懷恨於心之理！羅振玉的死對頭鄭孝胥，通過被他收買的羅府僕役之口，偵知了偽造「遺摺」的真相，自然不會替羅氏保密。不過，由於褒揚王國維的「上諭」事實上已無法收回，遺老們又大都積極參與了羅振玉悼念王國維「殉節」的儀式，誰也不願意向皇上告密，平白讓自己揹負上「欺君」的罪名。並且，此醜聞一旦公諸於世，遺老們個個都不免灰頭土腦面目無光；而繼續維持王國維殉清的論述，又最能合符遺老們「須要有人殉節而自己卻不必殉節」的集體願望和利益——亦即楊鍾羲所謂「時平惟我賢，事至責人死。」職是之故，在「忠君愛國」的大纛之下，遺老們合力阻止了醜聞的總爆發，而溥儀也一直到了羅振玉身死後，才斷斷續續與聞此事。【33】

不過，羅振玉偽「遺摺」的醜聞，雖暫時不入於溥儀之耳，但卻變

【31】 金梁，〈王忠愨公殉節記〉，《王忠愨公哀挽錄》，頁 129。

【32】 楊鍾羲，〈挽詩〉，《王忠愨公哀挽錄》，頁 134-135。

【33】 愛新覺羅・溥儀，《我的前半生》，頁 169。

成了街談巷議的流言被洩漏於社會。周君適便從陳曾壽的口中，聽到了關於羅振玉偽造「遺摺」，而且還因追債逼死了王國維的傳聞。【34】而自稱聞諸「熟悉王羅關係的京友」的史達，則把羅振玉說得更為不堪：

羅振玉本是一個假借學問虛名來騙人的大滑頭。他專以販運中國古籍出洋，及造作假古董弄錢為業。據知道他底細的人說，他最初也曾混入革命黨，高談光復。後來端方用他，他便恭順服貼，替端方品量古董，並且兼做新興學堂的監督。等到清朝打翻，他只索公然與「廢帝」勾搭，騙取古物，實行過他耗子蝗蟲生活了。這樣的人，品節如何，也就可揣而知。不幸王先生正在他做蘇州師範學堂監督時去擔任教課，於是被他拉攏著做他學問上的工具，而王先生後半生的出處可憐便在那時上了無形的桎梏了。這回的事變，遠因便種於此。

但王先生的自殺，不在清朝打翻之際，也不在廢帝被逐出宮之會，可見這一死實在並非「乃心王室」。他所以不先不後，恰恰於今年陰曆的端午跳水尋死者，實緣受友之累，經濟上挨到過量的壓迫耳。據熟悉王羅關係的京友說，這次的不幸事件完全由羅振玉一人逼成功的。原來羅女本是王先生的子婦，去年王子病死，羅振玉便把女兒接歸，聲言不能與姑嫜共處。可是在母家替丈夫守節，不能不有代價，因強令王家每年拿出二千塊錢交給羅女，作為津貼。王先生晚年喪子，精神創傷，已屬難堪，又加這樣地要索挑唆，這經濟的責任實更難擔負了。可是羅振玉猶未甘心，最近便放了一枝致命的毒箭。從前他們同在日本，曾合資做過一趟生意，結果大大攢錢，王先生的名下便分到一萬多。但這錢並未支取，即放在羅振玉處作為存款。近來羅振玉忽發奇想，又去兜搭王先生再做一趟生意，便把這存款下注作本。王先生素

【34】周君適，〈偽滿宮廷雜憶〉，收入《追憶王國維》，頁 61-62。

不講究這些治生之術的,當然由得他擺布。不料大折其本,不但把萬多塊錢的存款一箍腦兒丟掉而且還背了不少債務。羅振玉又很慷慨地對他說:「這虧空的分兒你可暫不拿出,只按月拔〔撥〕付利息好了。」這利息究要多少?剛剛把王先生清華所得的薪水吃過,還須欠些。那麼一來,把個王先生直急得又驚又憤,冷了半截,試問他如何不萌短見?這一枝毒箭,便是王先生送命的近因。

合此兩因,竟把一個好端端的學者活活地逼死,羅振玉之肉,「其足食乎」!王先生既死,他應該做點「補過」的事情了,然而他毫不悔悟,仍舊用他騎兩頭騾的慣技,向人間鬼混。何以見得呢?他一面捏造遺表,對廢帝誇示他的識拔忠貞,於是無知的廢帝竟下偽諭弔唁,把不值一文的「忠慤」諡號送給死者,做了個惠而不費的禮物。一面又對王家市恩,表示這榮譽——其實只是個不值一文的禮物,是他的力量弄來的。所以他挽王先生的聯語便這樣說:

至誠格天,邀數百載所無曠典;

孤忠蓋代,繫三千年垂絕綱常。

這是多麼醜惡的臭架子!他把人家逼死了,他卻說人家自己「至誠格天」,邀取「曠典」;他既自命忠貞,充當遺老,卻自己不肯實行,偏勸人家「孤忠蓋代」,把維繫「垂絕綱常」的責任推在人家肩頭。像這種老而無恥的東西,固然不屑與較,所可痛的,中國學術史上為他犧牲了一顆巨大的明星,卻實在不能恕他啊![35]

　　史達的文章,在當時並沒有引起足夠的注意和重視。和鋪天蓋地的

---

[35] 史達,〈王靜庵先生致死的真因〉,原載《文學周報》,卷5,期1-2(1927年8月),收入《追憶王國維》,頁63-65。

殉清宣傳相比，史文未免太過單薄、太過孤單。並且，讀者大都把史文看三姑六婆作茶餘飯後的馬路新聞，一笑置之以後，也沒有人肯去認真追究史文所指控的羅氏「罪狀」引底是假是真。郭沫若原先本頗敬重羅振玉在甲骨學上的成就，但當羅氏追隨溥儀在滿洲國「落水」當了漢奸之後，郭沫若一本愛國主義的情操，對羅氏大力抨擊。除了重覆史達的文章所指控的主要罪狀之外，郭沫若還特別指責羅振玉剽竊了王國維的研究成果：「王對於羅似乎始終是感恩懷德的，他為了報答他，竟不惜把自己精心研究都奉獻了給羅，而使羅坐享盛名。例如《殷墟書契考釋》一書，實際上是王的著作，而署的卻是羅振玉的名字，這本是學界周知的祕密。單只這一事也足證羅之卑劣無恥，……」[36]郭沫若是著名的文學家和甲骨專家，他的指控，開始引起了社會的注意。附和郭說者有之，[37]為文反駁者亦有之。[38]郭沫若在中共建國之後，成了學術文化界的國子監祭酒，其地位之尊崇，一言又豈止九鼎。而溥儀在被中共從大牢裡特赦出來之後，正竭力追求「政治正確」，他在撰寫回憶錄時，自然不敢說羅振玉半句好話。尤其是溥儀在重讀「遺摺」的原件，始發現「字寫得很工整，而且不是王國維的手筆」時，[39]被欺蒙被愚弄的惱怒，使得他越發安心地把羅振玉描畫成一個十惡不赦的政治騙子和學術騙子。溥儀在回憶錄中，坐實了王國維之死，乃緣於羅振玉

---

[36] 郭沫若，〈魯迅與王國維〉，原載《文藝復興》，卷3，期2（1946年10月），收入《追憶王國維》，頁175。

[37] 馬敘倫說：「夫靜安是否不願竭忠清室，其人死矣，無可質矣。至於其死，實以經濟關係為羅言叔所逼而然，則余昔已聞諸張孟劬，惜未詢其詳。後又聞諸張伯岸，則未能言其詳也。」馬敘倫，《石屋餘瀋》（建文書店1949年7月版），收入《追憶王國維》，頁142。

[38] 周光午，〈我所知之王國維——敬答郭沫若先生〉，原載《重慶清華》，期4（1947年4月），收入《追憶王國維》，頁158-166。

[39] 愛新覺羅‧溥儀，《我的前半生》，頁169。

的討債：

> 羅振玉並不常到宮裡來，他的姻親王國維能替他「當值」，……
> 王國維對他如此貼服，最大原因是這位老實人總覺得欠羅振玉的
> 情，而羅振玉也自恃這一點，對王國維頗能指揮如意。……王國
> 維為了報答他這份恩情，最初的幾部著作，就以羅振玉的名字付
> 梓問世。羅振玉後來在日本出版、轟動一時的《殷墟書契》，其
> 實也是竊據了王國維甲骨文的研究成果。……我到了天津，王國
> 維就任清華大學國文教授之後，不知是由一件什麼事情引的頭，
> 羅振玉竟向他追起債來，後來不知又用了什麼手段再三地去逼迫
> 王國維，逼得這位又窮又要面子的王國維，在走投無路的情況
> 下，於一九二七年六月二日跳進昆明湖自盡了。【40】

寫了上述文字之後，溥儀意猶未盡，又在文字下添加了一個附注：

> 我在特赦後，聽到一個傳說，因已無印象，故附記於此，聊備參
> 考。據說紹英曾託王國維替我賣點字畫，羅振玉知道了，從王手
> 裡要了去，說他可以辦。羅振玉賣完字畫，把所得的款項（一千
> 多元）作為王國維歸還他的債款，全部扣下。王國維向他索要，
> 他反而算起舊賬，王國維還要被（付）給他不足之數。王國維氣
> 憤已極，對紹英的催促無法答覆，因此跳水自盡。據說王遺書上
> 「義無再辱」四字即此而言。【41】

從鄭孝胥、陳曾壽、周君適、史達、馬敍倫、郭沫若一直到溥儀，
對羅振玉的指控大同小異，可見是一脈相傳。他們所羅列的各種罪狀，
除了偽造「遺摺」一事，業經溥儀查證，已被確定為真之外，其餘全都
得自謠言，都是些捕風捉影的無稽之談。然而在中共建國之後，清廷已
被中共的宣傳徹底妖魔化了，「殉清」已被剝盡往昔的榮光，變成了

【40】 愛新覺羅・溥儀，《我的前半生》，頁 168-169。

【41】 愛新覺羅・溥儀，《我的前半生》，頁 169。

「封建」、「落後」、「頑固」、「反動」甚至「反革命」的同義語。被紅朝學界推尊為現代學術重要奠基者的王國維，其身分與殉清是如此明顯地不協調。如果說，羅振玉和遺老們急於把殉清的桂冠戴在王國維的頭上，除了政治正確的需要之外，同時也體現了對王國維的敬重。那麼，紅朝學界急於把殉清的破帽從王國維的頭上摘下來，除了政治正確的需要之外，同樣也是為了對王國維表示敬重。由於羅振玉已成了「不齒於人類」的漢奸，無論用何種方式攻訐他，污辱他甚至誣陷他，都是十分政治正確的「革命行動」；並且，也絕不會有人敢冒「替漢奸翻案」的嚴譴，站出來說半句公道話。於是，把羅振玉妝扮成逼死王國維的元凶，便順理成章地成了摘掉王國維頭上那頂殉清帽子的不二法門。所有捕風捉影的謠言，儘管是如此的荒誕、如此的違逆邏輯和如此的不合常識，在未經查證之下，統統都變成了羅振玉剝削、欺侮和逼死王國維的鐵證。王國維十六字遺言中的「五十之年，只欠一死」，被解釋為長期受羅氏欺侮，只差還未尋死；「經此世變，義無再辱」，被解釋為此次被羅氏索債，寧願自殺也不再受辱。由於郭沫若在紅朝的崇高地位，更由於溥儀的《我的前半生》出版後在在中國大陸一紙風行，幾乎人手一冊，王國維死於羅振玉的逼債，便成了大陸學界和文化界的定論。這種定調，一直到了後文革時期，到了各種翻案和平反的怒潮風起雲湧之時，才被根本推翻。

其實，《殷墟書契考釋》手寫的原稿，在一九五一年便由羅振玉的第四子羅君羽轉售給甲骨學家陳夢家，原稿上的文字，全出於羅振玉的手筆。【42】此一原稿的存在，本身就是一如山的鐵證。它不僅確鑿無疑

【42】劉蕙孫，〈關於《殷墟書契考釋》成書經過的回憶〉，原載《上海高校圖書情報學刊》，期 2（1993），收入《追憶王國維》，頁 544-560。羅繼祖，〈關於《殷墟書契考釋》成書經過的回憶補正三則〉，原載《上海高校圖書情報學刊》，期 2（1993），收入《追憶王國維》，頁 561-562。

地證明了羅振玉本人正是《殷墟書契考釋》的真正作者，它還確鑿無疑地證明了郭沫若的剽竊說，不是出於有意的誣陷，便是信口開河的胡說八道。它還確鑿無疑地證明了郭沫若治學的膽大、霸道和粗疏，才「本是學界周知的祕密」。懾於郭沫若的威勢，陳夢家雖握有《殷墟書契考釋》的手稿，卻未能站出來公開替羅振玉辯誣。陳氏在一九五七年被打成右派，一九六六年屈死於文革劫火。一直到了一九八八年，中華書局出版了他的遺稿《殷墟卜辭綜述》，內中談到「一九五一年我得到《考釋》的原稿本，都是羅氏手寫」；陳氏並把稿本與王國維所抄寫的初刊本相校，發現「王氏在校寫時對於行文字句的更易是常有的，但並未作重大的增刪。都邑一章引用今本《竹書紀元》，和王氏的看法大相違背」。【43】原來羅振玉為補貼王國維的家用，曾出錢請王國維幫忙抄校《殷墟書契考釋》，【44】所根據的正是羅氏的手稿本，而該書後來出版的初刊本，所根據的又是王氏的抄校本。羅振玉是原作者，王國維只是抄寫者和校對者。羅氏數十載的沉冤負謗，遂得以大白於天下。

　　羅振玉與王國維相交垂三十年，「大半所至必偕，論學無間」，【45】羅振玉對王國維長期在金錢上的慷慨資助，以及在研究圖書、典籍和資料等各方面的無私提供，在學界人盡皆知，根本就不是秘密。我們完全可以說，若無羅氏的賞識、拔擢、資助和提攜，王國維就不可能有日後的學術成就。【46】羅振玉所謂：「方公在滬上，混豫章於凡材之中，弟

【43】陳夢家，《殷墟卜辭綜述》（中華書局 1988 年版），收入《追憶王國維》，頁 562-563。

【44】劉蕙孫，〈關於《殷墟書契考釋》成書經過的回憶〉，收入《追憶王國維》，頁 556。

【45】1926 年 11 月 3 日〈羅振玉致王國維〉（no. 972），《羅振玉王國維往來書信》，頁 662。

【46】王國維的女兒王東明坦承：「自光緒二十四年（民前十四年）羅氏識拔先父於上海東文學社，時先父才二十二歲。羅氏之於先父，猶伯樂之識千里駒。對先父

獨重公才秀，亦曾有一日披荊去棘之勞。」[47]語雖自伐，然亦不失為紀實之辭。羅振玉是個愛才若渴而且出手相當大方的人，他長期津貼王國維養家讀書和從事學術研究的費用，其實早已遠遠超過不知多少個的一千二千元，若說羅氏為了區區一千二千元的債務，竟然把老友兼兒女親家逼到投水尋死，委實令人難以置信。羅振玉的孫子羅繼祖，幼承庭訓，除了長期在羅氏的親自教導下讀書之外，並沒有受過任何其他的正式教育。他在上世紀八十年代昇任吉林大學歷史學教授，其時大陸的思想禁錮和文網已開始鬆動，他晚年的主要努力，端在為乃祖洗清沉冤。他撰寫過許多替羅振玉翻案的文章，並出版了兩本專書。《庭聞憶略——回憶祖父羅振玉的一生》一書，企圖推翻大陸學界和文化界主流論述對羅振玉所作的一切評判。[48]《王國維之死》一書，則歸納了各種有關王國維死因的說法，並一一加以批評、駁詰或證成，最後認定王國維的尋死，乃緣於「殉清」，甚至是「屍諫」。[49]由於羅繼祖的特殊身分，他的一些說法，便易於被質疑為乃祖曲為之諱。[50]羅繼祖最大的貢獻，就是提供了最確鑿無疑的第一手的鐵的證據，使得王國維

在學術上的啟發及生活上的照顧，功德無量。嗣後資助赴日留學，辛亥東渡時的生活，泰半由羅氏供應。」王東明，〈先父王公國維自沉前後〉，《中國時報》，1987年6月2日。

[47] 1926年11月3日〈羅振玉致王國維〉（no. 972），《羅振玉王國維往來書信》，頁662。

[48] 羅繼祖，《庭聞憶略——回憶祖父羅振玉的一生》，頁1-72。

[49] 羅繼祖，《王國維之死》，頁87-178。

[50] 例如：王東明說：「說到二人失歡是否尚有其他因素，因羅最後給先父的信件已被先父焚毀，無從考查，只有在先父最後致羅的信件中，或能發現蛛絲馬跡，惟恐羅繼祖所保存者不全，或發表時有所選擇，那恐怕永遠是個謎了。」其絃外之音未免太過明顯（王東明，〈先父王公國維自沉前後〉，《中國時報》，1987年6月2日）。

被羅振玉追債逼死的說法，從此之後已被一筆勾銷。

由羅繼祖主導和審定的《羅振玉王國維往來書信》，共收入羅振玉與王國維自一九零九年六月至一九二六年的往來書信共九百七十四通。這近千封書信，不僅十分清楚地證實了若無羅振玉長時期的賞識、拔擢、資助和提携，就不可能有日後的王國維；不僅十分清楚地證實了羅、王兩人在政治立場和態度完全一致，而在小朝庭的各種黨爭中，兩人一直是合作無間的親密戰友或盟友。更重要的是，在最後的幾封信中，同樣十分清楚地呈現了兩人在後來「失歡」的主要原因，並非緣於羅向王追債，而是羅拒收王寄來的三千元，在「當受」或「不當受」的你推我讓中，引爆了兩個死要面子的傳統士大夫的意氣之爭。

原來王國維的長子王潛明，字伯深，和羅振玉的三女羅孝純在一九一八年奉父命結婚。潛明在上海的海關工作，不幸於一九二六年九月二十六日病亡。孝純可能與婆婆相處並不十分融洽，而王家的經濟環又遠不能和羅家相比，羅振玉心疼女兒，又對王國維急於領取海關恤款一事有所不滿，[51] 竟在潛明的喪事甫結束後即携女返家。按舊體法，孝純在夫死後本應繼續在夫家守節，如今遽然「大歸」，讓愛好面子的王國維心中不甚愉快，「難道我連媳婦都養不起？」[52] 惱怒之下便把海關二千多元的撫恤金連同孝純代墊的五百多元的醫藥費，總共三千元分二筆全部給羅振玉寄去：

雪堂先生親家有道：

維以不德，天降鞠凶，遂有上月之變。於維為家子，於公為愛婿，哀死寧生，父母之心彼此所同。不圖中間乃生誤會，然此誤會久之自釋。故維初十日晚過津，亦遂不復相詣，留為異日相見之地，言之惘惘。

【51】此事在下文將繼續有所討論。

【52】王東明，〈最是人間留不住—— 我的父親王國維〉，《聯合報》，1983 年 8 月 8 日。

初八日在滬，曾託頌清兄以亡兒遺款匯公處，求乞代為令嬡經理。今得其來函，已將銀數改作洋銀二千四百二十三元匯津，日下當可收到。而令嬡前交來收用之款共五百七十六元（鐲兌款二百零六元五角，海關款二百二十六元五角，又薪水一個月一百四十三），今由京大陸銀行匯上，此款五百七十七元與前款共得洋三千元正，請公為之全權處置。因維於此等事向不熟悉，且京師亦非善地，須置之較妥之地，亡男在地下當為感激也。

此次北上旅費，數月後再當奉還。令嬡零用，亦請暫墊。維負債無幾，今年與明春夏間當可全楚也。

江浙戰事幸暫告一段落，海寧葬地已託人去購。並此奉聞。專肅，即請

道安不一。

國維再拜 十八日【53】

站在王國維的立場，孝純既是王家媳婦，即使已返娘家，仍應由王家供養，所以信中才有「令嬡零用，亦請暫墊」之語。但羅振玉卻堅持孝純是自己的女兒，既已返娘家長往，其生活費即由娘家負責，聲明不用王家一文錢。在接到王國維十八日信之前，羅氏已決定要把匯款全部退回。羅在十五日致王函云：

靜公有道：

馮友來，交到由滬運來小女家具，照單收到。索茶房酒資運送力十二元，已交馮矣。頃又由頌清寄到（原函奉覽）大禮，並匯來伯深恤金等二千四百廿三元，雖已遵來示告小女，而小女屢次聲明不用一錢，義不可更強，匯條暫存敝處（須取保仍可付，義未敢交馮友，恐有遺失），千萬請公處置。應匯都中何銀行，示遵

【53】1926 年 10 月 24 日〈羅振玉致王國維〉（no. 969），《羅振玉王國維往來書信》，頁 659-160。

為荷。弟邇來事事了首尾，不欲多事，祈鑒宥。專此奉申，即請

箸安

弟玉再拜 十五夕【54】

羅王訂交垂三十載，羅富而王窮，且不說羅在訂交早期在經濟上對王的巨額資助，即令在締結兒女親家之後，羅也同樣以巨額金錢資助女婿一家的衣食往行。【55】這次要退回恤金和「聲明不用一錢」，原意也是出於對窮親戚的體諒，用心本未嘗不善。但羅函的姿態未免擺得太高，使得本來就因懷疑羅認為他「養不起媳婦」的王國維，心中更為不快，於是就藉恤款的歸屬在十九日修函與羅論理：

〔上缺〕昨函甫發而馮友回京，交到手書，敬悉一切。令嬡聲明不用一錢，此實無理，試問亡男之款不歸令嬡，又當歸誰？仍請公以正理諭之。我輩皆老，而令嬡來日方長，正須儲此款以作預備，此即海關發此款之本意，此中外古今人心所同，恐質之路人無不以此為然者也。京款送到後，請併滬款，一併存放，將原摺交與或暫代收存，此事即此已了，並無首尾可言。〔下缺〕【56】

羅振玉的回信極可能被氣惱的王國維後來燒掉了。【57】由於缺了這封回信，我們已不可能知道羅在回信中，是否有說過一些刺激王的話，但無論如何，王在讀完羅的回函後，更加怒火中燒，於是廿五日再發一

【54】1926 年 10 月 21 日〈羅振玉致王國維〉（no. 968），《羅振玉王國維往來書信》，頁 659。

【55】1926 年 11 月 3 日〈羅振玉致王國維〉（no. 972），《羅振玉王國維往來書信》，頁 661。

【56】1926 年 10 月 25 日〈羅振玉致王國維〉（no. 970），《羅振玉王國維往來書信》，頁 660。

【57】王東明曾目睹乃父焚燒羅振玉的書信，被焚的書信中有「觀堂親家有道」等文字。王東明，〈最是人間留不住——我的父親王國維〉，《聯合報》，1983 年 8 月 8 日。

函與羅爭辯：

> 雪堂先生親家有道：
>
> 昨奉手書，敬悉種切。亡兒遺款，自當以令嬡之名存放。否則，照舊時錢莊存款之例，用「王在記」，亦無不可，此款在道理、法律，當然是令嬡之物，不容有他種議論。亡兒與令嬡結婚，已逾八年，期間恩義未嘗不篤，即令不滿於舅姑，當無不滿於其所天之理，何以於其遺款如此之拒絕！若云退讓，則正讓所不當讓。以當受者而不受，又何以處不當受者？是蔑視他人人格也。蔑視他人人格，於自己人格亦復有損。總之，此事於情理皆說不去，求公再以大義論之。此款即請公以令嬡名存放，並將存據交令嬡。如一時不易理論，則暫請代其保存。此間非保存之地，如掠奪事起，未有不搜索身畔者，故雖一紙，亦不妥也。
>
> 專此奉懇，敬請
>
> 道安不一
>
> 期維再拜　廿五日【58】

　　無論在情、理、法三個層面，王潛明的恤款都應歸其妻孝純，王國維所言甚諦。但他把孝純的拒收恤款，上綱上線為「不易理論」和「不滿於舅姑」，並入之以「蔑視他人人格」的大罪，這顯然是在急怒攻心之下說出來的十分過分和十分傷人的話語。王國維連日來對媳婦擅自「大歸」的不滿情緒，雖得到了盡情的渲洩，但卻激怒了一心護犢的羅振玉。羅挺身而出，力言女兒是深知「老爺無錢」，為了「減堂上負擔」和「仰體親心」才會拒收海關恤款，故「完全立於無過之地」。不僅如此，羅還用更為過分和更為傷人傷人的語言，訴說王的諸般不是。羅在廿八

【58】1926 年 10 月 31 日〈羅振玉致王國維〉（no. 971），《羅振玉王國維往來書信》，頁 660。據羅繼祖對「王在記」三字所添加的按語：「潛明姑丈，別字在三，故有『王在記』之說。」

日的致王函云：

晨奉手書，敬悉一是。書中所言，有鈍根所不能解者，公言之愈明，而弟之不解愈甚，謹就下走所見，為公陳之。

來書謂小女拒絕伯深遺款，為讓人所不當讓，以當受者而不受，又何以處不當者？是蔑視他人人格也；蔑視他人人格，於自己人格亦復有損。又云，即不滿於舅姑，當無不滿於所天之理。此節公斬釘截鐵，如老吏斷獄，以為言之至明矣，而即弟之至不能解。

弟亦常稍讀聖賢之書矣，於取與之義，古人言之本明。如孟子所謂「可以取，可以無取，取，傷廉。可以與，可以無與，與，傷惠」，平生所知，如是而已。今以讓為拒，謂讓為損他人人格，亦復傷及自己人格，則晚近或有他理，弟未嘗聞之也。

至謂不滿於舅姑一節，更為公屢屢言之。小女自歸尊府近十年，依弟之日多而侍舅姑之日少，即伯深亦依弟之日多而侍公之日少，亦誠有之。非避兩親而就婦翁也，因伯深海關一席在津，弟亦住津，伯深所入，不足為立門戶，弟宅幸寬，故主弟家，飲食一切，自應由弟任之；嗣伯深不安而移居，弟亦不強者，伯深所為蓋惟恐累弟故也。及移居而女病，所入不足，仍由弟助之，伯深更不安，乃送眷到京，居數月而女殤，乃復徙津，仍主弟家；已而次女亦殤，又值移滬，乃一人到滬，留眷在弟家，欲稍有積蓄，為接眷之費；而小女因連喪兩女，因而致疾，醫者誑人，所費不少，致伯深仍無所蓄，乃由弟備資送女至滬，為之賃屋，為之置器。合計數年所費，亦非甚少，然此之與，非孟子所謂傷惠之與也，朋友尚有通財之義，況戚屬乎！且弟不僅於伯深然，於季纓亦然，弟平生恒急人之急，從未視財貨為至寶，非蔑視財貨也，以有重於財貨者也。至弟此次到滬，小女言老爺沒錢，此次川資所費已不少，卒遭大故，女固異常傷心，而老爺亦財力不

及，故於奩中金器變價，以充喪用，以減堂上負擔（於此可見其能體親心，何有於不愛舅姑），弟頗嘉為知禮。至海關恤款，遲早皆可取出，而公急於領款，小女亦遂仰體尊意，脫衰喪服而至海關（此亦足見其仰體親心，何得謂之不滿），而復申明，絕不用此錢，其存心亦未為不當。惟弟則覺死者屍骨未寒，此款遲早均可往取，何必亟亟？輕禮重財，是誠有之。此事乃弟與公絕對所見不合處，與小女無與也。前公書來，以示小女，小女矢守前語，不敢失信，故仍申前。有信而可失，豈得為人！然公即以此加之罪矣。

弟公交垂三十年，方公在滬上，混豫章於凡材之中，弟獨重公才秀，亦曾有一日披荊去棘之勞。此卅年中，大半所至必偕，論學無間，而根本實有不同之點。聖人之道，貴乎中庸，然在聖人已嘆為不可能，故非偏於彼，即偏於此。弟為人偏於博愛，近墨；公偏於自愛，近楊。此不能諱者也。

至小女則完全立於無過之地，不僅無過，弟尚嘉其知義守信，合聖人所謂夫婦所能，與尊見恰得其反。至此款，既承公始終見寄，弟即結存入銀行，而熟籌所以處之之策。但弟偏於博愛，或不免不得尊旨耳。專此奉復，即頌 箸安，維照 名賜

弟玉再拜 廿八日【59】

長期以來，學界對羅、王「失歡」的原因諸多猜測，但都未能提出有力證據。而羅函明明把「失歡」的導火線和盤托出，可惜近人讀書不夠精細，竟把如此重要的關節輕輕放過。原來羅對王最不能諒解的原因，端在王急於領取恤款，竟在潛明屍骨未寒之際，便命「卒遭大故，異常傷心」的孝純，「脫衰喪服而至海關」辦理取款手續。此一行為，

【59】1926 年 11 月 3 日〈羅振玉致王國維〉（no. 972），《羅振玉王國維往來書信》，頁 660-662。

在羅眼中，明明是「輕禮重財」，並據此斷定王「偏於自愛，近楊」，與自己「絕對所見不合」。其實，羅富於錢財，區區二千四百廿三大洋對他不過小事一樁，遲領早領都無所謂，又「何必亟亟」領取！但王一輩子都在債務的窘逼之中度日，二千四百廿三大洋對他絕對是個大數目，何況海關恤款的領取也絕不可能無期限性，萬一失期致使恤款無法領取，孝純日後將何以為活？這教王的心中又如何得安？富和貧的不同決定了羅、王兩人的不同想法和做法。為了表示對「輕禮重財」的反感，羅在孝純把海關恤款領交王出後，逕自攜女大歸，並聲明日後不用恤款一錢。為了表示亟亟領海關恤款，其實是為他不為己，更非「輕禮重財」，王一再把恤款及孝純代墊的款項共大洋三千強羅收下，並說出了羅若不收下，即等同於「蔑視他人人格，於自己人格亦復有損」的負氣絕情話。

由於王國維的堅決要求，羅振玉只得勉強收下三千大洋，但仍不改不用王家一錢的初衷。因潛明與孝純沒有子嗣，羅決定為潛明立嗣，並把其中二千大洋，作為潛明「嗣子異日長大婚、學費」，餘下一千大洋之處置之法，「以心安理得為歸」。【60】至於孝純日後生活，則由羅「以鬻書之資一部分給之」，【61】依然不用王家一文。在王國維自沉之後，羅把一千大洋送作王的帛金，並「經紀其喪」，與王之弟子趙萬里合作，編輯校定《海寧王靜安先生遺書》四大冊，並由羅斥鉅資印行，所得書款全移用作王家生活費。【62】

【60】1926 年 11 月 11 日〈羅振玉致王國維〉（no. 973），《羅振玉王國維往來書信》，頁 662。

【61】1926 年 11 月 26 日〈羅振玉致王國維〉（no. 974），《羅振玉王國維往來書信》，頁 662-663。

【62】羅繼祖輯述，羅昌霦校補，《羅振玉年譜》（臺北：行素堂，1986），頁 107-108。羅繼祖，《庭聞憶略──回憶祖父羅振玉的一生》，頁 97。

三、 殉文化說

羅繼祖憑藉著提供羅振玉和王國維的最後幾封通信，證實了羅、王的晚年「失歡」，不僅不是緣於羅向王追討欠債，而是緣於羅一再拒收本應屬於羅女的恤金。這幾封書信的甫一出土，立即使得長期以來從鄭孝胥、陳曾壽、周君適、史達、馬敘倫、郭沫若一直到溥儀所宣揚的討債逼死說，因完全失去了立足點而被根本推翻。如果說，羅繼祖在摧破討債逼死說方面，運用了相當高明的論辯策略，但他卻企圖把王國維的死因，引領回乃祖刻意營造的殉清說甚至屍諫說，甚至把乃祖偽造「遺摺」的行為合理化，說成是「逆知觀堂心事，故下筆適如觀堂所欲言」，【63】則完全令人無法取信。【64】因為，在邏輯上，殉清說與討債逼死說並不是非此即彼的兩個選項。對殉清說的質疑，並不會因討債逼死說的被推翻而隨之失效。史達所謂「王先生的自殺，不在清朝打翻之際，也不在廢帝被逐出宮之會，可見這一死實在並非『乃心王室』」；連同馬衡所謂「你看他那身邊的遺囑，何嘗有一個抬頭空格的字？殉節的人豈是這樣子的？」【65】所有這些，都是令持殉清說者難以回答的合法詰問。猶有進者，王國維本身就是一個文章大家並且還一貫以能文自負，即使在出版自己文集的時候，王也按奈不住自己蓬勃的發表慾，常假借別人的名字，揮筆撰寫稱美自己的序言。如果王的自沉

【63】羅繼祖，〈觀堂餘絮〉，原載《江蘇教育學院學報》，期2（1988），收入《王國維之死》，頁338。

【64】例如，王東明說：「近來羅振玉的長孫羅繼祖，極力強調父親的死為『殉清』及『屍諫』，其立論的根據是父親的遺摺，但遺摺是羅振玉所所造的，故其說法的可信度是可想而知的。」王東明，〈懷念我的父親王國維先先 —— 清華瑣憶〉，《中國時報》，1985年6月13日。

【65】殷南（即馬衡），〈我所知道的王靜安先生〉，原載《國學月報》，卷2，期8-10（1927年10月），收入《追憶王國維》，頁139。

真的主要是為了殉清，他為何不在遺囑中交代個一清二楚？他為何不自行撰寫「遺摺」，反而要勞動在大半年前便已經「失歡」的羅振玉，通過「憶逆而知」自己心事的方式來越俎代庖？【66】

羅繼祖無法把王國維的自沉引領回殉清說的更重要原因，是因為後文革時期的殉清說，比文革前期更不符合大陸學術文化知識界的胃口。在後文革時期，隨著毛澤東主義的急速退潮，各種桎梏思想和心靈的教條、禁忌和機制，也開始呈現出全面鬆動的態勢。追求學術獨立和思想自由，便成了大陸學術文化知識界最大的鄉愁。王國維、陳寅恪、顧準等人，便因緣際會，成了大眾想像中的捍衛學術獨立和思想自由的前驅，成了崇拜、謳歌和禮贊的對象，並在這種或那種的「熱」和形形式式的「造神」運動中，成了被呼喚到臺前的「亡靈」或「英雄」。既然有情人的眼中容不下半粒砂子，「高、大、全」的王國維形象，更不容許殉清說的沾污和褻瀆。把王國維的尋死詮釋為「殉文化」，既可清洗殉清的污蹟，又符合「以一死見其獨立自由之意志」的心理預設，職是之故便成了後文革時期大陸學術文化知識界的主流論述。於是，解釋王國維的死因，經過了近六十年的大迂迴之後，又繞回到陳寅恪原創的殉文化說。

羅振玉等人把王國維的投湖，完全說成是為了報答溥儀和清廷的特殊恩遇，而根本忽略了自沉事件的背後，還隱涵著雖抽象的但也更為根本和更為重要的倫理律則。這種論調雖一廂情願地竭力吹捧和稱美了王國維，但卻同時又未免把王國維看得太低和說得太小了。陳寅恪素來信服和尊敬王國維，便不免為王氏在殉清的禮贊聲中實際上被「窄化」和「矮化」一事深致不滿。他在〈王觀堂先生輓詞〉的序言中，力圖把王

【66】羅振玉在〈祭王忠愨公文〉文云：「公既死，有遺囑、有封奏。遺囑騰於萬口，封奏予固不得見，然公之心事，予固可憶逆而知之也。」《王忠愨公哀挽錄》，頁133。

國維的自沉事件，從報效「具體之一人一事」的宣傳中解脫出來，而極大化了其中的抽象原則和文化意義：

> 或問觀堂先生所以死之故。應之曰：近人有東西文化之說，其區域分劃之當否，固不必論，即所謂異同優劣，亦姑不具言；然而可得一假定之義焉。其義曰：凡一種文化值衰落之時，為此文化所化之人，必感苦痛，其表現此文化之程量愈宏，則其所受之苦痛亦愈甚；迨既達極深之度，殆非出於自殺無以求一己之心安而義盡也。吾中國文化之定義，具於白虎通三綱六紀之說，其意義為抽象理想最高之境，猶希臘柏拉圖所謂 idea 者。若以君臣之綱言之，君為李煜亦期之以劉秀；以朋友之紀言之，友為酈寄亦待之以鮑叔。其所殉之道，與所成之仁，均為抽象理想之通性，而非具體之一人一事。夫綱紀本理想抽象之物，然不能不有所依託，以為具體表現之用；其所依託以表現者，實為有形之社會制度，而經濟制度尤其最要者。故所依託者不變易，則依託者亦得因以保存。吾國古來亦嘗有悖三綱違六紀無父無君之說，如釋迦牟尼外來之教者矣，然佛教流傳播衍盛昌於中土，而中土歷世遺流綱紀之說，曾不因之以動搖者，其說所依託之社會經濟制度未嘗根本變遷，故猶能藉之以為寄命之地也。近數十年來，自道光之季，迄乎今日，社會經濟之制度，以外族之侵迫，致劇疾之變遷；綱紀之說，無所憑依，不待外來學說之掊擊，而已銷沉淪喪於不知覺之間；雖有人焉，強聒而力持，亦終歸於不可救療之局。蓋今日之赤縣神州值數千年未有之鉅劫奇變；劫盡必窮，則此文化精神所凝聚之人，安得不與之共命而同盡，此觀堂先生所以不得不死，遂為天下後世所極哀而深惜者也。至於流俗恩怨榮辱委瑣齷齪之說，皆不足置辨，故亦不之及云。【67】

【67】陳寅恪，〈王觀堂先生輓詞 并序〉，《陳寅恪詩集》，頁 10。

一九二九年六月三月，亦即王氏自沉二周年之忌日，王國維紀念碑在清華大學揭幕。其時國民黨的黨化教育，已伴隨著國民革命軍北伐的成功侵入了北平這座文化城，國民黨軍少將羅家倫也帶著他的親信「接管」了清華園，而清華的學生也被迫每天晨早接受軍事操練。【68】陳寅恪一貫把黨化教育視作「桎梏」「獨立自由之意志」的「俗諦」，於是藉著撰寫銘文的機會，大力加以抨擊。他在〈清華大學王觀堂先生紀念碑銘〉中寫道：

> 士之讀書治學，蓋將以脫心志於俗諦之桎梏，真理因得以發揚。思想而不自由，毋寧死耳。斯古今仁聖所同殉之精義，夫豈庸鄙之敢望。先生以一死見其獨立自由之意志，非所論於一人之恩怨，一姓之興亡。嗚呼！樹茲石於講舍，繫哀思而不忘。表哲人之奇節，訴真宰之茫茫。來世不可知者也，先生之著述，或有時而不章。先生之學說，或有時而可商。惟此獨立之精神，自由之思想，歷千萬祀，與天壤而同久，共三光而永光。【69】

如果說，陳寅恪在二年前〈輓詞〉的序文中，只不過把王國維的自沉由殉清昇華為殉文化理念，那麼，他在〈碑銘〉中則把自沉的意義，由殉文化理念提升到為捍衛思想自由而獻身的高度。在前者，王國維不過是傳統文化的孤臣孽子；在後者，王國維卻一變為獨立自由而犧牲的烈士。此一重要的改變，可視為陳寅恪心目中的理想人格，業經時局的改變而引起了改變；更可視為的王國維的形象，在陳寅恪心目中經過重構與重組之後，再重新向外投射。然而，陳寅恪的殉文化說，在中共立國前為殉清說所掩蓋，在中共立國後又為逼債說所掩蓋，沉寂了五十多年。一直到了後文革時期，陳氏的說法，才因符合社會的集體心理以及

【68】馮友蘭，《三松堂自序》，收入《三松堂全集》（開封：河南人民出版社，1985），頁310-311。

【69】陳寅恪，《金明館叢稿二編》（上海：古籍出版社，1980），頁218。

知識界對王國維的集體想像而被重新發現。並且，由於陳寅恪本人在後文革時期已被推尊至半人半神的地位，他的言論，幾乎也頗有「句句是真理，一句頂一萬句」的功效；是故陳氏的論說在二十世紀八十年代初期甫一出土，很快便為學術文化知識界所普遍接受，變成了對王國維自沉原因的最權威的詮釋。間中雖亦有馮友蘭的門婿蔡仲德教授異軍突起，力圖把王國維的死因，再拉回殉清說，【70】但逆潮流而動者泰半是寂寞，蔡仲德的突擊並沒有得到太多的回響。一直到今時今日，殉文化說仍是大陸的學術文化知識界的主流論述。

不過，幾乎所有陳寅恪殉文化說的擁護者，都忽略了一個最基本的事實。這事實就是：陳氏的殉文化說不僅不排斥殉清說，而且還必須把殉清說包融在內。對陳寅恪而言，殉清所殉者為具體之事，殉文化所殉者為抽象之理。若無具體之事，抽象之理將無所「依託」；若無抽象之理，具體之事亦將無所「表現」。職是之故，具體之事與抽象之理，本為一體兩面，缺一不可。此一道理，陳氏在〈王觀堂先生輓詞〉的序言中，也說得再明白不過。陳寅恪和王國維氣味相投，兩人的政治立場和文化觀念，也頗為投契。【71】在世人眼中已成為人生污點的殉清，在陳

【70】 蔡仲德為此一連寫了三篇文章，它們分別是：〈也談王國維的死因 —— 與鄧雲鄉、劉夢溪先生商榷，兼析陳寅恪的有關言論〉、〈否定「殉清」說著實不易 —— 與鄧雲鄉先先再論王國維的死因〉，以及〈「殉清」說難以否定 —— 三論王國維的死因〉，均收入氏著，《音樂與文化的人本主義思考》（廣州：廣東人民出版社，1999），頁 293-300，301-312，313-317。

【71】 陳寅恪輓王國維詞云：「許我忘年為氣類，北海今知有劉備。曾訪梅真拜地仙，更期韓偓符天意。回思寒夜話明昌，相對南冠泣數行。猶有宣南溫舊夢，不堪灞上共興亡。齊州禍亂何時歇，今日吾儕皆苟活。但就賢愚判死生，未應修短論優劣。風義平生師友間，招魂哀憤滿人寰。……」此詞寫盡了兩人氣味相投、惺惺相惜的遺民心態。陳寅恪，〈王觀堂先生輓詞 并序〉，《陳寅恪詩集》，頁 15-16。

寅恪心中卻是難得的禮贊與恭維。正因如此，他之所以不滿羅振玉的殉清說，並不是認為殉清說污辱了死者，而是認為殉清說只強調了具體之事而忽略了抽象之理，因而對死者的贊揚既不夠全面也不的充分。提到王氏自沉之因，他在〈輓詞〉的序文中所謂的「非具體之一人一事」，在〈碑銘〉中所謂的「非所論於一人之恩怨，一姓之興亡」，這二個「非」字，都不是「不是」的意思，而是「不僅是」的意思。有關這一點，我們不能單單從序文和〈碑銘〉的字面上看，而應從陳寅恪所有與自沉相關的詩文結合在一起看。最明顯莫過於〈王觀堂先生輓詞〉，凡細讀過此詞的讀者都不能不承認，陳寅恪在〈輓詞〉中，是完全肯定和高度贊美王氏的自沉正是為了要殉清。詞首所謂「漢家之危今十世，不見中興老將至。一死從容殉大倫，千秋悵望悲遺志」；詞中所謂「神武門前御河水，好報深恩酬國士。南齋侍從欲自沉，北門學士邀同死」；以及詞未所謂「風義平生師友間，招魂哀憤滿人寰。他年清史求忠蹟，一弔前朝萬壽山」等等，【72】毫無疑問都在肯定殉清說。並且，他在〈輓王靜安先生〉的七律中寫道：「敢將私誼哭斯人，文化神州喪一身。越甲未應公獨恥，湘纍寧與俗同塵。吾儕所學關天意，並世相知妒道真。贏得大清乾淨水，年年嗚咽說靈均。」【73】詩中的尾聯，更是明明白白地在肯定殉清說無疑。他的〈王觀堂先生輓聯〉上聯云：「十七年家國久魂銷，猶餘賸水殘山，留與纍臣供一死」，【74】也是在肯定殉清說的。陳寅恪為什麼要肯定殉清說？因為，若無「具體之一人一事」、「一人之恩怨，一姓之興亡」，則抽象之理便因失去「依託」而無從「表現」。如果〈輓詞〉的序文中的那個「非」字，真的是「不是」的意思，那陳寅恪就是首先在〈輓詞〉的序文中否定了殉清說，然後又

【72】 陳寅恪，〈王觀堂先生輓詞 并序〉，《陳寅恪詩集》，頁 11-16。

【73】 陳寅恪，〈輓王靜安先生〉，《陳寅恪詩集》，頁 9。

【74】 陳寅恪，〈王觀堂先生輓聯〉，《陳寅恪詩集》，頁 16。

馬上在〈輓詞〉中肯定了殉清說，全等於用自己的手掌狠狠地抽打自己的嘴巴；他的輓詩和輓聯，又等於再次和再三抽打了自己的嘴巴；而他撰寫的〈碑銘〉，又把尚未消腫的嘴巴再狠抽一記。試問世間會有如此荒謬和如此不合邏輯的咄咄怪事嗎？如此咄咄怪事，又怎麼可能發生治學嚴謹和心思縝密的大學者陳寅恪身上？

在王國維自沉七周年的忌日，陳寅恪為即將出版的《海寧王靜安先生遺書》寫了一序言，終於把〈輓詞〉的序文和〈碑銘〉中的二個「非」字，都不是「不是」的意思，而是「不僅是」的意思，作出了十分清楚的表達：

> 今先生之書流布於世，世之人大抵能稱道其學，獨於其平生之志事頗多不能解，因而有是非之論。寅恪以謂古今中外志士仁人往往憔悴憂傷，繼之以死，其所傷之事、所死之故，不止局於一時間一地域而已。蓋別有超越時間地域之理性存焉。而此超越時間地域之理性，必非其同時間地域之眾人所能共喻。然則先生之志事，多為世人所不解，因而有是非之論者，又何足怪耶？當綜攬吾國三十年來人世之劇變至異，等量而齊觀之，誠莊生所謂「彼亦一是非，此亦一是非」者。若就彼此所是非者言之，則彼此終古末由共喻，以其互局於一時間一地域故也。嗚呼！神州之外，更有九州，今世之後，更有來世，其間儻亦有能讀先生之書者乎？如果有之，則其人於先生之書，鑽味既深，神理相接，不但能想見先生之人，想見先生之世，或者更能心喻先生之奇哀遺恨於一時一地，彼此是非之表歟？【75】

請千萬注意「不止局於一時間一地域而已」中的「不止局於」這四個字。〈輓詞〉的序文和〈碑銘〉中的二個「非」字，其正確解釋正是

【75】陳寅恪，〈王靜安先生遺書序〉，收入王國維，《海寧王靜安先生遺書》（臺北：商務印書館，1976 年重印），冊 1，頁 2-3。

「不止局於」。因為，〈輓詞〉的序文、〈碑銘〉和書序所指涉的，其實是陳寅恪在不同時間中所說的同一件事，而唯有把〈輓詞〉的序文和〈碑銘〉中的二個「非」字，跟隨著書序作「不止局於」解，才不會自相矛盾，因而也更能符合陳氏的抽象與具體本一體兩面缺一不可的原意。後文革時期大陸學術文化知識界宗奉陳寅恪殉文化說的一個最重要原因，是要藉此否定殉清說。而陳氏〈輓詞〉序文所謂的「非具體之一人一事」，〈碑銘〉所謂的「非所論於一人之恩怨，一姓之興亡」，便成了否定王國維自沉乃緣於殉清的最重要依據。如果他們知道，原來在陳寅恪的心目中，「非具體之一人一事」，只不過是「不止局於具體之一人一事」；「非所論於一人之恩怨，一姓之興亡」，只不過是「不止局於一人之恩怨，一姓之興亡」，原來陳寅恪從來就沒有否定過殉清說，不知在他們的內心，又會產生什麼樣的感受？

此外，陳寅恪殉文化說的擁護者還忽略了另一個最基本的事實。這事實就是，〈輓詞〉序文中贊揚王國維所殉的「抽象之理」，竟然是「白虎通三綱六紀之說」。所謂「三綱」，就是「君為臣綱」、「父為子綱」、「夫為妻綱」，所謂「六紀」，就是把三綱的尊卑等差原則類推到「諸父、兄弟、族人、諸舅、師長、朋友」這六種倫理關係。三綱六紀是否如陳寅恪所言，可視為「為抽象理想最高之境」？而王國維是否應該為此而捐生？以及王氏為此捐生是否仍值得今日社會之推崇？這些問題，都不在本文的討論範圍。本文藉此指出的是：三綱六紀這種強調臣之於君、子之於父、妻之於夫，以及下位者對於上位者無條件的絕對效忠與順從的倫理法則，自晚清以來即飽受有志於衝缺綱常名教網羅的仁人志士的猛烈抨擊。他們抨擊的原因，不為別的，而正是為了三綱六紀已成為桎梏他們心志之「俗諦」，並妨礙了他們「獨立自由之意志」的發揚。後文革時期大陸學術文化知識界在呼喚王國維亡靈的同時，如果呼喚出來的，竟然是一整套與「獨立自由之意志」水火不相容的三綱六紀，這與他們響應陳寅恪的號召，「脫心志於俗諦之桎梏」、「思想

而不自由，毋寧死耳」的初衷，豈非南其轅而北其轍？此一根本問題，究其實是值得志士仁人們慎思再慎思的。

王國維尋死的原因與其說是單一的，還不如說是多重推力和多種因素的合成。為強調其中一的某一推力和某一因素而否定或排斥其餘的推力和因素，不僅經不起歷史證據的檢驗，同時也無法求得事情的真相。無可諱言，王國維的投水，確實同時存有著某些殉清和殉文化的成分，故殉清說和殉文化說，按照道理本應互相涵攝和互相包容，而不必演變成後來的互相否定和互相攻訐。不過，在充分承認各種推力和因素的同時，又決不能眉毛鬍子一把抓，而必須區分何者為遠，何者為近；何者是主，何者是從；何者為重，何者為輕。以我目前的研究所知：就時間關係而言，殉清是王氏尋死的遠因，而殉文化更是遠因的遠因；就主從關係而言，殉清與殉文化都是從；就輕重關係而言，殉清與殉文化都是輕。只有紅色恐怖的脅逼才是王氏尋死的最貼近、最根本和最重要的原因。若按照邏輯學的說法，殉清和殉文化只不過是王氏尋死的兩個重要條件，但都不是必要條件，更不是充分條件。促成王國維投湖的必要充分條件，其實是中國現代史上第一次紅色恐怖的震懾與脅逼。

為什麼殉清或殉文化既沒有構成王氏投湖的必要條件，更沒有構成王氏投湖的充分條件呢？因為，要證明殉清或殉文化是其必要條件，必須要證明若無殉清或殉文化的思想，王國維就一定不會投湖自殺。如果殉清思想是 A，殉文化思想是 B，自殺是 C，用邏輯語言表示，就是：

－A→－C（殉清思想是自殺的必要條件）。

－B→－C（殉文化思想是自殺的必要條件）。

同樣地，要證明殉清或殉文化是其充分條件，必須要證明若有了殉清或殉文化的思想，王國維就一定會投湖自殺。用邏輯語言表示，就是：

A→C（殉清是自殺的充分條件）。

B→C（殉文化是自殺的充分條件）。

不過，王國維若要殉清，為什麼不選在清室被推翻的1911年？尤其是為什麼不選在溥儀被馮玉祥的國民軍驅逐出故宮的1924年？而偏偏要選在紅色恐怖罩頂，保守派人人自危的1927年？並且，中國文化在他出生之前便早已土崩魚爛了，王國維若要殉文化，按理早就應該在他二十歲或三十歲，最晚也不能晚過四十歲，便須投湖自盡了，又何必一定要拖到「五十之年」？這豈不證明了即使有了殉清或殉文化的因素，王國維並不一定會自殺？這豈不同時也證明了即使沒有殉清或殉文化的因素，王國維還是有可能會自殺？殉清或殉文化是王氏投湖的必要條件或充分條件的說法，職是之故都全不能成立。

結語

王國維為什麼要選擇在一九二七年六月二日投昆明湖自殺？遺囑中「草草棺殮」的薄葬，與次子的「不必奔喪」，以及委託同事陳寅恪和吳宓處理書籍遺稿等身後事的交代，對了解王國維的死因，究其實並無太大的幫助。「無財產分文遺汝等」倒強烈地暗示了某些訊息，但真正能開解王氏自盡的原因，只有遺囑一開頭的十六個字，也只能是遺囑一開頭的十六個字。因為這十六個字，正是王國維為昭告世人自已何以要投湖而親手撰寫的自白，它已為王氏的死因，提供了唯一正確的解答。任何離開了這十六個字的解釋，都是無效的；任何違背了這十六個字的解釋，都是非法的。不過，這十六個實在太過凝煉，也太過簡約；凝煉得有點像詩，簡約得又有點像謎。什麼是「五十之年」？什麼是「只欠一死」？「世變」是什麼？「再辱」又是什麼？要開解這些詩樣的謎團，讀者不僅首先要弄清楚那些隱藏在詩化語言背後的「古典」和「今典」；讀者還必須對王國維所處的時代，他生平所遭際的各種事件，他的文化、學術、政治思想發展和變化的線索，以及他的個性和人生態度，有著相當清晰的了解和準確的把握；並且，也是最重要的，讀者還

必須儘量摒除其個人立場、成見、意氣、好惡和黨派利益的考量，使自己的心如同一面一塵不染的明鏡，不虛美，不隱惡，察照出一個有血也有淚、有哭也有笑、有優點也有缺點的活生生的和真實的王國維——既不曾把王國維無限拔高甚至神聖化，更不會為了塑造和建構王國維的「高、大、全」形象，而刻意地對其他人肆行其貶抑、醜化和歪曲！所有這些，又以最後的一點最難以做到。因為，前面兩點只要有足夠多的時間、足夠多的材料和足夠多的努力，今天弄清楚這一小點，明天又弄清楚那一小點，積小成多，日積月累，便總會「一旦豁然貫通焉」。【76】如果說，前兩點頗為接近劉知幾所言的「史學」與「史才」，最後一點便正是章學誠一再強調的「史德」。既然「史德」完全等同於「心術」，【77】「史德」的養成，便完全等同於「心術」的端正。在此一意義

【76】對於「理解」或「認識」的由「漸」至「悟」的辯證飛躍過程，朱熹在《大學·格物補傳》中，曾作出相當深刻的闡述：「所謂致知在於格物者，言欲致吾之知，在即物而窮其理也。蓋人心之靈莫不有知，而天下之物莫不有理，惟於理有未窮，故其知有不盡也。是以《大學》始教，必使學者即凡天下之物，莫不因其已知之理而益窮之，以求至乎其極。至於用力之久，而一旦豁然貫通焉，則眾物之表裡精粗無不到，而吾心之全體大用無不明矣。」朱熹，《四書章句集注》（北京：中華書局，1996年重印），頁7-8。

【77】針對劉知幾提出優良史家需一身兼具史才、史學和史識，章學誠則特別強調史德的重要：「才、學、識三者得一不易，而兼之尤難，千古多文人而少良吏，職是故也。……非識無以斷其義，非才無以善其文，非學無以練其事，三者固各有所相近也；其中固有似之而非者也。記誦以為學也，辭采以為才也，擊斷以為識也，非良史之才、學、識也。雖劉氏之所謂才、學、識，猶未足以盡其理也。夫劉氏以謂有學無識，如愚賈操金，不解貿化，推此說以證劉氏之指，不過欲於記誦之間，知所決擇以成文理耳。……此猶文士之識，非史識也。能具史識者，必知史德。德者何？謂著書者之心術也。」引自章學誠著，倉修良編注，《文史通義新編新注·史德》（杭州：浙江古籍出版社，2005年重印），頁165。

上，史家對「史德」的追求，就和釋家的求寂，道家的求虛，以及儒家的求仁一樣，都必須經歷一個永不停息的自我反省和自我超拔、一個靈魂深處無休止的自我改造和自我完善的過程。亦只有這樣，才有可能洗盡立場、成見、意氣、好惡和黨派利益的蔽障和污染，從而使心中的明鏡，重新恢復其原初的清明。

王陽明曾說過：「破山中賊易，破心中賊難」。【78】此真千載不磨之論！立場、成見、意氣、好惡和黨派利益對心靈的蔽障和污染，恰好便正是王陽明所謂的「心中賊」。既然破除「心中賊」需經歷百死千難，洗心又真談何容易！正由於不能把蔽障和污染從心靈中洗滌乾淨，自王國維沉湖的那一天起，關於王氏的死因，學界便主要存在著殉清、殉文化、被羅振玉的討債逼死，以及在紅色恐怖的橫逆加身之前為免受辱而自行了斷這四種不同的說法和爭論。前三種說法的秉持者，又隨順著王國維十六字遺言因迷離與簡約而造成的過分寬鬆的詮釋空間，有意或無意地讓有利於自己的證據，大大溢出其合理的解釋範圍，同時又對明顯不利的證據視而不見，甚至還加以誤導和曲解。一直到了今時今日，儘管討債逼死說已因新的鐵證的出現而全盤破產，但殉清說與殉文化說卻仍然為著話語權的爭奪而喋喋不休。而最符合歷史和客觀的真實，又為王國維最親近的家屬和眾多親炙的學生所一致指出的被紅色恐怖逼死說，因不符合主流意見對王國維的期待和想像，從一開始便被排擠，被打壓和被消音，並被驅逐到話語的邊陲。

儘管一九二七年籠罩在神州大地的血色濃雲，曾在王國維、梁啟超、吳宓等文化保守主義者的群體中，造成了巨大的震怖與驚恐，但到了八十多年後的今天，世人對此早已淡忘，而學界對此也著墨不

【78】王守仁，〈與楊仕德、薛尚誠書〉，《王文成公全書》，卷 4（臺北市：臺灣商務印書館，1965 年重印），頁 178。

多。【79】但紀錄著當時紅色恐怖的歷史文獻，卻仍然存在。而王國維遺書中的「五十之年，只欠一死」的謎語，在《宋史‧范質傳》中，也找到了破解的線索：

> 質性卞急，好面折人。以廉介自持，未嘗受四方饋遺，前後所得祿賜多給孤遺。閨門之中，食不異品。身沒，家無餘貲。太祖因論輔相，謂侍臣曰：「朕聞范質止有居第，不事生產，真宰相也。」太宗亦嘗稱之曰：「宰輔中能循規矩、慎名器、持廉節，無出質右者，但欠世宗一死，為可惜耳。……」【80】

原來，范質在周世宗朝「參知樞密院事。世宗不豫，入受顧命。恭帝嗣位，加開封儀同三司，封蕭國公」，但在趙匡胤陳橋兵變篡位時，范質卻「不知所措，乃與溥等降階受命」，入宋朝為臣，官運亨通，被封為魯國公，太子太傅。【81】王國維以范質事自比。范歿時五十四歲，王投湖之時五十歲，故云「五十之年」；范受周世宗知遇，國亡理應殉國而死卻未死，是以宋太宗認為他「欠世宗一死」，而王在清亡而未

【79】關於 1927 年兩湖地區農民運動所造成的恐怖氣氛，外國學者 Hofheinz 和 Mcdonald 在其專書中有所涉及，但只是一筆帶過。See Roy Jr. Hofheinz, *The Broken Wave: The Chinese Communist Peasant Movement, 1922-1928* (Cambridge Mass. Harvard University Press, 1977), and Angus W. Jr. Mcdonald, *The Urban Origins of Rural Revolution: Ellites and the Masses in Hunan Province, China, 1911-1927* (Berkeley: University of California Press, 1978). 台灣學者張世瑛則對湖南地區農運在鎮壓士紳時所表現的殘酷著墨頗深，但對此種恐怖氛圍對文化保守主義群體所造成的震恐與威嚇，則鮮有道及。見張世瑛，〈罪與罰：北伐時期湖南地區懲治土豪劣紳中暴力儀式〉，《國史館學術集刊》，期 9（2006 年 9 月），頁 49-99。

【80】〔元〕脫脫，《宋史‧范質傳》(北京：中華書局，1995），冊 60，卷 249，頁 8796。

【81】〔元〕脫脫，《宋史‧范質傳》，頁 8794。

死，也自認欠溥儀一死，故云「只欠一死」。只不過，「欠死」卻絲毫不意味著還債。即如范質「欠世宗一死」，並沒有還債；與王國維前後一殿為臣的同僚何止千百，都無不「欠溥儀一死」，也一個都不曾還債；而王國維在投湖時上距清朝的覆亡已經過了十六寒暑，如果不是紅色恐怖的「世變」逼在眉睫，而自度被鬥被殺的「再辱」實難以倖免，而身「無財產分文」又不能效法梁啟超、羅振玉等避居租界，相信王國維的債還會繼續拖欠下去，直到壽終正寢。

在「五十之年，只欠一死」的謎語被破解之後，我在另一篇論文的主要工作，就是要破解「經此世變，義無再辱」這另一謎語。該論文將通過當時的報刊、書信、日記、相關的文件和檔案材料，再加上當事人的回憶錄，重新建構中國第一次紅色恐怖的歷史現場，以及文化保守主義者集體焦慮和集體恐懼的氛圍，藉以證明王氏遺言中所謂「世變」，所指涉的正是這次紅色恐怖，所謂的「再辱」，所指涉的正是伴隨著紅色恐怖而來的精神折磨和人身侮辱，而唯有紅色恐怖的脅逼，才是王國維投湖尋死的根本原因。

尼采（Nietzsche）的偶像

莫詒謀*

提　要

　　用哲學家兼詩人雙重身份的錘子，尼采敲碎他偶像柏拉圖（Platon）「一個人只能做好一種職業」（理想國 294e）的座右銘。除了親身否定偶像名言，他更在 1888 年 9 月 30 日向其偶像們發佈了「偉大的戰爭宣言」，正式以錘子為一批最古老、最令人確信、最浮誇、最空洞、最虛偽、永恆的偶像聽診。這個宣言正是總結尼采思想的一本小書「偶像的黃昏」的內涵，尼采警告人類，偶像只是歷史悲劇自欺欺人的產物，必須摧毀所有偶像。並接受他的精神導師叔本華的引領，尼采強調理性不能理解生命與本質，只有透過意志才能領悟人生，才能找回自我及「權力意志」。他認為現代人只知去了解世界，卻完全失去了「權力意志」的創造力，所以要將傳統的道德體系全部燒毀，並要重估所有價值。他做得到嗎？本文將以「偶像的黃昏」為基礎分四部份對尼采展開論述及批判：一、前言，二、尼采思想的基礎及其發展，三、尼采如何用錘子敲打偶像，四、結論。

一、前言

　　是不是如尼采所說，只要一陣風就可以把真理吹落地上？是不是如尼采所說，在他之前沒有人知道真正真理的道路？在其「偶像的黃昏」一書中，用錘子敲打他以前的偶像，在這裡，他明白指出偶像就是先前

---

*本所教授。

被稱為真理的東西。而「偶像的黃昏」就是舊真理即將消失【1】。尼采以前無古人的狂妄心態，把自己扮成好戰的勇士，去反對歷史中的偉人、哲學家、權威和一切先前的真理，以便滿足他攻擊的本能。並強調有綠洲的地方，就有偶像。所以要放棄奴隸對自由的企盼，擺脫諸神和一切的崇拜，要培養成一個偉大的孤獨自我。事實上，他一生的野心只是要給德國文化注入新衝擊、新目標使其成為理想文化。但是由他的書中清楚看到的是，他的野心、他的追尋以及他的失望，甚至他青年期的偶像華格納（Wagner）都曾使他有過幻想，以為華格納打算用他的劇本給德國人注入新精神，但由於華格納轉向對過去及宗教的崇拜【2】，令他失望透頂，以及德國的學界只滿足於一再的重複，沒有批判精神，沒有創造者的狂熱，只接受古文化的成果。因此，尼采點燃炸彈的引線，抱著和舊傳統決裂與新人類誕生的雙重意義下登上哲學舞台，自稱是真理的裁決者，展開對人類價值的重估，首先他抓住音樂及支配德國意識形態的象徵性作曲家開始批判，在「尼采反對華格納」中最後還叫出「我是你的真理」。之後在1888年這一年中可以說是他攻擊性最強盛的一年，除了在「反基督」一書中剃掉基督教及柏拉圖的古代價值外，又在「偶像的黃昏」中抓住比現代更古老的一些理想一一批判。

但是尼采也在其戰爭的實踐上公佈了他四個攻擊的原則：

一、他只攻擊一些勝利者，如必要他可等到他成為勝利者。

二、他只攻擊那些當他單獨出擊時，找不到盟友的東西，而且這種

【1】 Friedrich Nietzsche, Sämtliche Werke KSA 6, Ecce homo, DTV de Gruyter, München, 1999, P. 354.

【2】 尼采在「華格納這個人」（Der Fall Wagner）中批判華格納做了基督教代表及否定科學並擁有頹廢者的美德，他說「華格納代表了基督教的概念：「你必須以及應該相信。」科學的存在是一種最神聖、最高者的罪」。參閱：Friedrich Nietzsche, Sämtliche Werke KSA 6, Der Fall Wagner, DTV de Gruyter, München, 1999, P. 17 及 P. 29.

攻擊只牽連到他自己，從不公然做出不牽連自己的任何步驟。

三、他從不做人身攻擊。

四、他只攻擊一些已經排除所有人的衝突的客體，只攻擊那些不存在任何個人經驗有不愉快背景的東西【3】。

由此看來，尼采也是一個有原則的哲學家，但是對尼采思想的是非對錯，我們不應該付之笑談中。相反的，我們反而要想到尼采的思想給了哲學什麼？21世紀哲學家們自己感覺到受惠於尼采的又是什麼？

二、尼采思想的基礎及其發展

要回應尼采的問題只能從其思想的基礎開始找尋，曾如他在1886年一篇「自我批判」的文章中所說，他所探尋的是危險及令人生畏的東西，這個麻煩的問題，雖不必然是困難的問題，但卻是一個新的問題。它就是「知識」的問題。尼采把知識問題化及疑問化主要並非要解決知識本身的問題，曾如尼采說的知識的問題不能從知識的領域去解釋清楚，他最主要是用知識誘使自由精神、權力意志和永恆輪回，這些他思想的基礎走上新的舞台。他雖以一個思想家身份登上這個哲學舞台，很狂妄自負的要切斷和傳統宗教、道德、哲學等的關係並想從新建造一套以他個人思想去確認的真理，但他完全沒有接受過真正的哲學培育，而且筆者從其著作中看到，可以肯定說他沒有好好去讀過他所批判包括柏拉圖以來各大哲學家的哲學巨著。他對前輩哲學家的批判只限於他自發性直覺與文字表面的精神。我們肯定的說尼采真正用心讀過的唯一一本哲學書，就是叔本華（Schopenhauer）的「意志與表象世界」是這本書使尼采決定了從事哲學的使命。尼采不但反對基督教，更宣稱他是個無神論者，他對基督教及基督教道德的攻擊已可用極端暴力來形容。尼采

【3】 Friedrich Nietzsche, Sämtliche Werke KSA 6, Ecce homo, DTV de Gruyter, München, 1999, P.P. 274-275.

熟讀聖經，蔑視「新約」，他借用「舊約」猛烈批判先知偶像地位，又特別譴責崇拜偶像的人。我們可以肯定指出真正影響尼采思想的就只有聖經和叔本華。

對叔本華來說，人的真正實在性是在表象之下，是意志這個盲目的力量推動人類走向他的目標。關於意志，叔本華在其主要巨著「意志與表象世界」第一版第二卷，有詳細的分析，他認為意志只是事物無法認識那種本質的概念，一個最直接的概念。它像物自體一樣，無論在任何條件下它都是獨立、自由的。意志本身是沒有目的的，因為它沒有原因，因果關係的原則只對現象界有價值。說到意志叔本華就指出「它們的活動不是被一個動機支配，它不是因表象而產生，我們很清楚証明意志完全不須任何類別的知識也能活動……只是這個活動是盲目的，雖有知識伴隨，但不是由知識來指引[4]」。另一方面，所有現象的深層實在性是本能、衝動、性的欲望，人是非意識地被賦與生命。因此，叔本華指出意志沒有目的，沒有意義，荒謬，使人成為一個被愚弄者，無意識直到死亡。人同時是一種受折磨及滑稽可笑的人。人必須在感覺世界拋棄欲望，並否定意志。

尼采用叔本華式的方法去作出狄俄尼索斯（Dionysos）的預感，並借叔本華的哲學去表達他的思想，叔本華最基本的兩個概念，「意志」與「表象」被尼采轉化成狄俄尼索斯非視覺音樂藝術的狂醉世界和阿波羅（Apollon）造形藝術的夢幻世界兩種神靈的象徵。他把這兩位神靈二元化以其和叔本華的啟示相一致，組成一個對立的統一體，在這意義下，一個統一的根源「意志」，將推動一個簡單的「新東西」來顯示其內涵。雖然尼采在「悲劇的誕生」出版後 16 年，後悔他模仿叔本華的思想方法，但他肯定是屬於叔本華派的思想家，保有意志欲望是其哲學

---

[4] Arthur Schopenhauer , Die Welt als Wille und Vorstellung I, Sämtliche Werke, Band I, Suhrkamp, Frankfurt am Main, 1986. P.P. 175-176.

的信條，而造成生存與痛苦則是必然的結果。但是尼采則認為人即使在恐懼與痛苦中，他也必須肯定欲望，不必用微弱的力量去否定意志、本能和生命，因為狄俄尼索斯的藝術就是使我們相信永恆精神上的滿足，但我們決不可能由現象中享有，而是往現象的彼岸去尋找，而且我們應面對有生必有死的痛苦，所以個別的存在是恐懼的，只有形而上的安慰能把人類提升到現象之上。人又因對存在無法滿足的欲求及普遍意欲的無限增殖下，我們體悟到鬥爭痛苦，現象的毀滅是必然的。欲望永恆不滅正是生命劇痛的根本。雖然我們感到悲痛和恐懼，但我們在享受生命時那種無限快樂，則表達在這快樂的永恆不滅的狄俄尼索斯式的心醉神迷中，可以說狄俄尼索斯就是生命的符號象徵。[5] 這就是我們酒神狂醉的肯定。

　　哲學史中的哥白尼革命，康德（Kant）很好的演繹了他在哲學史中的角色，他反對教條主義，又反對懷疑的經驗主義，他提出了一個先決問題：我們能知道什麼？分析理性及悟性的法則，去構思我們只認知現象（即外表），而並不認知本體（自身的實在）的思想。理性的知識必須透過理性的先天法則去安排，粗糙的現象則來自經驗。所以康德有如太陽中心說的革命，在哲學中，他認為不是精神繞著事物轉，而是事物繞著精神轉。因此，對康德而言，自然的法則事實上就是精神的法則。也正因為這種思想，科學才是可能的。這種科學是現象的學門，形上學或本體的科學則不是由理性而來。道德法則是回應我們必須做什麼？的問題。所以，康德對形上學有革命性的思想，就是用「在道德之上來建立形上學」的新思想以取代傳統哲學「在形上學之上來建立道德」的舊觀念。康德總結在形而上學範圍中對哲學要求的不合理，因此，康德重重的批判了傳統的形上學，傳統形上學認為哲學可以陳述一些感覺世

---

[5] Friedrich Nietzsche, Sämtliche Werke KSA 1, Die Geburt der Tragödie, DTV de Gruyter, München, 1999, P. 109.

界，物理事實的彼岸事物。康德則強調一些在哲學中可能客體的條件，他確定在某些有限性，哲學有權面對他的客體及以他能力的功能來討論某些議題。叔本華自己以康德繼承人自居，尼采也承認他模仿了康德的方法。我們則肯定雖然叔本華、尼采都對康德提出嚴厲的批判，但康德想推翻傳統形上學的思想則是肯定給了叔本華、尼采在形上學意義下非常大的啟示。所以尼采吸取並跟進康德的形上學思路，在其「善惡的彼岸」§2就強調形上學家的基本信念就是相信價值的對立。他更融入了叔本華的觀念，他同時不僅只攻擊形而上學，更攻擊道德、宗教以及幾乎所有自柏拉圖以來的前輩哲學家。

尼采啟示我們，何種意志，什麼欲望是形上學、道德、宗教肯定的起源，他指出由這些原始肯定產生了一種精確的意志，它拒絕生存的意志事實上是一種否定欲望的欲望，一種拒絕生命的本能，一種反對感覺實在的報仇意志，尤其是那些感情、欲望和感覺，所以尼采把意志看成是弱者。他說「意志如此稱為解救者與報喜者，我的朋友，這曾是我的忠告，現在再學學這個吧：意志本身就是一個俘虜」。[6] 又說「意志這個救星變成了一個壞人，因為它不能向後退轉，它對所有能產生痛苦的都加以報復」。[7] 尼采在這裡特別強調「報復的精神」是到目前為止，人類的最佳反思，凡痛苦的地方，總應該是懲罰。而且這懲罰就是報復。這個意志正因為它不能向後退轉而痛苦不堪，那這意志本身和整個生命就應該被視為一種懲罰。但尼采面對現實，這懲罰將如無法移動的石頭，將永遠存在，除非這個意志變成非意志，但這是如叔本華的思想是絕對不可能的。既然，意志已無退路，只有往前衝，尼采企圖把意志塑造成一個創造者。把意志加入創造性，使意志忘掉報復的精神，忘

---

[6] Friedrich Nietzsche, Sämtliche Werke KSA 4, Also Sprach Zarathustra, DTV de Gruyter, München, 1999, P. 179.

[7] Friedrich Nietzsche, Sämtliche Werke KSA 4, Also Sprach Zarathustra, DTV de Gruyter, München, 1999, P. 180.

記一切不可抹滅的行為與事實，要重新迎戰生命，所以，尼采終於推出他的法寶權力意志。

尼采在「善惡的彼岸」書中，把意志轉化成他的學說「權力意志」。他對意志，有他很好的「非哲學性」的論述，他先批評意志大師叔本華的看法，說他對意志的觀點也只是用哲學家慣用的大眾化的偏見並將它誇大。然後，尼采提出三點他對意志的看法。一、它是一種感覺的雜多性，由開始的狀態到結束的狀態，這種活動本身的感覺，使一個原始情況進入到另一個新狀況。這種感覺甚至影響到肌肉的感覺。二、它有一種思想，每一意志行為必有一個主導思想。他更指出不要以為思想和意志的行為可以分開，只留下意志。三、意志不僅是思想和感覺的複合體，而且還是一種感情的運作。另外，他指出意志同時是命令和服從，當意志行為產生時，作為服從的一方，就有強迫、緊迫、壓迫、反抗和對認識使心中失去平衡的感覺。【8】關於意志這看法，我們是認同尼采的觀點。接著他提問到我們是否知道這個他眼中的弱者－意志，是否真正的活動著，我們是否相信意志的因果律，如果我們相信，則從根本上說，我們所相信的只是因果律本身。尼采還強調這種情況，我們必須支持這個經驗，就是提出假設意志的因果律是唯一的因果律。意志只會對意志起作用，而不會對物質起作用。因此，我們必須提出我們考察的結果，是意志對意志起作用，整個機械過程在有力量起作用的地方，精確地組成一種意志的力量，一個意志的結果。就是上面的意志理論，使尼采認為高於生命的「權力意志」登上舞台，他說「最後假設能把我們全部本能的生命都解釋為唯一意志基本形式的轉化及分支的發展，這就是我的論點－「權力意志」。假設我們能把所有有機功能帶入這個權力意志，另外加之其自身，並解決營養和生殖的問題。這是唯一的問題，我們有權把整個活動力稱為權力意志。從內部看，用他的「理智特性」來

【8】Friedrich Nietzsche, Sämtliche Werke KSA 5, Jenseits von Gut und Böse, DTV de Gruyter, München, 1999, P.P. 31-33.

界定及命名的世界，不是他物，就是「權力意志」。【9】由此我們看到叔本華的意志是沒有原因的，因為時間、空間、雜多性、原因的必然性，既不屬於意志，也不屬於觀念，觀念只是意志客體化的等級，而且只在孤立的現象中。而尼采則認為意志本身是有因果循環的關係，所以尼采的意志才能發展為權力意志。而尼采在「查拉圖斯特拉如是說」第二篇中肯定「權力意志」是用之不盡富創造性的生命意志。也正是這一點把尼采思想帶到頂峰。

由於這尼采式的意志因果性，他把意志當成宿命，不但說出「我靈魂中命運的安排，我名為命運，你在我之中，又在我之上，請為我保留並安排一個偉大的命運吧！」他更高呼「意志，你改變了我所有的需要，請為我安排一個偉大的勝利吧！」【10】很清楚看到意志使他的思想得以強力發展，其中最重要的兩個思想就是「永恆輪迴」及「超人」。關於「永恆輪迴」，我們看到在「歡悅的智慧」這本書的最後，他已存在「永恆輪迴」的思想，到了「查拉圖斯特拉如是說」一書可說是得到更充份地發展，其實這正是他早期著作「悲劇的誕生」中狄俄尼索斯中的輪廓。【11】

【9】Friedrich Nietzsche, Sämtliche Werke KSA 5, Jenseits von Gut und Böse, DTV de Gruyter, München, 1999, P. 55.

【10】Friedrich Nietzsche, Sämtliche Werke KSA 4, Also Sprach Zarathustra, DTV de Gruyter, München, 1999, P.P. 268-269.

【11】海德格在其「尼采」一書所提出來的看法，尼采的輪迴思想是首先於「歡悅的智慧」（1882）結尾處首次公開談論其輪迴思想，第二個論述就是兩年後（1884）的「查拉圖斯特拉如是說」第三篇，第三次（也就是最後一次）論述則是在「善惡的彼岸」（1886）一書的論述。

參閱：Martin Heidegger, Nietzsche Erster Band, Klett-Cotta, Stuttgart, 2008, P. P. 234-235.

另外，尼采也在「瞧這個人」（Ecce Homo）書中指出，他的「查拉圖斯特拉如

曾如海德格（Heidegger）在其論述「尼采」輪迴學說的形成時所說的，尼采的輪迴思想並不是從他的命題中計算或推論出來，而是油然而生。但是，就像所有偉大思想一樣，之所以會油然而生，絕不是無中生有，而是長時期醞釀，終能產生。在醞釀過程中，他不停的在體會萬物的去來，存在的輪轉，花謝花開，而無常的無邊歲月要像沙漏計時器一樣，不斷倒轉，好讓自己重新流洩成空。甚至我們都重現過無數次，萬物的分分合合，一般說來，死的死，並將消逝無蹤，一剎那間將不復存在，靈魂和肉體都將滅亡。但是尼采則強調，他被綁在因果交叉點上，它會再度創造一個他，因此，他將落入永恆輪迴的因果之中。並會伴同這太陽、大地、鷹與蛇等一起再度降臨，而非為了一個新生命，或較好與較相近的生命，只重新傳授萬物的永恆輪迴。【12】其實，尼采這個「永恆輪迴」曾如海德格說的「相似的永恆輪迴」這個確定是按照存在者之存在方式對提問者的回答。而其真正的價值還在於尼采在西歐哲學的形上學的基本立場上創造了一個基礎。【13】

在不斷重複傳授萬物的永恆輪迴之後，尼采正式向人類預告超人的來臨。這是其思想進程必然的結果，他說「所有的神都已死，現在我們要使超人活起來。」【14】因為透過永恆輪迴的形上思想他否定了傳統形上學、道德、宗教的價值，既然神已經死了，人類已失去了信仰的主

是說」基本的概念就是「永恆輪迴」的觀念，也就是人類所曾獲得的最高肯定方式，還清楚指出超越時間和人類 6000 英尺。參閱：Friedrich Nietzsche, Sämtliche Werke KSA 6, Ecce homo, DTV de Gruyter, München, 1999, P. 335.

【12】 Friedrich Nietzsche, Sämtliche Werke KSA 4, Also Sprach Zarathustra, DTV de Gruyter, München, 1999,P. 276.

【13】 參閱：Martin Heidegger, Nietzsche Erster Band, Klett-Cotta, Stuttgart, 2008, P. P. 415-416.

【14】 Friedrich Nietzsche, Sämtliche Werke KSA 4, Also Sprach Zarathustra, DTV de Gruyter, München, 1999, P. 102.

角，因而尼采生出了替代神的「超人」。

尼采的超人是什麼？我們認為尼采的超人是由人類自出生已來一直控制我們的意志演化而來，經由權力意志去發展，加之命運注定的永恆輪迴所得出的一個尼采思想的「神」。他說，超人便是大地的意思，在以前褻瀆上帝是一種不敬的行為，現在上帝既已死，因此也就無所謂上帝之褻瀆這回事，現在最可怕的罪便是褻瀆大地。所以他用「超人」把現象世界深化到永恆，並創造生命力，它不是普通人，它是更高更強的生存形態。尼采用猿猴和人的比喻來形容人和超人的關係。尼采說「我來教你們做超人。人應當被超越，你們有否努力過要去超越人類自身？到今天，一切物種都超出自己之上，難道你們願作巨流中的退潮，寧可返回獸類而不願超越人類？」[15]他又說超人就是大海，大海能覆蓋你們一切的輕蔑與鄙視。又因為人是一條不潔的河，我們必須成為大海才能容納一條不潔的河而不自污。最後他又說超人就是那閃電、那瘋狂！

尼采「超人」的意義是要來拯救人類，在他看來人類是一條繫在動物與超人之間的繩索，一條高懸深淵的繩索。要從一端走向另一端是危險的、行走於其間是危險的、回頭觀望是危險的、顫慄或躊躇不前都是危險的。所以，人類應該以超人為救主，並訓練用勇氣去自我超越，來啟示出宇宙的永恆輪迴，它以相同的性質，必須無限地重新再現，並賦與超人永恆激動人心的確實性。因此得以重新轉換神靈，生命不在彼岸世界，而在現實當下，確立生存價值否定傳統。他認為真人就是以自我超越產生自然結果的人。人類應當不斷自我提升，才能超越到超人的境界，只有使大地意義的典範誕生，使一些卑小的生命消失，我們才能重回生命之根源，才能噴出生命永恆之泉。這就是尼采常說的「做回你自己」的真意，也才能達到尼采思想的終極－自由精神。尼采在其「善惡

【15】 Friedrich Nietzsche, Sämtliche Werke KSA 4, Also Sprach Zarathustra, DTV de Gruyter, München, 1999, P.14.

的彼岸」書中講述「自由精神」時，說到人類在長期的壓迫和強制下發展其發明和精神，使其變得細膩和勇猛，應增加生命意志，使其變成絕對的權力意志。我們肯定尼采的權力意志，就是自由精神的內涵。在討論「自由精神」最後還說出了我們是天生的、起過誓的、招人忌羨的孤獨的朋友，這是在正午或午夜我們最原本又深奧的孤獨──一個我們是其所是的人類，我們就是自由精神。[16] 總結尼采思想及其發展，我們同意曾任胡賽爾（Husserl）的研究助理和海德格亦師亦友的前德國福利堡（Fribourg-en-Brisgau）大學教授 Eugen Fink 所說的，尼采基本本體論的方程式就是存在 = 價值。[17] 我們則強調尼采的超人、上帝已死、永恆輪迴、權力意志的學說，都是以這個方程式為出發點。

三、尼采如何用錘子敲打偶像

尼采高調宣稱，好戰是他的特性，攻擊是他本能的一部份。他如何去實踐？「偶像的黃昏」這本德文原著才 100 多頁左右的小書，尼采如

---

[16] Friedrich Nietzsche, Sämtliche Werke KSA 5, Jenseits von Gut und Böse, DTV de Gruyter, München, 1999, P.P. 61-63. 同時我們也指出，尼采思想是由「查拉圖斯特拉」來代表其最高境界──自由精神。在「查拉圖斯特拉如是說」一開始由駱駝、獅子、孩童的三種變形中，看到他說的「孩童是天真而善忘的，一個新的開始，一個遊戲，一個自轉的旋輪，一個原始的動作，一個神聖的肯定」。這種自由境界和我們老子「專氣致柔，能嬰兒乎」（第十章）如出一轍。另外尼采還以翠鳥本質（Das Halkyonische）來象徵查拉圖斯特拉是超越的自由精神。

參閱：Friedrich Nietzsche, Sämtliche Werke KSA 6, Ecce homo, DTV de Gruyter, München, 1999, P. 344.

[17] Eugen Fink, La Philosophie de Nietzsche, Traduit par H. Hildenbrand et A. Lindenberg, Les Éditions de Minuit, Paris, 1965, P. 17 及 P. 229.

何攻擊他的偶像？是什麼偶像？用錘子敲探哲學將帶來摧毀性的破壞，因此，它還是不是哲學？其實，尼采是對華格納「神的黃昏」一書的諷刺。「偶像的黃昏」就像他所有的著作一樣，很想寫真，很想出名，誇張，狂妄，同時確實很能煽動讀者，以影像來誇大可笑的滑稽，為讀者帶來愉悅，正是這種尼采式的風格暗藏著他思想的深度。要抓住尼采，我們只要以他想像次序為出發，在他作品中看到什麼就是什麼，而不要像讀柏拉圖的哲學一樣，例如「即使是一個重物，只要有善也能飛上天堂」的鑲飾性的預設。尼采認為人與人間的互不相知，所以概念是「廢人」，我們也常看到「一物嫌太多，而一切又覺得太少」或在「三種毒害」中所說的「我必須把自己的思想和言語用籬笆圍起來，以免豬和遊蕩者闖入我的花園」等等這種影像式的尼采話語，所以我們指出這種尼采式沒有概念只有影像意義的思想，同樣有其哲學原創性，並使他塑造出他的偶像。曾如他的精神師弟法國哲學家柏格森（Bergson）所講的，廟堂再美，也是要靠人把神座擺進去並授與他的存在，我們人才能去崇拜這個神靈【18】，相同的思維在「偶像的黃昏」中，尼采借用聖經，認為一個偶像是一個虛假的上帝，是人創作出來，又是人去崇拜它，人類忘記了，這正是自己把自己放入這個屬於自己的東西。這樣看人是不是弱者，如果是，那麼崇拜一個偶像，就是授與一個萬能幻像化身到一個弱者身上。

這個弱者，這個偶像，尼采想講的到底是什麼偶像？而黃昏又意味什麼？尼采在「偶像的黃昏」論哲學的理性中，指出哲學家有一種特異體質，就是混淆始末。把那些最普遍，最空洞，現實那蒸發著的最後的煙霧當做最高的概念，並做為一切的開始，同時以這些做為崇拜的方式。其實尼采首先要批判的就是蘇格拉底、柏拉圖二師徒。他曾兩次借

【18】 Bergson Henri , Les deux sources de la morale et de la religion, P. U. F. Paris, 1946, P. 211.

用蘇格拉底「欠藥神 Asclèpios 一只公雞」[19] 這句話，來演繹蘇格拉底的人生是一場漫長的病痛並對它感到厭倦。我們不認同尼采的看法，蘇格拉底臨終前講這句話的現場及當時的情況，只顯出蘇格拉底早已把死亡置之度外，只感受到他死前的寧靜與安定。只是尼采用他自己的感情來扮演蘇格拉底，這也正看到尼采對其偶像的批判完全不存在任何客觀性，用他自己的方式不停的往前走，從一種傳統上最高的道德價值企圖走回一切事物的原狀，再使人類產生生命的再造。傳統哲學中，真、善、美的基礎可以說是人類一切道德思想及其價值的來源。例如柏拉圖的善及上帝的光明等都是人類價值標準。柏拉圖在其「理想國」第七章談洞窟寓言中為人類明確的推出了善，還把它當成太陽。他說「在理智世界中，善的觀念是最後及最難看到的東西，但如果善被我們感知到，則善是一切美好、正義事物的原因，在看得見的世界孕育出光輝，是光的支配者。在理智世界中它自身就是至上的，而且是真理和理智的源泉」。[20]宗教的上帝，把哲學的太陽放到基督教上，在新約，約翰福音中，耶穌說「我是世界的光。跟從我的就不在黑暗裡走，必要得著生命的光」。[21]以及對上帝完美的形容則非笛卡爾莫屬，在其沉思錄第三沉思的最後做出了上帝存在的論証，除了他認為有自然之光啟示我們上帝不是騙子外，他說「但是，在我把這些事實更仔細地進行考驗及對人們能夠從中取得其他真

---

[19] 蘇格拉底在「費多篇」（Phedon）最後說到「……不要忘記還給 Asclèpios 一只公雞……」參閱：Platon , Phedon , Traduction et notes par E. Chambry , Garnier Frères , Paris , 1965, P. 180. 而尼采對這句話的兩次批判，參閱：Friedrich Nietzsche, Sämtliche Werke KSA 3,Die Fröhliche Wissenschaft , DTV de Gruyter, München, 1999, P. 569. 及 Friedrich Nietzsche, Sämtliche Werke KSA 6, Götzen-Dämmerung, DTV de Gruyter, München, 1999, P. 67.

[20] Platon , La république , Introduction traduction et notes par Robert Baccou , Garnier Frères , Paris , 1966 , P. 276.

[21] 聖經，中國神學研究院編撰，福音証主協會，香港，2000，P. 1551.

13

理進行考慮之前，我似乎停下來一些時候，專心去沉思這個完美無缺的上帝，從容不迫地衡量一下他美妙的屬性，並至少以我耀眼炫目的精神力量去深思，讚美，崇愛這無與倫比廣大無限之光的美」。【22】

我們看到自柏拉圖以來，傳統的哲學帶給我們的是以善和神之光，使人類看清楚是什麼被創造以及因這光而帶來可見的事物。但尼采認為所有第一等級的東西都是它自身的原因，生自他物的都是一個缺點，是沒有價值的。尼采說「所有最高的價值都是第一等級的東西，所有最高的概念，存在、絕對、善、真實、完美。這些不可能是變成的，結果一定是其自身的原因」。【23】但由於這些概念不可能不同，不可能自相矛盾，因此產生了驚人的概念「上帝」，這個最後、最薄弱最空洞的東西被看成是一個自因，放在一切的開始，尼采正是針對這種傳統神、善之光展開攻擊，這個神、善的太陽在墮落「偶像的黃昏」尼采宣告這個太陽的隕落，正是基督教和西方哲學所有價值的墮落，這就是尼采宣告「上帝已死」的意義。

在這意義下，為了重估一切的價值，尼采要用錘子摧毀偶像，他說「我不是人，我是炸藥」接著又說「我命中注定我是第一個令人滿意的人，注定我將和千年以來的欺騙對立，我是第一個發現真理的人」。【24】學習了摩西用大鐵錘摧毀「金牛」（Veau d'or）這個偶像，尼采表達了他扮演一個偶像摧毀者的角色。他自己說他不做教主，也怕眾人稱他聖者，其實他的欲望就是想成為人類的拯救者。因為近黃昏，視線不明，只能用探聽（Aushorchen）方法，探聽身體暗黑的內部所發生的事情，並使偶像內在毛病顯示出來，這種覺察到語言顯示下的潛在性，尼采把

【22】René Descartes, Oeuvres de Descartes , IX, Meditations, Vrin, Paris, 1996, P. 41.

【23】Friedrich Nietzsche, Sämtliche Werke KSA 6, Götzen-Dämmerung, DTV de Gruyter, München, 1999, P. 76.

【24】Friedrich Nietzsche, Sämtliche Werke KSA 6, Ecce homo, DTV de Gruyter, München, 1999, P.P. 365-366.

這探聽叫做「心理學」，在其他地方則把它叫做「系譜學」。那些前輩哲學家慣用以心理學或系譜學傳統去論証理性形上學，善、上帝……等等命題真假的形態已不再為尼采接受。

尼采的思考模式是要從某些人的形態，某些態度，某些心理學來為哲學、宗教、道德找出起源並驗証，傳統形上學不再是簡單的自我滿足。各種哲學、宗教、道德、形上學都成為徵兆（Symptômes）。尼采的錘子如何去進行哲學思考，就是去聽取關於身體和意志所有徵兆的回聲，他發現所有的觀念、概念，例如真假、善惡等的價值都沒有一個自我存在的意義，都是別人說三道四，只是一種他者的價值判斷。【25】所以，尼采認為傳統哲學的主流觀念只是一種支配人和意志的頹廢墮落形態，完全沒有力量去對抗是其所是的事實。我們指出就是叔本華講的屈從。也就是尼采說的人世間用抽象的理性來代替，道德上，則成為被閹割的人及被馴服的奴隸。所以尼采認為這些西方支配型哲學和道德價值是一些墮落病態的價值，應該拒絕它，同時提出價值的新評估。所以要攻擊，以便推倒動搖不穩的偶像。

那麼尼采要攻擊的是什麼偶像？以及那些崇拜偶像的人。尼采曾這樣形容偶像及其崇拜者，他說「我認為他們是瘋子，爬行的猴子及過份熱情者。他們的偶像，那個冷酷的怪獸對我發出一股惡劣的臭味，而他們這些偶像崇拜者也同樣發出腥臭。」【26】他要我們不要靠近這股腥臭，還要離遠這些人類的廢物，這些偶像的崇拜者。他認為歐洲的價值就像偶像一般都是空心的，內藏腹部脹滿臭氣的病人。這些價值就是上帝、假神及一些尼采要為他們聽診的偶像。

【25】例如尼采在「道德的系譜」中說得很清楚「善」是由觀念轉化而來。參閱 Friedrich Nietzsche, Sämtliche Werke KSA 5,Zur Genealogie der Moral, DTV de Gruyter, München, 1999, P. 261.

【26】Friedrich Nietzsche, Sämtliche Werke KSA 4, Also Sprach Zarathustra , DTV de Gruyter, München, 1999, P. 63.

「偶像的黃昏」一書，尼采為我們帶來什麼？他又如何攻擊？瞄準誰？他講的是過去還是現在？我們只要用心看多幾次這本「偶像的黃昏」就可找出它的重點。尼采是以善惡的彼岸§43中「我的觀點是我自己的觀點，其他人無權輕易享有」的主觀方式，來演繹其「偶像的黃昏」。這本書絕對不是一本專門以哲學性方式來做思想推理的著作，而是以尼采自發的感情在直接具體實在性上，對傳統文化的各個領域，例如宗教、道德、政治、藝術、知識、生活等等的批判，[27]並以墮落意志為人類虛弱之源的陳述。另外，他企圖在整部哲學史中去找尋一種系譜的統一。[28]就是這系譜學，在過去與現在，在觀念與具體現實上顯出尼采意志的統一性。尼采在前言中宣稱，他攻擊的不僅是當代的偶像，而是永恆的偶像，這些偶像不是少數哲學家，而是一般人最相信的想法。

尼采否定普羅達哥拉斯（Protagoras）「人為萬物的尺度」，反而強調「人不是衡量事物的尺度」。[29]因為沒人能把人的特性給予人，上帝不能，社會不能，他的父母、祖先也不能，連他自己也不能，做為一

---

[27] 法語世界當紅尼采專家，現任法國 Reims 大學哲學系教授兼主任的 Patrick Wotling 就指出「偶像的黃昏」有不適宜、不慎重甚至粗暴的特性。參閱：Patrick Wotling, La philosophie de l'esprit libre, introduction à Nietzsche, Éditions Flammarion , Paris, 2008, P. 424.

[28] 關於系譜方面，曾如尼采在「瞧！這個人」講道德系譜時，說到「有一種巨大的張力，所有東西都奮力向前……每次都在濃濃烏雲中，看到新真理」。在此，我們認同 Michel Foucault 在「法國的尼采」論文集中的看法。尼采的系譜首先，並不是要去找尋起源，而是一種以「生命為名及其積極肯定下，針對前路的創造性力量」。 Michel Foucault, Nietzsche, die Genealogie, die Historie. 參閱：Nietzsche aus Frankreich , Herausgegeben von Werner Hamacher, EVA Europäische Verlagsanstalt, 2007, P. 121.

[29] Friedrich Nietzsche, Sämtliche Werke KSA 5, Jenseits von Gut und Böse, DTV de Gruyter, München, 1999, P. 18.

莫詒謀　尼采（Nietzsche）的偶像　　　　　213

個人，就這麼存在，被造成這樣、那樣的方法，或在這樣、那樣的條件及環境中，沒人該為此負責他那存在的宿命，無法從所有已是或將是的整個存在宿命中除去。【30】人是無奈的，尼采在這種無奈壓迫下，對自古以來在人類生活文化中的完美理想、價值或意識形態，在偶像之名下展開攻擊。特別是描準一些哲學家，因為他們是人類的導師，他們要為人類負責。我們凡夫俗子既不叫做柏拉圖、笛卡爾、康德之類的大哲學家，所以總是生活在沒懷疑中，對人類的主導思想沒有任何懷疑。

　　在過去及現在，西方整個支配完美理想的共識是意志虛弱徵兆的價值判斷。這意味著意志無力去承擔在感覺事實中各方面的生活。依尼采的精神虛弱是要對生命實行報復。尼采認同生命中感覺事物的真實性，他說「理性是我們篡改感覺証明的原因，只要感覺展示生成、消逝、變換，它們就沒有說謊……然而，赫拉克利特（Heraklit）在這觀點上永遠是合理的，就是存在是一個空洞的虛構。「虛假的」世界是唯一的世界：「真實的世界」只是添加的……【31】就是在否定理性肯定感覺的條件下，尼采也和笛卡爾一樣把知識和道德區分開並進行攻擊。

　　在知識理論上，西方哲學應該算蘇格拉底和柏拉圖是開山祖，柏拉圖的哲學絕對是對人類影響最深的哲學家，也可以說是尼采第一個攻擊的哲學家，眾所周知，柏拉圖知識的理論最為人所知的就是觀念的學說，他說真理是觀念的秩序，筆者指出在柏拉圖的世界，真理是由觀念而來的，真理不會在肉體中的各式各樣的多變及相對反覆無常的幻覺及普遍感覺中找到，對柏拉圖而言肉體會消失。但是偶然的感覺，真的事實，它不會變，就是觀念世界，柏拉圖對思想的表達並不使用確定的措辭而是等量的表達，例如他的「美自身」他還說「能提升到美自身，而

【30】 Friedrich Nietzsche, Sämtliche Werke KSA 6, Götzen-Dämmerung, DTV de Gruyter, München, 1999, P. 96.

【31】 Friedrich Nietzsche, Sämtliche Werke KSA 6, Götzen-Dämmerung, DTV de Gruyter, München, 1999, P. 75.

且能看到美的本質來領悟美的人太少了」【32】，這種方式正是尼采有空間去攻擊的點，而且柏拉圖在理想國第六章，把世界分成可見世界及可知世界也就是感覺及觀念世界，在柏拉圖哲學中，觀念是在各種關係的綜合中的單一結構形式，例如他就用觀念在「飲宴篇」中形容美，說美是自存自在是永恆及單一的，而其他的事物都是它的分屬。而且還說美是永恆的，不生不滅，不增不減，這美不會因人、時、地而異，對任何美的崇拜者都是相同的。【33】就像區分真與假，變與不變，一與多一樣，把世界變成二元論而結論出整個觀念主義。用現代哲學語言來演繹柏拉圖，可以說是形而上的觀念主義，因為觀念世界對柏拉圖而言，是現象世界的彼岸，用彼岸去解釋觀念、建立觀念，可以說觀念就是真理。

但這種形而上及二元論的觀念主義，在尼采眼中是幾乎每一個哲學大時代都依照這個原則，無論任何形式，只要降低感覺和肉體就是理想世界，尼采批判柏拉圖，並認為無論生命的判斷，或價值判斷，讚成或反對，最後都永遠不可能是真的。他說「那些偉大的智者是衰敗的典

【32】 Platon , La république , Introduction , traduction et notes par Robert Baccou , Garnier Frères , Paris , 1966 ,P. 232.

關於柏拉圖及尼采思想上的表達，二十世紀四十年代以後世界級權威的兩位尼采專家，對尼采思想的表達有不同的看法。原籍德國後來在美國教書的 Walter A. Kaufmann 認為「尼采」像柏拉圖，不是一個有系統的思想家，而是一個問題的思想家。參閱：Walter Kaufmann, Nietzsche , Philosopher, Psychologist, Antichrist, Fourth Edition , Princeton University Press, Princeton, 1974, P. 82. 另一位就是 Karl Löwith, 他認為尼采思想是格言、警句性的系統（Système en aphorismes.）參閱：K. Löwith, Nitzsche: Philosophie de l'éternel retour du même, Paris, Calmann-Lévy, 1991, P. 19.

【33】Platon , Le banquet , Trduction et notes par E. Chambry , Garnier Frères , Paris , 1964 , P. 72.

型。確實地這情況是強力的矛盾是飽學和無知識者的偏見，我識破蘇格拉底和柏拉圖是墮落的徵兆，是古希臘文化解體的工具，是偽希臘的，是反希臘的」。他特別舉出「蘇格拉底把理性 ＝ 德行 ＝ 幸福的公式是完全違反古希臘人全部本能的」。【34】他還指出是理性和偏見迫使我們依賴統一、同一、持續、實體、原因、物性和存在，在某程度上，讓我們自己陷入謬誤，強使我們落入謬誤。【35】

　　另外笛卡爾也依照這種二元論區分思考實體和廣延性空間的實體，去建立廣延性的真理，並放入他精神所孕育的幾何本質中。到了康德，他分開現象與物自體，自然和理智世界，並把理智世界當成道德法則，在感覺之上。但是對尼采而言，他相信這種只有精神沒有肉體概念雖然它是當代科學的基礎，但已經過時，因為它不能自我匯集經驗上直接具體的東西，它並不是科學的工具，是抽象的數學計算組成了科學中的科學，而非經驗主義，也就是說，並不是經驗直接材料的元素。科學必定要以經驗為基礎，他認為今天的科學一定要接受感覺的見証。所以他批評不經經驗感覺的學問，只是個怪胎，他說「剩下的怪胎和還不是科學的科學，這指的是形上學，神學，心理學，認識論，或形式科學，符號理論，就像邏輯學和應用邏輯，數學。在它們之中真實性從來未出現過，甚至沒有作為問題出現，同樣，也沒有作為提問出現，像這樣一種符號協議，如邏輯具有什麼價值」。【36】

　　所有這些科學幾乎都是柏拉圖式的，科學只相信理智而不相信感覺，就這樣構成一種知識的整體，由經驗世界抽象化成觀念世界，由此

【34】 Friedrich Nietzsche, Sämtliche Werke KSA 6, Götzen-Dämmerung, DTV de Gruyter, München, 1999, P.P 67-69.

【35】 Friedrich Nietzsche, Sämtliche Werke KSA 6, Götzen-Dämmerung, DTV de Gruyter, München, 1999, P. 77.

【36】 Friedrich Nietzsche, Sämtliche Werke KSA 6, Götzen-Dämmerung, DTV de Gruyter, München, 1999, P. 76.

所導出的科學與哲學，就像去找尋知識和真實，優先給了哲學明確性，而科學只是暗含在心智的範圍。這樣對科學而言是幻覺及錯誤的世界。尼采這種由經驗去打開事物自然的真理的科學我們是認同的，最起碼知識、科學總比無知或幻覺好。但在道德上，這絕對不是一種科學的推論，這是一種非客觀的評估。而且科學根本無法去判斷善、惡。在今天的時代，我們支持尼采認為科學要有一種肯定的價值，但在知識上我們完全不能接受尼采企圖消滅傳統哲學的價值，我們是完全接受形而上的柏拉圖式的思想。

在道德上，以尼采這樣的哲學家和理性主義及基督教支配下的價值相對比，只有一個必然結果，就是推倒所有普遍倫理原則。例如他說「上帝這概念至今是對存在反對的原則，我們否認上帝，我們否認對上帝的責任…… 只有這樣，我們才能拯救世界」。【37】因此，整個資產階級、理性主義及猶太基督教的整體道德必將成為尼采的靶子。於是尼采成了道德倫理大街的清道夫，他先從觀念主義開始，尼采指出觀念主義的觀念中還有不同層面的問題，例如建立客觀性及肯定道德價值的觀念，就是道德及生活實踐上品德的範圍。當然道德亦有雜多性，在相同的知識二元論中由道德支配著，善是精神，惡是感覺。「善行」是道德，是由理性指導他的感情，選擇心智的及精神的目的多過充滿感覺的及肉體的快樂。尼采不以為然，他認為基督教彎曲了福音聖言。把肉慾、性慾定罪。而且要類似基督教過一種精神的生命，死後可在現世的彼岸擁有幸福。

傳統哲學的道德和基督宗教有相同方向，就是柏拉圖那一套哲學，善、道德、幸福、透過絕對真理及純觀念的知識是可能的。尼采批評他們和真知識混淆了，只有當柏拉圖把找尋真理的方法達到最高點才能達到善。伊壁鳩魯學派（Épicurisme）把快樂依附在反省上。而笛卡爾則滿足於用善來評判善行。史賓諾沙（Spinoza）強調第三類的知識是真福，在

【37】 Friedrich Nietzsche, Sämtliche Werke KSA 6, Götzen-Dämmerung, DTV de Gruyter, München, 1999, P. 97

其倫理學中更強調真福不是德行的價值而是德行自身,並強調靈、肉是一體的兩面,上帝是單一及整全。康德更是獨立於經驗,而傾向於抽象事實的理性,必須強迫他的道德法則強加在人身上。而叔本華則強調道德是在虔敬中,在個人欲生的否定中。所有這些柏拉圖的追隨者,都幾乎有相同的觀點就是道德 = 理性,理智的知識反對感覺。這意味著善、上帝、理性這些道德的最高原則可帶給人類一種理性普世知識的可能。

到了現代,是否已和神學、形上學中斷?肯定的回答是完全沒有。更可看到現代做出一種理想的科學,一種道德的價值。可以看到到處都是理性,鼓吹科學性,不只反宗教,而且打亂了感覺和情感。尼采則認為這些現代性是無條理的幻想,對生命方向的無知。尼采指出人的典型所塑造出來的價值是虛弱的典型,為成就道德,必須割掉實在的一部份,就是感覺世界。道德上最理想的人像個半身不遂的人,如果使這種理想價值成為絕對的話,就是衰落意志的信號。這衰落的意志是一個虛弱和生病的存在,生病的活人,它須要打擊,並輕視感覺現實,用怨恨去反對不能昇華、控制、美化的所有東西。這就是尼采所謂生來一副虛弱、殘廢的意志,是空的沒有寫下任何絕對的價值,將走上消失之路,走入黃昏的道德及形而上的偶像。在此,我們指出尼采和形上學的關係是複雜的,Patrick Wotling 指出,尼采雖以敵對形上學做為基礎,但總是不能脫離形上學。【38】在此我們認同 Eugen Fink 所講的,尼采的形上

【38】 Patrick Wotling, La philosophie de l'esprit libre, introduction à Nietzsche, Éditions Flammarion , Paris, 2008, P. 54.

關於尼采形而上的問題,筆者認為尼采肯定需要形而上學,但他又怕被列入宗教份子,所以他認為形而上的需要不是宗教的來源,一般習慣接受的「另一個世界」是宗教幻覺引導出來的,但尼采所強調的是和宗教無關的「另一個世界」。這兩個「另一個世界」尼采還是強調是知識份子很難分清楚的一個障礙。參閱:Friedrich Nietzsche, Sämtliche Werke KSA 3,Die Fröhliche Wissenschaft , DTV de Gruyter, München, 1999, P.P. 494-495.

學首先講的就是在其「存在中的是其所是」，這個「是」就是雜多、完成、有限、也就是事物，這就是尼采形上學基礎的出發點。【39】只要看清楚這一點，在道德上，總結來說，尼采總是要我們由弱轉強，他摧毀道德是否定價值、反對生命。但是經過他的權力意志企圖拯救人類走向肯定的價值並歌頌生命。

四、結論

「偶像的黃昏」雖在文字上是本小書，精神上則是對整個人類思想的洗禮，宇宙間的人、事、物，只要不幸給尼采發現且能被他稱為偶像的，都逃不過他這系譜錘子的敲打，這些就是以道德和形而上來支配的偶像。雖然尼采的思想狂妄自大已到瘋狂的程度，對人類來說是完全沒有益處，但是除了上帝，他並無使用「死亡」概念來批判他的偶像們。只是用空心、虛弱等一些沒有戰鬥力的字眼來形容知識及道德，原因正是他的企圖心，尼采真正的目的就是想將人世間雜多的道德、宗教及哲學統一在某個系譜模式之中，但他失敗了。他是一個肯定肉體、事實價值的人，但卻是個如假包換的非理性哲學家，他認為絕對的真、善是不存在的，但他卻無法否定真、善的本質。他強調意志、肉體、本能，但亦未能確定它們的典型。

亞士培（Karl Jaspers）講得好，尼采不只是一些新概念的來源及一種新語言的創造者，而是經由他思想及生命整全的一個事件（ein Ereignis）。【40】在這事件中，尼采給了哲學家最重要的啟示，就是他真正能融合，真、假，對、錯，善、惡，更清楚的說他是統一了心、物的哲學家。另外 21 世紀的哲學家應該感謝尼采，是他賦與人類「權力意志」的生命創造力，是他賦予人類新典型的超人精神。

【39】 Eugen Fink, La Philosophie de Nietzsche, Traduit par H. Hildenbrand et A. Lindenberg , Les Éditions de Minuit, Paris, 1965, P. 232.

【40】 Karl Jaspers, Nietzsche, Walter de Gruyter , Berlin , 1981, P. 376.

道宣的戒體論

屈大成*

提　要

　　戒體，乃佛弟子受戒時所得的防非止惡的潛存能力，為受戒與否之分別所在，在佛弟子的修習歷程上，是十分關鍵的觀念。可是，有關戒體的性質和內涵，在道宣（596-667）以前，一直未有清晰的說明。道宣，是中國南山律宗之祖，他早年服膺曇無德派，著《四分律行事鈔》，以戒體的性質為非色非心。後來道宣協助玄奘譯經，受到新傳入的瑜伽行教學的影響，故於較後的作品《四分律羯磨疏》中，立三宗說，以最高的圓教宗所說的戒體，為指藏識中的善種子，令戒體有了堅實的理論基礎。此外，道宣對作戒和無作戒的先後、無作戒的種類、發戒的緣境和數量等，都有詳細解釋。本文析述道宣對戒體的論述，並追蹤其說法的變遷，期望這較冷僻但重要的課題，能得到更多注意。

　　道宣（596—667），中國佛教八大宗派之一 —— 律宗的創立者[1]。律宗，顧名思義，以研習和弘揚戒律得名。戒律見載於律典，從魏晉至唐朝，律典陸續傳入，講習戒律成風；在眾律典中，《四分律》終最流行，成為律宗的依據，故律宗又稱四分律宗。道宣是不折不扣的學僧，

---

*香港城市大學中國文化中心助理教授。

[1]道宣沒有刻意建立一宗派，其祖師地位乃後來律家所追認。例如元照《南山律宗祖承圖錄》，明確列出律宗的代代相承。 參看氏著：《芝苑遺編》卷下，見藏經書院編：《卍續藏經》（台北：新文豐出版股份有限公司，1993 年翻印本）卷105，頁 566 上。

著述遍涉律學、史學、護法等各方面，其律學作品主要有《四分律刪繁補闕行事鈔》、《四分律刪補隨機羯磨疏》（下簡稱《事鈔》、《業疏》）、《四分律含注戒本疏》、《四分律拾毗尼義疏》、《四分比丘尼鈔》，合稱「南山五大部」。其中《事鈔》參酌諸律諸家之言，詳述《四分律》的要義；《業疏》乃受戒、懺悔、結界等律制之專論，皆為律學的圭臬。宋代律師元照（1048—1116）著《四分律行事鈔資持記》和《四分律羯磨疏濟緣記》（下簡稱《資持》和《濟緣》），詳釋《事鈔》和《業疏》，成為權威釋本。

戒律之學，道宣分「法、體、行、相」四科，戒法即戒律的具體條文，戒體是受持和踐行戒法的決心和根據，戒行是對戒法的持守和奉行，戒相是奉持戒法的相狀。戒體的意思，《事鈔》概括道：

> 明戒體者，若依通論，明其所發之業體；今就正顯，直陳能領之心相。謂法界塵沙，二諦等法，以己要期，施造方便。善淨心器，必不為惡。測思明慧，冥會前法。以此要期之心，與彼妙法相應。於彼法上有緣起之義，領納在心名為戒體。【2】

行者誓願求戒，通過禮敬陳辭等方便，面對塵沙萬法，棄惡生慧，領受在心，是為戒體；寬泛地說，戒體即業體，也是作業的結果。簡言之，戒體乃行者受戒所得的業力，具有防非止惡和促使持戒的功能。如是，戒體之有無，乃行者未受戒和已受戒的分別所在，也是他們出家成道的關鍵之一。可是，很多受戒者根本不明白受戒的意義，只是依著既定的儀軌進行，對於戒體也茫無頭緒，因此道宣運用不同方法，務令行者清

【2】本文引用《事鈔》和《業疏》採弘一（1880-1942）校點《資持》和《濟緣》的版本，這兩版本並排《事鈔》和《資持》、《業疏》和《濟緣》，以及有弘一的校訂和句讀，頗便參看。這段引文見卷 3「標宗顯德篇」，收入《弘一大師全集》編輯委員會編：《弘一大師全集》（下簡稱《全集》）（福州：福建人民出版社，1991-1993 年）卷 2，頁 409 上 - 下。

楚自己是否得戒，這才談得上持守或毀犯，以至能捨離世間：

> 別解脫戒，人並受之，及論明識，止可三五。皆由先無通敏，不
> 廣咨詢，致令正受，多昏體相，盲夢心中，緣成而已，及論得
> 不，渺同河漢。故於隨相之首，諸門示現。準知己身，得戒成
> 不。然後持犯，方可修離。【3】

由於戒體的重要性，現今學者對這課題發表不少論文；但或嫌戒體說的
思辨性不足，討論較簡單，也未將道宣有關戒體的論述及其細節全面開
展【4】。按《事鈔》和《業疏》分別是道宣早歲和晚年之作，均關戒體

【3】《資持》卷 16「隨戒釋相篇」，《全集》卷 3，頁 67 上。

【4】專門探討道宣戒體論者，參看宮林昭彥：〈中國佛教における戒體論（一）〉，
《佛教文化研究》第 15 號（1969 年），頁 37-46；同氏著：〈四分律宗の戒體論〉，
收入佐藤密雄博士古稀記念論文集刊行會：《佛教思想論叢》（東京：山喜房佛
書林，1972 年），頁 629-639；佐藤達玄著、釋見憨等譯：《戒律在中國佛教的
發展》（嘉義：香光書鄉出版社，1997 年）上冊，頁 282-299；勞武政：《佛律與
國法》（台北：考古文化事業股份有限公司，1999 年），頁 432-455；王月清：
《中國佛教倫理研究》（南京：南京大學出版社，1999 年），頁 89-95；白石卓
秀：〈道宣の戒體論とその周邊〉，《大正大學大學院研究論集》第 25 號（2001
年），頁 65-76；王建光：《中國律宗思想研究》（成都：巴蜀書社，2004 年）第
5 章；小谷知弘：〈道宣の種子戒體說の檢討〉，《印度學佛教學研究》第 54 卷
第 2 號（2006 年），頁 602-605。其他討論中印戒體論者，參看平川彰：《律藏
の研究》（東京：山喜房佛書林，1960 年），頁 521；竹田暢典：〈天台大師の
戒體論について〉，《印度學佛教學研究》第 10 卷第 2 號（1962 年），頁 573-
576；佐藤密雄：《原始佛教教團の研究》（東京：山喜房佛書林，1963 年），頁
481；平川彰：《原始佛教の研究》（東京：春秋社，1964 年），頁 165-222；青
木孝彰：〈中國佛教における戒體觀についての一考察〉，《印度學佛教學研究》
第 20 卷（1971-72 年），頁 281-285；佐藤密雄：〈戒体と戒の体〉，收入惠谷
隆戒先生古記念会：《淨土教の思想と文化》（京都：同朋舍，1972 年），頁
1161-1175；渡辺隆生：〈唯識說における律儀無表觀の背景〉，收入中村瑞隆博
士古稀記念會：《佛教學論集》（東京：春秋社，1985 年），頁 371-389；平川

專章：《事鈔》分三卷三十篇，中卷之「隨戒釋相篇」，主要是比丘二百五十戒戒相的闡釋，其前先解說戒體等四科；《業疏》分四卷十篇，卷三之「釋諸戒受篇」，主要是五戒、八戒、具戒授受儀軌的闡釋，其前立「正授戒體」一段；而兩戒體專章同分四門，互相對應，如下表：

事鈔	業疏
戒體相狀	明戒體
受隨同異	辨同異
緣境寬狹	緣境相
發戒數量	敘數量

兩書首門乃主體部份，中再作細分，也相對應如下表：

事鈔・戒體相狀	業疏・明戒體
辨體多少、立兩所以	立所由、引經證、解名義
出體狀	明業體
先後相生	先後相
無作多少	通敘相

彰：〈智顗の戒體論について〉，收入氏著：《日本佛教と中國佛教》（東京：春秋社，1991 年），頁 121-136；戴傳江：〈佛教戒體思想初探〉，《宗教學研究》2002 年第 1 期，頁 124-130；王建光：〈「戒體」：一種本體論的追索〉，《南京農業大學學報》第 5 卷第 3 期（2005 年），頁 86-91；釋宗平：〈無表業、無表色與無表戒之研究—— 以說一切有部的論書為中心〉（台灣：南華大學宗教學研究所碩士論文，2006 年）；賴珍瑜：〈菩薩戒戒體不名新得〉，見網址：http://www.chibs.edu.tw/publication/chbs/08/111-160n.htm（檢索日期：2006 年 7 月 12 日）；陳英善：〈天台智者的戒體論與《菩薩戒義疏》〉，《佛學研究中心學報》第 5 期（２０００年），見網址：http://ccbs.ntu.edu.tw/FULLTEXT/JR-BJ011/93559.htm（檢索日期：2007 年 10 月 24 日）。

屈大成　道宣的戒體論　　223

經筆者比對，《業疏》的論述要比《事鈔》詳細；而在諸章節中，以「出體狀」（《事鈔》）跟「明業體」（《業疏》）的內容分別最大，並顯示出道宣對戒體詮解的轉變，其餘大致相類。以下分兩節論介，再作總結。

一、《事鈔》的戒體說[5]

甲、戒體相狀

如上文表列，《事鈔》戒體專章分四門，第一門「戒體相狀」再分五項。首項「辨體多少」，即辨別戒體的種類：持戒的目的是防惡，惡事眾多，戒也相應眾多；但就義理而言，作和無作兩種戒，可包攬一切：

> 論體約境，實乃無量。戒本防惡，惡緣多故，發戒亦多，故《善生》云：「眾生無量，戒亦無量」等[6]。今以義推，要唯二種：

【5】 以下所引《事鈔》和《資持》有關戒體的論述，皆出自《資持》卷 16「隨戒釋相篇」，《全集》卷 3，頁 67 上 -88 上。《事鈔》其他篇章偶提到戒體一詞，但無關宏旨。參看《資持》卷 2「敘緣發起」、卷 3「標宗顯德篇」、卷 14「篇聚名報篇」，《全集》卷 2，頁 397 上 - 下、 409 上 - 下，《全集》卷 3，頁 25 下、 30 下、 31 下、 42 上。

【6】 原文見《優婆塞戒經》卷 7〈業品〉第 24 之餘，參看高楠順次郎、渡邊海旭編：《大正新修大藏經》（下簡稱《大正藏》）（台北：新文豐出版社股份有限公司，1983 年翻印本）卷 24，頁 1070 上。川口高風對《事鈔》所引用經典的出處作搜尋，頗便應用。參看氏著：〈四分律行事鈔にあらわれた引用經典の研究——經論部——〉，《曹洞宗研究員研究生研究紀要》第 6 號（1974 年），頁 114-132；〈四分律行事鈔にあらわれた引用經典の研究—— 律部——〉，《駒澤大學大學院佛教學研究年報》第 9 號（1975 年），頁 25-59。 不過，川口高風的檢索有不少錯漏，參看拙著：《四分律行事鈔譯注》（台南：和裕出版社，2010 年）。

作及無作。二戒通收，無境不盡。

作戒乃形諸於外，身、口二業守戒的表現；無作戒乃身口二業所引生、領納於心的業果，一旦出現，不須藉其他因緣，永遠續存。譬喻陶家幹活時轉動車輪，陶家幹活的動作，即如作戒；車輪一被啟動後，長轉下去，即如無作戒；《事鈔》並引用《雜阿毗曇心論》和《成實論》為證：

> 所言作者，如陶家輪動轉之時，名之為作；故《雜心》云：「作者，身動、身方便」。言無作者，一發續現，始末恒有；四心三性，不藉緣辨；故《雜心》云：「身動滅已，與餘識俱，是法隨生」，故名無作；《成論・無作品》云：「因心生罪福，睡眠悶等是時常生，故名無作」。【7】

次項「立兩所以」，解釋為何僅這兩種戒：

> 若單立作，作體謝往，不能防非，又不可常作，故須無作，長時防非；若單立無作，則起無所從，不可孤發，要賴作生，二法相藉不得立。

> 二、何為不三，但由體相，道理相違：一作無作別；二心非心別性，不可合，但得立二。若就所防隨境無量。

作不能常存，如只有作，其滅謝後行者便不可防非；又無作乃由作所引生，不能單立；又作與無作乃有動作和無動作、心和非心之別，體相都違背，不可結合成第三者；因此戒體不可是一或者三。《事鈔》並引用《薩婆多毗尼毗婆沙》（下簡稱《薩婆多論》）、《涅槃經》、《優婆塞戒經》為經證，文繁不具引。

第三項「出體狀」，正式闡明戒體：

> 今依本宗，約《成論》以釋。先明作戒體。論云：「用身口業，

【7】《雜阿毗曇心論》兩段原文皆見卷3〈業品〉第3，《大正藏》卷28，頁888中；《成實論》原文見卷7〈無作品〉第96，《大正藏》卷32，頁290上。

思為體」【8】，論其身口，乃是造善惡之具。所以者何？如人無心
殺生，不得殺罪，故知以心為體。文云：「三種業皆但是心，離
心無思，無身口業」。【9】

按道宣服膺的《四分律》屬曇無德部（又稱法藏部、假名宗等），即引
文所謂的「本宗」，而《成實論》也是這部的論典。引文引用這論說身
和口不過是造善業和惡業的工具，它們乃以思為體，故如無心殺生，不
得殺罪。作戒不以色為體的理由是：

若指色為業體，是義不然，十四種色，悉是無記，非罪福性。又
有論師，以身口二業相續善色聲，為作戒體；以相續色聲，法入
所攝，意識所得，是罪福性也。

色可分為十四種【10】，全屬無記性，無罪福善惡可言，因此以色為身口
二業之體，並不合理。有論師認為相續不斷的善色和善聲，屬法入的範
疇，為意識所攀緣，有罪福的性質，可以它們為作戒體。然而，如果身
口作業有善惡性，即它們自身可引生果報，不用以心為體，跟《成實
論》的立場不一致。《事鈔》對這論師沒加批評，《資持》表示兩說可
並存，而以前說為常用：

文無去取，不妨兩得。但諸文中，多用前義，雙存偏用，好自

【8】順文意，所謂「論」當指《成實論》，可是這兩句出處筆者遍尋不獲，川口高風
也沒提及。筆者推測當取意自卷7〈業相品〉第95一段話：「又經中說二種業：
若思若思已。思即是意業，思已三種，從思集業及身口業，是意業最重」。參看
《大正藏》卷32，頁290上。又《俱舍論》卷13〈分別業品〉第4之1也有類似
的說法（參見《大正藏》卷29，頁67中），而法寶（約627－約705）《俱舍論
疏》卷13作疏釋時，有「經部三業總以思為體」等語，亦相類近（參看《大正
藏》卷41，頁631上）；而法寶跟道宣同曾受學於玄奘。

【9】原文見《成實論》卷7〈正行品〉第102，《大正藏》卷32，頁296中。

【10】十四色乃指《成實論》卷3所立五根、五境、四大，共十四色。參看〈色相品〉
第36至〈四大實有品〉第39，《大正藏》卷32，頁260下－262上。

深思。

對比作戒以心為體，無作戒以非色非心為體：

> 言無作戒者，以非色非心為體。非色者，非塵大所成。以五義來證：一、色有形段方所；二、色有十四二十種別；三、色可惱壞；四、色是質礙；五、色是五識所得。無作俱無此義，故知非色。

> 言非心者，體非緣慮，故名非心，亦有五證：一心是慮知；二心有明暗；三心通三性；四心有廣略；五心是報法。無作亦不具此故。以第三聚非色非心為體。

如從色和心兩方面加以考察：色有五種特性：有形相、位處某地方；分為十四種、二十種等；會衰滅變壞；有妨礙；可為眼等五識所攀緣。心也有五種特性：有緣慮覺知；有愚智憶忘之別；通善惡無記三性；攀緣的對象可廣可略；屬果報範疇，但是這些特性於無作中都找不到。接著《事鈔》引用《成實論》作解：

> 文云：「如經中說：『精進人得壽長，隨壽長得福多，以福多故，久受天樂。』若但善心，云何能得多福？是人不能常有善心故。……又意無戒律儀。若人在不善無記心，亦名持戒，故知爾時無有作也」。【11】

原論先提出布施、禮拜等作業可見故是有，無作不可見故是無的疑問；論主回應說，如果沒有無作，則不能守不殺等戒，也不會生於天上。接著在上引文，問者反駁說，生天乃緣於善心，而非戒條；論主指出，人不能常生善心，故要依靠無作，福德和持戒才會不斷增益，以至生天。最後《事鈔》再引《涅槃經》和《十住毘婆沙論》的話，以證明無作非色：

> 《涅槃》云：「戒者雖無形色而可護持，雖非觸對，善修方便，可得具足」；《十住婆沙》云：「戒有二種，作者是色，無作非色。」

【11】 原文見《成實論》卷7〈無作品〉第96，《大正藏》卷32，頁290上‐中；當中所引經為《中阿含經》卷16〈蜱肆經〉第7，《大正藏》卷1，頁527下。

故以多文，證成非色。【12】

第四項「先後相生」，說明作戒和無作戒生起的先後，有二種說法：

> 初解云：如牛二角，生則同時。故《多論》云：「初一念戒，俱有二教；第二念中，唯有無教。」【13】

> 後解云：前後而起故。《善生》云：「世間之法，有因則有果。如因水鏡，則有面像。」【14】故知作戒前生，無作後起。論云「作時具作無作」者，此是作俱無作，並是戒因，至第三羯磨竟，其業滿足，是二戒俱圓故。云「具作無作」，不妨形俱無作，仍後生也；亦是當一念竟時，二戒謝後，無作生也。

第一種謂兩者同時生起，並引《薩婆多論》為證。第二種謂作戒在前，無作戒在後，並引《善生經》為證；又指論文所謂「作時具作無作」【15】，意思為是在第三羯磨完畢時，受戒之作和無作都臻圓滿；當受戒之念結束，其相應之作和無作也消失，但持戒之無作則會生起，與這一期生命共始終，故無作可說是後起。

第五項「無作多少」，乃無作種類的列舉，依《薩婆多論》有以下八種【16】：

【12】《涅槃經》原文見卷18〈梵行品〉第8之4，《大正藏》卷12，頁470中；《十住毗婆沙論》原文見卷11〈四十不共法中難一切智人品〉之餘，《大正藏》卷26，頁80中。

【13】《薩婆多論》原文見卷1，《大正藏》卷23，頁507下。

【14】《優婆塞戒經》原文見卷6〈五戒品〉第22，《大正藏》卷24，頁1069中。

【15】「作時具作無作」即下文第一種「無作」——「作俱無作」，但《薩婆多論》裏不見這語句。詳見下注。

【16】大覺《四分律鈔批》卷13引定賓（約8世紀）的話指沒有論文列出這八種無作，它們只是「古德通求諸經論意」的結果而已。參看《卍續藏經》卷67，頁620下。筆者查考《薩婆多論》原文也不見這有無作的分類。

1. 作俱無作——如作善惡業時，無作亦生起。這是跟作俱存的無作。

2. 形俱無作——如無作生起後，與這一期生命共存亡。這是跟形軀俱存的無作。

3. 事在無作——行者布施之物（例如僧舍、佛塔、佛像、橋井等）沒有滅壞，則由此引生的無作也常在；如布施之物毀破，布施者死去，以及布施者生起無因果等邪見，則無作消失。這是跟事物俱存的無作。

4. 從用無作——如行者穿著布施得來的衣服入定，施者得福；反之，行者持布施得來的弓刀作惡，施者得罪。這是性質由用途決定的無作。

5. 異緣無作——身跟口互為異緣，以身做口業，引生口無作；口做身業，引生身無作。例如身示現為聖人，成就了妄說過人法的口業；又如施咒語過關，成就偷盜的身業，皆為由異緣所成就的無作。

6. 助緣無作——例如教他人殺生偷盜，隨著受害者命終和物件被偷，教他人者也會得罪。這是由助緣所成的無作

7. 要期無作——又稱「願無作」。例如有人發願舉辦法會布施衣物，無作隨生。這是由要期引生的無作。

8. 隨心無作——又稱「心俱無作」。按《資持》的疏釋，根據薩婆多宗（即說一切有部），行者進入色界四禪和無漏定時，會分別引發靜慮律儀和無漏律儀，無作也隨之生起；但行者出定後，無作消失。道宣則依《成實論》「出入常有……善心轉勝故」等語認為靜慮律儀和無漏律儀會引生習性[17]，因此入定出定，無作皆存。這是隨著心俱存的無作。

---

[17] 原文見卷 8〈七善律儀品〉第 112，《大正藏》卷 32，頁 303 中。

乙、受隨同異

第二門名「受隨同異」，「受」是行者在壇場上所受的戒體，「隨」是行者隨後面對外境時對戒體的護持，乃須通過色心配合方可達成：

> 受謂壇場戒體，隨謂受後對境護戒之心，方便善成，稱本清淨故也。

受和隨之戒體分別都有無作和作。《事鈔》指受和隨之兩種無作有五項相同：

1. 名同——同稱為無作。
2. 義同——同可防止七非。七非即殺生、偷盜、邪淫、妄語、兩舌、惡口、綺語。
3. 體同——同以非色非心為體。
4. 敵對防非同——《事鈔》釋這項道：「受中無作，體在對事防，與隨中無作一等」，《資持》再作疏解：

> 言「體在」者，謂本受不失；「對事」者，事即是境，由有本體，方起防護，即名本體能防非也。「與隨中一等」者，疏云：「對非興治，與作齊等，此無作者，非是作俱無作也。謂起對防，即有善行，隨體並生，作用既謝，此善常在，故名此業，為隨無作，與非對敵，故與受同」。

> 綜合文意，受和隨之無作生起後，不會消失，當遇到外在非法之事時，便起防護的功能；《資持》復引用《業疏》指這並非是說「作俱無作」（有作業以對治非法），而是就無作本身便跟非法敵對而言。如是，敵對防非同是說兩種無作同有防護功能，跟非法敵對。

5. 多品同——《事鈔》釋這項道：「如《成論》戒得重發，肥羸不定」，大覺《四分律抄批》再作疏解：

> 如一日中受七種戒，明得「重發」，此曰「多品」；
> 又若先是下品心，得下品戒；今後更受，又發中
> 上，此是受中無作多品也。隨中多品者，謂有「肥
> 羸」，故曰「多品」。又解：約隨中事，別別不同：
> 如持衣說淨，安恣等行，皆是多品，故曰也。【18】

據《成實論》，行者可於同日受一天、優婆塞、沙彌、
具足四種戒，以及得禪定、無色定和無漏，合共七種律
儀【19】，是為「重發」，受之無作也會有多種；又或者行
者先發下品心受戒，受之無作也屬下品，其後更發中品和
上品心受戒，受之無作也會有屬中品和上品。而因應所受
戒的不同，隨之無作也有「肥（圓備，如具足戒）、羸（不
圓備，如沙彌戒）」之分；又或者在修行過程中，持戒事
多，相對應的無作也多。由是《事鈔》以受之無作和隨之
無作同為「多品」。

這兩種無作有四項相異：

1. 總別異——受之無作，乃發願守持一切戒而得，是總；隨之無作，乃
就某些事持戒而得，是別。

2. 長短異——受之無作，乃發願終身受持而得，是長；隨之無作，乃就
某些事通過色心配合而得，事止則停，是短。

3. 寬狹異——受之無作，終身受持，期間善、惡、無記三性都會生起，
是寬；隨之無作，乃就特定情境出現，唯是善性，是狹。

4. 根條異——受之無作是根本，隨之無作依受之無作而起，是枝條。

受跟隨之兩種作有五項相同：

1. 名同——同稱為作。

【18】 卷 14，《卍續藏經》卷 67，頁 625 上。

【19】 參看卷 8〈七善律儀品〉第 112，《大正藏》卷 32，頁 303 中。

2. 義同——同可防止七非。

3. 體同——同以色心為體。

4. 短同——同以色心配合而得,事止則停,故短。

5. 狹同——同以色心配合行善,不通惡和無記,故是狹。

這兩種作也有四項相異:

1. 總別異——受之作,乃發願守持一切戒,是總;隨之作,乃就某事而持戒,是別。

2. 本條異——受之作是根本,隨之作後生,是枝條。

3. 懸對異——受戒時未有毀犯,故受之作只是空懸防護,稱懸;其後修行路遙,隨之作乃對治修行過程中的毀犯,稱對。

4. 一多異——《事鈔》釋這項道:

> 受作一品,終至無學,隨一品定。隨中作戒多品,由境有優劣,心有濃淡故。心分三品不妨,本受是下品心。故《雜心》云:「羅漢有下品戒。年少比丘上品戒」。【20】

大覺再作疏解:

> 此「無學」「本受」,發「下品心」,後修行成羅漢,戒猶下品,故曰「受作一品」也。……又如婬戒,色有好醜,心有輕重,若對美境,防心則難,此曰境優,其心則濃,是上品持戒;若對醜境名劣,心則淡,是下品持戒也。【21】

綜合兩者的意思,行者受戒時本發下品心,至成阿羅漢,其所得戒仍屬下品,故受之作為一。但在修行的過程中,心有波動,如面對美女,欲望濃烈,仍能持戒,是為上

【20】原文見卷3〈業品〉第3,《大正藏》卷28,頁891上。

【21】卷14,《卍續藏經》卷67,頁626後下。

品；面對醜女，欲望淡薄，也能持戒，是為下品，故隨之作為多。可是，阿羅漢已煩惱滅盡，仍只得下品戒，不無疑問；大覺指本受是因，得戒是果，因是發下品心，果亦無可避免是下品戒：

> 由在凡時，下品受戒，後雖精懃得果，據本戒仍下品，以戒酬本一品心因定故也。【22】

丙、緣境寬狹

第三門「緣境寬狹」，論述戒的發起及其所緣境之寬和狹，分四方面：

1. 能緣心——戒之能緣心即現在相續的心念。
2. 所緣境——戒之所緣境乃通於三世。《事鈔》舉例說有人的仇家已死，但這人還會斬斫其屍體；而對仇家的現存兒子以及未來的子孫也會生起惡心，因此面對過、現、未三世，都可發戒。
3. 發戒——現在相續心念可發戒。
4. 防非——防過去和未來之非，現在無非可防。

針對防非這方面，《事鈔》再釋道：

> 若論受體，獨不能防，但是防具，要須行者秉持，以隨資受，方成防非；不防現在，以無非也。若無持心，便成罪業；若有正念，過則不生故也。然又以隨資受，令未非應起不起，故防未非；若無其受，隨無所生，既起惡業，名曰過非；為護受體，不令塵染，懺除往業，名防過非。

綜合文意，戒體只是工具，行者秉受持守，方能防非；由於行者時刻持守戒體，令未來之非本應起而不起，為「防未非」；又現已受戒，懺悔舊業，為「防過非」。至於現在，引文只說無非可防，但沒說明理由。

【22】同上注，頁 627 上。

丁、發戒數量

最後一門「發戒數量」，說明發戒的數量【23】。如上門所言，戒乃對境而發，境包括地水等六大，色聲等五塵、三世六趣、中陰、四生等，範圍廣泛；境無量，所發戒也無量：

> 然所發戒數，隨境無量。要而言之，不過情與非情，有無二諦，攝相皆盡，任境而彰。略說則地水火風空識等界，及色聲香味觸等五塵，乃至過未三世法界等法，及六趣眾生趣外，中陰、四生亦發得戒。

《事鈔》舉出七眾（比丘、比丘尼、沙彌、沙彌尼、式叉摩那、優婆塞、優婆夷）所持戒為例，首先是五戒：

> 準《薩婆多》云：「五戒者，於一切眾生乃至如來，皆得四戒；以無三毒善根，得十二戒；并一身始終，三千界內，一切酒上，咽咽皆得三戒，以受時一切永斷，設酒滅盡，羅漢入般，戒常成就」。【24】準以義推：女人身上淫處有三，男上有二，發由三毒。單配，則女人所得十八戒，男子十五戒；非情一酒，亦得三戒。

五戒即不殺生、不偷盜、不邪婬、不妄語、不飲酒，為優婆塞和優婆夷所持守者。《事鈔》引述《薩婆多論》說對於一切眾生和如來等有情，皆要守首四戒，並須沒有貪瞋癡三毒；四戒和三毒兩兩配置（如無貪不殺、無瞋不殺等），得十二戒；酒為非情之物，跟三毒相配，也得三戒。接著引文推論：女子之三淫道（小便道、大便道、口道）和不殺、不盜、不淫三戒，跟三毒各各相配，得十八戒；男子之二淫道和不殺、不盜、不淫三戒，跟三毒各各相配，得十五戒。其次是八戒：

> 八戒發者，眾生同上，非情得五。

【23】《事鈔》這門的部份內容在《業疏》歸入「緣境相」一門。

【24】原文見卷1，《大正藏》卷23，頁507上。

八戒乃在家弟子暫時出家的戒規，引文說「眾生同上」，意為以眾生為境所發之戒，即上述五戒中的殺、盜、淫、妄；其餘不飲酒、不坐高廣大床、不著花鬘瓔珞和香油塗身、不歌舞倡妓和故往觀聽，不非時食五戒，由於發戒之境皆為非情，故稱「非情五項」【25】。再次是十戒：

> 十戒，三眾，情及非情，同大僧發；四分律文，俱發七支，戒戒下文，皆結吉羅故。

十戒為沙彌、沙彌尼和式叉摩尼「三眾」所持守者【26】，《四分律》說沙彌得不殺生、不偷盜、不邪淫、不妄言、不綺語、不惡口、不兩舌七戒；又僧尼兩部戒本都有為三眾結突吉羅，因此他們跟「大僧」（比丘）面對同樣有情和非情之境而發戒。如果三眾跟大僧無異，為何只得十戒，《事鈔》釋道：

> 此但示根本喜作，說相令其早知，餘則和尚曲教。故三歸羯磨，俱無戒數之文；說相之中，方列十、四，兩種類解。

十戒是戒條的根本，故先列舉出來令三眾早點知悉，餘戒則另由和尚教授；而且沙彌等受三歸和比丘等進行白四羯磨時，戒條都無舉出，其後方補說。至於比丘戒和比丘尼戒的情況如下：

> 若約僧尼，準如婆論，一一眾生，身口七支，以貪瞋癡起，故成二十一戒。今義準張，三毒互起，二三等分，應有七門。女人九處，男子八處，七毒歷之。女人身上得六十三戒，男子身上，以己七毒惱他，得五十六戒，非情戒境，各得七戒。

根據《薩婆多論》，僧尼俱發七戒，各配三毒，得二十一戒。如根據曇無德宗義，三毒之間的開合，可得兩種三毒（一種是單舉，即貪、瞋、癡；一種是複合，即貪瞋、貪癡、瞋癡）和等分（三毒合一），合共七

【25】最後一項不非時食向視為齋，不入戒之列，故得八戒。參看景霄《四分律行事鈔簡正記》卷 10，《卍續藏經》卷 68，頁 611 下。

【26】沙彌等的十戒，乃八戒加上齋和不受金銀二戒組成。

屈大成　道宣的戒體論　　　235

門毒；而女人七戒中的淫戒，細分為三，共九處，各配七毒，得六十三
戒；男人七戒中的淫戒，細分為二，共八處，各配七毒，得五十六戒。
如就非情一境而言，配七毒，得七戒。

二、《業疏》的戒體說

甲、明教宗

　　《業疏》「明業體」，下開「明教宗、陳體狀、列異執、顯正義」四
項，比《事鈔》「出體狀」詳細得多；而其餘三門兩書大同小異。「明教
宗」乃辨明經教的歸宗——《成實論》屬四分曇無德宗，《雜心論》和
《俱舍論》屬十誦薩婆多宗：

> 首題所出，可不知耶？此方盛弘假實二解：成論所辨，正通四分
> 曇無德宗；雜心俱舍，乃解十誦薩婆多宗。【27】

乙、陳體狀

　　「陳體狀」乃戒體相狀的陳述：

> 體謂業體，正是戒法所依，本也；經論所談善惡業者，名也；今
> 述作無作者，業之體也；混名從體，一也；離實談名，異也。
> 多論陳體，教無教也；成實雜心，作無作也，皆略名銓體，義說
> 動靜，而難顯其相，如諸塵也。今且依俙，如論兩傳，寄之取
> 狀。

體，即是業體，善業惡業乃經論常途的稱呼；這業體《薩婆多論》稱教
和無教，《成實論》和《雜心論》則稱作和無作。《業疏》認為這兩組
字眼只標示了戒體的動靜兩相，未臻完備。接著《業疏》詳述曇無德宗
有關作和無作戒體的論述，內容類近《事鈔》，不贅述。值得注意的，

【27】以下所引《業疏》和《濟緣》有關戒體的論述，皆出自《濟緣》卷15、16「釋
　　諸戒受法篇」，《全集》卷6，頁546上 - 577下。

17

是《事鈔》曾引述有論師以相續的善色聲為作戒體，沒加評論；《業疏》
設問指色聲等沒有罪福性，何以為體，《業疏》答道：

> 非外五塵及報色，不妨內方便色也。又云：一念色聲，眼耳所
> 得，非罪福性；相續色聲，法入所攝，意識所得，是罪福性。故
> 論云：「名字句者，是法名聲性，法入所攝」。【28】

外在五塵和報色固然無罪福性，但內方便色則不同。一念之色聲，由眼
根耳根一時所攀緣者，無罪福性；但色聲持續出現，轉為意識所攀緣，
屬於法入，有罪福性。問者提出如果色為業，為何《成實論》重視心
的作用，以口業「要以心力助成」【29】，《業疏》指心不過是助因，非
業之體：

> 聲為業體，以心助成，名字句也，用此名句，即為口業，心是助
> 業之因，非正業體。

問者又根據《成實論》「離心無思，無身口業」兩語認為思以心為
體，【30】而身口作業也離不開心，故應同樣以心為體；《業疏》指論文
說思從心起，離心無思，以破外人；說心助成身口業，以斥外道；言下
之意，兩語旨在破斥，不表了義：

> 破外人義，思心同時而體別故：言心即是思，然心未必是思，思
> 必是心故；又破外道身口二業不假心助，故說離心無身口業。

問者再指出在整個受戒儀式，身業相續出現，為眼根和意根所攀緣，由
此得身作戒體；可是，行者在第三羯磨完畢時，默然受戒，口業沒有持
續，不為耳根和意根所攀緣，故沒有口作戒體。《業疏》以三點回應：

> 身業依色現，青等眼所得，亦為意緣知，是身作戒體；語業依聲
> 發，無記是方便，非常為耳得，故至羯磨竟，遠從要期生，說有
> 二業體；

【28】 原文見《成實論》卷7〈心不相應行品〉第94，《大正藏》卷32，頁289下。

【29】 同上注，頁290上。

【30】 原文見卷7〈正行品〉第102，《大正藏》卷32，頁296中。

又云：世相義斷續，皆為成一受，前乞已告情，後加是眾故，不
容相續現；

又解：身口得互造，前跪表言故。

首先，在受戒儀式過程中，行者曾乞戒，可在羯磨完畢時引生口作戒
體；其次，受戒儀式有斷有續——口作有斷、身作常續——乃互相配
合；最後，身口之業可以互造，如身跪即表示乞求之詞。總之，《業疏》
是要表明口業並無斷滅，能成就作戒體。

對於實法宗（即薩婆多宗）的二戒說，《業疏》有詳細分析，為《事
鈔》所無。《業疏》指《四分律》所顯示五陰的五相（過未現、若內若
外、若麤若細、若好若醜、若遠若近），兼通實法宗【31】；其實假名和
實法二宗皆屬佛教，不過眾生根機不同，故立二宗；並引用《涅槃經》
記五百比丘對於身因眾說紛紜，佛陀卻全肯認，以為佐證：

實法宗中分別二戒者，計非《四分》所通；然律中明五陰五相，
遠近內外，亦有兼故，又重出也；俱是佛教，機執不同，五百身
因，無非正說。

接著《事鈔》從六方面界定作和無作二戒：

1. 有為無為分別——二戒都由眾緣所成，皆有生住異滅四相，故是有
　　　　　　　　　為，而非無為。

2. 有為三聚分別——三聚即色、心、非色非心，二戒俱屬色聚。

3. 色聚三色分別——三色即可見有對色、不可見有對色、不可見無對
　　　　　　　　　色；有對又分為三種：

　　　　　　　　　（1）障礙有對，五根五境互不相通；

　　　　　　　　　（2）境界有對，五根及六識心王及其相應的心所，
　　　　　　　　　　　　只能於自境生起，不能於他境生起；

【31】 參看卷 32〈受戒捷度〉之 2，《大正藏》卷 22，頁 789 上。

（3）所緣有對，即相當於境界有對，唯從所緣之境
的角度來說。

身作乃眼可見，為障礙有對，屬可見有對色；
口作眼雖不見，仍為障礙有對，屬不可見有對色；
無作眼既不可見，而且沒有這三種有對，屬不可見
無對色。《業疏》設問無作既不可見又無對，為何
仍屬色；《業疏》指不可用見和對衡量無作，無作
既由四大所造，必有障礙，是為色：

不以見對用解於色礙，故名為色；無作雖
非見對，然為四大造，更相障礙，據所可
分，故名色也。

可是，無作既是色法，即有質礙；而且為意根所攀
緣，按理當是有對，《業疏》回應道：

障對有二義：一者能所俱對色故；二者能
所兩緣俱障礙故，如眼唯見色，不聞聲
故，名障礙有對。無作不爾，雖對意根，
通緣非礙；色非色別，故非障對。

《業疏》分析障對有兩種：第一種是能和所俱是有
障對之色，即障礙有對，第二種乃取境和所緣都有
障礙，即境界有對和所緣有對。引文接著指出，意
根所生起的意識，除無作外，還能攀緣過去和未來
的五境，以及心王、心所、不相應行、無為等諸法
境，並非受某一色境或聲境等所局限，故不是第二
種障對；又無作（「所」）雖是色，但意根（「能」）
卻是心，故也不是第一種障對。

4. 色聲本報方便分別── 本報之色聲即四大（地水火風），方便之色聲
即四大所構成的身口業作，身口作戒以方便色

聲為體。本報跟方便雖都是色，但本報是酬因之果、無記、由往業引生，方便則是表面的動作，通三性、現在生起。身口二作戒中，身體本身便是色，既是方便，也是本報；但聲音乃色法撞擊而生，非色法本身，故唯是方便，而非本報。《業疏》再設問答釐清：

> 問：方便以報為體，現色是無記，何得說記業？
>
> 答：色無善惡，從方便緣，故說善惡。若爾，經云「何言善惡二心起時，則善惡二色相現」者，《心論》又云：「以清淨心動身口色」。
>
> 答：從緣兩現，不妨彼報體是無記，由心善惡，方便轉現，如刀照面，長廣不同，像轉從緣，而本面不改；體雖無記，不無相善，順上文也。

問者首先說報是無記，為何以此為體的方便卻有善惡，《業疏》只重申從方便做作，說有善惡。問者接著舉出經論皆言色有善惡的例子，表示《業疏》有違經論；《業疏》指心之善惡，隨緣現起相應善惡之方便色，但不妨礙報體是無記；有如刀映照之面相有長廣不同，但面相無二一樣。至於身口二無作戒，既非本報亦非方便：

> 二種無作，非報非方便者，以從作戒起故，作戒既非報是方便，明知無作非二色。故《涅槃》云「非異色因」，謂非

報也，以報是方便色因，方便非報，故
說為異；言「不作異色因果」者，謂非
方便色也，以方便是報色之果，報非方
便，故說為異，是以解者云「非二
色」。

按《涅槃經》說無作色乃「非異色因，不作異
色因果」【32】，引文指報是方便色之因，方便
不是報，故報為異色之因，而無作非報，故經
言「非異色因」。又方便是報色之果，報不是
方便，故方便為異色因之果，而無作非方便，
故經言「不作異色因果」。因此引文結尾說善
解實法宗者以無作並「非」「異色因」和「異色
因果」這「二色」。

5. 方便色聲三性分別——方便之色可分為青黃赤白等十二種和高下長短
等八種兩類，即常途所謂顯色和形色，前者皆
為無記，後者通於三性；方便之聲可分為不受
（發自無情）、因受（發自有情）、因俱（發自
有情和無情的配合）三種，前一者為無記，後
兩者通三性。身作戒為善形色，聲作戒為因受
和因俱這兩種聲中的善聲。

6. 始終分別——在受戒儀式過程中，從請師至第二羯磨之間，求戒之心
未滿足，方便之色聲只是善作，要到第三羯磨完畢的剎
那，方便之色聲才是戒。

丙、列異執

「列異執」一項列舉前人對戒體的不同論述。《業疏》首先交代律之

【32】原文見卷 34〈迦葉菩薩品〉第 12 之 2，《大正藏》卷 12，頁 568 上。

分部：

> 自金河已後，名教互張，五部十八，隨機而舉，各謂指南，皆通
> 經論；年代綿遠，餘執漸離，唯婆多、正量、上座、大眾，斯之
> 四宗，今盛西域；此方所傳，四部乃翻，今時弘者，曇無德部、
> 薩婆多部，最為殷矣。

佛陀入滅後，佛教次第分化出五以至十八個不同的部派，時移世易，在西域以薩婆多、正量、上座、大眾四部最興盛；在中土，四部律藏也傳譯過來，當中以曇無德部之《四分律》和薩婆多部之《十誦律》最流行【33】。所謂「異執」，分「法、迷」兩類，法執是：

> 自晉南遷，迄于陳世，釋門義府，多師成實，彼土傳律，偏弘十
> 誦，以假名宗出有部體；中原擾攘，聲教奔飛，元魏高齊，大弘
> 心論，便依多雜，出四分體。

由東晉至陳，南方學僧偏習曇無德部的《成實論》和有部的《十誦律》，他們基於假名宗，卻提出有部的戒體說；中原學僧雖依據有部的《薩婆多》和《雜心論》，卻提出曇無德部的戒體說。如是，兩地學僧都提出有乖他們所本的典籍的說法，故元照釋「法執」為「出體依宗，文據參亂」。接著《業疏》指法正部（即曇無德部）之碩學舉出《雜心論》也以無作為「非礙、非色」，質疑有部為何主張無作是色：

> 後有碩學，通觀兩宗，雙出二體，各用開律。略敘其說，須得本
> 致，故法正部難曰：無作是色，何故《雜心·界品》云：「無作
> 雖非礙，以作是礙故，彼亦說為礙，如影隨樹動」；又〈業品〉
> 云：「強質名為色，無作亦非色也」？【34】

碩學並試圖和會薩婆多部和曇無德部的說法：

> 彼部通曰：言無作非礙非色者，不同可見、不可見有對色礙，故

【33】其餘兩部律藏即大眾部之《摩訶僧祇律》和化地部之《五分律》。

【34】這兩段原文見卷1〈界品〉第1、卷3〈業品〉第3，《大正藏》卷28，頁871下、888下。

言非色非礙，非不是無對色礙。若聞無作，雖非色礙，謂是非色礙者，即〈界品〉云：「過去色雖非礙，曾礙故；未來色當礙，故現在微塵，雖非礙眾，微集則礙」【35】。豈以微塵不可觸而得名非色？然則微塵是微色，即是微礙，故知非者，謂非麤現之色礙也。

碩學引用《雜心論・界品》說過去色和未來色都有妨礙，現在個別微塵積集起來亦有妨礙。據此，不能以個別微塵非眼根所能攀緣，便稱它們不是色；微塵只是極微細之色，妨礙也甚微細。碩學復推論說無作所謂非色，乃非粗大可見之色罷了，而不是真的沒有色礙。如是，薩婆多部說無作有色，曇無德部說無作非色，為同一事的兩面。《業疏》把此說歸為法執，明顯不表同意。《濟緣》揭露碩學即雪川岳師（992－1064）【36】，他根據《事鈔》「非色者非塵大所成」一語認為非色不過是非麤色，而不是沒有細色【37】；但《濟緣》認為假和實、空和有，南轅北轍，不能融會；岳師本身也不知道細色是什麼：

近世雪川岳師，融會假實，以為一見，乃謂《成論》非色非心，還即是色，鈔文既云「非塵大之色」，明知是細色耳。且空有兩宗，豎義立體，迭互斥奪，矢石相反，如何和會，以為一見，若體不異，何用分宗？又但妄云細色，不知細色是何等物！

迷執是對佛教義理的迷惑不解，《業疏》舉出有四師：

如昔光師，依理明體，謂此聖法，能為道務，如鈔所顯。

齊末立體，即受五緣，由此體具，便感前法，此則說緣為體。

河北魏部，雖依法數，正解四分，偏廣多宗。

江南晉師，崇尚成實，依論出體，用通十誦。

【35】原文見卷1〈界品〉第1，《大正藏》卷28，頁871下。

【36】雪川岳師即淨覺仁岳，乃天台四明知禮（960-1028）的弟子，本傳見志磐：《佛祖統紀》卷21，《大正藏》卷49，頁241上-中。

【37】原文見《全集》卷3，頁72下。

參照《濟緣》的疏釋，四師的說法是：

1. 光師即慧光（468—538），他指理為戒體，有助修行，內容為《事鈔》所說的各種戒規。

2. 齊末即高齊法願（523—561），他認為受五緣即具戒體，感應到願求的戒法。五緣是能受人（非五趣）、諸根具足、身心清淨為道器者、具三衣、得少分法（已持部份戒條）【38】。

3. 河北魏府的學僧依據《四分律》解釋法相名數，卻弘揚薩婆多宗。

4. 東晉學僧崇尚《成實論》的戒體說，卻以之跟《十誦律》相通。《業疏》斥責他們不是顛倒宗義（第3、4師），便是錯解佛理（第1、2師），不足為道：

> 斯並宗骨顛倒，理味差僻，摘搖過濫，何可勝言？

丁、立正義

「立正義」乃展示薩婆多、成實（曇無德）、圓教三宗的正確的義理立場，部份內容重覆了上文，但這節更立圓教，並加褒貶。《業疏》指薩婆多宗引《四分律》曾說如來用天眼得見眾生有善色惡色等，以證業體是色法：

> 如律明業，天眼所見，善色惡色，善趣惡趣，隨所造行，如實知之。以斯文證，正明業體，是色法也。【39】

《業疏》澄清《四分律》所言的善色惡色等，相當於中陰，十分微細，故唯天眼才能得見；並非如薩婆多宗般以緣、對等觀念來界定；言下之意，薩婆多宗錯引律文：

> 如上引色，或約諸塵，此從緣說；或約無對，此從對說。雖多引明，用顯業色，然此色體，與中陰同，微細難知，唯天眼見，見有相貌，善惡歷然，豈約塵對，用通色性？

【38】 參看《濟緣》卷13〈釋諸戒受法篇〉，《全集》卷6，頁508上‑509下。

【39】 原律文見卷31〈受戒揵度〉之1，《大正藏》卷22，頁781中。

成實宗主張心是業報的正因，色是之所引生出的果報；作戒要心、色配合，方可做到，故作戒以二者為體；而隨之生起的無作，不由色心所造，無以名之，勉強稱之為非色心；而《業疏》以這派部分教理跟大乘相通，重視心的作用，較前宗優勝：

> 依成實當宗，分作與無作，位體別者。由此宗中分通大乘，業由心起，故勝前計。分心成色，色是依報，心是正因，故明作戒色心為體，是則兼緣顯正，相從明體。由作初起，必假色心；無作後發，異於前緣，故強目之非色心耳。

圓教的義理立場如下：

> 約圓教明戒體者，戒是警意之緣也。以凡夫無始隨妄興業，動與妄會，無思返本，是以大聖樹戒警心，不得墮妄，還淪生死。故律中云：「欲修梵行盡苦源者，便命召之入聖戒數」【40】，此根利也；後漸澆濁，不可示本，乃就傍緣，廣聞衢路，終依心起，妄分前境。愚人謂異，就之起著，或依色心，及非色心，智知境緣，本是心作，不妄緣境，但唯一識，隨緣轉變，有彼有此。欲了妄情，須知妄業，故作法受，還熏妄心，於本藏識，成善種子，此戒體也。

這派認為外境由虛妄心識隨緣轉變出來，凡夫不明白，加以執著，以為是本自色心或非色非心；智者明白這道理，持受戒法，反過來熏習妄心，令藏識蘊釀出善種子，善種子便是戒體。戒起警誡作用，叫凡夫受戒返本。而善種子的功用有進一步說明：

> 由有本種熏心，故力有常，能牽後習，起功用故，於諸過境，能憶、能持、能防，隨心動用，還熏本識，如是展轉，能靜妄源；若不勤察，微縱妄心，還熏本妄，更增深重。

善種子常存於藏識，恆常熏習本心，產生功用，令行者於修行過程中，

【40】原律文見卷33〈受戒揵度〉之3，《大正藏》卷22，頁799中。

憶持善法，防備惡法，如是再熏習藏識成善種子，久之斷除妄念的根源。行者如稍微生起妄心，妄心便會熏染藏識，加劇妄念。《業疏》總結說如能返妄歸真，顯現清淨心，遵行律儀；生起大智，修習善法；不分人我，護持眾生，即能成就法、報、化三佛身：

> 是故行人常思此行，即攝律儀，用為法佛，清淨心也；以妄覆真，不令明淨，故須修顯，名法身佛。
>
> 以妄覆真，絕於智用；故勤觀察，大智由生，即攝善法，名報身佛。
>
> 以妄覆真，妄緣憎愛，故有彼我，生死輪轉，今返妄源，知生心起，不妄違惱，將護前生，是則名為攝眾生戒，生通無量，心護亦爾，能熏藏本，為化身佛。

值得注意的，是「立正義」末段強調如識別宿世因緣，終歸向大乘，並引用《法華經》、《涅槃經》的話作證：

> 今識前緣，終歸大乘，故須域心於處矣。故經云：「十方佛土，唯有一乘，除佛方便，假名字說」【41】；既知此意，當護如命，如浮囊也；故文云：「我為弟子結戒已，寧死不犯」；又如《涅槃》中羅剎之喻。【42】

可是，律部向被視作屬小乘，但這裏又說「終歸大乘」，似有矛盾，《業疏》釋道：

> ……何況《四分》通明佛乘，故沓婆厭無學，知非牢固也；施生成佛道，知餘非向也；相召為佛子，知無異乘也；捨財用非重，知心虛通也；塵境非根，曉知識了義也。略引成證，全乖小道。

引文舉出《四分律》中五個例子，證明這律也通於大乘。現據《濟緣》的

【41】原文見《法華經》卷1〈方便品〉第2，頁8上。

【42】浮囊、羅剎之喻，參見《涅槃經》卷11〈聖行品〉第7之1，《大正藏》卷12，頁432中-下。

疏釋，說明如下：

1. 沓婆厭無學，知非牢固——《四分律》「僧殘・無根謗戒」段記尊者沓婆摩羅子證阿羅漢果後，在靜處思考，厭惡自己已達到無學境界的身體，追求更牢固的佛法，並修利他行。他明顯不滿意小乘果，而要追求大乘菩薩行【43】。

2. 施生成佛道，知餘非向——《四分律比丘戒本》末的迴向偈有言：「施一切眾生，皆共成佛道」【44】；一切成佛乃《華嚴經》和《法華經》所說的圓頓了義，戒本明知二乘不是最終歸宿。

3. 相召為佛子，知無異乘——《梵網經》等大乘戒本稱佛弟子為「佛子」，小乘戒本則稱為「比丘」；《四分律》啟卷的偈頌也有「如是諸佛子」、「佛子亦如是」兩語【45】，顯示《四分律》也屬大乘戒本。

4. 捨財用非重，知心虛通——《四分律》「捨墮」罪規定僧眾接受超出所需的衣服財物，須施捨給其他僧眾，然後再由僧眾還給本人；如果僧眾不還，僅犯了突吉羅輕罪，而非偷盜重罪【46】。這反映《四分律》傾向利他的大乘行，所以規定才這麼寬鬆。

5. 塵境非根，曉知識了義—— 小乘佛教只談眼根能見等，《四分律》「單提法・小妄語戒」有說：「見者，眼識

【43】原律文 參看卷 3〈十三僧殘法〉之 2，《大正藏》卷 22，頁 587 上。

【44】原律文參看《大正藏》卷 22，頁 1043 上。

【45】原律文參看卷 1，《大正藏》卷 22，頁 568 上、中。

【46】參看卷 6〈三十捨墮法〉之 1，《大正藏》卷 22，頁 601 下 - 603 上。

能見；聞者，耳識能聞」等【47】，可見其十分注重心識的作用，跟大乘佛教的說法相近。

三、總結

談戒體者，一般標舉其防非止惡的功能而已；而從上文的論述，可見有關戒體的內容和討論十分豐富，包括作戒和無作戒的先後、無作戒的種類、受和隨之戒體之異同、發戒的緣境和數量、三宗的「正義」等。如再比對《事鈔》和《業疏》，後者解釋了色聲為何是作戒之體，列舉薩婆多宗對作和無作之六種分辨，追述前人對戒體之異執，解釋三宗的義理立場等，明顯詳細得多。元照當時已指出戒體意義幽隱，需多解釋，但《事鈔》本乃針對初學者，文義簡略，令謬妄叢生：

> 法體幽微，頗涉言論。但鈔為新學，直申正理，文義簡略，致多謬妄。此既律教之源，復是修行之本。事須廣釋，少資心用。

由是，道宣著《業疏》時，戒體成為論述重點。更特別的，是《業疏》在薩婆多和曇無德兩宗之上，更立圓教；這教以戒體為藏識中的善種子，很明顯取法自瑜伽行學派【48】。《事鈔》初稿成於貞觀三年（629），重修於貞觀十年（636），《業疏》則定稿於貞觀二十二年（648），兩書成立相距十年。在這期間，道宣於貞觀十九年（645）始協助玄奘（約 602—664）譯經【49】。如眾周知，玄奘譯出大量瑜伽行

【47】原律文參看卷 11〈九十單提法〉之 1，《大正藏》卷 22，頁 634 中。

【48】簡言之，瑜伽行學派認為眾生接受聞教和修行的熏習，藏識（一般稱阿賴耶識）便積存善種子，這些善種子又會現行，令眾生行善，如是不斷輾轉行善和積聚善種子，眾生最終成道。

【49】詳參看藤善真澄：《道宣傳の研究》（京都：京都大學學術出版會，2002 年），頁 116-117、140-149。

學派的教典,是這派在中土的大師,道宣既為玄奘助手,對新傳入的瑜伽行教學必有第一手了解;而且,道宣是佛教史家,著《續高僧傳》、《廣弘明集》、《大唐內典錄》等史傳經錄,對於佛教大勢十分掌握;道宣於《事鈔》對戒體的詮釋,乃基於曇無德宗,至接觸到瑜伽行教學,即轉而改宗。【50】又道宣服膺之《四分律》屬曇無德宗,《業疏》卻以圓教為尚,難免有背棄本宗之嫌;故《業疏》在介紹曇無德宗的戒體說後,加以品評,用上「熏」、「本心」等帶有瑜伽行教學意味的字詞:

> 考其業體,本由心生,還熏本心,有能有用;心道冥昧,止可名通。……不知何目,強號非二。

《濟緣》也說引文所謂的「二非」,即圓教之「種子」;而且,《業疏》指曇無德宗「分通大乘」,以及論證《四分律》也包含大乘元素。由此可見,道宣和元照均有和會曇無德宗和圓教的意圖。此外,道宣經常援引薩婆多宗的經典,例如《事鈔》解釋作無作戒時,引用《雜阿毗曇心論》;「先後相生」、「無作多少」兩節和「發戒數量」一門,引用《薩婆多論》等。總之,道宣緊貼佛教的發展趨勢,宗派意識卻淡薄,這跟其作為史家尊重客觀事實的風範,十分相符;而不像其他宗師如三論吉藏(549—623)、華嚴法藏(643—712)等,處處顯示出揚己抑他的意味。

【50】有關道宣跟瑜伽行教學的關係,參看釋果燈:〈道宣律師與唯識學的關係〉,《海潮音》第 18 卷第 4 期(2000 年),頁 23-32;黃心川:〈略述南山律宗唯識觀〉,收入氏著:《東方佛教論》(北京:中國社會科學出版社,2002 年),頁 266-271。

見道行事：唐君毅先生的續統思想

陳學然*

提　要

　　不論是書信、日記，還是述學、應世之文，唐君毅的文字都洋溢一片匡時救世悲情，處處突顯自強以應變的信息和「守道不移」的續統衛道使命，逕視新亞書院為道統之所繫，是落實「存亡繼絕」、「返本開新」人生信念的場域。他透過援引孟子「五百年必有王者興」和邵雍「元會運世」的觀念，異代重現天縱英才的敘事模式，塑造自己/新亞的傳道正統性，從而確立「道統」授受的現代譜系，使續統者據以自顯身份和自貴其業，也使「道統」的傳承不絕反過來說明傳統文化有其不磨價值，足能抗衡時下批孔言論和崇洋氣習。唐先生的續統思想既是應世而生，難免帶有時代烙印和某些局限，但從中透視的文化自信和尊嚴歷史文化價值的用心，在當時社會氣氛下有其彌足珍貴之處。此外，唐先生續統觀念之形成及其基於此一觀念下如何書寫新亞的創建史、如何論證「我們」承襲天命正統的歷史必然，這些在目前相關研究領域裏未見探討的問題，有助於了解上世紀部份人在世變下處理歷史文化危機的思想趨向和文化取態。

> 時者天也，事者人也。時動而事起，天運而人從，……有其時而無其人，則時不足以應。有其人而無其時，則事不足以興。有其時而無其人，則時不足以應。有其人而無其時，則事不足以興。有其人而無其時則有之矣，有其時而無其人，蓋未之有也。
> —— 邵伯溫：〈皇極世書論圖說〉

---

*香港城市大學助理教授。

文化上可以承先，可以啟後；可以繼往，可以開來。在道德上對
自己可以不慚愧，文化上可以承先啟後，則我們自己個人的文化
生活的前前後後都可通貫起來，成一整體的生命、整體的文化生
命。啟後的創造開新固然重要，承先的保存亦重要。

——唐君毅：《中華人文與當今世界補編（下冊）·人的
存在問題與中國文化》

一. 回應世變

1958 年元旦，唐君毅、牟宗三、徐復觀及張君勱合撰的文章〈中國
文化與世界—— 我們對中國學術研究及中國文化與世界文化前途之共同
認識〉在香港的《再生》雜誌及《民主評論》共同發表，該文又稱〈為
中國文化敬告世界人士宣言〉，學界簡稱為〈宣言〉。它是唐君毅在旅
美途中寫成，再經三氏反覆商議後修訂而成，藉四萬餘字展現文化觀、
思想立場和時代關懷，至今已成當代新儒家興起的標誌。

當代新儒家護衛中國傳統文化之行，可以總結為對「道統」精意的
重申與維護，關鍵在於護衛「孔孟所開闢之人生宇宙之本源。」[1]〈宣
言〉對此多有強調，並把孔孟開闢、經宋明儒發展的「心性之學」看作
闡明「道統」之「本體」—— 或者說是「道體」的一門學問。這門學問
藉着各種形而上概念的詮釋，所要突顯的就是「中和」這一為人倫世界
及至天地萬物設定秩序的核心概念。他們直視「中和」為統領並貫通於
中國整體歷史文化之學，構成異於西方文化、且值得西方學習的「大
一統」、「一本性」文化特質，[2] 故直言今人如欲認識中國傳統文化，

---

[1] 牟宗三：《道德的理想主義》，臺北，學生書局，1985 年，頁 6。

[2] 在檢討西方文化不足之處，〈宣言〉列明五點東方文化是西方所應學習的精神及
　　智慧，而這五點也是以儒學的精神為主體的，有萬古常新之永恒價值。此五點分

必從「道統」開始——並要先從闡明其本體的心性之學入手,藉「中和」之性了解中國之悠久長存乃繫於此「一脈相承之統緒」。【3】

論者認為〈宣言〉在於清除中外人士對中國文化的「許多誤會與誤解」、「匡正外國人對中國文化的許多不正確看法」,藉以「爭奪代表中國文化對外的發言權」。【4】事實上,我們不難看到它處處集矢攻擊五四以來國人以洋為師、百不如人的文化態度,進而彰顯「道統」背後的文化價值,樹立國人的文化自信心,表現續統衛道的思想情感。視〈宣言〉為港臺新儒家駁議五四新文化運動以來的文化發展態勢,大概是正確的。唐先生本人便是基於這種情感尋索「道統」隱微於現代的原因,五四變局成為其咎罪之源:

> 五四時代以來欲建立民主、科學,跟着清儒實用的立場而反對宋儒,把一切深遠的學問去除,眼中看到的只是最現實的物質、經濟、政治,於是講唯物論而最現實的共產黨就乘機崛起。【5】

由唐先生到新儒家其他人物的社會文化關懷和人文價值重建理念,無不以五四為論述基點。唐先生的著述如《中華人文與當今世界》、《人文精神之重建》、《人文精神之發展》、《中國文化之精神價值》,關懷世變之情尤為濃烈,把現代中國史直接看作「西方文化次第征服中國傳統文化之歷史」,驚懼中國文化在西方文化的衝擊下「一步一步退卻,

---

別為:1.「當下即是」之精神,與「一切放下」之襟懷;2. 圓而神之智慧;3. 溫潤而惻怛或悲憫之情;4. 使文化悠久之智慧;5. 天下一家之情懷。唐君毅、牟宗三、張君勱、徐復觀:《中國文化與世界——我們對中國學術研究及中國文化與世界文化前途之共同認識》,頁 14-15。

【3】 同上,頁 16。

【4】 翟志成:〈文化激進主義 VS. 文化保守主義:胡適與港臺新儒家〉,《新亞學報》第 26 卷,香港:新亞研究所,2008 年 1 月,頁 157。

【5】 唐君毅:〈略談宋明清學術的共同問題〉,唐君毅全集編委會主編:《唐君毅全集第 18 卷·哲學論集》,台北:台灣學生書局,1991 年,頁 572。

而至於全然崩潰」。【6】

唐先生因傳統價值觀分崩離析而生的憂懼感，在一眾新儒家中特別外露，這或與他常以世變中的「逃亡者」身份自述有關，彼此形成相互激發之效：逃亡之感愈強，文化危機感愈濃，這反過來又使其自我身份意識更為強烈。這些情感最後反映於兩篇應時名文〈中華民族之花果飄零〉和〈花果飄零及靈根自植〉，讓人體會到他的國破家亡感和民族文化的憂患感；其中一段比喻，很形象化地說明民族文化的現代境遇，予人無窮之感嘆：

> 一園中大樹之崩倒，而花果飄零，遂隨風吹散；只有在他人園林之下，托蔭避日，以求苟全；或牆角之旁，沾泥分潤，冀得滋生。此不能不說是華夏子孫之大悲劇。【7】

究尋時代問題之結穴，在唐先生看來不外乎共產革命的民族文化破壞政策和時人崇外自貶的情結。對於後者，寄身香港這個殖民地讓他感受尤深，致使他在很多方面自感夾夾不入，不時強化內心客居異地而思念故國之情。在一封致梁漱溟的信涵中，他指出：「黃河九轉，終必朝東。殖民地豈可久居，年來夢魂繚繞回國之事幾月必一次」。【8】這種情感不只是他初抵香港頭幾年才有，直至晚年依然不變。他有句話是如此說：「如我在香港二十年便總覺是客居」，並由此推知「一切來到香港的人與我個人之感覺亦不會差許多。」【9】直至離世，他最終不選香港為葬身之地。當中原因蓋與香港為一塊崇洋而欠民族

【6】唐君毅：〈中國文化之創造（上）〉《唐君毅全集第 17 卷・中國文化之精神價值》，頁 484-485。

【7】唐君毅：〈中華民族之花果飄零〉，《唐君毅全集第 7 卷・中華人文與當今世界（上冊）》，頁 12。

【8】唐君毅：〈致梁漱溟〉，《唐君毅全集第 26 卷・書簡》，頁 17。

【9】唐君毅：〈海外中華子孫之安身之道〉，《唐君毅全集第 10 卷・中華人文與當今世界補編（下）》，頁 453。（1973 年）

性的殖民地有關。

唐先生筆下之文字亦時刻顯示出以「他者」角色審視此地之種種，以域外之地看待其文化、地理之位置，主觀地把「香港華人社會的子弟」看作為因百年來民族災難而不得不「次第飄落到香港之花果」，【10】強調要以疏離之情感寄居異地，免得受不良風氣薰習而自失種性。故多次重申他們在香港不過是「僑居異地，為臨時之計」罷了；又說：「香港乃英人殖民之地，既非吾土，亦非吾民。吾與友生，皆神明華胄，夢魂雖在我神州，而肉軀竟不幸亦不得不求托庇於此。」【11】這些觀感既顯示了他的民族自豪感，也深刻透顯其人對世變以來國運衰頹的無奈感。文化危機感之強烈促使其自保自強之情，一再曉諭從學者要自重身份價值：「自覺到自己是歷史意義的中國人，而以之為自己生命的本質」，「不必太看重身份證上的白紙黑字」，否則，就還沒有資格「作為中國人」。他很自豪也很鄭重地對新亞書院的師生宣稱：「大家必須在文化生命上，作個『仰不愧於天，俯不怍於人』的中國人」。【12】

基於民族文化及家國身份的認同感，唐先生常以疏離情調提示人要自覺培養家國意識：「住在此地，我們還是頂天立地的中國人」。【13】其言實是一再尊榮自己的國家身份，同時又更突顯「流亡」者之身份位置。此情狀驅使他一方面自我強化民族文化主義的情緒，一方面又不斷增強滯居異地的文化悲情，時代危機感於焉構成，隨之而生的扭轉世局悲願又因文化歸屬感之熾烈而浸然興發，促成其以振衰起弊的擔道精

【10】唐君毅：〈對香港學生的期望〉，《唐君毅全集第 9 卷‧中華人文與當今世界補編（上）》，頁 449。（1970 年 7 月刊於《中學生》）

【11】唐君毅：〈中華民族之花果飄零〉，《唐君毅全集第 7 卷‧中華人文與當今世界》（上冊），頁 37。

【12】唐君毅：〈中國現代社會政治文化思想之方向，及海外知識分子對當前時代之態度〉，《唐君毅全集第 8 卷‧中華人文與當今世界（下）》，頁 261-262。

【13】同上，頁 231。

神。這種精神遍見於他的各類文章，即使是上告亡母的禱詞，也能讓人感悟及他對民族文化念茲在茲的繼承、發揚心志，其言曰：

> 然今日國運如斯，教化安托？願以微軀與邦人君子共興華夏，以此人倫之至之教，光被四表，格於上下，敬懷心願，以告吾母。【14】

然而，唐先生這種處身世變而又毫無社會政治力量的一介書生，復興華夏「道統」的志願只能在興學施教過程中落實。用其言即是：「願本斯心，與師友相切勵，以共繼斯文，則今後華夏光明，誠當永在。」【15】其言顯示，他與身邊一批流亡南下的「邦人君子」、「師友」共同創辦的新亞，實際上就是「斯文」之所在、「道統」之所繫，同時也是他們——亦即是其言所謂之「我們」賴以實踐人生理想的場域所在，故新亞已與「我們」的生命共融一體，彼此間不能分割。

從個人到新亞均以極高使命自期，一旦面對現實中極為有限的施展抱負空間的情況下，沉重的責任感與無奈感往往轉化為自我咎責，甚或表現懺悔之情：

> 當此天旋地轉的時代，我們如果不能使中國文化思想與教育，走上一更正大光明的道路，我們上無以對祖宗，下無以對子孫，我們亦將不能逃千秋萬世的責備。……中國今日真有良知之知識份子，無論自顧己身，遙念家國，皆可使之愴懷感慨，欲哭無淚。說此為五千年來中國知識份子所遭遇之未有之慘境，亦不為過。而處此慘境之知識份子，卻須負挽救五千年所未經之災難之重任，以免於千秋萬歲之責備，此將如何而可能？【16】

每逢孔子誕辰之際，此種自責之情尤為悲愴深長，懺悔言辭更屢見不

【14】 唐君毅：〈母喪雜記〉，《唐君毅全集第 3 卷‧人生隨筆》，頁 65。

【15】 唐君毅：〈母喪雜記〉，《唐君毅全集第 3 卷‧人生隨筆》，頁 64。

【16】 唐君毅：〈論接受西方文化之態度〉，《唐君毅全集第 5 卷‧人文精神之重建》，頁 279-281。

鮮：

> 今天是孔子誕生二千五百年紀念，同時是中國人民正在深受戰爭的苦痛，中國之歷史文化已遭遇從古所未有之嚴重考驗的時期。亦是世界人類，正在加強其互相猜忌，可能再帶來一次人類浩劫，使人類鄰於毀滅的時期。我們在此時紀念孔子，我們應當如何的慚愧、反省與奮勉，才不辜負孔子之遺志，以應付來日的大難？[17]

由上觀之，孔子已成其膜拜、護衛的對象，其言也不難讓人體味及「見道者」或「擔道者」的宗教精神，儼如教徒以敬畏之心履行傳道護教之天職。最重要的，還在於唐先生面向學生言道說教時一再以「我們」指稱，目的不外乎讓所有新亞學生感悟他們正是置身其中，在承繼「道統」、光大孔子的文化事業上，彼此是同舟共軛、理應要有不能自已的使命感和不容卸卻的責任感。

感傷時局和紀念孔子之餘，唐先生反省造成世變、儒學萎靡而民族文化被國人棄如敝屣的原因，均源於五四以來「打倒孔家店」之行。他發表了二十多篇言辭激烈的駁斥文章，抨擊五四以來國人以西方為師和自我貶損的文化心態。譬如，胡適重估一切價值的倡議，在他看來是未能公允對待中西文化之優缺面，只消極指出中國傳統文化之失而「加以崇拜」西方文化，[18]而奉「西方之學術思想為標準」之行被他看作是「肆意自詆」，無視中國「數千年之歷史文化學術」的價值。魯迅、吳虞等人被他斥為「刻薄文人」和「文化上的賣國賊」，[19]他們的民族文

---

[17] 唐君毅：〈至聖先師孔子二千五百年紀念〉，《唐君毅全集第9卷・中華人文與當今世界補編（上冊）》，頁182。

[18] 唐君毅：〈一千八百年來的中國學生運動之歷史發展〉，《唐君毅全集第10卷・中華人文與當今世界補編（下冊）》，頁469-476。

[19] 唐君毅：〈五四紀念日談對海外中國青年之幾個希望〉，《唐君毅全集第8卷・中華人文與當今世界》，頁334-340。

化態度被斥為「偏激鄙薄」、「激於意氣，矯枉過正」、「太偏重懷疑與破壞之精神」。【20】整個新文化運動的精神在他眼裏是「輕薄放肆」、斬斷「中國之文化生命與民族生命之統緒」，【21】造成各種亂象叢生、【22】國人屈服外來文化思想而毫無家國意識的惡果。【23】

承上論，唐先生欲致力的學術方向，在於重建國人的民族自信心與身份價值認同感。這種思想的另一面，就是異常反感社會上的崇洋氣氛，並對未被社會染污的青年人特為愛護，並且期盼亦甚高。順是，在學說觀點上求廣大包容見稱的唐先生，對共事的「高級華人」好用「英語交談」這點卻是憤慨有加、引以為恥；【24】並常有自尊自貴之言：「只須自認是神明華胄，就可以平視此地之英國人與一切高等華人」。【25】也基於上述原因，當身邊一些學生或友儕急於奔赴外國升學以求更高學位或求西人的學位認證時，他會感到婉惜。【26】

上論之見，固源於唐先生厭惡時人崇洋的因素，亦與他「流亡者」

【20】 唐君毅：〈論接受西方文化思想之態度〉，《唐君毅全集第 5 卷·人文精神之重建》，頁 287-293。

【21】 唐君毅：〈中國清代以來學術文化精神之省察·新文化運動時之思想〉，《唐君毅全集第 5 卷·人文精神之重建》，頁 119-126。

【22】 唐君毅：〈中國今日之亂的中國文化背景〉，《唐君毅全集第 5 卷·人文精神之重建》，頁 260-281。

【23】 唐君毅：〈花果飄零及靈根自植〉，《唐君毅全集第 7 卷·中華人文與當今世界》（上冊），頁 43。

【24】 唐君毅：〈中華民族之花果飄零〉，《唐君毅全集第 7 卷·中華人文與當今世界》（上冊），頁 14-15。

【25】 唐君毅：〈中國現代社會政治文化思想之方向，及海外知識分子對當前時代之態度〉，《唐君毅全集第 8 卷·中華人文與當今世界（下）》，頁 261。

【26】 唐君毅：〈花果飄零及靈根自植〉，《唐君毅全集第 7 卷·中華人文與當今世界》（上冊），頁 44-47。

要回國行事救世的心態有關，他說：「本校最初的理想，是希望在香港培植一些青年，待機返回大陸，重建我們的家國。」【27】言論背後，乃潛藏着其人不能釋懷的主觀意願，竟對凡踏入新亞校門的學生賦予「使命在身」的期盼，能以「新亞人」的身份自覺地同心共負「我們的」時代責任。基於這種情感，他對青年人的期許也就無時不蘊蓄心扉，亦無時不直言敦勉：「希望諸位自己珍重，並訓練自己成為承擔時代的社會責任，延續發展中國的歷史文化的未來人物。」【28】職是，青年人實應自重、自貴和自我裝備，當隨時回國復興文化而萬莫寄情異地別事。這種想法使其一直視香港為臨時僑居之「異地」，也使其把新亞定位為一所擔負獨特文化使命與時代責任的「流亡大學」。

為杜絕旁人沉緬於紙醉金迷之地而忘忽救國救時大任，唐先生不少演講或文章都強調保持戒慎之心渡日的重要性，提示南下青年要有身陷香港而心繫神州之志，否則，忘了自己的來處和寄居異地的緣由，將會是一樁「最可怕的事」。他直言害怕旁人一旦「習慣了」就會「樂不思蜀」、心思歸於麻木，從而自忘「自何處來」，因此一再寄望他們要常存國破家亡的流亡感和建國的迫切感，免得失去志氣、抱負、責任心與使命感。【29】強烈憂懼感使其言語文字間常常透顯強烈的民族主義色彩。【30】

綜言之，現代連番變局改變國人之生活模式，對民族文化的看法和

【27】唐君毅：〈對未來教育方針的展望〉，《唐君毅全集第 9 卷・中華人文與當今世界補編》（上冊），頁 498。

【28】唐君毅：〈五四紀念日談對海外中國青年之幾個希望〉，《唐君毅全集第 8 卷・中華人文與當今世界（下）》，頁 340。

【29】唐君毅：〈僑民教育的新問題〉，《唐君毅全集第 9 卷・中華人文與當今世界補編成（上）》，頁 430-432。

【30】唐君毅：〈中華民族之花果飄零〉，《唐君毅全集第 7 卷・中華人文與當今世界》（上冊），頁 37。

國家歸屬感隨之變化。唐先生愈是有感於時下自我貶抑之風彌漫，述志衛道之情便愈是激烈。他回應世變之道在於重建人心，藉學術思想補偏救弊，建立國人文化意識與民族自尊感，讓傳統文化價值顯揚於當世。不難看見，從事文化事業以展抱負，方是古今讀書人於世變中所能盡心者。

二. 思想資源

1949 年歷史大變局，唐君毅與錢穆等知識分子先後南下香港，藉創新亞繼續興學施教之業。唐先生稱新亞為「純粹一些愛好自由，原在大陸從事教育工作，而流亡到港的中國知識分子之結合」，是「無巢無洞無家之一群知識分子，為一些教育理想而結合」的現代學府，它的「中心精神」於唐先生看來是「繼承並發揚中國固有傳統文化，並注意中國人在現代的遭遇的問題。」[31] 並又明言其創立目標是要在民族文化層面「為後代留下若干種子」，[32] 藉此以求長遠地為中國文化「負一點存亡繼絕、返本開新之責任」。[33] 謂「存亡」是因自覺已至歷史關口，民族文化已屆存亡之境；為「繼絕」，興學施教是力所能及且「義所當為」，由是有當代新儒家「返本開新」之學術定向——藉復歸孔子而學思有所承，求顯揚「中國之文化生命與民族生命之統緒」於當世，進而有「開新」創盛世之希冀。

對於唐先生這樣一位與政治勢力無涉之純粹知識份子，「新亞」成為其唯一能賴以行事的場域。諸如「存亡繼絕、返本開新之責任」之意

---

[31] 唐君毅：〈對未來教育方針的展望〉，《唐君毅全集第 9 卷·中華人文與當今世界補編》（上冊），頁 499。

[32] 唐君毅：〈致張君勱〉（1959 年），《唐君毅全集第 26 卷·書簡》，頁 22。

[33] 唐君毅：〈培養國士、天下士〉，劉國強編：《新亞教育》，香港：新亞研究所，1981 年，頁 143。

遍見於新亞歷年開學與結業慶典講詞，並輪番強調這三層意涵：第一，相信時移世易有其歷史必然性，而這必然性同時有天命之所寄；第二，價值之自我肯定和對自身擔道天職之自尊自重，如是方能承擔轉移世運之天職；第三，肯定新亞初創以來承受的多方「苦難」是天命降臨之印證，而承擔「苦難」正是歷代所有見道者必然面對且應義不容辭地接受的磨練。藉着相關論述，我們也許不難看見，喻新亞於變局中具轉移世運以擔負天降使命之大任，其實源於唐先生之自況，新亞實際是他對自身期望的投射，彼此融合難分。

承上，唐先生據以論述的思想資源或援之以申其見者：第一，用孟子的「五百年必有王者興」一語自貴身份價值；第二，借用邵雍《皇極經世書》中「元會運世」之說，強調靜觀世變和擔起「世運轉移」天職以傳續孔子之道。論新亞有其天降使命以承世運的陳述，直接繼承孟子「天降大任於斯人」的天縱英才敘事模式，將人生志業信守不疑地設置在「存亡繼絕」、「返本開新」的千年「道統」傳續進程中，提高了傳道論學的感染力與鼓動人心的效果。同時，他所理解的儒家「盡性立命」、「以義立命」哲理，也使人在承續「道統」以光大民族文化生命的事上負有不可推卸的「義所當為」職責。

（一）援用與敘述：「五百年必有王者興」

唐先生用以激盪人心的「五百年必有王者興」，出於以下兩段《孟子》之文：

> 孟子去齊，充虞路問曰：「夫子若有不豫色然。前日虞聞諸夫子曰：『君子不怨天，不尤人。』」曰：「彼一時，此一時也。五百年必有王者興，其間必有名世者。由周而來，七百有餘歲矣；以其數則過矣，以其時考之則可矣。夫天，未欲平治天下也，如欲平治天下，當今之世，舍我其誰也？吾何為不豫哉？」（《孟子・公孫丑下》）

另一段文字是這樣的：

> 由堯舜至於湯，五百有餘歲；若禹、皋陶則見而知之，若湯，則聞而知之。由湯至於文王，五百有餘歲；若伊尹、萊朱，則見而知之；若文王，則聞而知之。由文王至於孔子，五百有餘歲；若太公望、散宜生，則見而知之；若孔子，則聞而知之。由孔子而來至於今，百有餘歲；去聖人之世若此其未遠也，近聖人之居若此其甚也；然而無有乎爾，則亦無有乎爾。（《孟子·盡心下》）

孟子之言，有上繼聖王之學而下開萬世太平之氣魄。以「五百年」為歷史發展關鍵和文化傳統發展主線，使儒學「傳道譜系」帶有上天命定的神秘色彩，增加天縱之聖的神聖意味以及王者授命於天的莊嚴感。當然，能否體會天職降臨或敢於擔負「王者」職志，在於憑恃個人自信與如何自設身份價值。孟子雖後周公七百年和後孔子百多年，但正如其言所謂之「其數則過矣」；但個人自信使其有「其時則可」之念，遂高言「當今之世，舍我其誰」之志，並以不「怨天」、不「尤人」的態度承擔「王者」、「名世者」之天授職份，再以道之見聞者自居，求能開創「存亡繼絕」、「返本開新」的不世功德。

孟子之論，既強化中國文化傳統中待聖君改變世局的賢人政治思想，同時也使往後二千年中國歷史文化上無數心存壯志者以此自期自詡，構成有識之士自我賦予見道行事天職的敘述模式。行事的義理正當性和歷史必然性一旦加強，則有關事業將產生意想不到的莊嚴意義和感染力。歷史上關於聖賢、英雄豪傑、開國帝王誕生的天縱神話，其敘事模式大體同流合轍。

立志承繼孔孟之道的唐先生，當他處身世變而亟欲於政統以外開創千年文化功績時，其方法也在於異代重現古人以王者自期的敘述話語，一如歷史上其他道之見聞者不乏見於少年時代的證道傳道文字。譬如說，他有 15 歲生辰時記下的文字，再現孟子「捨我其誰」的氣魄以光大孔子、傳承華夏道統：

泰山何崔巍，長江何浩蕩。鬱鬱中華民，文化多光芒。非我其誰來，一揭此寶藏。孔子十五志於學，吾今忽忽已相埒。孔子十七道中庸，吾又何能自菲薄。孔子雖生知，我今良知又何缺；聖賢可學在人為，管他天賦優還劣。【34】

17 歲有〈滿江紅〉一詞求顯揚「大道」：

嘉陵江上渡船稀，野塘蒲裏蛙聲急，急煞人火熱水尤深，誰拯溺？大道晦，橫流決，身未死，心先滅。挽狂瀾既倒，吾安逃責。破浪乘風當有時，壯志休為閒愁泣，自今後重振好精神，須勤力。【35】

20 歲生日即作〈生日〉詞明其尊孔續統的「舍我其誰」之志：

今日吾生，試去回思，二十年來，憶兒時敏慧，親朋驚讚，少年志趣，幾次安排，十五之年欲為孔子，……志多思廣，心存萬象，振新文化，舍我其誰……。【36】

少年之志隨着年歲增加而越顯強烈，致女友信函多可援以作證：

光妹，我常有一種理想要為社會人類作一點事，……我自覺負了一大使命，……我將來想當一教育家或文化運動家，我現時想更有一些社會地位，但是將來如遇與我理想衝突時，我隨時可以犧牲我之一切社會地位，這樣才可以見我理想之崇高，而為天地留正氣。【37】

唐先生自信、自負的真性情以此為最：

廷光妹，我老實同你說我對於我自己有非常自負之處，對於學問的方面，我自信我真有絕頂的天才，……我在十五歲時能作五千字的哲學論文，……二十歲以後思想當然屢經改變，但是只有進

【34】 唐君毅：〈生日〉，《唐君毅全集 27 卷・日記》，頁 235-237。

【35】 唐君毅：〈滿江紅〉，同上，頁 236。

【36】 唐君毅：〈生日〉，同上，頁 237。

【37】 唐君毅：〈第十九信〉，《唐君毅全集第 25 卷・致廷光書》，頁 211-212。

步無退步。……我現在已成立一哲學系統可以由數理哲學通到宗教哲學。其解決哲學史上之問題，許多地方真是神工鬼斧、石破天驚。我的志願想在十五年內寫三部大著作，一關宇宙、一關人生者、一關宗教者，自以為必傳後世。但現代人恐尚無多能了解者。【38】

於唐先生連番高度自我價值期許和天縱英才自居的信函中，不能忽略的還有他在 31 歲（1939 年 6 月）所寫的一封書信，直言以「成為出類拔萃的文化創造者」自期，所活着者就是要「完成我文化創造的使命」，他更以「特殊人」自詡，強烈追求「真善美」的「超凡絕俗的精神」，以「捨我其誰」的勇氣「把真善美之理想普遍化」，並不惜以苦痛成就「偉大的靈魂」。【39】如相信致函愛人的情感是真誠無偽而最為坦率的話，則這些文字讓我們最清晰地見及唐先生極強的自信心與自我期許，與孟子天縱英才的論述既一脈相承、亦有過之無不及處。

觀察唐先生自青少年步入中年階段的心志自述，可知其居港開展文化事業的心境基調源來有自，但擔憂華夏「道統」覆滅的危機感則隨歲月之遷轉而有增無減。這與當時外來的馬列思想全面征服中國的世局巨變有關，華夏「道統」自此實已「花果飄零」、「隨風吹散」。欲挽狂瀾於既倒之心愈強，「自植靈根」之心隨之亦愈強，期望所培育的文化種子乃至時人能夠興發情志──「共負再造中華，使中國之人文世界，花繁葉茂於當今世界。」【40】是故，他對於被視為「道統」所繫的新亞教育事業期望就特別高，將之比作上應五百年世運轉移而興的「王者」，賦予劃時代的歷史意義。以下數例足以觀其究竟：

【38】唐君毅：〈第十一信〉，同上，頁 143-144。

【39】唐君毅：《1939 年（成都）第二信》，《唐君毅全集第 25 卷・致廷光書》，頁 56-58。

【40】唐君毅：〈花果飄零及靈根自植〉，《唐君毅全集第 7 卷・中華人文與當今世界（上冊）》頁 68。

新亞的誕生恰接著孔子二千五百年的紀念日；而在政治上，又正
值一個大變化，在此大變化中新亞書院產生了，中國有五千年文
化歷史，在這五千年中，可分為兩段，孔子的誕生，使以後的二
千五百年的文化歷史發出異彩。而新亞是緊接著另一個五千年的
開始，雖然說不過是一種數字的偶合，但也不是全無原因的，這
裏面就有著極重大的意義。【41】（1961 年）

記得在新亞創辦時，我曾想起五百年有王者，五個五百年之後，
亦更有王者興。……我望大家試想甚麼是一個大學生或大學呢？
甚麼是真正的大學與大學生之精神呢？我想大家還是應以孔子之
教為最高標準才是。【42】（1965 年）

這些人，只因中國政治上之一大變局，偶然同聚在香港，遂有此
新亞書院的創辦。這時又適逢孔子二千五百年。……新亞書院之
適創辦於孔子二千五百年之後，亦不可只說為一偶然的事，而當
說是一當然的事，必然的事。【43】（1969 年）

新亞書院之定孔子誕辰為校慶之日，乃由新亞是於孔子二千五百
年創辦。依中國傳統之說，世運以五百年為一運。二千五百年，
即五個五百年。新亞適於此時創辦，亦可以說是躬逢世運轉易之
期。【44】（1973 年）

於不同年份演說，唐先生要宣揚的是：第一，出現新亞不是「偶然」
的，是有層「極重大的意義」，是歷史發展過程中「當然的事」和「必
然的事」；第二，要奉孔子為人生楷模，以繼承孔子為人生的學習目
標；第三，青年人要自定身份價值與時代角色，以自覺自強的態度開創

【41】唐君毅：〈孔誕暨新亞十二周年校慶講詞〉，《唐君毅全集第 9 卷・中華人文
　　與當今世界補編（上冊）》，頁 526。

【42】唐君毅：〈孔誕、教師節暨新亞十六周年校慶典禮講詞〉，同上，頁 539。

【43】唐君毅：〈新亞二十周年校慶典禮講詞〉，同上，頁 562，567。

【44】唐君毅：〈校慶、孔子誕、教師節講詞〉，同上，頁 539。

新文化紀元。當然，這些不是新亞初創時即為唐先生一一思及者，乃是一段長時間後回望新亞創辦史時陸續組合和「發現」的。讓他闡述這些「發現」的場域，大多都是新亞「校慶」這個最重要的節慶。藉着嚴肅而隆重的典禮，新亞成員由上至下置身同一場景下一再重溫或重新認識新亞的創建使命、目標甚至與時俱進的時代責任。對於新加入的成員而言，新的校園文化印象未建立之前，屬於新亞人的獨特身份角色和時代責任及早於此集體活動中被告知；對於舊成員而言，本有的歷史記憶與時代責任亦於此共同的公開場合一再被喚醒和被強化。

包括唐先生在內的新亞創辦者，刻意把新亞校慶與孔子誕辰聯繫起來。從這點觀之，即可發現當中有立意承繼孔子道統重於一切的心意。眾所周知的是，新亞本是以國民政府雙十節之國慶日為校慶的。把校慶聯繫國慶，是期望學生能夠「時刻都紀念到到我們自己的國家」。學生每次參與校慶，也必然從「校運聯繫於國運」，並瞭解「若無國慶，便無校慶可言」之事實。【45】但把校慶聯繫國慶的初衷改為聯繫孔子誕辰，則在於進一步彰顯民族文化事業悠久價值的重要性，使新亞的創立意義與文化關懷超越於政權輪替層面的國家意識，而國家的命運也不能寄託於政治人才。唐先生倡言「以孔子之教為最高標準」，是要藉文化人才的培育和道統的開發以扭轉衰竭的國運；一再把校慶與孔子誕生二千五百年聯繫，所要說明的是新亞的誕生與國運、世運以及民族文化命脈存廢休戚與共，既接續千年文化傳統，也將在往後千年歷史文化發展進程中發揮深遠意義。

唐先生的歷史認識和文化信念是這樣的，中國文化肇始至今剛好五千年，孔子承繼之前二千五百年文化而下開另一個二千五百年文化；新亞適值誕生於孔誕二千五百年，時值中國歷史文化五千周年，且是山河

【45】錢穆：〈慶祝新亞第九周年校慶講詞〉，《新亞校刊》第 8 期，香港：新亞書院，1956 年，頁 1-2。

變色的「大變化」之年。他由是驚喜宣稱新亞是在世局「大變化」的盡頭面臨一個新的五千年，中國歷史文化格局也正處於從「元亨利貞」到「貞下起元」的運會轉移時刻，其創立是一全新的文化創造：「這時又適逢孔子二千五百年……此新亞書院之創辦，無論從香港看，從中國大陸之教育傳統看，皆只是一『無』中所生之『有』」。【46】

綜言之，把新亞校慶與孔子誕生紀念日繫聯起來，是唐先生關於新亞非凡誕生史的敘述重點，說明它就是華夏「道統」的繼往開來者；借用孟子之言就是「其數」、「其時」皆合天授使命之年。為了上承天降使命，縱使身困變局，君子亦自當「不怨天、不尤人」，進而能以「當今之世，舍我其誰」的自強心態上承天命，使聖聖相傳之道於當世庚續不絕。

（二）. 踐道志行之所由生

基於自我身份價值和人生志業的高度肯定與期盼，並源於對孟子「生於憂患、死於安逸」的體認，唐先生敦促從學者/新亞人要時刻保持清醒頭腦，常存國破家亡感和逃亡意識，【47】以憂患心境承接天降使命。如此，當新亞遭遇萬般苦難、政府當局政策打壓和經濟條件限制等時，【48】唐先生等人將之看作順乎天命、合乎情理之事。否則，見道行事者的天降職責便將無從印證，而所要面對的天啟機緣和天授使命也失其獨特意義。

【46】 唐君毅：〈培養國士、天下士〉，《新亞教育》，頁143。

【47】 唐君毅：〈僑民教育的新問題〉，《唐君毅全集第9卷·中華人文與當今世界補編（上冊）》，頁430-432。

【48】 關於新亞初創時遭遇的種種艱難的記述，可詳見錢穆撰述的《新亞遺鐸》（臺北：東大圖書公司，1989年），亦可見於黃祖植著述的《桂林街的新亞書院》（香港：容膝齋，2005）及劉國強編撰的《新亞教育》。三書有助於了解新亞創辦的前因後果、來龍去脈。

或許基於這些原因，我們可以很容易地從新亞過去六十年來的大量追憶文字中看到林林總總關於初創時的艱難描述，並同時看到和大量如何克服之的「喫苦精神」叙述。這些描述的背後，所要說明者不外乎是新亞的誕生乃有其獨特而深遠的精神意義。事實上，當中關於創業的艱難和突破困苦的奮發，成為唐先生一再用以感奮新亞人的歷史記憶；同時，圍繞「新亞精神」而生的論述乃至辯爭，六十年來也已成為新亞人的集體記憶。不難看見，喫苦、受難反成為新亞人自定信心、用以自勵的見證。正如錢穆所言：「我們常說的新亞精神，究竟除卻經濟艱困中奮鬥不輟之外，還該有其更深更大的意義。」【49】錢氏未對此「更深更大的意義」作出深入闡述，但他的搭擋唐君毅的下述一番言論，相信能用以作答：

> 五千年的中華民族，是一多災多難的民族。而百年來的中國的國運，更是步步顛連。但是我們永不要忘了孟子所說的話，「天之將降大任於斯人也，必先苦其心志，勞其筋骨，餓其體膚，空乏其身，行拂亂其所為。」孟夫子這一句話可用於個人，亦用於整個民族。現在大陸的中華人民在勞苦，在饑餓，中國文化是空泛了。民族國家行動的步履，處處遭到拂亂。我們的心志，是不能不苦的。自由中國的人民，與千千萬萬華僑，現在都是在海外有家歸不得。但是正是天將降大任於民族的證明。我們一定要回去的，而且重建中華的責任，以時運考之，亦正落在自由中國與一切海外青年的身上。【50】

「天啟機運」的信念，甚至情辭激烈之文字，雖然在在彰示着「我們」的歷史使命「必然性」，但這是否足以感發旁人如唐先生般能在學

【49】錢穆：〈新亞五年〉，《新亞校刊》，頁 1。

【50】唐君毅：〈敬告綠野神州之海外青年〉，《唐君毅全集第 10 卷‧中華人文與當今世界補編（下）》，頁 271。

絕道喪之際奮然興起行道踐道？當我們把閱讀唐先生著作的眼光從他的應世之文擴展至他的述學之文時，當能意會到大量圍繞「義」「命」之辨的哲理辯述文章，不外乎說明實踐天職原有人源於內在思想的哲理訴求。兩相配合觀之，可以見出唐先生應世救時之心在不同的文類皆一以貫之。緣其意，見道行事乃需以盡性修德為前提。唯如此，人方有自覺地以「義所當然」的態度做其「盡性立命」之事。下文有助於闡明唐先生之見：

> 儒家之孔子於人所遭遇之事物，其勢有必至、理有固然者，固知之而統之於命之一概念之下。故學者所當為者，乃是於命之所在，見義之所存，以行其義，而畏天命、知命、俟命。孟子雖言「雖有智慧，不如乘勢，雖有鎡基，不如待時」，亦是乘勢待時，以行其義所當然，以盡性而立命。先重在明義理之所當然，既行義亦知命，固儒家之傳統也。【51】

據上，「天將降大任」、「五百年必有王者興」以至下文所論的「承擔世運轉移之責」，同可看作「行義」以「知命」或「盡性而立命」的當下反應，是源於道德自覺心而有。唐先生常言之擔道精神與他的「義命內在」學思體認緊相貫通，以至於成就天人相互感通境界：「天命對吾人之呼召」，吾人即以「承受此呼召以知命、俟命、立命」回應之。【52】順是，孔子雖「知命」但仍作「不可為」之事，孟子有其「雖千萬人而吾往矣」的行義「立命」之舉。唐先生把這些看作「義所當然」的行仁盡性表現，是故人能義不容辭地踐行天授使命，當下回應以「義之所當然」的態度。【53】

【51】唐君毅：〈事勢之理在中國思想中之地及三百年來之中國哲學〉（上），《唐君毅全集第 17 卷・中國哲學原論・原教篇》，頁 675。

【52】唐君毅：《唐君毅全集第 24 卷・生命存在與心靈境界》（下冊），頁 201。

【53】唐君毅：〈孔子之仁道〉（下），《唐君毅全集第 14 卷・中國哲學原論》，頁 123。

唐先生推崇「以義立命」的觀念，視為人踐道行道的內在思想動力，使行道成為回應天命、情理難卻的「義之所當然」之事。然而，行道者欲成大事往往先遭多方困阨，故要有孟子「苦其心志，勞其筋骨，餓其體膚，空乏其身，行拂亂其所為」的苦修心志。反之，沒有「雖千萬人而吾往矣」的道德勇氣與自覺，扭轉時勢趨向、開啟新局等均成空談。唐先生對此無疑是深有體會，嘗慨嘆力挽狂瀾有個人命限——個人之命運其實是存屬於「歷史世運時勢之中」，指出個人之道德勇氣不足以扭轉歷史大流，少數心存「正心誠意之功」的人也不足以「轉移世運」。縱然如此，見道行事者仍需回應天命而當下承擔之，並在「以義立命」的思想教導下，心存「即命見義」、「盡性立命」的「殉道」準備。下文亦可視為唐先生的夫子自道：

> 此世間之事勢有其所必至，非人力所能挽，即人之命運之所存。儒者於此即命見義，以行義，而自盡性以立命，外此無所能為。然任何人於事勢之所必至者，亦同不能挽，而外此同不能更有所為。儒者於此，能即命見義，乃至殉道而死，以盡性立命，至少可貞人道於永恒。……雖至事勢不可挽回之際，只有行義而殉道而死；人亦可對其平日所講之學，無愧於心。【54】

承上言，「義命內在」、「以義立命」的思想反映見道者承擔存亡繼絕之事，份屬「義所當然」；當死亦無懼且應然為之時，隨世變而生之困局便不足為懼。要之，唐先生宣揚上繼天命以開新之論，正有「以義立命」這一講求自我內在德性圓滿的哲理為行事支撐點，使之成為自勉勉人的思想資源。這種把見道行事置放於重德性建立或追求道德自我圓滿的思想脈絡中的論述，在唐先生的著作中基本上是隨處可見的。就如他在晚年發表的〈人的存在問題與中國文化〉一文，在文化事業從「承先」到「啟後」、從「繼往」到「開來」或是從「創造開新」到「保

【54】 唐君毅：〈事勢之理在中國思想中之地及三百年來之中國哲學〉（上），《唐君毅全集第 17 卷・中國哲學原論・原教篇》，頁 678。

陳學然　見道行事：唐君毅先生的續統思想　　269

存」的發展過程，自始即看作為產生於人自求圓滿的內在道德生命要求，亦將此一見道行事的自覺、自決置放於道德自省的思想脈絡裏論述，進而求個人行誼充份展現文化生命，在舉手投足間全幅彰顯文化生命。據此以言，為華夏文化生命所寄且賴以代代庚續相傳之「道統」，它其實也是內在、灌注於人心，為道之見聞者「義所當然」地所保守、所顯揚；否則，聞道者便不能不「在道德上對自己可以不慚愧」。【55】因此，唐先生所表現者實是一以貫之的道德宗教情懷，在見道行道之生命志業上力求盡性立命、毫無愧怍。

（三）「承擔世運轉移之天職」

　　唐先生透過「五百年」、「五個五百年」、「二千五百年」等語，要在「其數」「其時」俱合的基礎上，說明天將降大任於自己或人生志業所寄之新亞。為了揭櫫新亞的歷史意義與時代使命，他進而援用邵雍的「世運」說。

　　「世運」觀念源於邵雍《皇極經世書》中的「元會運世」內容，視世界生滅為循環不息之過程。一元就是天地循環的一個周期，可分作十二會，一會有三十運，一運共有十二世，一世又有三十年。按此推算，一元即有十二萬九千六百年。唐先生稱許邵雍以元、會、運、世為世界運轉乃至終始之原理，相信其「不只可用以觀天地之一年之時序，亦可用以觀古今之世運。……將過往之史事，排列於此世運之中，以藏往，亦可用之於占卜以知來。」【56】

　　在唐先生眼中，邵子之學別開生面，具有繼漢開宋之功，廣為後世鴻儒轉相繼承。他舉朱子之言為證曰：「後之朱子，為易學啟蒙，乃盛

【55】唐君毅：〈人的存在問題與中國文化〉，《唐君毅全集第 10 卷‧中華人文與當今世界補編（下冊）》，頁 518-519。（時為 1976 年 1 月 17 日）

【56】唐君毅：〈邵康節之易學與心學〉，《唐君毅全集第 17 卷‧中國哲學原論‧原教篇》，頁 29。

稱康節之易學」，另證邵子經世之學得到敵朱之葉適所繼承，力言宋代因邵子經世之學而非「無所事事」。有意以邵學扭轉時人對宋儒「空談心性」的看法。【57】另文又再以明清諸儒如王陽明、黃道周、王船山等如何受「元會運世之說」影響的例子，【58】使邵學與中國人文思想一脈相承，盡涵中國文化精意。如是者，「元會運世」被定位為經世之學術，標榜大一統、一本性和追求圓融、悠久的「大中之義」，故「經世運」之學實質就是「一大中之道」，【59】一脈相承儒門以「中和」為「道統」要義之論述傳統。同時，他也再次使之與孟子「五百年必有王者興」乃至民間以「花甲六十年為一週」等觀念等同，視為「均本於氣運輪轉之觀念」，反映「中國人對宇宙之持無往不復」的「有系統之宇宙時間觀」，【60】構成中國人歷史循環發展的觀念，形成包容性極大的「世運循環論」敘述模式。

有趣的是，唐先生視「世運循環論」開源自孟子，他說：「在中國之世運論中，孟子即有『天下之生久矣，一治一亂』，及『五百年必有王者興』之說。」鄒衍「五德終始說」、漢儒「三統遞換說」、宋代邵雍的「元會運世之說」等都是順此思想脈絡或開「世運之進退升降，循環無端之說」，或持「一元既終，乃周而復始」之論，【61】構成中國人以「螺旋形」描述歷史的循環發展狀態。他據以為證者除了孟、鄒、漢

【57】唐君毅：〈事勢之理在中國思想中之地及三百年來之中國哲學〉（上），《唐君毅全集第 17 卷・中國哲學原論・原教篇》，頁 673。

【58】唐君毅：〈天道論── 形而上學〉，《唐君毅全集第 22 卷・哲學概論（下冊）》，頁 197-198。

【59】同上。

【60】唐君毅：〈中西哲學思想之比較論文集・導言〉，《唐君毅全集第 11 卷・中西哲學思想之比較論文集》，頁 12。

【61】唐君毅：〈天道論── 形而上學〉，《唐君毅全集第 22 卷・哲學概論（下冊）》，頁 197-198。

儒和邵雍之言外，還輔以《易傳》、《荀子・天論》、《鶡冠子》之論以自堅其說。【62】如此鋪陳，不難令人聯想到中國史觀特質之形成得力於孟子不少，並由言「世運」者轉相闡揚而蔚然成風。

上文所見，唐先生有意彰示邵子學思對儒家經典與先秦子書一脈相承的特質，發掘其價值普遍性，彰示「世運論」從古至今的思想表述功用。不可忽略者，「世運論」被提出、被高舉，與唐先生欲以之組合創辦新亞歷史的記憶息息相關。換言之，「世運」說實質上是一種思想資源或思想表述之工具，其顯揚新亞歷史使命的運思過程與此概念融合無間。不但如此，唐先生那上下千百年的宏大敘事史觀構成的聖學傳承話語，看來與邵子之持論不無關係：「仲尼後禹千五百餘年，今之後仲尼又千五百餘年，雖不敢比仲尼上贊堯舜，豈不敢比孟子上贊仲尼乎？」【63】由此觀之，唐先生宏大史觀之構成並非無本之木、無源之水。孟、邵之自信以及以承繼孔子其人其學自任的壯志重現於唐先生的思想世界裏，而他們的言說更讓唐先生重組新亞誕生的歷史記憶時發揮重要功用，證成生於第五個「五百年」的「我們」在「其數」、「其時」皆合的情況下實應見道行事，擔起二千五百年來代代相承的道統，進而開啟未來「五千年的歷史文化」。

質言之，對道統的肯定、對孔門千年傳道譜系的承續憧憬、對「以義立命」的德性思想體認，再加上「世運循環論」提供的思想表述框架，讓唐先生得以通透「治亂、消長、盈虛，盛衰等世運循環之理」，以「持盈保泰」心境「靜觀世運之盛衰循環治亂」。【64】這些信

【62】唐君毅：〈中國哲學中自然宇宙觀之特質〉，《唐君毅全集第 11 卷・中西哲學思想之比較論文集》，頁 110-111。

【63】邵雍：〈觀物篇〉，《皇極經世書》，鄭州：中州古籍出版社，1992 年 5 月，頁 275。

【64】唐君毅：〈天道論——形而上學〉，《唐君毅全集第 22 卷・哲學概論（下冊）》，頁 198-199。

念使他得以向時人宣揚新亞的誕生是俗語所說的「天意安排」。既要回應天命，必先自強——用他的話說就是「決不甘於為一普通人」，【65】然後才能作「斡旋世運」、「振衰起敝」之事，讓千年文化道統得以授受不斷。下列是唐先生用以鼓勵時人醒覺世運轉移之跡的文字，他不厭其煩地仔細陳述，目的就在於讓旁人認識自己、認識所處的時代，由是有知變、應變的經世救時之行：

> 觀「世運」的結論是：十五世紀，在西方是意大利的；十六世紀，到了西班牙、葡萄牙；十八世紀，到了法國、德國；十九世紀，到英國；二十世紀到蘇聯、美國。二十一世紀，是中國的世紀的話，早有人說過。英國歷史家湯恩比，乃前港督葛量洪亦承認。這「世運」之方向，何以會如此轉移？說來話長，但大體上不會錯。所以二十世紀七十年代後三十年，應當是中國青年準備擔當「世運」的時期。諸位之年齡，只有二十歲，到二十一世紀，亦不過五十歲。這二三十年中，諸位如何培植自己，便足以開創二十一世紀之中國世紀，而又不走西方的白赤二帝國主義之老路；關係到中國之前途，亦關係到整個人類的前途。所以諸位的責任，實在十分鉅大。【66】

相近言論還見於他晚年的演講稿，着意說明「每一個時代，都是有它的世運的」。重要的是，不斷轉移的「世運」自近世便從中國北方轉移至珠江流域，目下且從珠江流域轉至港臺等海外之地，【67】準確地說是已寄託於新亞「我們」這群流亡海外的人身上；因為近代之政治、文

【65】 唐君毅：《唐君毅全集第 25 卷・致廷光書》頁 145。

【66】 唐君毅：〈對香港學生的期望〉，《唐君毅全集第 9 卷・中華人文與當今世界補編》（上冊），頁 452。

【67】 唐君毅：〈在臺講學之感想〉，《唐君毅全集第 9 卷・中華人文與當今世界補編（下冊）》，頁 524-525。（本篇演講稿由楊祖漢記錄，於 1978 年 2 月 3 日原載《鵝湖》第 3 卷第 9 期）

化思潮的發展趨勢是由南而北，更可看為「都是由香港與海外，向中國大陸回流反哺」。【68】既持此見，無怪他要不厭其煩地強調「所以諸位的責任，實在十分鉅大」這類承繼天職的信息。

既然新亞之「誕生」是出於天命使然，則同人無疑要自覺地「培植自己」，以「義之所當然」的態度行道興事，承接世運以掀起文化「回流反哺」事工，用其話即是：「將中國文化倒流回去，如鳥之反哺其年老的母親——必如此，中國方可有新的機運」。【69】「斷絕不了中國文化的慧命」的信念由此亦得落實，而文化思想的力量反過來就能「直接改變人的靈魂，以旋乾轉坤」。【70】以下這句話將其人生理想表現得淋漓盡致：「為四海之人道立極，為世界之宗教立樞，以轉移世運，斡旋天心」，【71】反映出濃厚的宗教道德情懷與強烈的續統意識。

如借用邵雍之子伯溫之言，將可更清楚了解唐先生強烈的承道繼統情志。雖未能說唐先生因受其思想影響方有此自覺、自信的精神承受天命以應時救世，但無阻我們借之理解唐先生本人見道行事思想形成之心態。伯溫謂：

> 時者天也，事者人也。時動而事起，天運而人從，猶形行而影會，聲發而響應。與時行而不留，天運而不停，違之則凶，逆之則凶。故聖人與天並行而不逆，與時俱逝而不違。……興事而應時者，其惟人乎？有其時而無其人，則時不足以應。有其人而無其時，則事不足以興。有其時而無其人，則時不足以應。有其人

【68】唐君毅：〈中國現代社會政治文化思想之方向，及海外知識分子對當前時代之態度〉，《唐君毅全集第 8 卷・中華人文與當今世界（下）》，頁 254。

【69】湯承業：〈慕念唐師〉，《唐君毅全集第 30 卷・紀念集》，頁 368。

【70】唐君毅：〈中國現代社會政治文化思想之方向，及海外知識分子對當前時代之態度〉，《唐君毅全集第 8 卷・中華人文與當今世界（下）》，頁 258。

【71】唐君毅：〈宗教信仰與現代中國（下）〉，《唐君毅全集第 6 卷・中國人文精神之發展》，頁 391。

而無其時，則事不足以興。有其人而無其時則有之矣，有其時而無其人，蓋未之有也。【72】

承上言之，唐先生見道行事之自信與自任與上言之「興事而應時」的觀念極為相類。無庸置疑的是，對於「有其時而無其人，則時不足以應……有其時而無其人，蓋未之有也」諸言，唐先生實是信守不移的，在他的實際行事中，無不顯示其據守此一信念，以自強不息的姿態興學施教，擔負「興事應時」的使命——傳續道統、光大民族。也許，我們藉此可以了解到，唐先生應時經世的救亡模式並不是無中生有的創關，他是直承昔儒思想而有，甚至是直接受影響於清季經世群儒的救亡思想。【73】清楚反映了今昔以開物成務自任的中國儒者，在面對世變時的經世救時思想有一脈相承的特質，而擔道的情志又是如此的如出一轍。

唐先生組合孟、邵之「世運論」，沿襲之以自堅信念：第一，相信時移勢易有其歷史必然性；第二，自我肯定價值和對天降使命之自尊自重。要之，認識唐先生知變、應變之志和「盡性立命」的承擔天命行動，吾人方能同情地了解他的救世熱情，以至於對他「要為七億之神明華冑，作開天闢地的事業」【74】有精神上的認同。

（四）. 續統史觀

唐先生見道行事的續統之行，與「盡性立命」、「以義立命」的

【72】 邵伯溫：〈皇極世書論圖說〉，《皇極經世書》，頁 464。

【73】 王爾敏的〈近代中國知識分子應變之自覺〉一文，詳細闡述清季諸儒因世變而生的救亡思想，指出邵雍的「運會說」成為時人自強以救世的思想推動力來源之一。（見氏著《中國近代思想史論》，臺北：臺灣商務印書館，1995 年 2 月，頁 414-437。）唐先生生逢清末民初，他對邵雍學說的推崇或對「運會說」的運用，是否受啟發自清儒，這有待進一步的研究。

【74】 唐君毅：〈中國現代社會政治文化思想之方向，及海外知識分子對當前時代之態度〉，《唐君毅全集第 8 卷．中華人文與當今世界（下）》，頁 262。

儒家德性體認有關外，與他求悠久價值開創和彰顯中和意義的史觀密不可分，反映以史經世的學思主張，要求研史者必須具備道德責任感，發揮史學在民族精神文化與國家社會政治方面的建設效用，明確要求史學能夠「促進中國的文化建設」、「為未來的中國文化建設而研究」，【75】其意義不在於為學術而學術的求知層面，乃應重視所詮釋的歷史價值意義。要之，就是既能彰顯前史光輝、也能光照當世史學研究以至未來史學發展之效用。用他的話說就是：「使人能創造其以後之歷史；並使以前之歷史，顯一新光彩、新意義；再供未來史家之研究，以使史學再有進一步之發展」。【76】

此一史觀反映的實質思想其實就是濃厚的「存亡繼絕」儒學思想內容，以成就「善」的道德價值為目的，求能對過去、現在、未來產生積極意義。反映此一史觀是以「道德意識」挺立「歷史意識」。借用論者之言，唐先生之史學思想是「以道德為先存基礎」，要求歷史學或歷史意識在開展時「必以人之德性為基準或先決條件」，【77】終極目的是藉史學研究彰顯人文世界於過去、未來之可能意義與理想意義，求一方面實現善的道德意識，一方面「超拔化除」一切「反價值之意義」之歷史意識。【78】下述之言清楚反映他求價值創造的史學見解：

> 歷史學之力量效用，既貫注於一個之人，以使此人之人格行事，
> 因而改變，亦即能創出此人之人格之如何發展、行事如何進行之

【75】唐君毅：〈研究中國學術的態度〉，唐君毅全集第 9 卷・中華人文與當今世界補編》（上冊），頁 288-293。

【76】唐君毅：〈歷史事實與歷史意義〉（下），《唐君毅全集第 7 卷・中華人文與當今世界》（上冊），頁 168-169。

【77】黃兆強：〈唐君毅先生對歷史哲學的省察——史學價值論〉，《東吳哲學學報》第 2 期，台北：東吳大學，頁 67。

【78】唐君毅：〈文學意識之本性〉（下），《唐君毅全集第 7 卷・中華人文與當今世界》（上冊），頁 284。

一歷史。如周公之知三王之歷史而思兼之，即創出周公之歷史。孔子之知堯舜文武之道而祖述之，即創出孔子之自己之以保斯文為己任之一生歷史。由此而我們可說學歷史之人，即同時亦為人類歷史之一創造者。而在人類歷史中，凡有一新人物；新史事出現時，以前之歷史人物史事，亦即呈現一新光彩、新意義。【79】史學意義創造過程之論，是當代新儒家倡言「存亡繼絕」、「返本開新」思想的實質體現，反映史學需以延續千古相傳不斷的華夏「道統」為其要務。因人文世界中的歷史文化意義的發現與不斷創造，正是被置放於從「返本」到「開新」、從「繼往」到「開來」的「道統」承續與發展的過程之中。我們以之即可稱唐先生之史觀是一個追求「繼往開來」的「續統」史觀，他本人亦有此論：

> 孔子出而堯舜文武即有一繼承之者，而堯舜文武，即增加一有孔子為承續者之意義。吾人再綜觀堯舜文武與孔子之相承，則儒者之史家又於此見一古代之道統之相傳的意義。此道統之相傳之本身，即一史學之觀念。而此道統之觀念之如何發展、如何形成，又自有其歷史，仍可為史學家之所研究，以增加史學之內容，使史學有此一方面之發展。【80】

孔子之「繼往」是接引五百年前周公的思想以光大華族歷史文化淵源，「開來」是啟示往後歷史文化傳統以新的學術面貌，奠定中國學術文化代代相傳的「道統」。但這個「道統」非始於宋明儒藉「十六字心傳」所指稱的上古聖王「道統」，因古聖王不曾言「道」，即或有「道」的概念，也不過是「超文字之不言之道」。【81】孔子對前人「不言之道」

【79】唐君毅：〈歷史事實與歷史意義〉（下），同上，頁 168-169。

【80】唐君毅：〈歷史事實與歷史意義〉（下），《唐君毅全集第 7 卷‧中華人文與當今世界》（上冊），頁 168-169。

【81】唐君毅：〈孔子所承中國人文之道〉，《唐君毅全集第 14 卷‧中國哲學原論》，臺北：臺灣學生書局，1991 年，頁 48-49。

有特別的體驗和感悟，故成為「開啟以後之言道之中國哲學者」。【82】

孔子從「存亡」到「繼絕」、從「返本」到「開新」的「續統」過程，成為居於中心位置的歷史座標，【83】奠定中國歷史文化價值，上繼二帝三王之「立皇極之道」，並以「忠恕存心」的成人之道補足其不足，開啟德性自覺的「人道」，再藉文教將之遍施、貫注人間。「顏曾思孟」等繼承的就是孔門「道統」的「正脈所存」。【84】既然言「道」傳統啟自孔子，則千百年傳續不斷的「道統」當始自孔子：「雖不必原出於孔子一人之力，然要必為孔子之精神之所首先開啟者。」由是，唐先生對「道統」歷史意義與價值的定位或理解，自與昔儒相異。

於唐先生眼中，「道統」正脈之所存者，非程朱一脈以「十六字心傳」所論述的「道統」傳統，因其所傳者是聖王的皇統，不足以闡明「道統」深意，【85】又在另文中說：「堯舜禹之道，亦不能以人心道心之四句之言盡之」、「人心道心四句，亦出偽古文尚書，堯舜禹亦原未嘗以此心法相傳也。」【86】綜合其見，「道心惟微，人心惟危，惟精惟一，允厥執中」十六字的「道統」闡述模式是不為其接受的。然而，他對「十六字心傳」或有執一忘多之虞。蓋心法相傳雖是古聖王治天下之大法，但程朱或其後繼者論說之重點不在於突顯其「皇統」、「治統」於一端，乃着力「執中」一詞以論「中和」之境。唐先生執「治統」一

【82】同上，頁 50。

【83】唐君毅：〈中國哲學之原始精神〉，《唐君毅全集第 4 卷·中國文化之精神價值》，頁 68-70。

【84】唐君毅：〈事勢之理在中國思想中之地位及三百年來之中國哲學〉（上），《唐君毅全集第 17 卷·中國哲學原論·原教篇》，頁 683-684。

【85】唐君毅：〈孔子所承中國人文之道〉，《唐君毅全集第 14 卷·中國哲學原論》，頁 53-54，69-70。

【86】唐君毅：〈事勢之理在中國思想中之地位及三百年來之中國哲學〉（上），《唐君毅全集第 17 卷·中國哲學原論·原教篇》，頁 683-684。

端而棄「十六字心傳」，不重視宋儒在傳心之法上的心性論述內容，這與他高度肯定宋儒心性之學的歷史價值未能一貫。

唐先生的論述或許能理解為出於其人歷史價值重定的後見之明，意在降低宋儒把儒學引進「官學」制度的後世政治影響力。於其眼中，朱子之學與政治關係過於密切，故每有嘆言曰：「以朱子之書考試，則朱學成利祿之門，非朱子之幸。」[87] 對於力抗朱子「道統」論的葉適，其建立事功以言「道統」之論，同樣不獲唐先生首肯，理由是未能彰顯孔子心性之學的致中和價值。[88] 然而，朱子承繼孔子開啟之道學傳統、藉心性之學闡述「道體」的功績，又是唐先生在論述「道統」授受時未曾給予肯定的。他評議朱子、葉適學術的背後，不認同朱子及宋儒「見之行事」、「得君行道」的學思取徑見端可明。[89] 推以論之，唐先生少用與後世政治關係密切的程朱之學以言「道統」，在此就不言而喻。同樣，他極少提及那個須經帝王允許方可入祀孔廟的欽定傳道譜系與奉祀禮制，原因至此亦約略可知。對此，我們可將之理解為出於以下用意：祛除孔子歷史地位形成的官方政治因素，並藉「文化思想力量」推尊孔子的歷史文化地位，力洗孔學、儒學百年來淪為「敲門磚」的干祿致用譏諷。

這裏，值得我們注意的是，唐先生論述「道統觀念之如何發展、如何形成」的歷史過程，用他的話說就是「增加史學之內容」和求意義上的「創造」。新亞被看作「道統」之所繫，就是源於這種求「創造意義」的史學主張使然，其長遠目標蓋亦不離唐先生的史學價值觀，冀

---

[87] 唐君毅：〈孔子在中國歷史文化的地位之形成〉，《唐先生全集第 9 卷‧中華人文與當今世界補編（上冊）》，頁 326。

[88] 唐君毅：〈事勢之理在中國思想中之地位及三百年來之中國哲學〉（上），《唐君毅全集第 17 卷‧中國哲學原論‧原教篇》，頁 683-684。

[89] 關於這點，余英時撰述的《朱熹的歷史世界——宋代士大夫政治文化的研究（上篇）》（台北：允晨文化，2003 年 6 月，）能給我們一些認識視角。

能提高「人之整個精神生活、文化生活」以及推進「當前之社會政治文化」。【90】

藉着上述討論，可見唐先生乃亟欲把救國救時的力量從政治力量轉移至文化範疇，再由文化思想力量為主體，轉過來帶動、推進政治社會發展。在他這種救世悲願下，我們了解到朱子、葉適「道統」觀念不是「孔子之正脈所存」而見棄的原因。順是，今之「道統」承繼者無須營役於與政統、事功相涉的經世之事，唯「文化思想」之創造方能上承道之正統。既有此天授使命，新亞之種種定位和歷史意義便有其新詮，並隨唐先生救世之情的急激與高漲而推陳出新。

三. 傳道譜系新詮

在唐先生的連串尊孔續統言論中，我們能清晰看到他不少應世議論均在於回應「晦盲否塞之一時之運」。他有以下自我表述：

> 所謂批孔運動之猖狂無忌者，欲絕吾中華自孔子而來，群賢繼出而成之學術文化之慧命，真所謂「蚍蜉撼大樹，可笑不自量」也。……此（〈孔子在中國歷史文化的地位之形成〉）乃應世之時文。……此文亦可略見孔子精神之彌綸於中國學術之全體，其道正足以貫中國哲學中之道，誠所謂不廢江河萬古流者也。【91】

從五四以來直至 1970 年代的批林批孔運動，引發唐先生發表不少應世時文，着意為孔子辯護，並駁斥持統治者建立孔子歷史地位的論調。他透過大量歷史人物如何推崇孔子為例，說明孔子至為尊榮地位是基於

【90】唐君毅：〈歷史事實與歷史意義〉（上），《唐君毅全集第 7 卷・中華人文與當今世界》（上冊），頁 130。

【91】唐唐毅：〈中國哲學原論原教篇附錄部前言〉，《唐君毅全集第 9 卷・中華人文與當今世界補編（上冊）》，頁 340。

「一切崇敬孔子的歷史人物的推尊之所致。」【92】筆下所見的歷史文化人物對孔子無不推崇備至，或稱之為先師、先聖，或稱之為素王，彼此無分門別類，學術畛域亦消於無形，因不約而同的推崇而讓孔子成為軸心人物。【93】孔子的仁義之道亦因不同範疇領域的人各在自己的「專業範疇」裏加以承繼，因而代代相傳。如其言：孟、荀、董仲舒承以哲學、經學，司馬遷承以史學，劉勰承以文學理論；陶淵明、陳子昂、李、杜等承以文學；韓愈既有藉文學承繼孔子精神者，但也有闢佛老以彰儒家仁義學說價值者，並藉「繼先啟後」的精神效法「孔子之承堯舜禹湯文武之道」，讓孔子之道光大於後世。【94】

不難看見，唐先生把孔子逕視為中國歷史文化傳統之奠基人，使其不只是儒家一脈推尊的人，更是華族歷史文化傳統共同推尊者，其人文之道如何被各家各派所繼承說明了崇高地位得以形成的原因。「五百年必有王者興」一語亦必成歷史必然性，讓孔子的影響力因見道者的承傳，實而不虛地逐代展現，新的「道統」譜系應時而生。過去的傳道系統是：堯、舜、禹、湯、文、武、周公、孔子及至「傳之孟軻」，新擬之「道統」譜系則起於孔子，傳承者不是朱子所說的程氏兄弟，也不是黃榦所說的朱熹，而是按五百年歷史循環軌跡創生文化偉人，由他們構築一道孔門傳道譜系：

> 孔子之光，越過歷史的世代的距離，照耀及前五百年之周公，更及於後人。孔子後五百年而有司馬遷，以史學承孔子；再五百年而有劉勰，以文學承孔子：又五百年而有宋初三先生之復興儒學；更五百年而有王陽明之言「個個人心中有仲尼」，定孔子之位於每一人之心靈中。此二千五百多年來之中國人之心靈的光，亦越過歷史世代的距離，以照及於孔子。二千五百年如一日；然

【92】唐君毅：〈孔子在中國歷史文化的地位之形成〉，同上，頁 331-332。

【93】同上，頁 331-332，335。

【94】同上，頁 324。

陳學然　見道行事：唐君毅先生的續統思想　281

後有我們上所說之孔子與後世人的思想、精神、人格之互相感
應，而有後世人對孔子之崇敬，以形成孔子在中國歷史文化中的
地位。【95】

上述既證成孔子地位之形成因素，也展示以孔子學說為中心的華夏
道統傳承圖像。這個譜系甚至不再是顏曾孟思一系純屬儒家體系內部之
事，乃盡涵極為廣闊的人文歷史世界，從文、史、哲的學術分科角度另
選代表完成孟子預言式的信念，既異於以程朱為代表的宋儒「道統」
觀，也異於歷代以孔廟配享從祀人物構成的「道統」傳續譜系。它的合
理性與認受性問題暫不是本文關心所在，而感興趣者反在於它所突出的
這樣一個回應世變信息：孔子的歷史地位是在毫無政治力量憑藉下形成
的，因其推崇者都不過是一些「在野」、「失勢」的政治邊緣人物，所
能憑藉的只有「文化思想之力量」：

從長時期看，文化思想的力量，必然超過現實政治權力。政治的
力量，只能改變人的身體。文化思想的力量則直接改變人的靈
魂，以旋乾轉坤。這樣我們即能守道不移。【96】

文化思想的力量足可力壓政治力量的信念，是唐先生重擬孔門傳道譜系
的憑藉以至於終極關懷所在。他的這種信念，在他早年時已經確立；準
確一點來說，是成形於他幼承庭訓—— 1949 年世變之際，唐先生因自
感「與共黨唯物之旨勢難相容」，遂有南下流亡之念，臨別前向其母表
述心迹云：「兒未嘗為官吏，亦不隸政黨，唯兒上承父志，必以發揚中
華文教為歸，今世亂方亟，以後行無定所」。而其母答之：「汝必欲與
中華文教共存乎？則亦任汝之所之矣。」【97】

蓋政治是一時和時移勢易的，因政治勢力而建立的，同樣可為政治

【95】唐君毅：〈孔子在中國歷史文化的地位之形成〉，頁 338。
【96】唐君毅：〈中國現代社會政治文化思想之方向，及海外知識分子對當前時代之
　　態度〉，《唐君毅全集第 8 卷・中華人文與當今世界（下）》，頁 258。
【97】唐君毅：〈母喪雜記〉，《唐君毅全集第 3 卷・人生隨筆》，頁 67。

勢力所摧毀，孔廟配享從祀人物的甄選乃至去留既以人君之喜惡為準則，則學術尊嚴亦可去如敝屣，文化思想的力量亦無以建立。【98】由是，我們也就可以不難理解到唐先生何以選取孔門的傳道者——從司馬遷、劉勰、陶淵明、李白、杜甫、韓愈、乃至宋明儒者，多是一生窮餓的「貧士」、「多是不得意的在野之人」、「在野的苦學之士」的深層原因了。【99】他鄙夷政治、權貴而尊崇文化力量之意甚明，再次展示文化思想力量凌駕政治力量的史學意識，反擊時下所謂「孔子是靠封建帝王維護而建立地位」之論，彰示「道統」的獨特性與文化意義。由是，我們從他推崇一群「在野不得意之士」的言論背後，隱然聽見新亞的校歌：「手空空，無一物，路遙遙，無止境。亂離中，流浪裏，餓我體膚勞我精。艱險我奮進，困乏我多情。千斤擔子兩肩挑……珍重珍重，這是我新亞精神。」二者情感實是同出一轍，而目標亦毫無二致，在尊嚴文化思想的力量與價值的同時，亦體現了今昔儒者於變局中護衛「道統」的艱難和文化悲情。

崇尚文化思想力量的例子，還見於唐先生對曾國藩的評價。曾氏助異族殲滅太平天國，維護孔子開啟的文化傳統而表現「文化意識」，同時卻自喪「民族意識」，故縱有擔當世運的精神但不能視為華夏「道統」的繼往開來者。【100】言下之意，今之應時而興的續統者，必然須兼二者

【98】黃進興：〈學術與信仰：論孔廟從祀制度與儒家道統意識〉，《優入聖域：權力、信仰與正當性》，臺北：允晨文化實業股份有限公司，1994 年，頁 286-287。

【99】唐君毅：〈孔子在中國歷史文化中的地位的形成—— 在臺灣師範大學演講詞〉，《唐君毅全集第 9 卷‧中華人文與當今世界補編（上冊）》，頁 358。唐君毅：〈孔子在中國歷史文化的地位之形成〉，同上，頁 332-333。

【100】唐君毅：〈孔子在中國歷史文化中的地位的形成——在臺灣師範大學演講詞〉，《唐君毅全集第 9 卷‧中華人文與當今世界補編（上冊）》，頁 229-330、358-359。

不可，否則，將無以上繼王陽明而成五百年後的「繼往開來」者。

饒有興味的是，唐先生更把「五百年必有王者興」與「世運循環論」二者共冶一爐。邵子所言之世運為三十年一運，唐先生把二者結合而成：「依中國傳統之說，世運以五百年為一運」，強調所處之世為世運轉易之世，而新亞繼孔子誕辰「二千五百年，即五個五百年」而生，不是數字的「偶合」，「可以說是躬逢世運轉易之期」，【101】一再強化孔門傳道譜系從古至今承傳不斷的歷史意涵，而最重要和最根本的信念還在於——「我們」/「新亞」所處的時代就是「其數」、「其時」皆合天降使命的最恰當時機。

唐先生在新亞創建二十多年後向學生着力宣講其創建史，當中不無重組歷史記憶以至創造歷史意義之意。這種「重組」和「創造」構建的「道統」授受譜系或「使命在身」的歷史必然敘述，乃置放於「西方文化次第征服中國傳統文化之歷史」【102】大背景下進行的，從學者由是被告知新亞的誕生與存在確有其獨特時代意義與歷史使命。基於此一認知，唐先生在晚年敘述新亞誕生史的過程時，尤須表彰一批因世變而南下的同道。因他們的見道體道，故「能賤棄馬列主義……不必把馬列的神牌，死抱住不放」，【103】於世變之際流亡異地以求脫離異文化統治，遂以行動保全「民族意識」與「文化意識」，寄身海外藉興學施教保留文化種子，使華夏「道統」得其所托和庇蔭。也許是基於這個原因，致使他一再曉諭從學者要如他這一輩的南下同道般，不要自忘身份，不要自忘時代職責，並要承繼孔子之遺志，藉以免卻前文所謂之「千秋萬歲

【101】唐君毅：〈校慶、孔子誕、教師節講詞〉，同上，頁 539。

【102】唐君毅：〈中國文化之創造（上）〉《唐君毅全集第 17 卷・中國文化之精神價值》，頁 484-485。

【103】唐君毅：〈中國現代社會政治文化思想之方向，及海外知識分子對當前時代之態度〉，《唐君毅全集第 8 卷・中華人文與當今世界（下）》，頁 259。（1972 年刊於《明報月刊》）

之責備」。是以可見，唐先生於世變中的種種憂患感與危機感，其形成的原因以至於安頓之道，均緊繫於「民族意識」與「文化意識」的保存之上。

也許，認識上述之種種，有助我們理解唐先生晚年時仍一如1949年前後般堅執自我文化理想，致使離開工作崗位後，仍期望新亞這所早已歸入香港中文大學的現代書院定位為「反共壁壘」。【104】這些讓旁人「十分莫名其妙」的堅執，在時移勢易的情景下自難引發共鳴。從後見之明中，我們實可將其心態置於亟欲推崇文化思想力量乃至續統衛道思想的脈絡下一併加以理解。準此，我們就不難理解到，晚年唐先生自然不欲有生之年眼見經營廿載的「反共壁壘」瓦解旁落；更何況他以新亞為「道統」之所繫的信念和賴以開啟往後五千年文化局面的宏願始終未變。

即將為本文作結之時，還有一點必須補充的是，就唐先生見道行事之自信及其以承續華夏「道統」自任的思想背後，除了受到昔儒影響外，不可忽略的還有他幼承庭訓的影響因素。從相關的引例如前註 14、15 及 97 所見的引文中，我們可知他對華夏文化的護衛之情和承擔感，在幼小時便已受父母的刻意灌輸。因此，他在 1949 年世變之際的「告

【104】晚年唐君毅強烈反對中文大學由聯邦制改行單一制的理由，按劉述先先生所言，就是唐先生害怕改制後，新亞書院「就再不能成為反共壁壘了」；而劉先生本人直言對此感到「十分莫名其妙」，並謂：「我不可能把學府弄成一個反共壁壘。我們要負責的是培養學生獨立思考的能力，讓他們自己去作出正確的抉擇，而不是要提供一套意識形態。」是故，二氏在新亞改制前後的教育方針分歧，正有助我們從另一個角度認識唐先生對新亞在當世所應發揮的角色功用的獨特看法，讓人了解到他對教育事業其實寄予了極高的經世致用期盼，以至於有藉文教事業凌駕、壓制政治力量之強烈意願。

劉述先：《傳統與現代的探索》，臺北：正中書局，1994 年 8 月初版，頁 117-120。

陳學然　見道行事：唐君毅先生的續統思想　　285

母言」或是 1964 年的「告亡母」之言，便有了「共興華夏」、「共繼斯文」、「上承父志，必以發揚中華文教為歸」諸言，藉以圓滿先人之教誨，踐行其遺志。然而，此種繼志、踐志之事在唐先生思想裏有着極為重要的思想意義。「繼志述事」之行尤被他看作父母靈魂之所以不滅的明證。首先，他把「志」看作人不朽滅而留傳後世之「精神生命」。精神之不朽，是由人之感通情懷繼承與擴展，藉着一個又一個生命延續下去，生命影響著生命。【105】換言之，他以「繼志述事」之方法延續先人的精神生命，藉以安撫因未能盡孝引起的傷痛與悔疚。故其「告亡母」禱詞一再出現復興、護衛、發揚華夏文化的申述，乃源於要圓滿先人之「遺志」而有，藉着傳續先人的「精神生命」以撫平內心的傷痛。要之，唐先生亟於應世救時的行事背後，原與他踐行儒家慎終追遠的文化信仰有關，同時亦源於自我安頓生命的內在心理需求。

四. 結語

上世紀是中國前所未有的大變動時代，有志之士在民族危機下各有不同救世方案，或選民主、科學之法，或走社會主義、共產革命之途，亦有文化保守主義一脈走文化救國之路。屬於後者的唐先生因應五四以來「道統」散墜、文化「花果飄零」之景，以「捨我其誰」之志力挽狂瀾，致力使新亞成為光大孔學、延續「道統」之場域。為突顯和尊貴新亞之使命，他延續孟子天縱英才的敘述模式，藉「五百年必有王者興」與「世運循環論」重擬孔子開啟的道統傳續譜系，有意說明新亞於世變之際「誕生於香江」，是上繼王陽明五百年後應時而興的「王者」，直接開啟千年文化新局。

源於孟子「天降使命於斯人」的信念，新亞必須自省自強、「必先

【105】唐君毅：〈母喪雜記續記〉，《唐君毅全集第 3 卷・人生隨筆》，頁 82-84。

苦其心志，勞其筋骨……動心忍性，增益其所不能」。反之，不自強則無以應世變，更遑論轉移世運創新局；如果是這樣的話，則新亞之歷史意義與存在價值便無須從歷史高度反覆叙述，同人修德自強、知變應變的必然性亦徒成空言，所擬定之承續譜系既無所落墨，文化思想力量也就無從彰顯，所謂重光「道統」亦因欠缺基礎和條件而終成虛言。

唐先生的種種陳述均由應世救時之心出發，所擬之「道統」授受譜系意在突顯「文化思想力量」而摒除政治勢力。因此，他不熱衷沾染政治色彩的朱子「道統」論、不認同孔廟從祀制度、甚至重立具備多重意義的傳道譜系：既要使之凌駕政統和抗衡外來文化以自顯其貴，亦要藉此否定時下各種批孔言論；同時，它的形成反過來有以印證見道者誕生於當世是「其數」、「其時」皆合之世。準此，見道者既可憑此自貴其業，新亞也足以成為落實人生信念的場域。

當然，從今天來看，新亞教育事業與唐先生之期盼是有落差的。他為新亞塑造的承擔天職、轉移世運諸論，振奮從學者於一時外，要引起後學之同感可謂不易，而「天將降大任於斯人」和「義所當然」的傳統觀念只能對某些文化意識較強的人產生感召力；還有，唐先生那種以家國憂患為叙事主調的論述，其思想之所據在於憑恃天命、且一再訴諸天命，某程度上也透顯了無奈於現實命限、對時勢限制有其難以名狀的無力感。縱然如此，他於世變之際多方省思和發揮傳統思想資源的現世價值，這種單純而熱烈的護衛民族文化之情，於今觀之仍有彌足珍貴之處，而他的文化情懷與生命情調，也一一從他那衛道續統思想中表露無遺。

晚清至民國一部流行的賦集
──論夏思沺的《少崗賦草》

詹杭倫*

提　要

　　《少崗賦草》是晚清到民國年間流行的一部賦別集。本文考訂了作者夏思沺的生平和該書的近二十種版本。並對其賦的體裁、題材、藝術特色和影響作了分析和評估。認為少崗賦代表了科舉時代晚期辭賦創作的新趨勢，並對後科舉時代的辭賦創作產生了深刻的影響。

　　從晚清到民國年間，市面上有一種相當流行的賦別集，那就是夏思沺的《少崗賦草》，可惜其人其書迄今尚未得到當今賦學界的廣泛關注。這種狀況說明，我們已有的賦史類著作，恐怕還很難說已經完整地呈現了當時賦壇的實際狀況[1]。我以前在做《清代賦論研究》[2] 時，較多地留意清代賦總集，也沒有讀過夏思沺的這部賦別集。近年在香港教書，有幸得到沙田區的一位議員送我一批書籍，其中有一部線裝書夏思沺的《少崗賦草》，隨手翻閱，見其賦好生了得，用辭構句，清新可愛，只可惜首尾有幾頁殘缺。這勾起我對其人其書的興趣，於是通過國際互聯網以及各大圖書館館藏目錄查找一番，才發現這原來是一部相當流行的賦別集。有多家網站在拍賣此書，中國國家圖書館、臺北「國家

---

*香港大學中文學院副教授。

[1] 如馬積高：《賦史》，郭維森、許結：《中國辭賦發展史》均未提到夏思沺其人其書。

[2] 詹杭倫：《清代賦論研究》，臺北：學生書局，2002 年版。

圖書館」、北京大學圖書館、吉林大學、泉州市圖書館等都藏有此書。香港大學圖書館、香港中文大學圖書館、香港浸會大學圖書館也藏有此書。於是通過港大圖書館把此書的全本借了出來，覆印前後部份，把我的殘本配補齊全。通讀之後，在這裏談談我收集到的有關其人其書的材料和對此書的讀後感，以饗同好。

一、作者生平與《少嵒賦草》的序、注、評

夏思沺（1798 — 1868），一名思恬，字涵波（北大圖書館誤注為「涵坡」），號少嵒，安徽銅陵縣鐘鳴鎮泉欄村人。生於清嘉慶三年（1798），清道光十四年（1834）應鄉試中舉。與曾國藩（1811 — 1872）為同年舉人，曾、夏二人年紀相當，故結為好友。夏思沺選任蕪湖縣訓導，繼而升任穎州府教授，一輩子都是教書匠。曾國藩後來發達了，任兩江總督，但沒有忘記夏思沺，曾寫信給他的弟弟說：「有送夏少嵒銀三千兩、對一付，弟轉交之。順問近好。」[3]可見曾國藩曾經接濟過他的這位主要從事教書的老朋友。夏思沺博學廣聞，喜作詩、文、賦。先後有《少嵒詩稿》、《少嵒文稿》、《少嵒賦草》、《少嵒改課》、《經史百家簡編》等著作刊印行世。時任安徽按察使的吳坤認為，夏思沺著作，「異域亦多購之，近世以來，最為罕有」，稱夏思沺為「銅陵之傑出也」[4]。夏思沺七十歲告老還鄉，居鐘鳴泉水坑上山嶺東麓，日以文章山水自娛。清同治七年（1868）病逝，其著作以《少嵒賦草》流傳最廣。據我的統計，從清道光四年（1824）到民國 26 年（1937）的 100

---

[3] 曾國藩：《曾國藩家書》，咸豐十一年四月十九日《致沅弟》。《曾國藩全集・家書一》（長沙：岳麓書社，1985），頁 700。

[4] 見銅陵縣地方誌編纂委員會編：《銅陵縣誌（1991-2000 年）》（北京：方志出版社，2006），《人物》。

詹杭倫　晚清至民國一部流行的賦集——論夏思沺的《少嵒賦草》　289

多年時間裏，夏思沺的《少嵒賦草》至少刊刻或重印了19次（詳下），在民間流傳甚廣，由此可見，稱其為一部從晚清到民國流行的賦集是一點兒也不過份的。

目前我所見到的《少嵒賦草》序共有兩篇，一篇是吳楠所作，為說明問題，過錄於下：

> 余初未識少嵒，三月中過甯氏美田舍，見案頭詩點竄處深中肯綮，大驚服，問之，曰：「此松城夏君也。」以未獲見為恨。次日，即遇於美田舍，遂訂交。袖出詩冊，展讀一過，意新語鍊，筆無塵滓。每至佳處，則朗吟，旁觀者以為狂。素工賦，拈筆立就，思若湧泉。積至數百篇，節錄其最佳者七十餘首，分為四卷。渾灝流轉，靡體不備，不拘拘于古而合於今，可謂得賦家三昧矣。夫賦之與詩一也。昔晁補之云：「自風雅變而為離騷，離騷變而為賦。」然則，賦為古詩之流，未有不工於詩而能工於賦者。君今以詩寄興，以賦寫物，鋪采摛文，蘊中發外，直與漢魏六朝其蠛而冶，至於異日蜚聲日下，馳譽寰中，當必更有以潤色鴻業，以鳴一代之盛，豈第區區聲韻而已哉！今問序於余，略述相契之由而並志欽仰之忱如此。時道光四年歲次甲申四月下澣，涇川愚弟吳楠石仙氏識。

這篇序文載於道光四年之後各本卷首，但香港大學所藏民國二十二年上海錦章書局本該序之後署年為「道光十七年歲次丁酉」。錦章書局本是石印本，其利用之祖本為道光十七年本，序言署年當是道光十七年刻本書商挖改之誤。按：清代書商刻這類暢銷書有個慣例，往往將前人序文署年挖改為刻書之時，試圖以新序新出的面目問世，以促進銷售。故判定清刻本古書序文作年，當親檢不同版本對照，不可僅據一本署年而受書商之矇騙。【5】本篇序文期許夏思沺「異日蜚聲日下，馳譽寰

【5】參見拙撰：《清代賦格著作〈賦學指南〉考論》，臺灣成功大學學報第10期，2002年10月。

3

中」，當是作者聲名尚未顯赫時的口氣，應當是初刻本的第一篇序文。

文奎堂藏版的《少嵒賦正續合編》卷首，載有另一篇序文，其云：

> 夏君少嵒，五松繼起之英，實余忘年畏友也。貧而嗜學，善屬
> 文，尤工詩賦，試則必冠其曹。每脫稿，人爭購寫，此《少嵒賦
> 草》之所由出也。但原刻促自坊友，成於倉促，魯魚帝虎，固屬
> 不免。而其平生佳稿甚夥，摘取亦未周，爰為校正而增訂之。又
> 夏君性穎敏，於書無所不窺，每運用處，觸手紛披，如自己出，
> 讀者幾忘其為故實也。因偶拈其一二，以為初學者釋。至其賦之
> 所以工且妙，則詳見於原序暨原評。

這篇序文錄自網路上公佈的照片，結尾部份照片未出，另接吳楠序
文的後半篇，故目下尚不能確知該文作者及其署年。不過，根據序文推
測，此序作者為此書做了兩項工作：一是「校正而增訂」，二是闡釋典
故；所以，我推斷本序作者就是該書的注者姜兆蘭。

既然該序明說「至其賦之所以工且妙，則詳見於原序暨原評」，說
明為夏賦加上行批和尾評者另有其人。查各版本著錄情況，僅有泉州市
圖書館藏《增訂少嵒賦草》注明有清晉江林學洲評。在沒有其他新材料
的情況下，我們姑且暫將林學洲作為全書評點之人。

綜上所述，今傳本可以著錄為《少嵒賦草箋注》正集四卷，續集一
卷，原作：夏思沺；原序：吳楠；注釋：姜兆蘭；評點：林學洲。

二、少嵒賦體裁的新變

吳楠《序》稱許少嵒賦「靡體不備，不拘拘於古而合於今」，說明
其體裁樣式豐富，古體今體一應俱全。經查對，正集卷一收賦 20 篇，
多數為古體的駢賦、文賦或騷賦，也有少數擬作的律賦；卷二收賦 17
篇、卷三收賦 14 篇、卷四收賦 14 篇，續集收賦 16 篇，則多數為題下
限韻的今體律賦，少數為不限韻的駢體小賦。全書共收 81 篇賦作，其

中仿六朝初唐古賦體裁之作約占三分之一弱，今體律賦則占三分之二強，全書賦體重心在於今體律賦。這種賦體安排的格局，符合清代乾、嘉以後賦學提倡的「以古為律」的精神。清代中期以後，賦家中的多數人已經拋棄了所謂「賦必秦漢」的古體派的觀念，蓋時人以為，要學習唐人律賦，應該從六朝小賦學起，這樣做可以使得賦家從六朝的《恨》、《別》、《雪》、《月》一類作品中吸收靈氣，讓律賦突破科舉的死板格套，產生古氣盎然，生動靈活，搖曳生姿的審美效果。比如湯稼堂編纂《律賦衡裁》、李調元編纂《雨村賦話》、顧蓴編纂《律賦必以集》、余丙照編纂《賦學指南》，所選作品都是從六朝小賦開始，而主體則選擇唐律賦和清律賦，也有的連帶選一些宋人的作品。清代賦家侯心齋所說：「今之作者，遇大典禮或用古賦；言情適志之作或雜用騷賦、文賦；考試所用皆律賦也。」[6]少嵒賦中沒有仿漢體的長篇散體古賦，只有輕快簡短的騷賦、文賦和律賦，這恐怕是他的賦作符合時代潮流，能夠在市面流行的主要原因。

我們將其賦體各舉一例加以說明，《少嵒賦草》卷一《屈原行吟澤畔賦》首段：

嗟江水其滔滔兮，勢奔逝而不問（「問」字失韻，疑當作「回」）；對落日以戀戀兮，情相繫而可哀。望龍門以高遠兮，余心曲其徘徊；顧蘭蕙之娟娟兮，棄沅湘而誰來。荼蓼雜以相蔽兮，紛芃芃而莫裁。

這是一篇騷體賦，有屈原賦作那種一唱三歎、搖曳生姿的韻味。林氏尾評讚此賦：「胎息騷經，伊屈善感，正與三閭大夫同一鼻孔出氣。」

《少嵒賦草》卷一《擬蘇東坡前赤壁賦》首段：

造化有浩蕩之機，滯於物則忽焉；山川有豁達之象，狃於境則沒焉；人心有無窮之樂，不當其遊覽，則亦不能勃發焉。

【6】引自程祥棟編：《東湖草堂賦鈔》（清刻本），初集卷首。

這是一篇模擬東坡的文賦，宋人文賦以議論取勝。此賦得宋人文賦之法，起手即展開議論。林氏尾評贊此賦：「議論闊達，筆勢縱橫，開拓萬古之心胸，推倒一時之智勇。」

《少嵒賦草》卷一《擬王子安七夕賦》首段：

> 一鈎新月，萬里長天。珠簾漠漠，玉漏綿綿。清露下兮夜氣靜，涼風吹兮秋信傳。感良辰於七夕，共乞巧於年年。

這是一篇模擬王勃的駢賦，有六朝初唐小賦風味。林氏尾評贊此賦：「選詞新穎，咳唾成珠。」

《少嵒賦草》卷四《杏花春雨江南賦》首段：

> 二月濃春，六朝佳境。天繪韶華，地饒煙景。昨宵聽雨，曾登百尺瓊樓；待曉看花，開遍千林文杏。

這是一篇以題為韻的律賦，首段押「杏」字韻。首二句寫時間，三四句寫地貌，五六句寫春雨，七八句寫杏花，將題目概括無餘。林氏尾評贊此賦：「寫杏花不脫春雨，寫杏花春雨不脫江南，可謂水乳交融。」

晚清賦作傾向短小精悍，尤其在律賦的體裁格式方面變化較大。不過，少嵒賦雖有變化，但仍然符合各類賦體的基本格式，相比之下，同期賦作中有的格式變化過大，反而不一定受歡迎。如王寶庸（1827-1887）的《小竹裏館律賦效顰》[7]，該書收律賦五十一篇，數量可觀，但品質頗有問題。王氏在《自序》中聲稱自己「性情粗豪，對律賦之法律不耐揣摩」。這雖然是自謙之詞，不過也可從一個側面見出，王氏之律賦並不適合考試的規定。他一生雖然勤寫律賦，但是科舉功名之途並不順暢，這說明其律賦有超出考試規程的格式。細檢其律賦格式，果然與眾不同。比如，《踏青賦》首段云：「江南春色年年好，滿地綠雲迷古道。

---

[7] 王寶庸：《竹裏全稿》，《清人未刊稿本》（臺北：聯經出版公司影印，1976），第 12 冊。王寶庸咸豐七年應試不第，遂不再應考。同治元年，捐為候選知府。生平事蹟詳見其自撰《小竹裏館浮生記》。

多少遊人日往來，踏去青青堤上草。」又如《蓮動下魚舟賦》首段云：「瑟瑟金風漠漠煙，蓮花十裏接湖田。蓮中人趁蓮舠下，不唱漁歌唱採蓮。」這種用七言絕句（前一首為古絕，後一首為律絕）來作破題的格式，在前此的律賦中非常少見。前此的律賦有篇終作歌的，但常常遭到賦論家的批評。如王芑孫《讀賦卮言‧審題》說：「七言五言，最壞賦體，或諧或奧，皆難鬥接，用散用對，悉礙經營。」【8】張之洞《輶軒語‧語文‧賦》「忌篇尾作歌」條云：「六朝小賦間有之，場屋效響，既為不莊，又嫌率爾。《選》賦篇尾或曰亂，或曰頌，各有體裁，不得藉口。」【9】王寶庸之賦在篇首作歌，固然在形式上是一種新的創造，但如果用在試場上，那就肯定不合考官的胃口；如果刻印投放書市，也很難受到讀者的青睞。無怪乎其書的命運只能歸於清人未刊稿本，長期隱姓埋名了。

三、少岊賦題材的拓展

清代賦論家認為中唐以前律賦「大約私試所作而播於行卷者，命題皆冠冕正大。逮乎晚季，好尚新奇，始有《館娃宮》、《景陽井》及《駕經馬嵬坡》、《觀燈西涼府》之類，爭妍鬥巧，章句益工。」【10】這一評價也可以借用來評價清代的律賦製作，大概乾隆、嘉慶以前的賦作，由於與科舉的緊密聯繫，所以命題大多冠冕正大；而道光以後，律賦製作與科舉漸行漸遠，成為一種自由抒情寫物的文學體裁。夏思沺的賦作

【8】王冠 輯：《賦話廣聚》（北京：北京圖書館出版社，2006），第 3 冊，頁 309。

【9】張之洞：《張之洞全集》（石家莊：河北人民出版社，1998），第 12 冊，頁9805。

【10】李調元：《雨村賦話》卷二《新話二》。按：此條錄自湯稼堂：《律賦衡裁》卷一賈餗《日月如合璧賦》尾評。

成為這種新趨勢的代表，少崑賦主要有三大類別的題材，一是詠歎古人故事的詠古賦，二是描寫今人今事的寫實賦，三是借物抒懷的詠物賦。以下各舉一例：

詠古賦之代表——《岳武穆奉詔班師賦》：

岳少保壯志軒昂，先聲赫濯。精忠貫乎星辰，浩氣鍾于河嶽。枕戈待旦，方期恢復中原；拔劍登壇，定欲掃平絕朔。誰識天王無主，詔下金門；遂令上將班師，心摧畫角。

方其統兵戎，率行伍。出王畿，臨敵土。列陣分行，揚旗擊鼓。龍韜久具，標大帥之威名；虎帳宏開，奮將軍之神武。方謂功成立馬，指顧平戎；還教陣布長蛇，從容破虜。

況乃狂犛鋒摧，諸酋勢靡。望氣齊駕，聞風盡哭。值此時危力弱，詰朝定可搴旗；共將執銳披堅，乘勢應如破竹。願與諸君痛飲，幕府流連；佇看群醜投降，邊陲肅穆。

孰知名將功高，奸臣志怵。頓起陰謀，深埋禍種。十二字金牌連下，直教神鬼潛號；一萬軍鐵甲早旋，可恨旌旗倒擁。念數載長勞鞍馬，枉事風塵；痛兩宮深入牢籠，何人侍奉。

倘使執將帥在外之言，君命有所不受之詔。則雖羽檄遙馳，天書下召；依然整我戎行，扼其險要。當場鏖戰，定知決勝於崇朝；伏闕請誅，猶得告功於太廟。詎令熏天宰相，三字埋冤；竟為叩馬書生，一言早料。

乃其不虧臣節，恐犯天顏。收拾熊羆之隊，傳宣將校之班。振策言歸，徒歎半生辛苦；出師未捷，誰收萬里江山？記曾奪蠹之時，雄兵直搗；正在渡河之日，駿馬偏還。

徒使烽煙頓息，車騎虛馳。心憂半壁，甲解全師。可憐對壘沙場，孤軍獨往；忍見攀轅父老，雙淚交垂。一木難支，宋室之偏安已定；十年遺恨，英雄之結局如斯。

迄今追憶風徽，感懷時數。考剩水分殘山，吊荒營與古戍。直恨

詹杭倫　晚清至民國一部流行的賦集——論夏思沺的《少嵒賦草》　295

無人請劍，斬他奸佞之頭；空嗟高廟藏弓，莫展風雲之路。遂使
名流乞罷，寄跡西湖；竟將割地請和，甘心南渡。此閱史者所以
傷心，而懷古者因之作賦也已。

這是一篇以題為韻的詠古律賦，載《少嵒賦》卷一，又被選入余丙
照《賦學指南》卷十四，兩處文字稍有不同，當是余丙照有所批改。此
賦的本事見《宋史·高宗本紀》：（岳飛）「奉詔班師，遂自郾城還，軍
皆潰，金人追之不及。穎昌、蔡、鄭諸州皆復為金有。」又《建炎以來
繫年要錄》卷一三七：（壬戌）「是日，湖北、京西宣撫使岳飛自郾城班
師。飛既得京西諸郡，會詔書不許深入，其下請還，飛亦以為不可留。
然恐金人邀其後，乃宣言進兵深入，逮敵已遠，始傳令回軍。軍士應時
皆南鄉，旌靡轍亂，飛望之，口怯不能合，良久，曰：『豈非天乎！』」
林氏尾評云：「激昂感奮，寫出當時烈肝忠膽，可當一篇《岳武穆傳》
讀。」余丙照尾評云：「局勢開展，詞鋒壯麗。堂堂之陣，正正之旗，
不減當年鐵甲兵。」【11】

寫實賦之代表——《老妓賦》：

歲月忙過，光陰迅度。身世誰親，風流我誤。妝已謝乎金鈿，曲
不歌乎玉樹。青樓憾遠，同春色以飄零；翠袖愁多，奈年光之遲
暮。心事難明，風情怕語。剩粉誰收，故國何處。

錦幬香杳，孤枕生寒；繡閣燈殘，閒階欲曙。雙眉慼斷，感白髮
之新添；一夢驚回，歎青春之已去。

觸目無聊，那不魂銷。可憐昨夜，又是今朝。久費華宴之瑟，慵
吹紫玉之簫。腰看漸瘦，面不重嬌。誰知歌舞場中，終如雲散；
太息綺羅鄉裏，也似花飄。

獨立徘徊，疏簾乍開。金無纏臂，淚自盈腮。一輩新人，共誇絕

【11】余丙照：《增注賦學指南》，卷十四。王冠輯：《賦話廣聚》（北京：北京圖書
館出版社，2006），第5冊，頁533。

色；幾番舊曲，猶帶餘哀。每懷指下朱弦，周郎特顧；未必江頭皓月，司馬重來。

孤情孰遣，往事相關。盡洗鉛華之習，不參絲管之班。夜雨憑欄，久疏白苧；晨窗覽鏡，難見紅顏。憾此身墜入煙花，殘年冷落；到爾日拋卻脂粉，一味清閒。

幽思沉沉，深情默默。歲不饒人，空原是色。倚修竹而含愁，傍空庭而無力。秋娘最妒，豈爭零落之場；碧玉多姿，難禁年華之遍。

纔過春風，又逢秋露。悵深老大之時，竟到衰殘之路。顧我無情，伊誰道故。難得錢塘蘇小，一世留名；誰同虎丘真娘，千秋遺墓。

這篇律賦選自《少喦賦》卷二，以「暮去朝來顏色故」為韻，韻腳出自白居易《琵琶行》的詩句：「今年歡笑複明年，秋月春風等閒度。弟走從軍阿姨死，暮去朝來顏色故。」[12] 在中國文學史上，以妓女為題材的小說、詩歌甚多，賦中則較少見；即使書寫，賦家也常常是以美人賦為題，很少關注老年的妓女。夏思沺此賦代妓女立言，表達其青春之浮華生活與老年之悽愴心態，故林氏尾評說：「運綿渺於尺素，吐滂沛於寸心。覺白江州《琵琶行》中，猶未道到盡處。」

詠物賦之代表——《秋雁賦》：

萬里長天，幾村寒杵。露氣偏深，霜華如許。江南秋老，正逢客雁辭巢；冀北風高，又值賓鴻結侶。卻羨銜蘆計穩，整整斜斜；不堪叫月聲多，悽悽楚楚。

爾其秋雲漠漠，逸翮翩翩。半沉積露，乍隱寒煙。問到歸期，春三北往；欲知來信，秋九南旋。一字橫來，暮夜荒煙之浦；數行飛去，悽風苦雨之天。

---

[12] 白居易：《白氏長慶集》（文淵閣《四庫全書》本），卷十二，頁21。

倘其遠渚間臨，平沙偶下。暫歇魚莊，咸依蟹舍。偕孤鴻以安眠，伴輕鷗而閒暇。白蘋風冷，對煙水以何如；紅蓼花疏，幸汀洲之可借。遙雜漁人之笛，楓葉霜天；暗銷客子之魂，蘆花月夜。

別有曠野清寒，孤村薄暮。羈旅神馳，邊關情注。煙飛塞草，十年空寄他鄉；目斷胡天，千里難通尺素。牢落一生，躊躇四顧。莫不聞聲下泣，感時序之遷流；對爾傷懷，歎光陰之迅度。

又或空閨怨起，少婦情殷。垂簾輾轉，搗素辛勤。觸目愁生，朔漠之征衣安寄；撫心憾滿，遼陽之遠信難聞。每當殘夢初醒，聲迷楚雨；空把高樓屢上，影斷吳雲。

更有兀坐勞人，悲歌壯士。傷斷梗以何依，歎飄蓬之不已。風難遇順，題橋之志空存；羽望為儀，書塔之心未死。鬱鬱終宵，悠悠隱几。又豈獨空堂臥病，宛爾關情；異地懷人，伊于胡底也哉？

況夫稻粱今少，風雨偏并。既難得食，空自哀鳴。將翱將翔，謾說行蹤自得；秋煙秋雨，直教心事難明。記曾身別邊城，沙黃草白；盡日音流玉字，天閣雲橫。

然而歸心有定，來候無差。奮翼堪同秋隼，離情豈悟寒鴉。春去秋還，到處都為逆旅；朝飛暮宿，此身本是天涯。倘逢華嶽風高，浮蹤暫落；若遇衡陽嶺隔，歸路偏斜。

　　這是一篇律賦，載《少嵒賦草》卷三，以「楚天夜度，雲底橫斜」為韻，韻字依次順押在每段的末尾，這是乾、嘉時期著名賦家顧元熙提倡的律賦押韻方法。這篇賦是一篇詠物賦，但其詠物而不滯於物，前三段寫雁之後，第四、五、六段即轉向寫人，最後七八兩段，人雁夾寫，寫雁即是寫人，寫人亦是寫雁，得託物言志之妙。故林氏尾評贊此賦：「神外有神，意外有意。」

　　夏思沺賦作的題材，除了詠古類賦作可能與科舉相關之外，《老妓

賦》與《秋雁賦》之類應該都是與科舉無關的自由書寫。律賦脫離科舉，成為抒情寫物的自由文學體裁，成為晚清到民國的時尚文體之一。此期的一些賦別集在題材選擇方面都有這種傾向，如臺北聯經出版臺灣「中央圖書館」珍藏《清人未刊稿本》中，有方浚頤（1815-1889）《忍齋賦略》【13】一種。凡收賦十篇：《天寒有鶴守梅花賦》、《濠梁觀魚賦》兩篇、《淡雲微雨養花天賦》、《登壇拜將賦》、《如皋射雉賦》、《齊姜醉遣晉公子賦》、《一年明月今宵多賦》、《陳平分肉賦》、《春夜宴桃李園賦》。從賦題可知，這些賦作多半不適合用於科舉考試。又如唐受祺（1841-1924），為晚清著名文學家俞樾弟子，著有《浣華盧賦鈔》【14】，收賦四十二篇。其中部份是書院考課之作，有俞樾的評點，大部份賦作似與科舉無關。如其所作〈餞春賦〉（以勸君更進一杯酒為韻），所寫情境與柳永〈雨霖鈴〉相似，其言情之真切則與夏思沺《秋雁賦》相類。作者着力描寫一個餞別的場面，珍惜眼前即將分手的甜蜜愛情，恐懼今後難以擔負的相思之苦。沒有親身經歷和真摯感情是難以寫出這種以情動人的篇章的。因而，這樣的賦篇絕不能產生在冷酷嚴肅的考場之上。

四、少嵒賦的藝術特色

少嵒賦的藝術特色可以用八個字來加以概括：「輕快流利，婉轉生情。」這種風格的賦作得到清末直到民國年間士人的寵愛，因而少嵒賦

【13】方浚頤：《方忍齋所著書》（臺北：聯經出版公司，1976 年影印本），第6冊。《忍齋賦略》，封面書《夢園賦概》，當即此書之別名。方浚頤為道光二十四年（1844）進士，官至四川按察使。

【14】唐受祺：《浣華盧賦鈔》，載《太昆先哲遺書》，俞世德堂，民國十七年（1928）刊本。

流傳廣泛，影響深遠。要形成這樣的藝術特色，我以為需要在一定程度上擺脫或削減辭賦的記敘功能。少崑賦完全沒有像記敘文那樣寫實，雖然我在前面列出「寫實賦」一類，但我們讀少崑賦，發現並不是對具體人事的直接描寫敘述，而是對某種典型人事的一種抽象的鋪陳刻畫。我們看到，夏思沺的詩作相當關注現實，他與曾國藩友善，堅決支持曾國藩鎮壓太平軍起義。他的詩《詠高山二烈》寫到：「咸豐庚申（1860年）臘，避寇旌寧間。知音遇伯牙，窮途免饑寒。狂寇乘寒來，冒雪登高山。高山女如雲，淚灑血成斑。就中有二烈，高節不可攀。一為胡氏婦，脫身入深潭。一為俞氏女，抱樹手交環。入潭賊不顧，抱樹賊戟攢。血流心已死，頭裂手不寬。夜靜聞胡呼，貞魂相與還。紅日兩冰人，戰戰何時幹。二烈幸未死，死已非所患。我已知死樂，鴻毛獨無顏。未報一士恩，徒為二烈歎。題詩淚磨墨，投筆催心肝。何人題此詩，銅陵夏少崑。」【15】這首詩記錄了太平軍中的流寇在甯國、旌縣交界一帶殘害婦女的暴行。這種作品寫作的用意，顯然是為曾國藩鎮壓太平軍行動的正義性作辯護。不過，在夏思沺的賦作中，我們卻看不到這種投槍匕首似的直接針對現實的描寫，賦家對社會現實的觀察和感慨在寫入賦中之時，已經深化了或者說虛化了，如鹽溶於水，我們很難再把它分解出來。由此啟發我們，直接描寫現實與否，針對詩歌與辭賦有不同的要求，換言之，詩歌比較方便直接描寫現實，辭賦（這裏主要指短小的駢賦與律賦）則不適合直接描寫現實。辭賦的表現手法是利用詞藻和句法作藝術的「鋪陳」，而不是直白地「敘述」。

　　我們知道，辭賦在唐代以前尚有記敘的功能，如都邑賦、紀行賦之類有人當作山川地志或類書來閱讀；但在宋代以後，律賦、駢賦或短小的文賦成為賦家慣用的主要體裁，辭賦與詩歌、記敘文之類分工就日益

【15】引自網路文章《太平天國時期的甯國縣》，http://www.ngfu.org/archiver/?tid-1373.html 。

明顯了。例如，圍繞一個景點「歷陽湯泉」，秦觀寫了詩、賦、遊記三種體裁的作品（唱和詩三十首、《湯泉賦》、《遊湯泉記》【16】）；詩歌是即景生情之作，便於抒發情感和相互唱和。賦是鋪敘之作，便於鋪敘渲染景觀的特色，並展開議論，表達思考；遊記是記敘之作，可以原原本本記錄人地時事和遊覽的經過。三種不同體裁的作品，得以圓滿呈現作家對景點的觀察、體會和情感。我以為，少嵒賦可以說繼承和發展了秦觀以後對辭賦功能的新認識和實踐。

五、少嵒賦的影響

目前所知，《少嵒賦草》從道光四年（1824）到民國 26 年（1937）至少有如下將近二十種版本：

1、《注釋少嵒賦草》，注者為姜兆蘭，字仲馨。封面署涇川吳楠鑒定，不分卷，清道光四年（1824）小酉堂刊本。一函 2 冊，竹紙，線裝，板框高 14.5 釐米，寬 10.2 釐米。（中國書店 2008 年 3 月 1 日網上拍賣）

2、《注釋少嵒賦草》，道光四年（1824），文誠堂刊本。（孔夫子舊書網 2007 年 1 月 18 日上書）

3、《少嵒賦正續合編》，道光四年（1824），文奎堂刊本。（孔夫子舊書網，2009 年 3 月 28 日上書）倫按：據書首序言，此書為增訂重刻本，詳文後所附照片。

4、《注釋少嵒賦草》，道光七年（1827）新鐫，有美堂刊本。（孔夫子舊書網 2009 年 7 月 29 日拍賣）

5、《少嵒賦草詳注》四卷，版刻時間不詳。（北京大學圖書館藏）

【16】見徐培均：《淮海集箋注》（上海：上海古籍出版社，2000），卷一、卷七、卷三十二。

6、《箋注少嵒賦草》，道光 17 年（1837）刻本。（據香港大學藏本吳楠序末署年）

7、《增訂少嵒賦草》，清同治 3 年（1864），怡和堂刻本。（據古籍圖書網）

8、《少嵒賦草箋注》（清）姜兆蘭注釋，清同治四年（1865）重刊本，書名頁題：「新增少嵒賦草，涇川吳楠鑒定，古經閣藏板。」（臺北：「國家圖書館」藏）

9、《少嵒賦草》四卷，《續集》一卷，清同治六年（1867），掃葉山房刻巾箱本。（吉林大學圖書館藏）

10、《少嵒賦草》，清同治七年（1868），本堂藏板。（孔夫子舊書網，2008 年 2 月 23 日上書）

11、《注釋少嵒賦草》，清同治 9 年（1870）兩儀堂刻本，8 行 20 字，小字單雙行同，白口，左右雙邊，單魚尾。（中國國家圖書館藏）

12、《少嵒賦草》，清光緒 19 年（1893），上海書局印行。（據古籍圖書網，又上海國際商品拍賣有限公司 2009-04-12 拍賣）

13、《（增訂）少嵒賦草》4 卷，清晉江林學洲評。（泉州市圖書館藏）

14、《箋注少嵒賦草》，上海錦章圖書局，民國 13 年（1924）石印本。（香港浸會大學圖書館藏）

15、《增注少嵒賦草》，廣東廣益書局，民國 15 年（1926）印本。（香港中文大學圖書館藏）

16、《箋注少嵒賦草》，上海錦章圖書局，民國 17 年（1928）石印本。（據古籍圖書網）

17、《箋注少嵒賦草》四卷（卷一、二 26 頁、卷三、四 18 頁），續集 10 頁）規格：20 cm（長）x 13.5 cm（寬），上海錦章圖書局，民國十八年（1929）石印本。（**Find Art** 搜藝搜網站 2008 年 9 月 3 日上架）

18、《箋注少嵒賦草》，上海錦章圖書局，民國 22 年（1933）3 月

石印本。（香港大學圖書館藏）

　　19、《增注少嵒賦草》，香港大達書局，民國 26 年（1937）印本。
（香港中文大學圖書館藏）

　　以上的十九種版本歸納起來有三種格式：其一，正集不分卷無注本。道光四年以前的初刻本應是這種格式。其二，正集四卷、續集一卷合編本。孔夫子舊書網展示的《少嵒賦正續合編》文奎堂藏版應是這種格式。其三，正續集有注有評本。道光七年以後的重刻本，多數是這種格式。《少嵒賦草》平均五年左右重印一次，這在中國古書的出版史上是比較罕見的，足見其在科舉時代晚期乃至後科舉時代流傳之廣。

　　生活於民國年間的老一輩學者不少人年輕時接觸過少嵒賦，比如曾執教於臺灣政治大學、師範大學、輔仁大學、東吳大學的周紹賢（1908-1994）教授，他在網路上發表了《滄桑回顧錄》，其《自幼好學，愧無所成》一節寫到：「後來讀《飲冰室文集》，慕梁任公之文，並惜其變法之失敗。民國十五年秋，冒然修書，自稱私淑弟子，向其請教，並附所撰《性善性惡論》一文，請其評正，藉以瞭解自己之程度。任公熱情啟發青年，不久，得其回函，大為嘉許。……得任公書信之鼓勵甚喜，並感自己讀書甚少，更當加勤勉。此時尤好駢文，最愛吳錫麒、夏思沺之律賦，摹擬習作，賞其風雅。」[17]周紹賢教授將夏思沺與乾、嘉時期的著名律賦作家吳錫麒（1746-1818）相提並論，足見夏思沺的律賦在其心目中地位崇高。

　　當代著名中醫學家、中醫教育家任應秋（1914-1984）先生，也在網路上介紹自己少年時代的學習方法，說到：「我十七歲開始學習中醫學。在未學醫之前，從四歲開始便以通讀十三經為主，如《爾雅》那樣難讀的書，都曾熟讀背誦。同時還讀一些有關詩文典故的書，如《幼學

【17】周紹賢：《滄桑回顧錄》，引自：http://grandpasmemoirs.blogspot.com 。

故事瓊林》、《龍文鞭影》、《聲律啟蒙》、《唐詩三百首》、《賦學正鵠》、《少崑賦》、《清代駢文讀本》、《古文觀止》之類。」【18】任應秋先生將《少崑賦》與《唐詩三百首》、《古文觀止》之類書籍等量齊觀，足見少崑賦的流行地位是確定無疑的。

雖然民國年間，在中國內地從事賦創作的作家較少；但在日據時期（1895-1945）的臺灣，仍有不少作家寫賦，根據《全臺賦》收集的作品來看，大部份都是走的少崑賦的寫作道路。【19】這給後科舉時代的辭賦創作帶來深刻的啟示：這就是賦的寫作，作品以短小精悍為主，長篇大作不再時興；題材廣泛多樣，不再局限於科舉需要，但凡適合賦體表現的內容，無事不可以入賦，但賦體是情景詞藻的鋪陳而不是記敘，不能寫成記載實事的大白話；賦體以文賦、騷賦、駢賦為主，仿漢體的古體大賦基本退出歷史舞臺；寫賦必須強調遵體，若破體太甚，可能有冒尸賦名之嫌，比如楊朔《茶花賦》之類，其實只是散文，與賦體無關。只有這樣，才能保證賦體文學創作健康有序的發展。

當前中國內地辭賦創作興盛，據中國辭賦網統計，大約有將近五千篇賦作問世，但恕我直言，其中大部份賦作都不合體裁。其主要原因就在於讀古人的賦作太少，許多人僅僅憑藉閱讀過三五篇文賦，如杜牧《阿房宮賦》、歐陽修《秋聲賦》、蘇軾《前後赤壁賦》之類，便搖筆寫賦，其實未能找到應當師法的物件。我勸各位賦作家可以讀一讀《少崑賦草》，我相信，無論寫作文賦、騷賦、駢賦還是律賦，都能從中找到心儀的對象、師法的範本。

【18】 引自術數吧網站：http://www.shushuba.cn/archives/126 。

【19】 許俊雅、吳福助主編：《全臺賦》，臺灣文學館籌備處，2006 年 12 月版。參見拙文：《臺灣賦論略——評全臺賦》，載臺灣：《東海大學學報》，2007 年 7 月，頁 532-541 。

景印香港新亞研究所《新亞學報》（第一至三十卷）

盛唐詩的超越——蘇軾與嚴羽詩學理想追求的比較

劉衛林*

提　要

　　蘇軾和嚴羽在論詩時，既能見出盛唐詩的極致，又能指出在盛唐詩之外，有詩學上另一層次的理想和追求。倘若比較蘇軾和嚴羽上述這種超越盛唐詩的詩學理想追求，便可見雖然彼此有著共通的理想和結論，然而在立論角度和理論根本而言，事實上兩者的主張又頗有同異。本文從明、清以來詩學上對以盛唐詩為法的詩學理想追求，上溯宋代蘇軾與嚴羽對於盛唐詩與漢魏晉詩的不同見解，從而闡述及比較蘇軾與嚴羽在追求超越盛唐詩這一詩學理想的觀念上，兩者在詩學理念上的具體異同所在。

一、緒言——以盛唐為法的詩學理想追求

　　自明、清以來，文學觀念上一直標榜詩當以盛唐為法。傳統的這種詩學觀念，從元代楊士弘，明初高棅、李東陽的論詩推尊盛唐，到明七子等人提倡「詩必盛唐」之說而下，發展出一套宗法盛唐詩並以之為學詩標準的詩學見解。明、清以來詩學，無論提倡格調，抑或主於神韻，幾乎都一致地以盛唐詩為宗法對像。《四庫全書總目》卷一百九十六詩文評類《師友詩傳錄》條下，對提倡神韻說的王士禎一派詩學宗旨有以

---

*香港城市大學專業進修學院文化及傳意部講師。

下說明：

> 蓋新城詩派以盛唐為宗，而不甚考究漢魏六朝；以神韻為主，而
> 不甚考究體製。[1]

便明確點出清初王士禎一派的詩學主張就在於以盛唐為宗。除了詩學上
以提倡神韻號召當世的王士禎一派外，詩學上主張宗法盛唐的尚有主於
格調的明七子等人。《四庫全書總目》卷一百七十《懷麓堂集》條下，
提到明代前七子詩學觀念時便指出：

> 自李夢陽、何景明，崛起宏正之間，倡復古學，於是文必秦漢，
> 詩必盛唐，其才學足以籠罩一世，天下亦響然從之。[2]

其時文林競以盛唐詩號召，《明史》卷二百八十六〈文苑傳〉李夢陽條
下有更詳細敘述：

> 夢陽才思雄鷙，卓然以復古自命。弘治時，宰相李東陽主文柄，
> 天下翕然宗之，夢陽獨譏其萎弱。倡言文必秦漢，詩必盛唐，非
> 是者弗道。與何景明、徐禎卿、邊貢、朱應登、顧璘、陳沂、鄭
> 善夫、康海、王九思等號十才子；又與景明、禎卿、貢、海、九
> 思、王廷相號七才子，皆卑視一世。[3]

除李夢陽、何景明等前七子，在文苑中以「詩必盛唐」相互號召之外，
其後明代詩壇上李攀龍、王世貞等後七子，亦提出詩必準之於盛唐的同
一詩學主張。在《明史》卷二百八十七〈文苑傳〉三內王世貞條下，對
此就有具體的說明：

> 世貞始與李攀龍狎主文盟，攀龍歿，獨操柄二十年。才最高，地
> 望最顯，聲華意氣，籠蓋海內。一時士大夫及山人詞客，衲子羽

---

[1] 永瑢等撰：《四庫全書總目》（北京：中華書局，1965 年），卷 196，頁 1794。

[2] 同上，卷 170，頁 1490。

[3] 張廷玉等撰：《明史》（北京：中華書局，1974 年），卷 286，〈文苑〉二，第
24 冊，頁 7348。

劉衛林　盛唐詩的超越──蘇軾與嚴羽詩學理想追求的比較　307

流，莫不奔走門下。片言襃賞，聲價驟起。其持論文必西漢，詩
必盛唐，大曆以後書勿讀。【4】

同卷李攀龍條下亦載：

其（攀龍）持論謂文自西京，詩自天寶而下，俱無足觀，於本朝
獨推李夢陽，諸子翕然和之。【5】

從《明史‧文苑傳》及《四庫全書總目》等以上綜述得知，論詩以盛唐
為法的觀念自明代以來至為普遍，如謝榛在《四溟詩話》內評價歷代詩
作，即一以此為標準：

陳無己《寄外舅郭大夫》詩曰：「巴蜀通歸使，妻孥且定居。深
知報消息，不敢問何如。身健何妨遠，情深未肯疏。功名欺老
病，淚盡數行書。」趙章泉謂此作絕似子美。然兩聯為韻所牽，
虛字太多而無餘味。若此前後為絕句，氣骨不減盛唐。【6】

謝榛論陳師道詩高下，以為若是絕句則「氣骨不減盛唐」的說法，便是
將詩歌作品高下的論定完全準之於盛唐。又謝氏於論嚴羽詩時亦用同一
標準：

嚴滄浪《從軍行》曰：「翩翩雙白馬，結束向幽燕。借問誰家子，
邯鄲俠少年。彎弓隨漢月，拂劍倚胡天。說與單于道，今秋莫近
邊。」此作不減盛唐。【7】

可見其論前人詩特色及高下，一皆以盛唐詩為衡度準繩。以此可證其時
文人間往往標舉盛唐詩，甚至以此為論定詩歌創作高下的重要準則。然
而倘若推溯本源的話，上述提到這種自明以來，以為論詩當以盛唐為法

【4】 同上，卷287，〈文苑〉三，頁7381。

【5】 同上，頁7378。

【6】 謝榛著，宛平校點：《四溟詩話》（與《薑齋詩話》合刊）（北京：人民文學出版
　　 社，1961年），卷1，頁29。

【7】 同上，卷2，頁43。

3

頁　40 － 315

的文學觀念，其實上承於宋代嚴羽的詩學主張而有。高棅於《唐詩品彙‧凡例》中，自述之所以會推重唐音的原故時便指出：

> 先輩博陵林鴻，嘗與余論詩，上自蘇李，下迄六代。漢魏骨氣雖雄，而菁華不足，晉祖玄虛，宋尚條暢，齊梁以下，但務春華，殊欠秋實。唯李唐作者，可謂大成，然貞觀尚習故陋，神龍漸變常調，開元、天寶間，神秀聲律，粲然大備，故學者當以是楷式。予以為確論。後又採集古今諸賢之說，及觀滄浪嚴先生之辯，益以林之言可徵，故是集專以唐為編也。【8】

就以上所見高棅與林鴻的推重盛唐，原基於辨別詩體的觀念而有。嚴羽於《滄浪詩話》中提出「辯家數如辯蒼白，方可言詩」【9】，又謂「作詩正須辨盡諸家體製，然後不為旁門所惑，今人作詩差入門戶者，正以體製莫辨也。」【10】故知其詩學理論原奠基於辨別詩歌體製觀念之上。《滄浪詩話》中〈詩辨〉一節，嚴格區分漢魏晉、盛唐、大曆以還與晚唐之詩，然後提出「以漢魏晉盛唐為師，不作開元、天寶以下人物。」【11】而最終有「推原漢魏以來，而截然謂當以盛唐為法」【12】的結論，正是高棅與林鴻以至七子等人，從辨別諸家體製高下入手，然後截然以開元、天寶為界的一套以盛唐詩為最高理想的詩學觀念。此所以高棅在〈唐詩品彙凡例〉中，有「及觀滄浪嚴先生之辯，益以林之言可徵，故是集專以唐為編也」之說，亦正足以說明一直以來這種追求以

【8】高棅：《唐詩品彙》（上海：上海古籍出版社影印明刊汪宗尼校訂本，1982年），〈凡例〉，頁 14。

【9】嚴羽著，郭紹虞校釋：《滄浪詩話校釋》（北京：人民文學出版社，1983年），〈詩法〉，頁 136。

【10】同上，附錄〈答出繼叔臨安吳景仙書〉，頁 252。

【11】同上，〈詩辨〉，頁 1。

【12】同上，〈詩辨〉，頁 27。

盛唐為楷式的詩學理想，其實深受著嚴羽《滄浪詩話》內的詩辨觀念所影響。【13】

二、 從盛唐到漢魏晉—— 蘇軾與嚴羽的詩學理想追求

如上所論，明、清以來諸家標榜「詩必盛唐」，以盛唐詩為詩學理想追求的主張，固然可以溯源於宋代嚴羽所提出詩當以盛唐為法的詩學觀念，雖然嚴羽論詩以盛唐為宗已是眾所週知之事，《四庫全書總目》卷一九五《滄浪詩話》條下論嚴羽詩學宗旨便指出：

> 大旨取盛唐為宗，主於妙悟，故以如空中音，如相中色，如鏡中花，如水中月，如羚羊挂角，無迹可尋，為詩家之極則。【14】

可見以為嚴氏論詩大旨在於以盛唐為宗，並以此為詩家極則之說，大抵歷來幾成定論。然而值得注意的是，嚴羽論詩之取法宗旨，事實上不獨以盛唐詩作為詩學理想追求的唯一標的。嚴羽在《滄浪詩話》中提出盛唐詩惟在興趣，故論詩當截然以盛唐為法的同時，往往又舉出漢魏晉詩與之相提並論，以為漢魏晉詩與盛唐諸公之詩俱屬最上乘之作。比如在

【13】 高棅於〈唐詩品彙總敘〉內論有唐三百年詩眾體皆備，而其間「靡不有精麗邪正，長短高下之不同，觀者苟非窮精闡微、超神入化、玲瓏透徹之悟，則莫能得其門，而臻其壺奧矣。今試以數十百篇之詩，隱其姓名，以示學者，須要識得何者為初唐，何者為盛唐，何者為中唐，為晚唐，又何者為王、楊、盧、駱，又何者為沈、宋，又何者為陳拾遺，又何為李、杜，又何為孟，為儲，為二王，為高、岑，為常、劉、韋、柳，為韓、李、張、王、元、白、郊、島之製，辯盡諸家，剖析毫芒，方是作者。」顯然便是本乎嚴羽詩學內道有邪正與透徹之悟說法，及須辨識諸家體製等觀念論唐詩各體之高下。高棅：《唐詩品彙》（上海：上海古籍出版社影印明刊汪宗尼校訂本，1982 年），〈總敘〉，頁 9。

【14】 永瑢等撰：《四庫全書總目》，卷 195，集部〈詩文評類〉一，頁 1788。

《滄浪詩話·詩辨》內論學詩當所取則時，嚴羽開宗明義指出當所師法者為：

> 夫學詩者，以識為主，入門須正，立志須高，以漢魏晉盛唐為師[15]，不作開元、天寶以下人物。[16]

在指出學詩要「不作開元、天寶以下人物」的同時，嚴羽舉出應當取法的是「漢魏晉盛唐」，於標舉詩當以盛唐為法的同時，便明確將漢魏晉詩與盛唐諸公之作等同，以為俱屬詩家所應取法的對像。此外在〈詩辨〉內以禪喻詩，闡明學詩須從最上乘入手的道理時，嚴羽亦指出：

> 論詩如論禪，漢魏晉與盛唐之詩，則第一義也；大曆以還之詩，則小乘禪也，已落第二義矣；晚唐之詩，則聲聞、辟支果也。學漢魏晉與盛唐詩者，臨濟下也；學大曆以還之詩者，曹洞下也。[17]

在以禪喻詩的上述說明當中，嚴羽將前代詩歌依高下劃分成三個不同的層次，於此清楚可見嚴氏以為屬於「第一義」的最佳作品，除了「盛唐之詩」之外，更有足與之等量齊觀的「漢魏晉」之詩。從嚴羽以上所提出「漢魏晉盛唐為師，不作開元、天寶以下人物」；及「漢魏晉與盛唐之詩，則第一義也」，及「學漢魏晉與盛唐詩者，臨濟下也」這些論詩主張，可以證明嚴羽在詩學理想追求方面，除了「截然謂當以盛唐為法」，以盛唐詩作為學詩取則之外，其實尚有與盛唐詩同屬詩學上最高境界的漢魏晉之詩，堪作詩學理想追求的最終鵠的。由此亦足證明嚴氏

---

[15] 此句魏慶之《詩人玉屑》卷一「滄浪謂當學古人之詩」條下所引無「晉」字，然諸本皆有（如高棅《唐詩品彙》所引；及胡鑑注，任世熙所校《校正滄浪詩話》本，此句「漢魏」之後皆有「晉」字。），現依郭紹虞校釋本，仍以有「晉」字為是。

[16] 嚴羽著，郭紹虞校釋：《滄浪詩話校釋》，〈詩辨〉，頁1。

[17] 同上，頁11-12。

劉衛林　盛唐詩的超越——蘇軾與嚴羽詩學理想追求的比較　311

在詩學上提倡應所取則的對像，決非如明代前後七子，或明清以來主張
「詩必盛唐」的復古派詩論家，以至四庫館臣所理解的專以盛唐為宗，事
實上嚴羽詩學理想的追求，在盛唐詩之外同時又應包括漢魏晉詩在內。

　　雖然嚴羽自稱其詩學「是自家實證實悟者，是自家閉門鑿破此片田
地，即非傍人籬壁，拾人涕唾得來者。」【18】然而《滄浪詩話》中所提
出這種既以盛唐詩為詩學追求的最高準則，又在盛唐詩之外同時標舉漢
魏晉詩的論詩主張，其實其先在蘇軾詩論中經有如出一轍的說法。蘇軾
在〈書黃子思詩集〉一文中便指出：

> 予嘗論書，以謂鍾、王之跡，蕭散簡遠，妙在筆畫之外。至唐
> 顏、柳，始集古今筆法而盡發之，極書之變，天下翕然以為宗
> 師，而鍾、王之法益微。至於詩亦然，蘇、李之天成，曹、劉之
> 自得，陶、謝之超然，蓋亦至矣，而李太白、杜子美以英瑋絕世
> 之姿，凌跨百代，古今詩人盡廢；然魏晉以來高風絕塵，亦少
> 衰矣。【19】

在〈書黃子思詩集〉中蘇軾以書法為喻，點出詩歌發展到盛唐時候，李
白、杜甫之英瑋絕世，足以凌跨百代，令古今詩人盡廢；然而在盛唐
李、杜之外，其實更有堪稱「蓋亦至矣」的蘇武、李陵、曹植、劉楨、
陶淵明及謝靈運等高風絕塵的漢魏晉詩。從以上的論述中可以明確得
悉，蘇軾和嚴羽在闡明詩歌應所取法的對像時，兩者在追尋詩學理想境
界方面有著共通的目標——同樣是既能見出盛唐詩的極致，同時又能指
出在盛唐詩之外，更有詩學上另一層次的理想和追求。

　　在對於漢魏晉與盛唐兩種詩歌理想標準的取捨問題上，嚴羽在
《滄浪詩話》中，雖然側重闡明盛唐詩惟在興趣，妙處在於透徹玲瓏，

【18】同上，附錄〈答出繼叔臨安吳景仙書〉，頁 251。

【19】蘇軾著，孔凡禮點校：《蘇軾文集》（北京：中華書局，1986 年），卷 67，〈書
　　黃子思詩集後〉，頁 2124。

不可湊泊的詩學觀點，[20]並且在詩話中有「截然謂當以盛唐為法」之說，令人易於以為其論詩大旨不過在於以盛唐為宗，不過在《滄浪詩話》之中，嚴氏對於之所以原先同時推重漢魏晉與盛唐詩為當師法的「第一義」之作，其後卻又僅側重闡述盛唐詩主於妙悟，甚至教人學詩當以盛唐為法一事，其實有頗為明確的解釋：

> 嗟乎！正法眼之無傳久矣，唐詩之說未唱，唐詩之道或有時而明也。今既唱其體曰唐詩矣，則學者謂唐詩誠止於是耳，得非詩道之重不幸邪！故予不自量度，輒定詩之宗旨，且借禪以為喻，推原漢魏以來，而截然謂當以盛唐為法（後捨漢魏而獨言盛唐者，謂古律之體備也。[21]），雖獲罪於世之君子，不辭也。[22]

在這段闡明本身詩學宗旨取向的解釋當中，嚴羽於「截然謂當以盛唐為法」一句之下，清楚註明之所以會在提出「以漢魏晉盛唐為師」後，卻「捨漢魏而獨言盛唐」，原因不過在於盛唐詩「古律之體備」，基於各體兼備便於舉證說明詩學主張之下，只有捨漢魏晉詩而獨言盛唐詩而已。

雖然在詩學觀念上嚴羽事實上兼宗漢魏晉與盛唐詩，然而就詩學理想境界的追求而言，嚴羽對於漢魏晉詩與盛唐詩兩者間的差別與高下，其實又有所區分與取捨。在《滄浪詩話》之中嚴羽便先後提到：

> 詩之極致有一，曰入神。詩而入神，至矣，盡矣，蔑以加矣。惟李、杜得之，他人得之蓋寡也。[23]

---

[20] 在〈詩辨〉中嚴羽便提出：「盛唐諸人惟在興趣，羚羊掛角，無跡可求。故其妙處，透徹玲瓏，不可湊泊。」嚴羽著，郭紹虞校釋：《滄浪詩話校釋》，〈詩辨〉，頁26。

[21] 案：括號內的這段解釋，屬於嚴羽本人對於前文的註明。在胡鑑注，任世熙校的《校正滄浪詩話》之內，便於這段說明之前標明其為「原註」。

[22] 嚴羽著，郭紹虞校釋：《滄浪詩話校釋》，〈詩辨〉，頁27。

[23] 同上，〈詩辨〉，頁8。

劉衛林　盛唐詩的超越──蘇軾與嚴羽詩學理想追求的比較　313

論詩以李、杜為準，挾天子以令諸侯也。【24】

由以上兩條材料可見，嚴羽既點出詩之極致在於「入神」，而又唯李白、杜甫得之，則是推尊李、杜為詩家之極則，故下文有「論詩以李、杜為準，挾天子以令諸侯也」的說法，足證嚴羽以為李、杜足以作為盛唐詩的代表人物。不過倘若以李、杜較之於漢魏六朝詩的話，即可見出前者的詩學淵源所自，本與漢魏六朝詩有極為密切的關係。嚴羽在《滄浪詩話》中對此便有所說明：

少陵詩憲章漢魏，而取材於六朝，至其自得之妙，則前輩所謂集大成者也。【25】

自上述「少陵詩憲章漢魏，而取材於六朝」的闡述當中，說明嚴羽認為杜甫這位抵於詩之極致的盛唐詩代表，其詩所以有自得之妙，又能集大成的原因，就在於能夠憲章漢魏與取材於六朝。由此可見在嚴羽心目中，盛唐詩之高妙其實本乎取法漢魏晉諸作所致。此所以嚴羽在《滄浪詩話》中闡明詩學宗旨時，提出「截然謂當以盛唐為法」之先，會有「推原漢魏以來」的說明，正是基於以為盛唐之上，尚有盛唐詩人所憲章取法的漢魏之作的觀念才有的說法。

對於盛唐詩與漢魏六朝詩關係的析論，蘇軾也有與嚴羽相若的說法。在〈書唐氏六家書後〉一文中，蘇軾於論歷代法書時就提到：

顏魯公書雄秀獨出，一變古法，如杜子美詩，格力天縱，奄有魏、晉、宋以來風流，後之作者殆難復措手。【26】

其說以為杜甫詩能以天縱格力一變古法，故得以「奄有魏、晉、宋以來風流」，正同於嚴羽論杜甫詩憲章漢魏而取材六朝，其自得之妙在於能集前人大成的說法。對於盛唐李、杜諸人與漢魏晉相較的問題，可以從

【24】同上，〈詩評〉，頁168。

【25】同上，〈詩評〉，頁171。

【26】蘇軾著，孔凡禮點校：《蘇軾文集》，卷69，〈書唐氏六家書後〉，頁2206。

蘇轍〈子瞻和陶淵明詩集引〉一文內引述蘇軾說法中得見：

> 吾（軾）於詩人無所甚好，獨好淵明之詩。淵明作詩不多，然其詩質而實綺，癯而實腴，自曹、劉、鮑、謝、李、杜諸人，皆莫及也。【27】

由以上蘇轍的引述可見，蘇軾既將李、杜置諸曹、劉、鮑、謝等漢魏六朝詩人之列，又明確指出諸人皆莫及陶淵明之詩，則是在蘇軾心目中，其實於李、杜之上更有高一層次的詩學理想境界。證諸〈書黃子思詩集〉一文中所提出「李太白、杜子美以英瑋絕世之姿，凌跨百代，古今詩人盡廢；然魏晉以來高風絕塵，亦少衰矣」之說，便知蘇軾在詩學上推崇李、杜之餘，對於因李、杜而少衰的漢魏晉高風絕塵之作，事實上亦深所推重。正如〈書黃子思詩集〉一文中所點出，漢魏晉的高風絕塵，就在於「蘇、李之天成，曹、劉之自得，陶、謝之超然」，蘇軾以為就詩而論皆可謂「蓋亦至矣」。在蘇軾筆下，漢魏晉詩與李、杜相較的話，李、杜根本無法與同蘇、李、曹、劉、謝等並稱高風絕塵的陶淵明相比，因知蘇軾同樣以為在以李、杜為代表的盛唐詩以外，尚有漢魏晉這一詩學上更高層次的理想境界存在。

三、 從精工到質而自然——蘇軾與嚴羽詩學理想追求的比較

倘若比較蘇軾和嚴羽上述這種超越盛唐詩的詩學理想追求，便可見雖然彼此有著共通的理想和結論，然而在立論角度和理論根本而言，事實上兩者的主張卻又頗為異趣。雖然蘇軾和嚴羽同樣都能在推重盛唐詩，以至指出盛唐開元、天寶李、杜諸人詣於詩道極致的同時，點出尚

【27】蘇轍著，陳宏天、高秀芳點校：《蘇轍集》（北京：中華書局，1990年），《欒城後集》，卷21，〈子瞻和陶淵明詩集引〉，頁1110。

劉衛林　盛唐詩的超越——蘇軾與嚴羽詩學理想追求的比較　315

有漢魏晉這一詩學理想境界的存在，但對於漢魏晉詩之所以成為盛唐以外另一層次的詩學追求理想，兩者卻明顯地有著不同的理解和闡述。

嚴羽在《滄浪詩話》內標榜從禪學角度論詩，開宗明義即提出「論詩如論禪」，自詩禪觀念上立論，由此點明盛唐詩與漢魏晉詩如禪學之「正法眼」與「第一義」，兩者俱入詩道「最上乘」之列。然而在闡述論詩如論禪的一套詩禪觀念時，嚴羽同時又點出兩者在本質上有明顯的分別。在《滄浪詩話·詩辨》內，嚴羽便借禪為喻，明確點出漢魏晉詩與盛唐詩兩者間的差異：

> 大抵禪道惟在妙悟，詩道亦在妙悟，且孟襄陽學力，下韓退之遠甚，而其詩獨出退之之上者，一味妙悟而已。惟悟乃為當行，乃為本色。然悟有淺深，有分限，有透徹之悟，有但得一知半解之悟。漢魏尚矣，不假悟也；謝靈運至盛唐諸公，透徹之悟也，他雖有悟者，皆非第一義也。【28】

嚴羽在《滄浪詩話》中借禪為喻，以禪悟境界高下區分各體詩歌的特點和差別。在論詩如論禪的大前提下，既點出漢魏晉與盛唐之詩同屬禪學上「第一義」之悟，同時在以上闡述中又指出在「第一義」之悟——亦即開首所稱的「妙悟」之內，尚可劃分為漢魏的「不假悟」，與謝靈運至盛唐諸公的「透徹之悟」兩種。對於嚴羽以為屬於「透徹之悟」的盛唐詩，《滄浪詩話》內有以下的說明：

> 詩者，吟詠情性也。盛唐諸人，惟在興趣，羚羊掛角，無跡可求。故其妙處，透徹玲瓏，不可湊泊。如空中之音，相中之色，水中之月，鏡中之象。言有盡而意無窮。【29】

在嚴羽筆下抵於「透徹之悟」的盛唐詩，特點便是「惟在興趣」，而盛唐詩「惟在興趣」的具體表現，則在於「無跡可求」，與「言有盡而意

【28】嚴羽著，郭紹虞校釋：《滄浪詩話校釋》，〈詩辨〉，頁 11-12。

【29】同上，頁 26。

無窮」。除了舉「羚羊掛角」為喻，說明盛唐詩的「無跡可求」之外，嚴羽又先後舉出「空中之音，相中之色，水中之月，鏡中之象」等譬喻，說明盛唐詩有「透徹玲瓏，不可湊泊」的妙處。在說明具備「無跡可求」，亦即「透徹玲瓏，不可湊泊」的特色後，嚴羽又以「言有盡而意無窮」來總結「惟在興趣」的盛唐詩特點。除了從「無跡可求」、「透徹玲瓏，不可湊泊」與「言有盡而意無窮」來理解盛唐詩的「惟在興趣」之外，又可從嚴羽舉出對照於盛唐詩特色的「近代諸公」詩一段評論來加以參照：

> 近代諸公，乃作奇特解會，遂以文字為詩，以才學為詩，以議論為詩，夫豈不工，終非古人之詩也。蓋於一唱三歎之音，有所歉焉。且其作多務使事，不問興致，用字必有來歷，押韻必有出處，讀之反覆終篇，不知着到何在。【30】

這段文字原緊接於闡明盛唐詩特色的上一條材料之後，以「近代諸公」之詩對照，見出其時唐詩之道不明，盛唐諸公正法眼之無傳久矣。從嚴羽以上對宋代諸公詩的批評，可以明白所謂盛唐詩的「惟在興趣」，就在於不以用字來歷或押韻出處取勝，在文字、才學與議論之外，下筆專門講求興致，追求寫出「一唱三歎之音」，達到「言有盡而意無窮」的效果。對於盛唐諸公詩的這種特點，在《滄浪詩話‧詩評》內有更概括的說明：

> 詩有詞理意興，南朝人尚詞而病於理，本朝人尚理而病於意興，唐人尚意興而理在其中，漢魏之詩詞理意興，無迹可求。【31】

在這段之中嚴羽從詩的「詞理意興」出發，依次論歷代詩體的特色與高下。其中評論歷代詩時未依時代先後劃分一事，可見其論述排列先後實有高下之別。比對之下「尚意興而理在其中」的唐人詩，固然高於「尚

【30】同上，頁同。

【31】同上，〈詩評〉，頁148。

詞而病於理」的南朝人詩，與「尚理而病於意興」的宋朝人詩。從「本朝人尚理而病於意興」的說明，結合上述對「近代諸公」只知以才學、議論為詩，而「不問興致」的譴責，可以得悉所謂「意興」即是「興致」，亦即上文所提到「盛唐諸人惟在興趣」的「興趣」。嚴羽筆下的「意興」、「興致」與「興趣」等用語，在論述時範疇或所指容或有不同側重【32】，然而無論藉著詩中意趣或趣致以起興，重點都在一個「興」字，以有盡之言寫無窮之意，達到一唱三嘆效果的詩歌理想追求，彼此卻都是一致的──這亦是嚴羽所點出「惟在興趣」而抵於「透徹之悟」的盛唐諸人特色所在。

嚴氏舉出「唐人尚意興而理在其中」之後，更進而點出「漢魏之詩詞理意興，無迹可求」。如上所述倘依層次高下排列先後而論，「詞理意興無迹可求」的漢魏之詩，顯然高於「尚意興而理在其中」的唐人之作。將兩者加以對照，可見詩中具備「意興」並非唐人所獨有，漢魏之作同樣如此，不同之處在於唐人「尚意興」，而漢魏則是意興與詞理俱「無迹可求」。嚴羽在《滄浪詩話‧詩辨》內曾提到：

> 夫詩有別材，非關書也；詩有別趣，非關理也。然非多讀書，多窮理，則不能極其至。所謂不涉理路，不落言筌者，上也。【33】

嚴羽在闡明詩之別材、別趣時，既要求詩以「不涉理路，不落言筌者」為上，準此而論「詞理意興無迹可求」的漢魏之詩，自然更要高出「尚意興而理在其中」的唐人詩。關於漢魏詩的「無迹可求」，《滄浪詩話‧詩評》中就有以下的說明：

【32】郭紹虞釋《滄浪詩話》此條時，即以為「意興」與「興趣」有關聯而並不完全相同。其說謂：「前言興趣，而此言意興者，前重在論詩之氣象，而此則兼及詩之內容言也。氣象虛而內容實，故意興與興趣，雖有關聯，並不完全相同。」見《滄浪詩話校釋》內〈詩評〉「詩有詞理意興」條下案語。同上，頁149。

【33】同上，〈詩辨〉，頁26。

集句唯荊公最長，〈胡笳十八拍〉混然天成，絕無痕迹，如蔡文姬肺肝間流出。【34】

嚴羽點出王安石集古人句為〈胡笳十八拍〉，有「混然天成，絕無痕迹」的效果，直如自「蔡文姬肺肝間流出」。由此可見所謂漢魏之詩「詞理意興無迹可求」者，正謂其全篇的文詞意興皆混然天成，一自胸臆中流出，既不假於人力修飾，故絕無雕鑿痕迹，此亦即漢魏詩所以「無迹可求」的具體原因。此外〈詩評〉中論建安之作特色時亦提到：

建安之作，全在氣象，不可尋枝摘葉。靈運之詩已是徹首尾成對句矣，是以不及建安也。【35】

此處以謝靈運詩與建安詩對比，指出建安之作「全在氣象，不可尋枝摘葉」，異乎「徹首尾成對句」的謝靈運詩。嚴羽以為建安之作「全在氣象，不可尋枝摘葉」，其實正是以上提到漢魏之詩「詞理意興無迹可求」觀念的發揮。至於建安之作的「全在氣象，不可尋枝摘葉」，在〈詩評〉中另一條論漢魏古詩與陶、謝詩分別的說明中，嚴羽便點出：

漢魏古詩，氣象混沌，難以句摘。晉以還方有佳句，如淵明「採菊東籬下，悠然見南山」；謝靈運「池塘生春草」之類。謝所以不及陶者，康樂之詩精工，淵明之詩質而自然耳。【36】

因知所謂建安之作「全在氣象，不可尋枝摘葉」的特色，落實到作品創作層面而言，亦即「氣象混沌，難以句摘」。漢魏詩的混然天成而難以句摘，與謝靈運徹首尾成對句之作固然截然不同；然而與晉代陶淵明的「採菊東籬下，悠然見南山」，或謝靈運「池塘生春草」之類，詩中有佳句可供句摘亦自異趣。在摘句的問題上，嚴羽比對同樣篇中有佳句的陶、謝詩，並點出其間差別在於「康樂之詩精工，淵明之詩質而自然」，以此闡明謝詩之所以不及陶詩的原故。

【34】同上，頁189。

【35】同上，〈詩評〉，頁158。

【36】同上，〈詩評〉，頁151。

嚴羽論漢魏晉詩之「不假悟」，與盛唐諸公詩之「透徹之悟」，兩者的具體分別與高下，至此亦可得以說明。正如《滄浪詩話・詩辨》中所稱「謝靈運至盛唐諸公，透徹之悟也」，嚴羽既以為謝靈運與盛唐諸公詩同屬「透徹之悟」，從以上對漢魏古詩與陶、謝詩異趣的闡述中，可知漢魏古詩與陶淵明等晉詩，最大特點就在於混然天成與質而自然；而謝靈運至盛唐諸公之作，則是以精工取勝。故知嚴羽所稱的從最上乘，具正法眼，悟第一義的「透徹之悟」，原指謝靈運至盛唐諸公在刻意鍛鍊之下，以精工寫成有「透徹玲瓏，不可湊泊」之妙，達到「言有盡而意無窮」的「一唱三歎之音」。另一方面漢魏晉詩的所謂「不假悟」，其實指作品質樸自然，有渾然天成之妙，無論氣象混沌，難以句摘的漢魏之作，抑或質而自然之下有佳句可供句摘的晉詩，以其一自肺肝間流出，既不假於人力雕鑿而後成就，故此更不得以悟之深淺份限，與是否悟得透徹而論，此即漢魏晉詩所以會不假於悟之故，亦是漢魏晉詩之異乎謝靈運至盛唐諸公之作的最大原因。

至於兩者間的高下區別，雖然嚴羽在《滄浪詩話・詩評》中提出過「謝靈運之詩，無一篇不佳。」【37】然而嚴羽在「建安之作，全在氣象，不可尋枝摘葉。靈運之詩已是徹首尾成對句矣，是以不及建安也」的說明中，既已明確點出與盛唐諸公同與「透徹之悟」的謝靈運詩，相較於建安之作仍然有所不及，證明嚴羽推重「詞理意興無迹可求」，有「不假悟」之妙的漢魏晉詩，其實遠過於「惟在興趣」有「透徹之悟」之妙的謝靈運至盛唐諸公之作。由此亦足以說明嚴羽心目中所追求的詩學理想境界，事實上已超越盛唐。嚴氏心目中所追求的詩學最高理想，是不但能與盛唐詩同屬正法眼、第一義，同樣能夠「惟在興趣」之作，更是一本於自然，沛然自胸臆間流出，能夠渾然天成，達到「詞理意興無迹可求」，有「不假悟」之妙，在詩學境界上較以精工取勝的盛唐詩更高

【37】 同上，〈詩評〉，頁 153。

一層次的漢魏晉之作。

相對於嚴羽來說，蘇軾在詩學理想追求方面，與嚴羽所追求的理想境界不乏共通之處。如上文所論，蘇軾同樣以為在盛唐之上有詩學上的更高層次，而這一詩學上的理想境界，又與嚴羽如出一轍地屬意於漢魏晉之作。雖然蘇軾與嚴羽在超越盛唐之上的詩學理想追求方面有一致的結論，不過蘇軾之推重漢魏晉詩在於盛唐詩之上的原因與立論角度，卻與嚴羽所見頗有異同之處。

正如前文所論述，蘇軾在〈書黃子思詩集〉一文中指出之所以推崇魏晉詩的原因，就在於漢魏晉詩的「高風絕塵」，奄有「蘇、李之天成，曹、劉之自得，陶、謝之超然」，雖有李太白、杜子美以英瑋絕世之姿凌跨百代，使古今詩人盡廢，然而仍莫能及。在蘇軾筆下漢魏晉詩的「高風絕塵」，其具體表現正如〈書黃子思詩集〉內舉鍾、王法書為喻，其不可及處就在於「蕭散簡遠，妙在筆畫之外」，以詩而論亦即文中所稱蘇、李、曹、劉、陶、謝諸人詩的「天成」、「自得」與「超然」。「蕭散簡遠」本論鍾、王書法用語，蘇軾將之比擬於詩。在〈書唐氏六家書後〉一文中，蘇軾對「蕭散簡遠」的概念就有所發揮：

> 永禪師書，骨氣深穩，體兼眾妙。精能之至，反造疏淡。如觀陶彭澤詩，初若散緩不收，反覆不已，乃識其奇趣。……褚河南書，清遠蕭散，微雜隸體。……張長史草書，頹然天放，略有點畫處，而意態自足，號稱神逸。……今長安猶有長史真書郎官石柱記，作字簡遠，如晉、宋間人。顏魯公書，雄秀獨出，一變古法，如杜子美詩，格力天縱，奄有魏、晉、宋以來風流，後之作者殆難復措手。【38】

在這段文字中，蘇軾同樣以詩論書，再度以杜詩譬之於顏真卿書法，點出兩者皆雄秀獨出而一變古法。取這條與〈書黃子思詩集〉同參，即知

【38】蘇軾著，孔凡禮點校：《蘇軾文集》，卷69，〈書唐氏六家書後〉，頁2206。

蘇軾所稱足以表現「魏晉以來高風絕塵」的「蕭散簡遠，妙在筆畫之外」，便是指一如張旭草書的「頹然天放，略有點畫處，而意態自足」。依蘇軾以上所論，張旭之所以「號稱神逸」，正在於其書「頹然天放」得蕭散之妙，其簡遠處亦即「略有點畫處」，皆能「意態自足」，略具筆畫而意態具見，此即「妙在筆畫之外」的具體說明。這種脫略形跡，追求遠韻的觀念，蘇軾於〈書黃子思詩集〉一文內便有進一步的闡述：

> 李杜之後，詩人繼作，雖間有遠韻，而才不逮意。獨韋應物、柳宗元，發纖穠於簡古，寄至味於澹泊，非餘子所及也。唐末司空圖，崎嶇兵亂之間，而詩文高雅，猶有承平之遺風。其論詩曰：梅止於酸，鹽止於鹹，飲食不可無鹽梅，而其美常在鹽酸之外。蓋自列其詩之有得於文字之表者二十四韻，恨當時不識其妙。予三復其言而悲之。閩人黃子思慶曆、皇祐間號能文者，予嘗聞前輩誦其詩，每得佳句妙語，反復數四，乃識其所謂，信乎表聖之言，美在鹹酸之外，可以一唱而三歎也。【39】

蘇軾舉司空圖〈與李生論詩書〉之說借味以論詩，而所舉司空圖「美在鹹酸之外，可以一唱而三歎」之說，正旨在發明魏晉以來高風絕塵在於「蕭散簡遠，妙在筆畫之外」的觀念。從書法的「蕭散簡遠，妙在筆畫之外」，到辨味的「美在鹹酸之外」，以至詩歌的「散緩不收」而「可以一唱而三歎」，蘇軾藉以點出所求的理想藝術境界，正是〈書黃子思詩集〉中所點出的「妙在筆畫之外」，或者「美在鹹酸之外」，以至「有得於文字之表」的「遠韻」。這種脫略於筆畫、鹹酸或文字等形跡之外的遠韻，落實到詩歌創作藝術時，蘇軾稱之為「奇趣」。在〈書唐氏六家書後〉一文中，蘇軾便提出「如觀陶彭澤詩，初若散緩不收，反覆不已，乃識其奇趣。」而在〈書黃子思詩集〉內，蘇軾論聞前輩誦黃子思

【39】同上，卷67，〈書黃子思詩集後〉，頁2124-2125。

詩，亦有「每得佳句妙語，反復數四，乃識其所謂」的說法。這種似若「散緩不收」，必待「反覆不已」乃識其「奇趣」與佳妙的詩歌，正是司空圖譬諸「美在鹹酸之外」，足以「一唱而三歎」的遠韻之作，亦即蘇軾所推重在李、杜之上，魏晉以來超然自得的高風絕塵之作。以此亦知蘇軾心目中所追求的詩學理想境界，以為在盛唐李、杜諸人之上，更有魏晉以來陶淵明等於蕭散簡遠澹泊之中，而得遠韻於文字之表，有一唱三歎之妙的高風絕塵之作。

倘若比較蘇軾與嚴羽在追求超越盛唐詩這一詩學理想的觀念上兩者具體異同的話，可以發現蘇軾與嚴羽在提出超越盛唐，追求詩學上進一步的理想境界時，彼此詩學觀點上有著不少的共通之處。除了彼此都以為漢魏晉詩在盛唐之上以外，在推崇詩學上所追求理想作品所產生的效果時，兩者同時都提出了要求可以達致「一唱三歎」。所以會彼此都提出「一唱三歎」這一共同要求，其實又基於兩者同樣都從「言意之辨」的角度出發，說明詩學上理想境界的要求而已。在以「妙」論詩之際，無論蘇軾提出詩妙在於散緩中見「奇趣」，或者「有得於文字之表」；以至嚴羽所提出的詩之妙在於「不落言筌」，或者「詞理意興無迹可求」，便是同樣都不離以「言意之辨」的觀念去闡明本身詩學理想境界的要求。

至於蘇軾與嚴羽在追求詩學上超越盛唐理想境界時，彼此在觀念上的重大差異之處，主要見於兩者對於詩學上所追求理想境界的本質，亦即對於漢魏晉詩本質的理解之上。就嚴羽詩論而言，正如上文所論，嚴羽之所以認為漢魏晉詩之足以超越盛唐，原因本在於以為「不假悟」的漢魏晉之作質樸自然，有渾然天成之妙，勝於「透徹之悟」以精工取勝的謝靈運至盛唐諸公之作。從詩論中將漢魏晉與謝靈運至盛唐詩，以「不假悟」與「透徹之悟」，或者「質而自然」與「精工」劃分為二，並且以此定其高下的做法，正可反映在嚴羽心目中，漢魏晉詩的「混然天成」以至「質而自然」的這一特質，與謝靈運至盛唐詩所表現的「精工」

事實上判然有別，兩種詩學特質根本無法混為一談。

然而蘇軾對此卻有截然不同的看法。蘇軾心目中所追求的詩學理想境界，像以上所提出的，正是魏晉以來以陶淵明為代表的超然自得之作，其妙處在於以蕭散簡遠澹泊取勝，雖似散緩不收，而實為得遠韻於文字之表，有一唱三嘆之妙的奇趣佳構。對於魏晉詩之所以蕭散簡遠而能於文字之表得遠韻奇趣的原因，在〈書唐氏六家書後〉一文中，蘇軾在闡明「陶彭澤詩，初若散緩不收，反覆不已，乃識其奇趣」一節之先，對此其實有所說明：

> 永禪師書，骨氣深穩，體兼眾妙。精能之至，反造疏淡。如觀陶彭澤詩，初若散緩不收，反覆不已，乃識其奇趣。【40】

以上蘇軾在說明智永禪師書法時，以讀陶詩「初若散緩不收，反覆不已，乃識其奇趣」，說明藝術上「精能之至，反造疏淡」的道理。此外在惠洪《冷齋夜話》卷一內，嘗引述蘇軾對陶淵明詩的以下評語：

> 東坡嘗曰：「淵明詩初看若散緩，熟看有奇句。如『日暮巾柴車，路暗光已夕。歸人望煙火，稚子候簷隙。』又曰：『採菊東籬下，悠然見南山。』又『靄靄遠人村，依依墟里煙。犬吠深巷中，雞鳴桑樹顛。』大率才高意遠，則所寓得其妙，造語精到之至，遂能如此，似大匠運斤，不見斧鑿之痕。不知者困疲精力，至死不之悟。」【41】

此處點出「淵明詩初看若散緩，熟看有奇句」，全在於能「造語精到之至，遂能如此」，正與〈書唐氏六家書後〉中論陶詩「初若散緩不收，反覆不已，乃識其奇趣」，在於「精能之至，反造疏淡」同一觀點。這種蕭散疏淡出於精能之至的見解，在蘇轍〈子瞻和陶淵明詩集引〉一文

【40】 同上，卷 69 ，〈書唐氏六家書後〉，頁 2206 。

【41】 惠洪：《冷齋夜話》（北京：中華書局，1988 年），卷 1 ，〈東坡得陶淵明之遺意〉條，頁 13 。

內引述蘇軾論陶詩時亦可見：

> 淵明作詩不多，然其詩質而實綺，癯而實腴，自曹、劉、鮑、謝、李、杜諸人，皆莫及也。[42]

上述蘇軾對於陶淵明詩「質而實綺，癯而實腴」的闡釋，正基於以上所提出詩之奇趣見於「精能之至，反造疏淡」的觀點而有。以是而論在蘇軾心目中，魏晉詩之所以有奇趣遠韻，主要在於其質樸自然與天成自得，實出於精能之至而有，這正好說明蘇軾與嚴羽在超越盛唐的詩學理想追求方面，雖然同樣推崇質而自然，抵於渾然天成的漢魏晉之作，然而對於這一共同詩學理想追求的本質，在理解上卻和將「質而自然」與「精工」判分為二的嚴羽截然不同。這亦正好間接解釋了何以嚴羽和蘇軾會以「興趣」和「奇趣」兩種不同觀點，分別去闡述各自詩學上的理想追求。

---

[42] 蘇轍：《欒城後集》，卷21，〈子瞻和陶淵明詩集引〉，頁1110。

當代詩賦寫作述論二題

鄺健行*

提　要

本文分別述論：甲、當代人寫古典詩碰到聲調和韻律上的難題，不少專家提出應對和解決辦法。文中指出：專家們的說法未見圓滿，甚至可能對寫作藝術有負面作用。乙、近十年來，中國大陸用古典體貌寫辭賦的風氣蓬勃起來，文中探討其原因，同時指出相當部分作品在用韻、聲律、句式，或辭意的處理上，往往可議。

甲、現代漢語與古典詩歌音律析賞及今人寫作古典詩歌的相關問題探論

題目文字有點囉唆，不易讓人一看明白，先行解釋一下：「現代漢語」指普通話。「古典詩歌」（以下或簡稱「詩」、「詩歌」）指自漢魏以來的傳統詩歌。古典詩歌有古體近體之別；近體詩跟音律的關係相對密切些，所以文中多談近體。又今人較喜寫近體，所以提及今人寫作時，也多從近體的角度說明。說到「音律」，由於唐人基本上依據他們的語言製定近體，定出規律，後人也一直沿用他們傳下來的聲音規則，所以本文談音律時，多用唐詩。

我在本文想探論的是：第一，自唐至清，人們從中古語音的角度對詩歌的音律，分析精微。既以分析結果作為寫作上的指導，也以分析結果作為欣賞過程中的一個方向；現代漢語能否辦得到？第二，古人緊守

---

*本所教授。

傳統聲律寫詩，今天有些人要求改變，這在實際寫作上帶來了怎樣的結果，是好結果還是壞結果？

（一）

齊梁年間沈約等人發現了四聲，並且拿來用到詩歌創作上面去，不斷從事聲音的錯綜安排。所謂「兩句之內，角徵不同」[1]，所謂「十字之文，顛倒相配」[2]，目的在加強詩句的音樂性，求取聲音的更大和諧。沈約以後，人們逐漸把四聲簡為兩部分：平聲和仄聲。平聲獨立，仄聲包括上去入三聲。到了初唐中期沈佺期、宋之問稍前，終於解決了一聯兩句之間和各聯相互之間的聲音上平仄對黏問題，達到整首作品和諧的地步，從而建立起標準五律（稍後七律）譜式，近體詩宣告正式成立。這就是說，近體詩一句之中，甚麼位置該下平聲字或仄聲字，律有明文；作者只要按譜下字，平仄不誤，自然形成作品聲音之美。

然而從一些作者眼中，特別是從後世明清作者眼中，據譜式平仄下字，只能算得聲調上基本的和諧，還不能算得絕頂的和諧。譬如杜甫〈解悶十二首〉之七：「新詩改罷自長吟。」杜甫難道不懂平仄，往往誤置，以致寫成之後要改正長吟？平仄誤置固然有可能，不過機會不應該很大。對於本句比較直接的理解，應該是平聲的陰陽飛沉和仄聲上去入三者不同的選擇，以求提高句子的音樂性。倘使真是這樣，那便意味着作品在平仄合適的情況下，還有更高層次的調整了。事實上唐人對此是不無警覺的。《文鏡祕府論》西卷〈二十八種病〉的第十三種「齟齬病」正足說明。齟齬為聲不順暢之意。書中舉曹植句「公子敬愛客」為例，指出「『敬』與『愛』是。其中三字，其二字相連，同去聲是也。」這是說：句子中「子」「敬」「愛」三字，均為仄聲，「子」上聲，「敬」

---

[1]《南史》卷十八〈陸厥傳〉。

[2] 沈約〈答陸厥書〉，載《全梁文》卷二十八，見嚴可均《全上古三代秦漢三國六朝文》。

「愛」兩字相連而同為去聲，讀起來便不順暢。《文鏡祕府論》作者之意，大抵認為句中三仄聲字，最好是上去入分別使用，如上去入、去上入或入上去之類。既然唐人明白「齟齬」的道理，並且揭示即使在非律句的古詩句中也不適宜使用；則杜甫那會反而不懂，在詩句特別是律句中有所抵觸呢？

追求音律進一步完美的意思，清人李重華在《貞一齋詩話》講得最明白：

> 律詩只論平仄，終身不得入門。既講律調，同一仄聲，須細分上去入。應用上聲者，不得誤用去入，反此亦然。就平聲中，又須審量陰陽清濁，仄聲亦復如是。

「終身不得入門」云云，也許是說得嚴重過了頭，但起碼表明寫詩之際，平仄仍要作進一步的安排，才能獲致音樂性完美或比較接近完美的結果。這進一步安排，便是一些詩論家提到的「聲律之微」。

這進一步安排的「安排」，古人特別是明清時期的學者指出不少方式，我在這裏提出三項作簡單說明。

第一，三聲遞用或四聲遞用。前者專就仄聲三聲說，後者則連同平聲一起說。上面談杜甫「新詩改罷自長吟」時已接觸到此點。簡單說來，詩句一句之中，有仄聲相連之處（像仄仄仄平平這樣的句式），仄聲三聲要間隔使用，不可讓兩個或三個同聲字連在一起。另外，律詩一三五七單數句句末不押韻的仄聲字，也得間隔安排，不要同聲。這兩點清代學者明確指出。朱彝尊就是從第二點切入，去說明杜甫的「詩律細」的。《曝書亭全集》卷三十〈寄查德尹編修書〉謂杜甫「一三五七句用仄字上去入三聲」，「必隔別用之，莫有疊出者。」董文渙《聲律四譜》卷十一則談到第一點。指出杜甫和唐賢「不獨句腳為然，即本句亦無三聲複用者」。使用之後的效果是：「令人讀之，音節鏗鏘，有抑揚頓挫之妙。」

另一方面，有些詩句因為仄聲遞用的安排不足，受到後人譏評。韓

愈「露排四岸草」句，明人謝榛《四溟詩話》卷四以為「聲調齟齬」。為甚麼「齟齬」？謝氏雖未明言，但可從句中用字的平仄推測。本句五字為「去平去去上」聲，連用三個仄聲同聲字，而且四五字位置兩個去聲複用，自是音調不鏗鏘了。

第二，抑揚清濁。明代謝榛在其《四溟詩話》卷三談詩法，以為「妙在平仄四聲而有清濁抑揚之分」，平聲字「平平直起，氣舒且長，其聲揚也」。上聲字「上轉，氣咽促然易盡，其聲抑也」。去聲字「去而悠遠，氣振愈高，其聲揚也」。入聲字「下入而疾，氣收斬然，其聲抑也」。這平仄四聲抑揚交錯配合，會形成作品音樂之美，不然則和諧有闕。他批評杜牧〈題宣州開元寺水閣閣下宛溪夾溪居人〉詩，以為「上三句落腳字皆自吞其聲，韻短調促，而無抑揚之妙」。按杜牧詩云：

六朝文物草連空，天淡雲閒今古同。

鳥去鳥來山色裏，人歌人哭水聲中。

深秋簾幕千家雨，落日樓臺一笛風。

惆悵無因見范蠡，參差煙樹五湖東。

「三句落腳字」指三五七句單句末字「裏」「雨」「蠡」。這三字同屬上聲。上聲「氣咽促然易盡」，發不得長久，有「自吞其聲」之感。而同屬一聲，又無「抑揚之妙」。

相反，杜甫〈送韓十四江東省覲〉詩，因為做到了「抑揚之妙」的要求，而為謝榛肯定。按杜甫詩云：

兵戈不見老萊衣，歎息人間萬事非。

我已無家尋弟妹，君今何處訪庭闈。

黃牛峽靜灘聲遠，白馬江寒樹影稀。

此別應須各努力，故鄉猶恐未同歸。

詩中單句末字「衣」「妹」「遠」「力」分別為平上去入，即揚抑揚抑，所以可取。

謝榛雖提及「清濁」，其實不曾說明；他主要講抑揚。清濁的界

定，到清代王士禎才見明確。劉大勤《師友詩傳續錄》載劉大勤和王士禎問答，王士禎在回答中說：

> 清濁如「通」、「同」、「清」、「情」四字；「通」、「清」為清，「同」、「情」為濁。【3】

這是說，高調的平聲為清聲，低調的平聲為濁聲。王士禎把陰陽跟韻字連結起來：「韻有陰陽，陽起者陰接，陰起者陽接。不可純陰純陽，令字句不亮。」抑揚清濁適當配合，便會達致如王士禎所說的效果：「抑揚抗墜之妙，古人所謂一片宮商也。」

第三，聲情配合。詩人對作者聲音作最適當的安排，除了希望音樂感強，達到最動聽的地步外；有時還結合到作品的感情和意義，形成聲情彼此交融的地步。讀者誦讀時既有特殊的美感感受，也加強了詩情詩意的感受，好像岑參的〈輪臺歌奉送封大夫出師西征〉：

> 輪臺城頭夜吹角，輪臺城北旄頭落。
>
> 羽書昨夜過渠黎，單于已在金山西。
>
> 戍樓西望煙塵黑，漢兵屯在輪臺北。
>
> 上將擁旄西出征，平明吹笛大軍行。
>
> 四邊伐鼓雪海湧，三軍大呼陰山動。
>
> 虜塞兵氣連雲屯，戰場白骨纏草根。
>
> 劍河風急雪片闊，沙口石凍馬蹄脫。
>
> 亞相勤王甘苦辛，誓將報主靜邊塵。
>
> 古來青史誰不見，今見功名勝古人。

此歌除末四句隔句押韻，其他部分——也就是全詩最精彩的寫塞外戰爭和景色部分——均句句押韻，每兩句轉韻。全詩共十八句，前面十四句換了七回韻，當中三韻屬入聲韻，一韻屬上聲韻【4】。我們知道，七古

【3】 丁福保《清詩話》輯錄。

【4】「角落」、「黑北」、「闊脫」，入聲韻。「湧動」，上聲韻。

通常隔句押韻，每四句或八句轉韻。韻腳是節奏的停頓處。岑詩句句韻，節奏顯然縮短了；而每兩句轉韻，更顯示節奏轉變迅疾；對戰情的瞬息萬變、形勢險急起象徵作用。另外入聲韻字收音短促，上聲韻字發聲抑而不舒，凡此都能夠跟整首詩的氣氛情調和景色內容配合。清人施補華《峴傭說詩》謂「四邊」兩句「其節短，其勢險」。其實恐怕不止「四邊」兩句，其他各句儘可作如是觀。

又好像杜甫的拗體，那是偏離了正常可以接受的聲音形式的律詩體式，也就是從和諧的相反方向去處理的律詩體式。那不是正常的律調，只能說是拗律。拗律聲音無疑不悅耳，但是如果要表現某種特殊情意，不悅耳的聲音可能才是最恰當的象徵手段，最能達致聲情配合的效果。杜甫幾十首拗體七律，《仇注》在〈愁〉詩題下引《杜臆》，指出其共同的情意特點：「胸有抑鬱不平之氣，而以拗體出之；公之拗體大都如此。」杜甫胸中之氣抑鬱不平，跟拗體聲調生硬不流利，性質相若。用拗調入詩，無疑對他的抑鬱不平起着更大的象徵作用。譬如杜甫拗體〈早秋苦熱堆案相仍〉頸聯「束帶發狂欲大叫，簿書何急來相仍」，其平仄為「仄仄仄平仄仄仄，仄平平仄平平平」，去標準律調遠甚，非常的不諧和。浦起龍《讀杜心解》稱之為「粗糙語」。然而正因這樣，最能把作者的不平靜心情（《仇注》所謂「鬱伊愁悶之懷」）和跟儒雅相反的舉止恰如其分地象徵出來，從而加強了讀者誦讀之時對詩意的感受程度。

有了上述的了解以後，我們回頭看現代漢語。我們知道唐代以後，特別是宋元以後，漢語語音變化很大。今天我們的普通話，跟唐宋語言大不相同。除了字的聲母或韻母改變，另外現代漢語失去了中古音的入聲，入聲都歸到平上去三聲了。至於現代漢語的陰平、陽平、上聲和去聲，也不能跟中古音的平上去聲完全相對。總的說來，今天講普通話或接近普通話的人不容易調出古人的四聲、判別古人的平仄。這樣當他們嘗試去了解古人寫作時對聲律的用心，或者去了解古人的聲律之微，應

該是有所妨礙的。就算他們從韻書或字典上知道了每個字的中古聲調，也明白古人處理音律手法的道理，還是不能真切體會出古人如此或如彼安排後的實際好處，因為他們一般不能用比較接近古音的語言誦讀，只能用現代漢語誦讀，不容易感受到詩句音樂性的高下差異。這是語感的問題。好像上引岑參〈輪臺歌〉，詩中用「角落」、「黑北」、「闊脫」三組入聲字韻，發聲短促。但這三組韻腳字，現代漢語分屬上去、平上、去平，誦讀之際，再也不能從聲音感受到軍情險急之狀了。又好像杜甫〈春望〉：

國破山河在，城春草木深。感時花濺淚，恨別鳥驚心。

烽火連三月，家書抵萬金。白頭搔更短，渾欲不勝簪。

單數句末四字「在」、「淚」、「月」、「短」，中古音分別屬上去入上聲。三聲遞用，用中古音誦讀，自是鏗鏘抑揚。這四字在現代漢語中卻是去去去上聲，聲調不遞用，誦讀起來悅耳程度差了。

概括說來，中古音在古典詩歌中建構起來的聲音之美以及中古音對作品進行深入細緻的析賞，現代漢語辦不到，起碼不易辦到。

（二）

現代漢語和中古漢語聲調不相應相等，現代漢語消失了原有的入聲，入聲歸併到平上去三聲；這是事實。另一方面，現代人很喜歡古典詩歌，並且採用傳統詩歌形式進行寫作；也是事實。傳統形式包括傳統的聲音形式：依據平上去入四聲選字合譜。檢閱報刊上作品，大抵如此。可是普通話實際上調不出傳統聲調，作者還得憑藉古人韻書定聲用字。

我這麼揣想：一個字屬平屬仄，特別是否本為入聲，看來不少人在一定程度上要「死記」辨別。再說句子寫出來以後吟誦，也不一定體會到原本字音帶來的音樂效果。還有在據譜定聲、依聲選字的過程中，有可能帶來相當的不便。也許正因這些緣故，近年出現了一些主張，提議

寫古典詩歌時，不妨適度放寬原來的聲韻要求。我身處海外，接觸資料不多，不過還是聽過讀過有關這方面的一些意見的。下面試引意見一則，作為展開討論的基礎：

> 放寬詩詞格律。所謂格律，一般是指句式整齊的近體詩和句式參差的詞曲。這些形式，是一千幾百年來的詩歌創作中逐漸形成的。它看來精警動人，聽起來鏗鏘悅耳，念起來順口好記，為作者和讀者所喜愛；但也有過於嚴密之處，初學者不易掌握，加上今天我們處於新時代，用的是現代漢語，原封不動用過去的格律去表現現代生活，確有不適應的地方。因此，要適當放寬格律，做到基本上遵守格律，必要時又可以突破，使格律為我所用，卻不被它束縛手腳。如律詩、絕句的句數、字數、平仄、叶韻等要遵守，律詩兩對句用寬對，和詩不一定用原韻，對於一些禁忌，如重字、孤平、孤仄等，可以不顧，因為前人破格的也不少。
>
> 放寬聲韻的要求。節奏重音的平仄要從嚴，非節奏重音的平仄可從寬。關於叶韻，如用舊韻書，可以通用詞韻。宋人填詞，元人製曲早就突破平水韻的限制了。平水韻的一百零六部韻實在過於煩瑣，理應按當代語音的情況加以歸併。這樣在聲韻方面放寬一些，從今天的語音實際情況出發，作一些調整，有利於今人學詩寫詩時掌握；去掉一些不必要的的過時的禁忌，對當代詩詞創作來說，實在是個解放；必將進一步促進詩詞的普及與繁榮。

上述兩點意見是賴春泉先生於 1992 年 4 月在河南鞏義市舉行的「杜甫誕生 1280 周年學術討論會」上、發表〈杜甫詩風與當代詩詞創作〉論文中提出的。賴先生是廣州的《詩詞報》前總編輯和詩人，講話有份量和代表性，自不待言。他文章總精神以為當代詩詞創作，改革勢在必行，改革應當包括格律和聲韻改革。我以後還看過一些其他有關寫詩詞改革意見的文章，基本上和賴先生的說法差別不大。

以下想談談讀了賴先生一類的意見後個人看法：（只談詩不談詞）

第一，關於用韻。 一般規矩，寫近體要按平水韻選字叶韻，一東二冬的字，四支五微的字，以至其他好些韻部之間的字，儘管有些今天唸起來發音完全相同、或韻母完全一樣（像一東韻的「中」和二冬韻的「鍾」，像一東韻的「中」和二冬韻的「松」），可還不能通叶，只在首句借韻時例外；這便跟現代的實際語言不合了。事實上早在宋代，已出現實際語言跟韻部不盡符合的情況，所以宋人把詞韻字重新整理合併，不盡依照《唐韻》《廣韻》定下來的準則。

普通話發展到今天，韻母偏離《廣韻》或《平水韻》系統益發明顯，學者提「從今天的語音實際情況出發，作一些整理」，平水韻韻部「按當代語音的情況加以歸併」，不能說不合理。作者仍舊據平水韻寫詩，固然無妨；就是主張韻部調整歸併，也不見得問題很大。因為近體只叶平聲韻，韻部字調整歸併仍屬平聲字之間的調整歸併，不涉及聲調上變動，不影響詩歌的原來音樂性，只要注意這麼一點便行：各個韻部字的韻母都相同或十分相近，才可以調整歸併；相差很遠，便不適宜；因為誦讀之際可能會浮現不像押韻的感覺。譬如鹽韻中字本為閉唇音，但今天全是開唇音，和先韻中字發音無別，韻母相同；那麼二韻中字不妨歸併。但先韻中字和刪韻字韻母不同，開合相差較大，二者是否適宜歸併，便要斟酌了。我是個拘謹的人，雖然不至於對韻部中字歸併調整，斷然抗拒，卻也不想太過寬鬆湊合韻字。

不過這裏有一個問題要討論。賴先生口中的歸併，是原來本屬平聲字之間的歸併，然而今天普通話的實際情況是：一些中古音是入聲的字，像「一」、「叔」之類，普通話都作陰平，跟平水韻微韻中的「衣」字和魚韻中的「舒」字同音，如果要「從實際情況出發」，則「一」、「衣」和「叔」、「舒」兩組字，每組都同韻母，應該通押。話雖如此，目中所見，還不曾有過原來平入聲字通押的做法。我把今年（本文初稿寫於 2008 年）以來由一月到四月，刊載在八期《詩詞報》上的近體仔細檢查了一遍，全未見這樣的押韻現象。原因起碼可能有兩點：其一是投

稿的作者根本不用這種處理方式，其二是這類作品被編輯部刪除不刊。不管怎樣，這似乎表示出平入聲字通押還不曾流行、還不曾為詩壇領導者認可。認真說來，平入聲字不通押，跟普通話語音的「實際情況有所出入」的。大概入聲的意念仍在今天作者心中深刻保留，以致寫作時還不敢貿然跟平聲字淆混。

第二，關於放寬格律。 賴先生提到「節奏重音的平仄要從嚴，非節奏重音的平仄可從寬。」所謂節奏重音，指的是五言句的二四字和七言句的二四六字；非節奏重音，指的是五言的一三字和七言的一三五字（五七言句末字非依平仄譜不可，不言而喻）。古人原有「一三五不論，二四六分明」的流傳說法，然則節奏寬嚴之論，其實於古有據的。只是有一點：古人寫詩，聲音上要求達到最大程度的鏗鏘悅耳，而「一三五不論」之說，名家認為有時會對鏗鏘悅耳的程度有所妨礙。因為在「不論」的原則下，句子有時會出現兩個仄聲字夾一個平聲字的「孤平」、句末三個平聲字的「三平調」和句末三個仄聲字的「三仄調」。試看「平平仄仄平」的標準句調中，第一個平聲字如果「不論」改成仄聲，則成「仄平仄仄平」形式，第二個字為「孤平」。再看「仄仄仄平平」的標準句調中，第三個仄聲字如果「不論」改為平聲，則成「仄仄平平平」形式，後面三字全是平聲成「三平調」。再看「平平平仄仄」的標準句調中，第三個仄聲字如果「不論」改為仄聲，則成「平平仄仄仄」形式，後面三字全是仄聲成「三仄調」。無論孤平、三平、三仄，古人都認為對詩句的音樂性產生負面作用，應該避免。所以清初王士禎在《律詩定體》中詩例，有些句子的一三五字旁邊打下雙白圈（。。）和雙黑圈（●●）符號，表示該位置的平聲和仄聲，「必不可易作」仄聲和平聲。仔細審視，如果平改仄或仄改平，一定出現孤平，三平或三仄的毛病。試引書中一例：

輕陰小雨夜連晨，中使傳呼散紫宸。

鄭健行　當代詩賦寫作述論二題

天氣薰蒸疑作暑，風光迴轉欲留香。

班分輦道花迎佩，仗出宮牆柳映人。

獨喜聯鑣歸去早，六街消盡馬蹄塵。

顯而易見，第一句「夜」改用其他平聲字，成三平調。第二句「傳」改用其他仄聲字，「呼」字成孤平。第四句「欲」改用其他平聲字，成三平調。第五句「花」改用其他仄聲字，「迎」字成孤平。第六句「宮」改用其他仄聲字，「牆」字成孤平。第七句「歸」改用其他仄聲字，成三仄調。第八句「馬」改用平聲字，成三平調。（第三句無旁號，可能所據版本未盡善，或校對印刷有誤。本句平仄既與七句同，那麼第五字「疑」字便應旁注雙白圈，表示不能改用其他仄聲字，否則會成三仄調。上引例詩及旁圈，依據1963年上海古籍出版社出版的丁福保《清詩話》抄錄。）從此可知。王士禎對詩句一三五字平仄的使用，並不寬鬆，何世璂《然鐙記聞》[5]述王士禎語：「律句只要辨一三五，俗云一三五不論，怪誕之極，決其終身必無通理。」正足證明。

　　王士禎認為重視節奏重音和非節奏重音的平仄處理，作詩算是有「通理」了。要是不理會非節奏重音，削弱了音樂性，顯然他要批評的。他的批評不見得無理取鬧，不見得吹毛求疵；倒是說到關鍵之處的。影響詩歌音樂性的做法，古代創作時要避免，現代創作時何獨不然？除非還有其他創作上更重要的層面，足以彌補甚致蓋過削弱音樂性帶來負面的影響，才可以放寬非節奏重音。賴先生似乎正是循此論說。他說「原封不動用過去的格律去表現現代生活，確有不適應的地方。」這是說要放寬過去的格律，才能適應地表現現代生活。這裏我們得這樣思考：第一，不放寬過去的格律，是否必然不方便表現現代生活？也就是說：現代生活一定要通過寬鬆格律去表現才行；不放寬格律，任憑作者藝術技巧怎樣高明，要想表現現代生活，終歸無能為力？答案如果肯

────────────────

[5] 丁福保《清詩話》輯錄。

定，放寬之說在強調內容的原則下，可以成立。不過賴先生未作論證，其他提出類似見解的人好像也不曾作過相應的探討；放寬格律和表現現代生活之間的邏輯關係，還待闡明。第二，作品藝術形式和內容是相輔相成的兩方。藝術形式不強，內容的文學性質表露程度有可能受到影響。古人用精緻的格律寫近體，很好地表現古代生活；我們今天倘使用比較粗糙的格律寫近體，希望表現現代生活，是不是也「很好地」表現出來；而用精緻的格律，反而不能「很好地」表現了？即使這樣，古今作品所能達致的文學水平高度，理論上會有機會等同嗎？第三，近體聲律由粗入精，一方面加強音樂美感，一方面助升內容文學表達的高度；這是正常和正面的發展。如果除精用粗，通過變「粗」以後的體式寫作，聲情相配以及鏗鏘悅耳等項，再不顧及，或者不全面顧及，這也算正常和正面發展嗎？我們希望的是：寫古典詩歌，既能保留原來精妙的音樂性，又可以很好的表現現代生活；不是要削減精妙的音樂性、使聲音形式變得粗拙了去表現現代生活。要表現現代生活的文體很多，倒是不必要削昨日音律之足去適應今日生活之履的。

問題徵結所在是：現代漢語聲調違離了中古漢語聲調。賴春泉等諸位先生提出通融辦法，希望古典詩歌仍舊可以寫下去：基本上仍舊保留和今天有別的中古聲調，而運作之際則作適度放寬。諸位先生的用心可以理解。不過事實歸事實，「通融」之後，原來文體的藝術層次和格調降抑了。怎樣補救？還有傳統入聲和近代平聲怎樣融和，都有待解決。

按道理說，最徹底和最理想的解決辦法，似乎不是解除纏腳布而仍用纏足走路的方式，而是根據現代實際聲調，製定一套全新音律，既能解決傳統入聲問題，也具備精妙音律層次。這樣全面性的構想和深入的探討，一時間好像未見，不過也不能說從來沒有人稍微或部分涉及。我這裏願意舉《夢中詩‧詩中夢》書中的言論為例。本書是1991年北京華齡出版社出版的古典詩集，作者衛衍翔先生。他是抱着突破和創新的意念去寫詩的，書後附吳培根的〈編後記〉，明白指出衛先生古典詩歌形

式的特點：「不泥於舊詩詞的一切清規戒律，不以律害辭，不以辭害意。」另外又作補充，以為古典詩的平仄和押韻的規則可以轉變，寫古典格律詩「完全應當突破古四聲和平水韻的框框，按現代漢語四聲平仄，按新的詩韻或十三轍押韻」。又說：「有人把舊體詩的平仄和押韻的規則與古四聲和平水韻毫無理由地混同起來，百般迴護，這就無異於以今人之手寫古人之口了」。言論有破有立。破的是要擺脫古典詩聲律框框，立的是要據現代語言調聲用韻。至於聲韻音樂性在基礎上再作提高，則未觸及。

個人認為：意見富於建設性，不過實踐效果怎樣，需要檢驗。以下試引書中〈讀魏子珍詩《偶感》而作〉一詩為例，分析探論：

> 不依格律可成詩，此論於今再論之。
>
> 縱使奏濫前朝曲，也是詩奴加白痴。

此詩七言四句，押平聲四支韻，大有傳統七絕的樣子。我不知道作者是否把這首詩看成依格律的絕句。不管怎樣，先據傳統聲調調聲：

> 仄平仄仄仄平平，仄仄平平仄仄平。
>
> 仄仄仄仄平平仄，仄仄平平仄仄平。

第三句不合絕句標準譜式，另三四兩句失對。至於一二四句子，倒是合律的句調。總的說來，雖然還見古四聲和平水韻框框，但不依格律的程度相當大，不能算是近體絕句。另外我們可以根據現代漢語調聲，看看是怎個樣子（陰平、陽平作平聲，上聲、去聲作仄聲）：

> 仄平平仄仄平平，仄仄平平仄仄平。
>
> 仄仄仄仄平平仄，仄仄平平平平平。

聲調脫離傳統譜式的規定更大，因為末句接連五個平聲字，絕不合律，只有一二兩句才合標準譜式要求。

需要思考的是：詩突破了古四聲了，卻也沒有根據新四聲去配合譜式，缺少了吟誦時的音樂性，成為一首跟音樂性無關的「詩」。試誦這首論詩之作和杜甫〈戲為六絕句〉中論詩之作，誦讀者聲調鏗鏘的感受

程度，前者會不如後者的。

不過近年已經有人嘗試用新四聲配合舊譜式寫詩了，譬如何鶴先生的〈金剛寺〉：

殿宇巍峨松柏森，隱約梵語卷流雲。

木魚敲碎檀香淚，涼露滴殘古寺春。

坐對青燈將善悟，翻開舊夢為禪吟。

經聲繼續秋風裏，一片佛家弟子心。【6】

韻腳「侵」、「文」、「真」部合用，這是新韻。「約」、「佛」等原入聲字作平聲，這是新聲。用新聲新韻的角度看，全詩合近體譜式（用舊聲舊韻衡量當然不合）；應該說是可喜的嘗試。本詩為仄起首句入韻式，杜甫〈蜀相〉（丞相祠堂何處尋）和本詩同譜式，韻部基本相同（〈蜀相〉用「侵」韻）。二詩倘使同用普通話誦讀，哪一首悅耳鏗鏘程度大些，倒是值得研究。

衛、何兩位詩中押韻，都用傳統平聲字，未能顯示新聲之中原來入聲和平聲可以同叶的實情。我以下把兩位先生的詩略加改動，試看結果怎樣（改動為了討論聲音，破壞了原作的情意景，至表歉意）：

不依格律可成詩，此老高呼共記憶。

縱使推翻前代曲，仍須新譜振當時。

殿宇巍峨松柏碧，隱約梵語傍雲移。

木魚敲碎檀香淚，涼露滴殘古寺溪。

坐對青燈將善悟，翻開舊夢為禪機。

經聲繼續秋風裏，一片佛家弟子臆。

二詩中韻字「憶」、「碧」、「臆」原屬入聲，今為平聲，按理可跟其他平聲字相押。韻字以外還改動了一些字。衛詩改得多些，以求合譜；

【6】 錄自《詩詞》，2007 年 1 月第 1 期，廣州。

何詩改了一兩個，讓詩意配合韻字通暢些。像這樣平入聲字通押，效果怎樣，也值得研究。

餘論

唐人根據實際語言調聲用韻。今天的語言跟古人的相距已遠，則不必一定從古而改用今天語言寫詩，道理上不算說不過去。正因這樣，詩家有人主張局部改變舊方式，有人主張徹底改變舊方式；都應該理解和肯定。只是這樣，主張徹底改變也就是主張全用新聲新韻的人，有兩點似乎要注意：第一是原入聲字和平聲字韻，能不能很好融合相叶。第二是據新聲律寫出來的作品，音樂性是否不比用舊聲律寫出來的作品差；而用普通話誦讀起來，比唸唐詩可能還要悅耳？這兩點如果是否定答案，那麼徹底改變有甚麼意義？此外還有一點也得注意：唐人近體是唐人根據自己的實際語言發展起來的。換句話說：近體的聲律形式最配合他們的語言。我們今天語言跟唐人的不同，卻還據唐人製定的聲律形式寫詩；怎見得近體的聲律形式依然十分配合我們的語言？倘使不配合，我們要不要進行探索，另擬形式？至於主張局部改良也就是基本上保留傳統聲律的人，既不能對傳統的聲音藝術特色有所繼承和發展，反而削除減薄了。主張看似可取，細究之下，不無負面作用。

傳統詩歌寫作音律的調整或改變，有待解決和解答的問題不少。事物求變，希望的是另闢境地；倘使對新境之闢無有幫助，改變該怎樣看待？這是值得我們深思的。

乙、中國大陸近年辭賦寫作風氣再現述論

文學史著作常言漢賦、六朝駢文和唐詩等等。這是說上述三種文類在相關時代中，文學藝術成就最高，所謂「一代之文學」。然而應該注

意：一代文學不等於就是當時的主流文學。所謂「主流文學」，是指某種文類或文體，在時人心中最受尊重、地位最高；儘管據後人看來，該種文體的藝術成就，實際比不上一代文學的文體了。漢代的賦作，「一代文學」和「主流文學」合而為一。從文學史實際情況觀察，六朝駢文和唐詩，固然是一代文學，但不見得還是主流文學。文學的主流地位，仍舊是賦。《昭明文選》編目，先賦後詩，無疑可視為南朝人觀點的反映。唐人科舉考試，以賦為判定最終錄取與否的作品，詩屬其次。又杜甫投匭獻賦而不獻詩朝廷，以圖進身。凡此也能見出唐人大抵視賦為主流文學。

從漢到宋，賦這種文類的體式不斷演變，後世文論家分為古賦、駢賦、律賦、文賦四種。古賦起於西漢、駢賦起于晉宋、律賦起於初唐、文賦起於北宋，各有形式上的特點。然而人們對賦的總體觀點，包括賦的作用、價值、風貌等等，一直以來，起碼從漢到唐，基本不變，始終沿用漢人的講法。漢人講法，原則上可以《漢書·藝文志》和班固〈兩都賦序〉為代表。簡單說來：一、文辭閎麗，二、刻鏤外物，三、風諭之義，四、宣揚上德。

漢賦「風諭之義」一點往往隱沒不顯。班固批評揚雄賦作「沒其風諭之義」（《漢書·藝文志》）。司馬相如寫〈大人賦〉，司馬遷承認「其指風諫，歸於無為」（《史記·大史公自序》）；但武帝讀後，只是「縹縹有淩雲之志」，反「勸而不止」（《漢書·揚雄傳》）。不過風諭以外其他三點，漢賦中倒是發揮得很好。

正因這樣，上世紀五十至八十年代，文評家基於特定的意識形態，對以漢賦為代表的歷代賦作，多所批判。主要原因：賦專門吹捧帝王將相，給統治者塗脂抹粉，因此是負面的東西，不管其內容、形式以至藝術手法，都不值得研究。所以那一段時期，賦的研究一片沉寂。至於那年代承接傳統寫法創作賦篇，目中亦無所見。

上世紀八十年代末期，社會上各方面有所緩和寬鬆，包括繃緊的文

學觀點。於是賦的研究慢慢恢復。一九九零年十月，山東大學龔克昌先生舉辦第一屆國際賦學會議，正式標誌賦學研究的再現；也表明人們對賦的態度，有若干程度上的接納。所以接納，也因為同時對漢人講法重新詮釋：漢賦的頌揚閎麗，其實也是大漢帝國繁昌的反映。大漢帝國，不必簡單地看成是皇帝的私物，它也屬於民眾全體。既然這樣，頌揚閎麗便具有部分人民性，因而是正面因素。一九九二年，本港中文大學接辦第二屆國際賦學會議。以後各屆，相繼在臺灣和大陸舉行。

國際賦學會議只限學術論文提交宣讀，不涉賦篇創作。但本世紀以來，賦篇寫作在大陸有蓬勃發展的趨勢。二零零七年，洛陽大學召開「首屆中國辭賦創作研討會」，參加者提交賦作，並以圍繞創作種種問題為探討對象，便是蓬勃趨勢之下的結果。這一結果的流風所及，看來又會帶動辭賦創作更大的發展。

我遠處海外，大陸這幾年間辭賦創作情況，所知極少。參加洛陽會議之後，聞見增廣，眼界大開。詳細閱讀所得資料、傾聽大會上各人發言，心中不無思考，不無意見。以下試簡單陳述：

先對近年辭賦創作再現和趨盛這一現象證明一下。近年安徽有「中華辭賦網」的建立，彙集不少作者，互通聲氣，大量創作。另外，辭賦專集合集相繼出版。目中所見，有姚平先生的《姚平辭賦集》、錢明鏘先生的《涵天樓辭賦》、王鐵先生的《王鐵碑石詩賦集》。辭賦輯錄成專書，唐以後已不常見；現在專集合集並起，無疑反映出蓬勃風氣。還有光明日報刊載過好些篇賦，孫繼綱先生的〈牡丹〉〈龍門〉二賦搬上過中央電視臺播送，都有助於辭賦趨盛的證明。

為什麼辭賦寫作的風氣近年蓬勃開展？首先要提及的是：目前創作環境和氣氛寬鬆。你要寫甚麼文體都可以，沒有規條指引。其次社會觀念好像回過頭來，重視傳統文化文學，不再打倒古典。辭賦作為我國古代重要文體之一，自然會有人留意，提筆寫作。

落到具體層面。漢賦本有頌揚鋪張的特點，這便跟一直以來國內主

張要積極描寫頌揚社會上的人和事的光明面的說法，有所相通。很多年前，有新文學作家用語體寫了一篇〈茶花賦〉，藉茶花和花農顯示新舊社會光明與陰暗的對比，歌頌前者，指責後者；很受推許。現在賦家基本步趨〈茶花賦〉的立意，只是變一變文體，改用文言，配上傳統或接近傳統格式，有何不可？何況新世紀以來，國家的確飛躍進步發展，光明可喜的事物隨處可見。傳統詩歌固然可以反映；傳統辭賦具有的特性，其實更適宜表現這種情況。

漢賦多受論者批評，因為描寫的對象多是統治人物，或者跟統治人物有關係的東西，像宮殿苑囿之類。統治者和民眾屬於對立層面。民眾自屬正面，則統治者及其一切只能居於負面。作為描寫負面的文學載體——賦，自然不足取。但是現在如果寫宮殿苑囿，因為已是民眾的共同財富，那便變負面為正面，盡可極力描寫，而且越鋪張描寫越好。就是描寫稱為「領導」的掌權人物，因為他們理論上和民眾同一陣線，為民眾服務謀福祉；也就跟古代的帝王將相不同；他們不是負面而是正面人物。新時代辭賦中有一篇〈潘書記賦〉，載「中華辭賦網」，儘管極盡頌揚，但從現在的角度看，倒不需要有微辭。

另一方面，這些年來，全國各地大城小鎮，展開建設和美化工程。環境改善，人們心態，少不免想有個記錄，講些好話，以垂久遠。再說地方幹部，最近都重視「形象工程」起來，就是說重視怎樣正面凸現自己。辦法之一，可以通過文字紀功稱頌。以上兩者結合，不期然催促了賦作的產生和興旺。因為用語體文紀功立碑，總覺淺顯平凡。用上接近傳統賦體文字，便覺古雅堂皇，莊重可觀。我們在許多地方的廣場或建設重點，都能讀到賦篇，其故在此。由於執事者往往不惜重金，找人寫賦，從而形成一種「文章有價」的行情。我親耳聽到某人為某地方寫一篇賦，稿酬多少萬。聽說有作者一次曾拿過三十萬元的回報。在「文章有價」的刺激下，肯定會增加賦家和賦篇的數量，形成賦作繁榮的表象。

鄺健行　當代詩賦寫作述論二題　　　　343

　　事實上在洛陽辭賦創作研討會上，個別登臺作專題報告的人，便曾
強調辭賦走市場化。作家或作賦團體要注意和社會領導層或工商團體的
緊密聯繫，所謂利用市場，以商養文。

　　以下我想從文章角度，對目中所見的近代賦篇，略陳鄙見。
　　賦是古已有之的傳統文體。後人寫傳統文體的作品，容易受前人影
響，為古所範，不離前人一分一寸。這是複製品，當然不好，最好是能
開新面目。不過有一點該注意：新面目得從舊面目中蛻變；不是不理會
舊式，逕行新創。也就是說，新創應該在舊基礎上開拓，使得新創之中
依然見到舊楷模；可不是置舊制於不顧，來一個三百六十度轉向的新
創。這同時也意味着：能新創的人，往往是對舊制認識很深的人。或者
可以變一種說法：不懂舊式，即使有新創，也只能是沒有承傳或是無根
的新創。
　　綜覽近代賦作，比較接近傳統體貌的固然不少，但偏離的也有一定
數量。所謂「一定數量」，似乎還不好用「少量」一詞去指說。作品偏
離傳統，我不敢說到底因為不懂舊式呢，還是深切認識舊式以後的結
果。不管如何，以下試就幾點「偏離」情況作客觀描述。
　　（一）韻腳　　賦是押韻的作品，駢賦、律賦、文賦的韻腳以中古音
為依據。漢人寫古賦，用韻近古，和中古音韻腳時有不同。不過唐宋及
以後，即使寫像漢代形式的大賦，也就據中古音押韻了；譬如明人楊榮
的〈皇都大一統賦〉和陳敬宗的〈北京賦〉就是。
　　回看近年賦作，有些不押韻；有些有時押韻有時不押韻，有些就是
押韻，也依據現代漢語，而不是依據傳統韻書。試看花月主人〈名城洛
陽賦〉一段：（標點照原文）

　　八景爭秀，堪美龍門山色；兩山夾峙，迷離恍若蓬瀛。伊水中
　　流，龍門始稱伊闕，石窟出世，清譽蜚聞寰球。東矗香山，北立
　　琵琶，西踞龍門，上拱臥虹。香山寺內聲光互映，染濡耳目；琵

景印本・第二十九卷

琶峰前漁樵問答，談論古今。遊人橋上，鳥鳴婉轉飛深澗；明月山頭，泉噴珠玉濺青苔。馬寺鐘聲，共鳴於鐘樓伴侶；洛浦舟楫，掩映於桃李花枝。金谷春晴，忽憶昔時盛宴；銅駝暮雨，默訴往事幽情。邙山晚眺，城郭寬廣點綴宮闕雄渾；平泉朝遊，山巒環抱依偎宰相莊園。漢唐風骨出河洛，晉宋詩章詠帝都。八景妙絕，九州欽仰。

文中有駢對，有隔句對，體式近於駢賦和律賦。這裏第一隔句聯末字「瀛」和第二隔句聯末字「球」，二字應該同韻，但實際上二字無論如何都不可以說同韻或通韻。下面句號之前的「虹」「今」「苔」「枝」「情」「園」「都」「仰」，該押同韻的地方，卻不同韻；也就是說沒有押韻。再看劉伯欣先生〈偃師賦〉起段：

華夏文明，源遠流長，神州古都，首推洛陽。而偃師居洛城之左，素有「九朝古都半在偃」之美譽。三關達於外，依大河而襟鄭洛；二水貫其中，溯萬安以控嵩邙。物華天寶，生民樂土；山川形勝，帝都之鄉。閱盡十三朝榮辱，鑄就五千年輝煌。

文中「長」「陽」「邙」「鄉」「煌」屬陽韻字，可見為本段的主要韻目。可是中間「譽」字處，本該下一陽韻字才是，「譽」字卻屬平聲魚韻或去聲禦韻；這就是說：此處沒有押韻。再看董高生先生〈河洛賦（地理篇）〉起段幾句：

莽莽河洛，萬古不息，水草豐茂，沃野千里。育始祖於三川，衍子孫於四夷。龍馬負圖，首啟蒙昧，神龜獻瑞，先成都邑。古稱豫州，亦名周南，位居中樞，地挹南北。西馳崤函，據關河之勝；東壓江淮，食湖海之利。背邙秦之高阜，面伊洛之九曲。前仰嵩高，少林風景如畫；後介大河，邙嶺天然屏依。

本段是押韻文字。用韻處分別為「里」「夷」「邑」「北」「利」「曲」「依」。這裏有三點可說：甲、韻腳字不管傳統四聲，混合照押。根據傳統，「里」上聲，「夷」平聲，「邑」和「北」入聲，「利」去聲，

「曲」入聲,「依」平聲。乙、韻腳字也不管現代漢語的新四聲,混合照押。根據新四聲,「裏」上聲,「夷」陽平,「邑」去聲,「北」上聲,「利」去聲,「曲」陰平,「依」陰平。丙、照押的原則,似以韻字的韻母相同或相近為準。「裏」「夷」「邑」「利」「依」五字韻母相同,「曲」「北」二字韻母跟前面五字有點接近。這樣的押韻法,好像比目前用新韻寫律詩的人更寬鬆,或者說更大膽了。因為律詩用新韻,僅指合併傳統不同韻目的平聲字為一韻,可以共押。譬如傳統「先」「元」二韻目中字,近體韻腳不能通用;新詩韻則合二韻目字為一韻,可以通用。然而我還沒有看到:寫詩的人拿平聲和仄聲特別是入聲字通押;像律詩第二句押「依」字,第四句押「一」字之類。「依」「一」同屬陰平,尚不通押;則「依」「邑」兩字,一屬陰平,一屬去聲;好像更無人通押了。

(二)**聲律** 多數近代作品採用駢偶句格,也就是多用一聯兩句相對的形式。駢偶句格式盛於聲律說出現之後,所以古代作者都運用聲律法則入句,以求聲音的和諧動聽。他們講求相對句子之間的平仄諧叶。可是近代作品在使用駢偶句格時,如果用傳統聲律法則去衡量,多數未合要求。這或者跟現代漢語已消失傳統聲調、作者對此不容易掌握有關。試以郅敬偉先生〈花果山賦〉一段為例:

> 春動容,花樹繁。五新齊渲泄,汪洋逐浪;群芳競風流,參差簪巖。西施昭君,莫言能教花妒;玉環飛燕,相形自輸妝殘。一朝獨享芬芳,透解沉醉;三月除聞馥郁,不知香甜。雨空濛,將煙困峰峰尤美;風料峭,作冷欺花花更豔。紅雨濕肩處,珍禽疏朵;忘情尋跡時,異獸越澗。

除了開始六字,其他都以隔句對形式出現;這是唐宋律賦的句調。既屬律賦句調,自然講究上下句之間各字的平仄相對黏合,以求最美的聲音和諧。茲先舉唐賦幾句分析。蔣防〈姮娥奔月賦〉:

> 明明配日,高高在天。對陽烏之升降,伴孤兔之昭宣。滿時而玉

貌和光，難分皓皓；虧處而娥眉共麗，不辨娟娟。

念起來很好聽。為甚麼好聽？茲把上段重行排列，下加平仄，具體探討：

明明配日，高高在天。

－－｜｜，－－｜－

對陽烏之升降，伴孤兔之昭宣。

｜－－－－｜，｜－｜－－－

滿時而玉貌和光，難分皓皓；

｜－－｜｜－－，－－｜｜

虧處而娥眉共麗，不辨娟娟。

－｜－－－｜｜，｜｜－－

「明明」兩句和「對陽烏」兩句是偶句。上句末字和下句末字（即「日」與「天」、「降」與「宣」）平仄相反。「滿時」四句是隔句對。上聯末字「光」「皓」和下聯末字「麗」「娟」，平仄要相反。另外，上聯第二句末字（「皓」）和下聯第一句末字（「麗」），平仄要相同。這是律調規則。在這樣的平仄安排下，聲音便諧叶。回頭看〈花果山賦〉，試拈其中一聯有隔句對形式者分析：

五彩齊渲泄，汪洋逐浪；

｜｜－｜｜，－－｜｜

群芳競風流，參差簪巖。

－－｜－－，－－｜－

按律調規則，「泄」字位置應該放平聲字，「流」字位置該放仄聲字，聲響才叶。從這個角度說，「西施」以下四句和「一朝」以下四句，聲音處理顯得好些。但「風料峭」兩句，「峭」「豔」同屬仄聲，又犯規矩了。

補充一點：古人在中古音的基礎上，制定出一套客觀可遵循的調聲法則。只是現代漢語的平仄四聲已經跟從前不同，因此也就不一定需要

憑藉舊規來衡量現代作品了。可是現代漢語新四聲的客觀聲調法則仍未建立，這便使得詩賦的作者感到困擾。採用舊規吧，不合語言實情；要據語言實情吧，偏又無法則可依。個人覺得近代辭賦作者多不從舊，卻又未能創新，誦讀之際，不無齟齬。

（三）句式　　傳統辭賦有其主要句式，像古賦的四言實字句，六言中夾以虛字句，騷體句；像駢賦、律賦的駢句、隔句對之類。近代作者對傳統句式都有使用。此外，還可以見到一些作者大膽用傳統不多見甚至未見的句式。譬如張心豪先生的〈國花賦〉兩段（標點及排列方式照原文）：

牡丹兮，浴火呈祥；萬花兮，擁戴為王：冠絕之芳菲兮，至高無上！封月季為后、菊為妃，梅為御史、荷花為君子、芍藥為宰相；好花豈能幾日紅芳？天涯海角自由芳香！生來秉性倔強，上抗花官，謫居都城長安；下抗武后，貶至東京洛陽；自幼心有靈犀，縱觀興衰滄桑，誰言草木無心，酸甜苦辣盡嘗：

向迎、背別，俯愁、仰悅，嫋舞、並戀，垂醉、側跌；

橙酸、黃苦，綠雅、粉歌，紫盛、黑頹，白悲、紅樂⋯⋯

牡丹之美貌、之丰姿、之傲骨、之高潔，形成美之音符、美之旋律、美之詩賦、美之世界，明的柔和、香的莊重、傲的高貴、愛的真切！桂花愧遲，含羞斂容，桃花豔無格，水仙靜少情，惟有牡丹真國色，引無數英雄為之而喜、而歌、而醉、而淚咽！

其中「向迎」兩長句及「之美貌」、「之音符」等句式，古來未見。而「明的」甚麼，「香的」甚麼，則以語體入傳統賦。又如譚傑先生〈夢游洛陽賦〉幾句：

「此非千年之帝都——洛邑者乎？」神龍興至而問余焉。「然。」余笑而答之。「此非河圖洛書之聖地乎？」神龍回首而問余焉。「然。」余笑而答之。

且不說文中不押韻，只像古文；就是寫對話方式，先寫所講的話，再補

足講話的人；這是西洋句法，古文好像沒有。

此外，不少作者在篇中大量使用五言或七言詩句，有些作品甚至佔全文百分之六十以上篇幅，好像上引〈夢游洛陽賦〉就是。本來從梁陳至初唐，賦家常以詩句入賦，至初唐達於頂峰；王勃〈採蓮賦〉是明顯的例子。初唐以後，以詩句作為賦的主要句調減少了，看來是為了避免混淆詩賦的體貌。不想近人作品又走回頭路。儘管這樣，近人賦作中的詩句，多是古句；不像齊梁初唐，作者只喜歡用律句入賦。

（四）辭意　　任何作品，包括賦作在內，遣辭穩妥是基本要求。要遣辭穩妥，作者得有紮實的文字工夫根柢；然後配合正確恰當的運意，這樣讀者讀起來才覺得自然，才覺得有可讀性。

文字工夫包括兩方面：文句的通順與否和文句的得體與否；而後者有時又跟文意結合起來。關於文句通順問題，很多時候出現一種情況：作者似乎過分追新求突出，有意不走平正一路。卻不料走過了頭，變得句子難以理解。譬如張友茂先生〈中京辭〉起段：

> 嗟夫！
> 中天八闢兮載道，爰及皇時浮，
> 　　居懷經地之區宇正陽。
> 先覺以歎兮含章，催落半川月，
> 　　扼吳徑楚而吐曜斯觀。
> 詩官采言兮流制，藻玄光隆道，
> 　　畢竟九朝之紫瑞結響。
> 匹夫庶婦兮絢綺，謳吟洛土風，
> 　　蔚圃朝霞而凝姿懿範。
> 載民聲兮玄鳥騰，奮五穀兮遂草木；
> 　　敬天常兮達帝功，依地德兮萬物極。

這裏參差分行，像一首新詩。其中一些句子，像「居懷經地之區宇正陽」和「藻玄光隆道」之類，以至整段含意，作為一名讀者，自愧淺

陋，實在弄不明白。從好處說，這是擺落尋常辭藻句調。從不好處說，破壞文言的表現習慣，產生不通順的感覺。

關於文句得體問題，我想說兩點。其一、文句跟文體不相配合；其二、用語跟情事不能配合。所謂文句跟文體不相配合，是說賦中既然用駢句對隔句對，卻不遵照傳統，兩兩對偶。或者即使對偶，也很寬鬆不精切，跟古人的全心全力左稱右量、務求銖兩不差，大有分別；從而見不出精緻的藝術琢磨工夫。至於聲律不諧叶，更往往可見。所謂用語跟情事不合，是指作品中硬搬古語，強套今情，讀了很不舒服，未能見出作者運古融今手段。以下各舉例子，分別說明：

甲、心悅誠服，學子歸來歎奇觀；信心倍增，業有所創謀圖騰。
（李麥武〈遊故縣水庫賦〉）

乙、范公墓地，尚有百姓守園；一代女皇，只留無字豐碑。（李新華〈古城洛陽賦〉）

丙、帝城暮寒，石林雪霽；伊沼荷香，中州旖旎。（布穀鳥〈洛都賦〉）

丁、蒼水使者，悵投金簡玉書；獻瑞麟龜，馱來河圖洛相。（天山客〈黃河賦〉）

甲乙丙丁四例都是隔句對形式，但甲乙二例（尤其是甲例）不對仗，丙例中「雪霽」和「旖旎」詞性不同，不對偶；其他還可以。丁例中「蒼水使者」「獻瑞麟龜」不對偶，餘下兩句則對。

戊、西元 1965 年誕、國朝澤東 16 年生。……澤民 10 年，遷任安慶府臺。

己、嗟夫！自公主政以降，河清海晏，青鳥高翔，天鵬舉翮，萬眾歸心，江南繁榮，江北昌盛……甚焉，瑞相出耳，禎祥盈天。（潘承祥〈潘書記賦〉）

文中甚麼「國朝」、甚麼「澤東 16 年」、「澤民 10 年」，把共和國當作封建皇朝，把領導人當成改正朔有年號的皇帝，哪有此理？事實上也

沒有人這樣說過。至於潘書記原是一省的省委書記，文中改用舊時代官名「府臺」代替，有點不倫不類。至於己段中「河清海晏」一語，是指天下安泰來說，一般用來說明中央層級統治者的政績，不宜用到一省「府臺」的身上。再說文中提到的「瑞相」「禎祥」，不免教人訝異：科學昌明時代，怎麼還用這般充滿迷信的諛詞？上文說「硬搬古語，強套今情」，〈潘書記賦〉中的確不少，好像說潘書記「龍行虎步」，說民眾感激「黨恩浩蕩」之類也是。

以上文字，大抵對近年辭賦作負面陳述。讀者會問：「這是不是雞蛋裏挑骨頭，從極少數作品中尋索例子，鋪陳誇張？」我的回答是：「不。上文提到了：『還不好說成少數。』總覽洛陽會議上提交的賦篇，這樣那樣使人不無所議的作品，恐怕超過一半。」讀者可能接着問：「然則近年賦作不可取了？」我的回答是：不好說。首先很難證明洛陽會議中的作品有其典型性，足以代表目下賦壇的創作水準。再說就是在洛陽會議上，仍舊接觸到具可讀性的賦作。所謂「可讀」，指運意謀篇，雅新完整；而用詞造句，穩妥合規；見出作者對前人的繼承和着力進一步開展的用心。文章開始時提到錢明鏘先生，他的作品盡可作為近代辭賦創作的正面例子。試看他的〈盤龍湖賦〉一段：

> 迨及夏風拂拂，卿雲緩緩。日炫晃以朧光，草葳蕤而蔥粲。重巒聳翠，落山光於碧湖；嘉樹連陰，搖清影於曲岸。魚翔淺底，若織女之拋梭；螢飛草堤，疑流星之墜漢。菡萏淩波，挺翠蓋之千幢；圓荷貼水，疊青蚨以萬貫。俊男鼓枻，舟動萍開；靚女狎鷗，波驚魚散。歌採蓮於菱渚，避炎威於澤畔。或移席於槐陰，或置枕於竹院。荷風扇暑，涼生昏旦。實令人氣爽神寧，閒適曠澹也。

此段韻腳以去聲翰韻為主，另通去聲霰韻一字（院）、去聲勘韻一字（澹）。此外聲律對黏、文字對偶，力求合轍；凡此能給人以「去古未遠」之感。至於描寫景物，清麗輕倩。遣辭造句，古典意味宛然之

中，能透現時代氣息；好像「俊男」以下四句，讀者可能有此感覺。

還有文章開始時提到姚平先生，他的作品，披沙揀金，時有可觀。譬如〈南五台賦〉起段：

> 為消三夏，欲覽五峰。拾級連登，攀上天之高路；沿階屢息，乘劌地之涼風。古樹沖霄，遮天而蔽日；奇花耀眼，自西而徂東。有限韶光，百年偶遂三生願。無邊樹海，萬綠深藏一點紅。香客有緣，聞名尋勝，羽士無掛，不知所終？

聲韻合轍，對偶精緻，藝術技巧值得欣賞。

最後談談個人一點感想：

近年辭賦創作風氣再現，並且相當蓬勃，值得高興。發展過程中，作品水準參差，不可避免；我相信逐步摸索實踐，應該會有提高的一天。

蕭子顯在《南齊書‧文學傳論》說過：「若無新變，不能代雄。」我理解作者——特別是年青的作者——希望有所表現，嘗試種種新創。不過辭賦到底是傳統文類，新創不能憑空而來，最好由舊蛻變，以見先後承傳變化脈絡。如果此說真確，那麼作者便需要對辭賦發展歷史、文體流變，以至具體篇章，多加認識，多加誦習。我有一個也許是錯誤的感覺：部分青年作者對古典似乎比較陌生和疏離。他們作品種種不尋常的文字句法和結體形式，不見得是消化了古典以後的結果，很有可能只是疏於接觸古典的結果。自然，不深入古典堂奧，沒有古典的負擔縈繫，心頭會減去不少牽涉，容易提出自認為合適的意見，寫出自認為合適的東西；於是有人倡言要建立桐城賦派了，有人成立新賦文學創作研究室了。但是減少牽涉是不是好事，難說得很。

目前是個訊息暢通、出版業發達時代，這對作者的創作交流大大有利。當然也不排除一種可能：掌握訊息出版資源的人，倘使別有考慮，盡可作為招納基地，一批人互通聲氣，形成文學集團、一種勢力，彼此

頌揚，從而減弱了嚴謹的批評標準。我的話也不全是憑空瞎猜。洛陽辭賦會議不久，有一本地址香港而聯絡處在深圳的雜誌刊登了一篇會議「紀實」文章，文中讚揚了很多作家。其中對一兩位作者的褒揚文字，個人覺得好像過了頭，下筆未見慎重。文中對寫〈中京辭〉的作者這麼稱許：「其賦善用典故，古奧深沉，汪洋恣肆，極富文采。」對寫〈潘書記賦〉的作者這麼稱許：「其賦獨樹一賬（幟？），風格卓異，極善鋪陳，長於誇張，情景交融，神韻無限。」兩則文字儘管是印象式的浮泛褒詞，但從上文引例看，褒語看來配不上。然而像這樣的文字，拿來通聲氣、套交情，倒是頂管用的；說到對辭賦創作水準的提高，恐怕不管用。

唐代殷璠選當時詩歌，編成《河岳英靈集》。書首〈敘曰〉寫他選詩態度，表示一據作品本身水準，完全不理會作者的身分權勢。他說：「如名不副實，才不合道，縱權壓梁、竇，終無取焉。」彰顯出文學本身的獨立價值。洛陽會議中，有人提出賦走市場化道路，未聽到不同論調；反而使人覺得有一股躍躍欲試的暗湧，可見今人和殷璠的態度不盡相同。雖然提出走市場化道路的人同時又提醒：不能成為商品的奴隸。但在仰望權勢和金錢之下、在同意以商養文的指引之下，現代作者還能像殷璠那樣，堅持以文論文、不隨便稱頌「才不合道」的高位者作品、不隨便把作品跟利益掛鈎麼？誰也不曉得。

稿　約

（一）本刊宗旨專重研究中國學術，以登載有關中國歷史、文學、哲學、教育、社會、民族、藝術、宗教、禮俗等各項研究性之論文為限。

（二）本刊年出一卷。

（三）本刊由新亞研究所主持編纂，歡迎海內外學者賜稿。

（四）來稿每篇原則上以三萬字為限，請附中文提要（二百字內）；英文篇題；通訊地址、電話、傳真及電郵地址。

（五）來稿均由本所送呈專家學者審閱，以決定刊登與否。

（六）本所有文稿刪改權，如不同意，請預先聲明。

（七）文責自負；文稿若涉及版權問題，由作者負責。

（八）來稿請勿一稿兩投。本所不接受已刊登之文稿。

（九）來稿如以電腦處理，請以word系統輸入，並隨稿附寄電腦磁片。

（十）請作者自留底稿。來稿刊用與否，恕不退還。若經採用，將盡快通知作者；如半年後仍未接獲採用通知，作者可自行處理。

（十一）本刊所載各稿，其版權及翻譯權均歸本研究所；作者未經本所同意，不得在別處發表或另行出版。

（十二）來稿刊出後，作者每人可獲贈本刊二本及抽印本三十冊，不設稿酬。

（十三）來稿請寄：

香港　九龍　農圃道6號，新亞研究所

《新亞學報》編委會收

Editorial Board, New Asia Journal

New Asia Institute of Advanced Chinese Studies

6 Farm Road, Kowloon

Hong Kong

景印香港新亞研究所《新亞學報》（第一至三十卷）

版權所有
不准翻印

新亞學報 第二十九卷

出　　版：新亞研究所

九龍農圃道六號

No. 6, Farm Road, Kowloon, Hong Kong

電話：(852) 2715 5929

編　　輯：《新亞學報》編輯委員會

發　　行：新亞研究所圖書館

九龍農圃道六號

No. 6, Farm Road, Kowloon, Hong Kong

電話：(852) 2711 9211

定　　價：港幣一百六十元

美金二十元

ISSN: 0073-375X

出版日期：二〇一一年三月初版

景印香港新亞研究所《新亞學報》（第一至三十卷）

新亞學報

目　錄

第二十九卷　　　　　　　　　二〇一一年三月

一　東漢中央集議制度之探討 .... 李學銘

二　日治時期臺灣對日貿易與出口產業 .... 陳慈玉

三　讀章太炎先生〈原儒〉札記 .... 何廣棪

四　王國維尋死原因三說質疑 .... 翟志成

五　尼采（Nietzsche）的偶像 .... 莫詒謀

六　道宣的戒體論 .... 屈大成

七　見道行事：唐君毅先生的續統思想 .... 陳學然

八　晚清至民國一部流行的賦集──論夏思沺的《少岳賦草》 ... 詹杭倫

九　盛唐詩的超越──蘇軾與嚴羽詩學理想追求的比較 .... 劉衛林

十　當代詩賦寫作述論二題 .... 鄺健行

NEW ASIA INSTITUTE OF ADVANCED CHINESE STUDIES

景印香港新亞研究所《新亞學報》（第一至三十卷）